Verhandlungen

des

Einundzwanzigsten

Deutschen Juristentages.

Herausgegeben

von

dem Schriftführer-Amt der ständigen Deputation.

Erster Band.

Berlin.
Commissions-Verlag von J. Guttentag.
(D. Collin.)
1890.

Inhaltsverzeichniß.

Gutachten.

I.

Gutachten des Herrn Professor Dr. Gustav Hartmann zu Tübingen

über die Frage:

Ist die vom Entwurf des bürgerlichen Gesetzbuchs angenommene Stellung des Testamentsvollstreckers zu billigen und wie ist sie nöthigen Falls anders zu regeln?

I.

Die urwüchsige Kraft, mit der das Institut der Testamentsvollstrecker in germanischen wie romanischen Landen sich frei aus dem Leben herausgebildet hat, unter einem immerhin nur dürftigen Eingreifen späterer Gesetzgebung, sichert dem Gegenstande ein eigenthümliches Interesse, hat aber auch eine Fülle von Zweifeln und Streitfragen mit sich gebracht. So gilt es vor Allem von den beiden Rechtssystemen, welche den weitaus größten Theil Deutschlands beherrschen, vom gemeinen Recht und vom Preußischen Landrecht. Aus dem Eindruck dieser Bestrittenheit, welche sich gerade so gut auf die principielle Grundconstruction der Lehre wie auf zahlreiche Einzelnheiten erstreckt, wird es sich erklären, daß der Entwurf dem Recht der Testamentsvollstrecker einen allem Anschein nach so unverhältnißmäßig umfassenden Raum gegönnt hat. Bilden doch die Sätze darüber, wenn man zu dem Hauptstück noch die häufigen gelegentlichen Berücksichtigungen bei anderen Materien hinzunimmt, gut ein Hundertstel des ganzen bürgerlichen Gesetzbuchs. Während sonst der Entwurf durchgängig es sich zur Aufgabe gemacht hat, unter Vermeidung der Casuistik des Allg. Preuß. Landrechts die Principien und leitenden Grundsätze der Institute festzulegen, so ist hier das Verhältniß das gerade umgekehrte. Die sämmtlichen einschlagenden Paragraphen des Preuß.

Landrechts (I, 12 §§ 557—562), welche in klarster Kürze den Testamentsvollzieher als einen „Bevollmächtigten des Erblassers", die letztwillige Verordnung selbst als seine Vollmacht charakterisiren, dabei die Unterscheidung einer beschränkteren und einer umfassenderen Competenz des Testamentsvollziehers andeuten, je nachdem ihm zugleich Verwaltung des Nachlasses gegeben ist oder nicht; all diese Sätze erreichen an Umfang kaum den Einen Artikel des Entwurfs (§ 1898), worin das eventuelle Recht des Testamentsvollstreckers zur Erbauseinandersetzung unter den Miterben geregelt ist.

Man muß also analytisch aus all den Einzelbestimmungen des Entwurfs, welche hier in den veröffentlichten Motiven eine ganz besonders eingehende Begründung finden, erst die Grundprincipien der Lehre zu entwickeln suchen.

Als besonders charakteristisch tritt hierbei hervor, daß die Stellung des Testamentsvollstreckers in erster Linie als ein einziger fester gesetzlicher Typus gedacht ist, so daß dem Willen des Testators nur ganz hintennach und in zweiter Linie ein gewisser Spielraum gegönnt wird. Und zwar geschieht dies im Ganzen nur in dem Sinne, daß der Testator durch besonderen erkennbaren Willen den gesetzlichen Typus soll einengen, das eine oder andere Recht soll absprechen können; während ihm eine Erweiterung jenes gesetzlichen Typus nur nach der Einen Richtung hin gestattet wird, daß er dem Testamentsvollstrecker das Recht der Erbauseinandersetzung unter den Miterben soll beilegen können.

Halten wir uns nun zunächst an den einen normalgesetzlichen Typus, wie ist bei demselben die rechtliche Construction der Stellung des Testamentsvollstreckers im Princip gedacht worden? Die Motive selbst (Bd. V, S. 217) sprechen es ausdrücklich aus, daß der Entwurf es mit Absicht unterlassen habe, eine der mit einander im Streit liegenden principiellen Grundauffassungen durch bestimmte Wahlentscheidung an die Spitze zu stellen, daß es vielmehr Sache der Wissenschaft sei, aus den aufgestellten Einzelsätzen das Endergebniß zu ziehen. Aber diese positiven Einzelsätze, deren Kritik uns obliegt, werden doch gerade erst selber wesentlich mit bedingt durch die dabei im Hintergrunde stehende principielle Anschauung und Auffassung des ganzen Instituts; daher uns denn jenes Letzte der Motive, das Endergebniß und seine Prüfung, hier das Erste sein muß.

Da ist nun zuerst zu erwähnen, daß gleich die einleitenden Paragraphen (§ 1889—96) immerfort wieder die Stellung des Testamentsvollstreckers als ein „Amt" bezeichnen, unter Verwahrung der Motive (S. 219) dagegen, daß hiermit die Function des Vollstreckers als ein öffentliches Amt bestimmt werde. Jedenfalls aber soll damit abgelehnt sein die Idee, als ob der Testamentsvollstrecker irgendwie ein Mandatar sei, weder ein Mandatar des Erblassers noch des Erben. Es ergiebt das also mehr eine Negative für die im Entwurf befolgte theoretische Vorstellung der Sache.

Einer positiven Construction näher zu führen scheint der eminent praktische Satz, daß die Rechtsstellung des Testamentsvollstreckers eine absolute sein soll, verbunden mit einer „dinglichen Beschränkung des Erben" nach Ausdruck der Motive (V S. 233), so daß insbesondere der Erbe über einen zum Nachlaß gehörenden Gegenstand nicht wirksam verfügen kann, solange in Ansehung des letzteren das Amt des Testamentsvollstreckers besteht (§ 1901). Sollte man nun meinen, daß dieser dinglichen Beschränkung des Erben, welche vor Allem die Erfüllung der Vermächtnisse und Auflagen durch den Vollstrecker auf das Nachdrücklichste zu sichern bestimmt ist, auf der anderen Seite auch ein dingliches Recht oder eine eigene dingliche Macht des Vollstreckers entsprechen müßte, so steht doch der Annahme einer solchen Meinung und Grundauffassung des Entwurfes wieder Anderes ebenso entschieden entgegen.

Durchschlagend in dieser Hinsicht ist schon das Eine, daß zur Erhebung erbschaftlicher Einzelklagen, während jener absoluten Stillstellung der Verfügungsmacht des Erben, der Testamentsvollstrecker ausdrücklich als „gesetzlicher Vertreter des Erben" berufen wird.

Ist diese principielle Construction des Testamentsvollstreckers, als eines gesetzlichen Vertreters des Erben, allerdings nur in dieser einen Beziehung, nämlich nach der processualischen Seite hin, im Entwurf mit positiven Worten ausgesprochen worden, so ist es doch, wie schon Gierke in seinem Buche „Der Entwurf eines bürgerlichen Gesetzbuchs und das deutsche Recht" (1889) S. 520—522 zutreffend bemerkt hat, auch sonst und überhaupt, wo nicht die einzige, so jedenfalls die vorherrschende Auffassung des Entwurfes. Ganz unzweideutig tritt dies allenthalben in den Motiven hervor. Ist dem Testamentsvollstrecker die Auseinandersetzung unter mehreren Eingesetzten übertragen, so handelt er dabei „als Vertreter der Miterben" (Bd. V, S. 229); nimmt er dingliche Erfüllungsgeschäfte wirksam vor, so thut er das kraft der ihm eingeräumten Vertretungsmacht in Ansehung des Erben (V, S. 232); contrahirt er in seiner amtlichen Eigenschaft Verbindlichkeiten, so handelt er dabei als Vertreter des Erben (V, S. 234).

Und es ist das nicht eine bloß theoretische Construction, bei der nöthigenfalls eine einfache Correctur seitens der freien Wissenschaft zulässig und genügend wäre. Vielmehr bringt jene Construction unverkennbar auch wichtige praktische Folgesätze mit sich und hat auf mancherlei positive Einzelentscheidungen des Entwurfs in entschiedenster Weise eingewirkt.

Hier nun wird die Kritik zunächst einzusetzen und für weiteres Eindringen ihren Ausgangspunkt zu nehmen haben. Bei den nur ganz gelegentlichen und beiläufigen Berührungen, welche in den zahllosen Entwurfskritiken diesem bedeutsamen Institut bisher allein zu Theil geworden sind, ist gerade jener Punkt mehrfach Gegenstand des Angriffs gewesen. Außer Gierke's energischem Vorstoß gehört dahin noch eine kurze kritische Anmerkung von O. Fischer in den Beiträgen zur Erläuterung des Entwurfs (Recht und Rechtsschutz u. s. w., Heft 6, 1889, S. 60, Anm. 2). Auch wenn wir im Ergebniß mit diesen kurzen Protesten wesentlich werden übereinstimmen müssen, so genügt doch keinesfalls die bloße Bezugnahme auf dieselben, da es zur Zeit an jeder tiefer eingehenden Begründung des Widerspruchs mit specieller Rücksicht auf den Entwurf und die ihn vertheidigenden Motive gänzlich fehlt.

II.

Ist also der Testamentsvollstrecker zu denken als gesetzlicher Vertreter des Erben?

Wir sehen dabei vorläufig einmal völlig davon ab, ob eine solche Vorstellung harmonisch passen würde zu dem ganzen geschichtlichen Ausgangspunkt und Entwickelungsgang unseres Institutes; da wir diese historischen Zusammenhänge, als ein unterstützendes Moment, bei der positiven Begründung der richtigen Grundauffassung passender werden berühren können. Rein pragmatisch, aus der Würdigung der gegenwärtig auf der gemeinrechtlichen Grundlage geltenden Sätze des Instituts, wie sie in den verschiedenen Partikularrechten der Hauptsache nach übereinstimmend ausgestaltet sind und jetzt auch im Entwurf zu einem guten Theil Anerkennung finden, soll dies Problem untersucht werden.

Da bleibt uns nun kein Zweifel, daß alle die drei Elemente, aus denen die Begriffsformel „gesetzlicher Vertreter des Erben" zusammengesetzt ist, jedes einzeln für sich aus selbständigen Gründen, als unzutreffend sich darthun lassen.

So gilt es zunächst von dem Moment des „gesetzlichen" in jener Formel. Es hieße Salz ins Meer streuen, wenn man noch ausführlich beweisen wollte, daß die Stellung des Testamentsvollstreckers nach Dasein und Tragweite in Wahrheit wesentlich auf dem Willen des Erblassers beruht. Das Gesetz hat hier naturgemäß nur die bescheidene Aufgabe, jenen im Leben frei hervortretenden und durch die Kräfte des Lebens sich zunächst schon selbst behauptenden Willen auch durch ausdrückliche Anerkennung juristisch zu gewährleisten, sowie zum Behuf der Abschneidung des Streites den Umfang und Inhalt jener gewillkürten Rechtsstellung bestimmt zu definiren und abzugrenzen. Dadurch kann doch aber nicht das Grundwesen jener Rechtsstellung selber ein ganz anderes werden. Oder wird etwa durch den Umstand, daß der Entwurf die Rechtsstellung des Vorerben und des Nacherben in sehr ausführlicher, eingehender Weise gesetzlich definirt, der als Vorerbe oder Nacherbe Eingesetzte aus einem testamentarischen oder gewillkürten Universalsuccessor des Verstorbenen zum gesetzlichen Erben umgestempelt?

Das Widerspruchsvolle der Sache kann kaum deutlicher zum Augenschein gebracht werden, als durch die Art und Weise, in der die Motive selber (V S. 236) es mit dem Rechtssystem in Einklang zu bringen, von dem Charakter der Anomalie zu reinigen suchen. Nach ihrer Ansicht steht es mit dem Wesen der gesetzlichen Vertretung nicht im Widerspruch, daß diese besondere gesetzliche Vertretung auf dem Willen des Erblassers, d. h. also doch wohl nicht auf dem Gesetz als solchem beruht! Dieser anscheinende Widerspruch soll nicht von Belang sein; denn „das Gesetz legt dem Willen des Erblassers die Bedeutung bei, daß dieser Wille eine Art gesetzlicher Vertretung hervorruft".

Und das Gesetz hat, wie ein Deus ex machina, noch die Kraft, einen weiteren inneren Widerspruch zu überwinden. Eine gesetzliche Vertretung tritt allenthalben sonst nur dann ein, wenn ein vor ihr selbst und unabhängig von ihr vorhandener Grund, insbesondere mangelnde oder beschränkte Handlungsfähigkeit des zu Vertretenden es fordert. In unserem Fall aber soll gerade erst durch die zugelassene gesetzliche Vertretungsmacht des Testamentsvollstreckers dem Erben die Verfügungsfähigkeit nach der dinglichen Seite hin lahm gelegt und damit in dieser Beschränkung auch die Geschäftsfähigkeit entzogen werden. Und gerade diese Wirkung, welche erst aus der angeordneten Testamentsvollstreckung und der damit verknüpften gesetzlichen Vertretungsmacht hervorgeht, wäre dann hinwider gleichzeitig die Ursache, weshalb in Harmonie mit den allgemeinen Principien eine gesetzliche Vertretungsmacht für den Erben, als für einen nicht voll Geschäftsfähigen anerkannt werden könnte?

Liegt da nicht wirklich ein circulus vitiosus vor, anstatt eines bloß „anscheinenden Widerspruchs", wie die Motive meinen?

Ohne Gewaltthat geht es also schwerlich ab und die ganze Construction wird eine gezwungene, eine innerlich verfehlte, wenn man das Moment des gesetzlichen Functionärs festhalten wollte; wie denn auch die Consequenzen dieser Auffassung für den Civilproceß (C.P.O. § 247) schon an sich auch praktische Bedenken erregen können, Angesichts der oft sehr großen Schwierigkeit der ganz in die materialia causae einführenden Frage über die Rechtsgültigkeit und Tragweite der betreffenden letztwilligen Verfügung.

Aber sei es einmal darum, wie wir einstweilen noch setzen wollen, daß der Testamentsvollstrecker, wenn auch nicht als ein gesetzlicher Functionär, so doch als ein irgendwie bevollmächtigter Vertreter zu denken wäre, — könnte man ihn dann auf alle Fälle als Vertreter gerade des Erben oder der sämmtlichen Erben als solcher gelten lassen?

Auch bei diesem zweiten Punkt wird mit gleicher Sicherheit und aus nicht minder starken Gründen die Antwort eine verneinende sein müssen, wie bei dem erst betrachteten Punkte.

Als Vertreter in Ansehung einer bestimmten individuellen Person kann doch wohl nur ein Solcher bezeichnet werden, der gerade die Interessen dieser Person als solche im Rechtsverkehr wahrzunehmen und geltend zu machen berufen ist, für dessen Geschäftsführung die Interessen jener Person das leitende Princip sind. Trifft das nun zu, dem Erben gegenüber, für den Testamentsvollstrecker? Ist der Letztere nicht vielfach gerade deshalb vom Erblasser berufen, um die mit der getreuen Ausführung des letzten Willens collidirenden Interessen des einen oder anderen Erben, oder sogar sämmtlicher Erben niederzuhalten? Und bringt nicht dieser Zweck nothwendiger Weise eine, die Macht der Erben überragende, deren collidirende Interessen niederhaltende Stellung für den Testamentsvollstrecker mit sich? So können sogar die Motive selber (Bd. V, S. 233 und 34) nicht umhin, es ausdrücklich anzuerkennen: daß durch den § 1900 des Entwurfes, worin namentlich zur Beschaffung von Mitteln für Erfüllung von Nachlaßverbindlichkeiten dem Testamentsvollstrecker Veräußerung von Nachlaßgegenständen gestattet wird, ihm geradezu eine dingliche Verfügungsmacht eingeräumt sei und daß die Bestimmung des § 1900 ganz angelehnt sei an die Vorschriften über die Verfügungsmacht des Vorerben (§§ 1823. 1828ff.), welche doch ohne Zweifel von ihm nicht in Vertretung des nachherigen Destinatärs der Erbschaft geübt wird.

Weiter ist durch den § 1901 auf die Nachlaßgegenstände dem Erben gegenüber geradezu ein dinglicher Bann gelegt, insofern der Testamentsvollstrecker derselben zur Vollziehung der letztwilligen Anordnungen bedarf; wodurch denn auch hier wieder nach dem eigenen Zugeständniß der Motive „die Vertretungsmacht des Vollstreckers zu einer Art Verfügungsmacht wird", welche selbst „im Widerspruch mit dem persönlichen Interesse des Erben" (Bd. V, S. 234 oben) wirkt und dessen eigene dingliche Verfügungen lahm legt. Rationeller Weise sollte, beiläufig bemerkt, hier die Nichtigkeit widerstreitender dinglicher Rechtsacte des Erben nicht eine absolute, unbedingte sein, sondern nur eintreten, wenn und insofern der Zweck der Sache es fordert. Constituirte der Erbe einem Dritten beispielsweise ein Nießbrauchsrecht an einem Erbschaftsgegenstande und war der Vollstrecker nicht benöthigt, diesen Gegenstand zur Vollziehung der letztwilligen Bestimmungen in Mitleidenschaft zu ziehen: so ist kein innerer Grund einzusehen, warum nicht jener Nießbrauch in Kraft bestehen sollte, so daß der Erbe das Eigenthum daran nur noch salvo usufructu übertragen könnte. Der Testamentsvollstrecker hingegen, falls es zur ordnungsmäßigen Ausführung seiner Aufgabe erforderlich wäre, hätte die rechtliche Macht, den nämlichen Gegenstand als einen nießbrauchsfreien zu behandeln und als solchen an Dritte zu übertragen. Bei dieser, dem Zweckmoment richtig angepaßten Auffassung und Gestaltung des Sachverhalts, würde es dann so klar wie nur irgend denkbar hervortreten, daß der Vollstrecker hier nicht als Vertreter des Erben handelt, indem er ja mehr Recht an der Sache zu übertragen befugt ist, als der Erbe selber es noch vermöchte.

Aber sogar gerichtliche Klage gegen die Erben zu erheben, kann der Testamentsvollstrecker in die Lage kommen; und zwar nicht erst, wie auch sonst ein wirklicher Vertreter gegen den Vertretenen nach wirklicher Geschäftsbesorgung auf Erstattung von Auslagen, Honorar u. dgl. (E. § 1908 u. 1909), sondern gleich von vornherein in Erfüllung seiner eigensten Aufgabe. In Einem Falle gestattet das ausdrücklich auch der Entwurf selber, zwar nicht in dem Titel, welcher der eigentliche Sitz unserer Materie ist, sondern in dem Titel über die „Auflage" (sogen. modus). Die Vollziehung einer Auflage zu f o r d e r n, soll nach § 1888 in erster Linie gerade der Testamentsvollstrecker berufen sein. Man kann doch nun schwerlich daraus, daß diese Befugniß äußerlich von der Hauptrubrik abgezweigt ist, schließen, daß sie eine bloße esoterische, zufällige Nebenaufgabe des Vollstreckers bilde, mit seiner principiellen Idee gar nicht zusammenhänge, noch sich daraus ableite. Am wenigsten wird sich jemals eine freie, ihrer Selbständigkeit bewußte Wissenschaft und Praxis mit der in den Motiven (Bd. V, S. 218) anklingenden Vorstellung befreunden können: daß hier ein bloß „formales Forderungsrecht" vorliege, eine Obligation zwar ohne vermögensrechtliches Interesse des Forderungsberechtigten, aber im Uebrigen den allgemeinen Vorschriften des Rechtes der Schuldverhältnisse unterworfen und durch ein Vermächtniß dem

Testamentsvollstrecker nebenbei zugewendet. Vielmehr kann hier, bei unverkünstelter, naturgemäßer Auffassung der Sache, gar nicht von irgend welchem eigenen „Forderungsrecht“ die Rede sein, sondern nur von einem einzelnen consequenten Ausfluß aus der Idee und der ganzen obersten Grundaufgabe, dem Officium des Testamentsvollstreckers.

Aber auch in anderen Beziehungen, wo der Entwurf es entweder bloß nicht erwähnt oder seiner vorgefaßten principiellen Vorstellung zu Liebe gar positiv ablehnt, sind durch jene echte und wahre Idee des Testamentsvollstreckers unter Umständen Klagerechte gegen die Erben consequent gefordert. So ist nach § 1899 des Entwurfs der Testamentsvollstrecker berechtigt, worauf wir nachher noch näher zurückkommen müssen, „die zum Nachlaß gehörenden Sachen in seine Inhabung zu nehmen“. Zwar redet hier der Entwurf, kraft jener vorgefaßten Schulmeinung, als sei der Vollstrecker schlechthin reiner Vertreter des Erben auch im Besitz, nur von bloßer „Inhabung“. Aber soll der obwaltende, sachliche Zweck einer selbständigen Verwaltung und Erbschaftsregulirung erreicht werden, so ist ja jedenfalls, wie auch sonst der Entwurf in der Besitzlehre umgestaltet werden möge, daran festzuhalten, daß ein solcher Vollstrecker wie ein wirklicher Besitzer auch dem Erben gegenüber Schutz finde und im Possessorium wieder ihn jeder Zeit siegen könne. Ist das doch sogar schon für das Preußische Recht, dem eine positive Satzung wie die des § 1899 ganz fehlt, von Hinschius (Zeitschr. f. Gesetzgebung u. Rechtspflege in Preußen, Bd. I, 1867, S. 528 ff.) mit aller Entschiedenheit aus dem sachlichen Zweckmoment als nothwendig gefolgert worden. Freilich bedurfte die Rechtfertigung dieses Resultats gegenüber der damaligen Schultheorie vom animus domini einer sich wahrhaft selbst überbietenden Kunst der Dialektik, um der Bestrickungen mit selbst geschaffenen Schwierigkeiten Herr zu werden.

Nach dem nämlichen § 1899 ist der Testamentsvollstrecker außerdem berechtigt, „die Nachlaßforderungen einzuziehen und alle zum Nachlaß gehörenden Rechte, insbesondere auch im Wege der Klage geltend zu machen.“

Trug es sich also zufälliger Weise zu, daß bei Lebzeiten des Erblassers eine in dessen Eigenthum stehende Sache vom nachherigen Erben in Besitz genommen wurde, so muß danach der Testamentsvollstrecker auch jenes im Nachlaß befindliche Eigenthumsrecht klagend gegen den besitzenden Erben verfolgen können, wie gegen jeden Besitzer überhaupt. Und wenn der Erblasser z. B. einem Verwandten einen großen, vielleicht den größten Theil seines Vermögens zu Darlehn gegeben hatte, dann ihn zwar zum Erben eingesetzt, aber mit reichen Vermächtnissen belastet hatte unter Ernennung eines Dritten zum Testamentsvollstrecker, — kann dann nicht der Letztere auch hier, insoweit es zur Erfüllung jener Vermächtnißverbindlichkeit erforderlich ist, gegen jenen Erben und Darlehnsschuldner Klage zu erheben haben? Oder sollte er hier eventuell machtlos seiner Verpflichtung, „die letztwilligen Verfügungen des Erblassers zur Ausführung zu bringen" (§ 1897 Abs. 1) gegenüber stehen? Auch sofern diese Darlehnsforderung durch confusio ipso jure erloschen wäre, würde doch der Erbe, insoweit er durch jene confusio bereichert worden ist, die Vermächtnißbelastung immer anzuerkennen haben. Vollends ist kein Zweifel, wenn jener Erbschaftsschuldner nur zu einem Theile Erbe wurde und also für die Quoten der Miterben die Forderung schon an sich unangetastet fortbestehen blieb.

Stellt im Uebrigen der soeben angeführte § 1897 am Schluß die allgemeine Regel auf: „Eine Klage des Vollstreckers gegen den Erben auf Vollziehung des Vermächtnisses ist ausgeschlossen" — was ist das denn anders als eine starre formal logische, durch den sachlichen Zweckgedanken nicht geforderte, vielmehr reprobirte Consequenz aus der vorgefaßten principiellen Schulmeinung, daß der Erbe „Geschäftsherr" (Motive Bd. V, S. 236 unten), der Vollstrecker sein bloßer Vertreter sei? In der gemeinrechtlichen Praxis, wo man frei den praktischen Anforderungen des Lebens Folge leisten konnte, hat man an der Zulässigkeit einer solchen Klage seitens des Testamentsvollstreckers gegen den Erben mit Recht durchaus kein Bedenken getragen (vergl. auch Gierke a. a. O. S. 522).

Aber genug in diesem Zusammenhange davon, daß der Testamentsvollstrecker wie bei Rechtsgeschäften so auch im Rechtsstreit gegen den einzelnen Erben selber beziehentlich gegen sämmtliche Erben kann auftreten müssen, mithin schon deshalb nicht als Vertreter der Erben principiell sich auffassen läßt. Nur auf einen ganz anderen Grund gegen diese letztere Auffassung soll hier noch ganz kurz hingewiesen werden. Sehr häufig sind im Leben die Fälle, wo gerade einer der eingesetzten Erben selbst, vielleicht der Haupterbe, zugleich zum Testamentsvollstrecker berufen wird. Dieser Fall ist sogar in vielen Kreisen der gewöhnliche und regelmäßige bei der natürlichen Abneigung der meisten Menschen, die außerhalb der Familie Stehenden ohne Noth mit den intimsten Familienverhältnissen, insbesondere mit allen Einzelnheiten der Vermögens- und Verkehrsbeziehungen bekannt zu machen. Zumal Gewerbetreibende, Kaufleute, Besitzer industrieller Etablissements pflegen daher, wenn z. B. zu den Erben mehrere Töchter und ein oder mehrere erwachsene, schon geschäftsfähige Söhne gehören, eine verwickeltere Erbschaftsregulirung demjenigen Sohne oder denjenigen mehreren Söhnen als Vollstreckern des

Testamentes zu überlassen, denen sie die sicherste Wahrnehmung der Interessen sämmtlicher Erben und die umsichtigste Ausführung letztwilliger Befehle glauben zutrauen zu dürfen.[1])

Wie nun, wenn in solchem Fall der Testamentsvollstrecker gerichtliche Klagen gegen Erbschaftsschuldner erhebt? Soll er denn da diese Klagen, nach § 1903 des Entwurfs, als „gesetzlicher Vertreter", zugleich seiner selbst und der übrigen Erben anstellen? Oder soll man hier seine Stellung zum ganzen Proceß gleichsam innerlich zerreißen, so daß der anscheinend einheitliche Proceß in Wahrheit zwei verschiedene Rechtsstreitigkeiten bildete, von denen er den einen als Hauptpartei für sich selber, den anderen als gesetzlicher Vertreter führte? Und wie ferner dann, wenn etwa die Ernennung zum Testamentsvollstrecker von zweifelloser Kraft ist, die Rechtsgültigkeit der einen oder anderen Erbeinsetzung aber, vielleicht seiner eigenen, vielleicht der eines Miterben im concreten Fall höchst unsicher und bestritten, — muß denn da diese dunkle Erbfrage zuvor klar gestellt sein, damit man auch sicher wisse, ob und wie weit der Kläger als Hauptpartei auftritt, oder überhaupt nur als gesetzlicher Vertreter anderer eingesetzter Erben?

Genug, auch nach dieser Richtung hin verwickelt man sich allem Anschein nach nur in selbst geschaffene Schwierigkeiten durch die principielle Auffassung vom Testamentsvollstrecker als eines gesetzlichen Vertreters des Erben. Wie in Wahrheit leicht, einfach und unverkünstelt die Sachlage juristisch zurecht zu legen ist, darauf kommen wir erst nachher in dem ganzen Zusammenhange, wo wir unsere eigene, d. h. vielmehr die objectiv in der Sache selbst liegende Construction des Instituts näher zu entwickeln und zu begründen haben. Zunächst handelt es sich hier noch um die Kritik des dritten Begriffselements in der Formel „gesetzlicher Vertreter des Erben".

Also wenn der Testamentsvollstrecker auch nicht als ein gesetzlicher Vertreter zu denken ist, wenn ferner auch nicht als ein Vertreter des Erben als solchen; — ist es doch etwa richtig, ihn als den irgendwie bevollmächtigten Vertreter irgend Jemandes sonst aufzufassen, insbesondere als Vertreter des Erblassers oder gleichsam des Nachlasses selbst,

[1]) Ueber die rein thatsächliche Anwendung und Gestaltungsweise des Institutes im Rechtsleben des Nordens wie Südens von Deutschland hat der Verf. dieses Gutachtens nach mehrfachen Richtungen hin eingehende Mittheilungen von verehrten Freunden aus der Praxis empfangen, die eingehendsten insbesondere von Herrn Landgerichts-Director Dr. Tunica in Braunschweig und Herrn Landgerichts-Director Bunsen in Hechingen, wofür er hiermit seinen besten Dank ausspricht.

wie es schon im Preußischen Landrecht angedeutet liegt und wie es gerade auch für das gemeine Recht so vielfach angenommen worden ist, allerjüngst wieder von Dernburg (Pand. Aufl. 2, Bd. 3, § 124)?

Jedenfalls ist es nun einleuchtend, daß der Vollstrecker in Ansehung des Erblassers oder des vom Erben schon erworbenen Nachlasses nicht als Vertreter im technischen Sinne des Wortes gedacht werden kann. Denn der Erblasser, der Verstorbene, kann für die weltliche Rechtsordnung nicht mehr handeln, noch im Handeln vertreten werden. Wogegen auch nicht aufzukommen ist mit jener Idee des noch jugendlichen Leibnitz in der nova methodus, daß doch das Recht die anima immortalis des Erblassers als hienieden durch den procurator fortwirkend ansehe; eine Idee, welche auch allerjüngst wieder anklingt in der Wendung, daß den Testamentsvollstrecker in der Vollziehung ein geistiges Band mit dem unsterblichen Geiste des Erblassers verknüpfe (Sturm bei Jhering Jahrb. XX, 1882 S. 93).

Aber auch hinsichtlich des Nachlasses, in welchem gleichsam der Verstorbene fortlebe, kann er nicht als Vertreter im technischen Sinne vorgestellt werden, wenn man nicht mit der potenzirten Fiction operiren will, daß der von den Erben schon erworbene, zu einem Bestandtheil ihrer Rechtssphäre gewordene Nachlaß immer noch eine selbständige juristische Person bilde. Giebt man statt dessen der Sache die Wendung, daß der Vollstrecker „als Vertreter des Willens des Verstorbenen die Nachlaßgeschäfte besorge" (Beseler), oder daß er „das für einen bestimmten Bereich eingesetzte Willensorgan des Erblassers" sei als rechtlich anerkannter Träger einer wichtigen socialen Function (Gierke a. a. O.), so mag mit solcher bildlich anschaulichen Ausdrucksweise das erheblichste, legislativ politische Moment des Institutes angedeutet sein; eine präcise, praktisch unmittelbar verwerthbare juristische Construction aber ist es nicht.

Vertreter könnte der Testamentsvollstrecker höchstens allenfalls in einem uneigentlichen Sinne genannt werden, ungefähr in dem Sinne, wie man auch den echten Erben, der in der Einheit des Vermögens die Stelle des Verstorbenen vertritt, der an den bisher von jenem eingenommenen Platz einrückt, den Repräsentanten des Erblassers genannt hat. Und in der That giebt es ja Rechtssysteme, nach welchen man in diesem weiteren uneigentlichen Sinne den Testamentsvollstrecker als Vertreter des Erblassers ganz zutreffend bezeichnen könnte. So verhält es sich mit dem executor des englischen und theilweise auch des nordamerikanischen Rechtes. Dieser englische executor steht wirklich an Erben Statt, wie schon daraus hervorgeht, daß seine Ernennung bei Errichtung eines

Testamentes ein wesentliches Stück ist, welches, wenn es einmal fehlen sollte, durch amtliche Ernennung eines Nachlaßverwalters (administrator) ersetzt werden müßte. Auch behielt ja lange Zeit dieser executor kraft seines Amtes den Rest (das „residuum“), der nach Erfüllung der Auflagen und Entrichtung der Vermächtnisse übrig blieb, falls nicht in diesen Rest ausdrücklich kraft des Testamentes ein bestimmter Anderer (als residuary legatee) berufen war, bis erst neuere Parlamentsacte hier im Zweifel den nach vollendeter Abwickelung aller erbschaftlichen Verhältnisse sich ergebenden Activsaldo den nächsten Blutsverwandten des Erblassers zusprachen. So sagen auch die Schriftsteller des englischen Rechtes von den Executoren ausdrücklich, daß sie „represent the person of the testator, and in general succeed to his rights of action and are subject on the other hand — to his liabilities“, letzteres natürlich nur, insoweit der in ihrer Hand befindliche Nachlaß zur Tilgung der Schulden reicht.

In viel geringerem Maße schon läßt sich von den exécuteurs testamentaires des code civil und seiner Nachbilder, z. B. in Deutschland des badischen Landrechts, in Ansehung des Erblassers ein Repräsentationsverhältniß behaupten, obgleich ja auch dem Testament des französischen Rechtes wie dem des englischen ein echter „héritier“ ganz fehlt. Selbst wenn dem Vollstrecker durch den freien Willen des Testators die saisine des Nachlasses ausdrücklich eingeräumt war, wie es entgegen den alten coutumes von Paris, Orleans u. s. w. der Code als Rechtsbedingung vorschreibt, sind sie dadurch doch nur legitimirt, wie „mandataires“ weiteren allgemeineren Sinnes, für Auszahlung der Vermächtnisse aus der ihrer Besitznahme allein unterworfenen beweglichen Habe Sorge zu tragen, — mit Maximaldauer der saisine von Jahresfrist. Und nun vollends ohne die speciell vom Testator verliehene saisine sind die Executoren beschränkt auf die nöthigsten Verwaltungsmaßregeln hinsichtlich des Nachlasses, sowie auf Ueberwachung der Ausführung des Testamentes mit Interventionsrecht bei Rechtsstreitigkeiten über dessen Gültigkeit (code civil §§ 1025—1034).

Größere Schwierigkeiten noch scheinen der Annahme einer Repräsentation des Erblassers durch den Testamentsvollstrecker im Wege zu stehen, wo dem Testament ein echter Erbe, ebenbürtig in seiner ganzen Rechtsstellung dem gesetzlichen Erben, wesentlich ist. Denkt man sich diesen Universalsuccessor als einen Repräsentanten des Erblassers, wie und in welchem Sinne soll denn neben dieser Repräsentation noch Raum sein für eine zweite weitere Repräsentation? Hat nun Beseler in seiner berühmten, historisch grundlegenden Abhandlung (Zeitschr. f. deutsches Recht,

Bd. 9, 1845) dies Räthsel zu lösen versucht durch die beiden unterscheidenden Schlagwörter der „formellen" und „materiellen" Repräsentation, von denen er jene dem Vollstrecker, diese dem Erben beilegt, so ist damit in Wahrheit das Räthsel selber nur in eine neue Form gebracht. Einen klaren, juristisch präcisen und brauchbaren Begriff wenigstens können wir mit solcher Unterscheidung nur verbinden, wenn wir uns den „formellen" Repräsentanten in einer Weise denken, welche Jhering (Geist III, 1, 1888, S. 247—249) als die römische Form universeller Testamentsexecutoren bezeichnet hat, nämlich als einen wahren Fiduciarerben, welcher aber die ganze Materie der Erbschaft nach des Testators Willen Dritten zu Gute kommen lassen muß. Wie ein solcher Fiduciarerbe, sozusagen ein heres sine re, ist ja aber der typische deutsche Testamentsvollstrecker nicht gedacht. Und so scheint Beseler's Formel nur ungefähr auf den Sinn hin gedeutet werden zu können, daß die Repräsentation des Erblassers von Haus aus eine innerlich zerspaltene sein soll, daß der Eine Repräsentant des Erblassers zum bloßen Haben, der Andere Repräsentant des Erblassers zum bloßen Handeln sein soll. Es ist aber eine solche Zersplitterung des einheitlichen Begriffes praktisch schwer zu Ende zu denken; schon deshalb, weil dieses Handeln ohne ein gewisses Haben nicht durchführbar sein würde und weil jenes Haben durchaus werthlos sein würde bei völliger Abschneidung jedes Handelns.

Erfreulicher und lohnender als die Constatirung des Problematischen in Beseler's Grundgedanken wird die Aufgabe sein, das, was Brauchbares und Werthvolles in demselben gelegen ist, zu voller Klarheit herauszubilden. Vorläufig genügt es uns hier, festgestellt zu haben, daß in der Prädicirung des Testamentsvollstreckers als eines „gesetzlichen Vertreters des Erben" von allen drei Elementen dieser Begriffsformel jedes einzeln für sich aus besonderen selbständigen Gründen die Probe nicht zu bestehen vermag.

III.

Gehen wir von der Kritik über zur eigenen positiven Entwickelung des in dem objectiven Sachverhältniß selber sich bekundenden juristischen Gedankens, so werden wir dabei am einfachsten anknüpfen können an das, was in den kritisirten Aufstellungen doch Richtiges enthalten ist.

Wurde auf den Testamentsvollstrecker das Moment des „gesetzlichen" bezogen, so ist ja das darin ganz zutreffend, daß es in der That einer eigenen, ursprünglich gewohnheitsrechtlichen Rechtsbildung bedurfte, um die Testirfreiheit des Erblassers über die im reinen römischen Recht zugelassenen Grenzen hinaus zu erweitern, um einen bestimmten neuen, rechtlich determinirten Willensinhalt seiner Verfügung frei zu geben.

Nannte man ihn „Vertreter", so ist es ja wahr, daß es nach Zweck und Inhalt jener Rechtsbildung sich darum handelt, dem Testator noch über seinen Tod hinaus ein eigenes Willensorgan zur Verfügung zu stellen, welches möglichst im Geist und Sinn des Testators die letztwillig kundgethanen Interessen desselben zu sichern berufen sei.

Wurde der Gedanke der Vertretung auf den Erben bezogen, so liegt es allerdings auf der Hand, daß der ernannte Testamentsvollstrecker vielfach Handlungen vornehmen muß, welche ohne jene Ernennung der Erbe vorzunehmen hätte, daß er in diesem Sinne anstatt des Erben handelt, daß endlich jene Handlungen, seien es processualische oder Rechtsgeschäfte, in bestimmten Grenzen auch für den Erben bindende Kraft haben, in ähnlichem, nur noch in gesteigertem Maße, wie es die Handlungen eines Vertreters für ihn haben würden.

Im Einklang mit dem, es in thesi gestattenden, Gesetz wird also, davon werden wir ausgehen können, in hypothesi durch den in gehöriger Rechtsform erklärten Willen des Erblassers dem Vollstrecker die Ermächtigung gegeben zu Handlungen im Dienst und zum Zweck pflichtmäßiger Durchführung des letzten Willens. Daß in der That die Ernennung zum Testamentsvollstrecker eine über den Tod hinaus gegebene Vollmacht, eine letztwillige Ermächtigung enthält, tritt bei ganz unbefangener, von vorgefaßter Schulmeinung freier Würdigung gegebener praktischer Rechtsfälle seitens der Gerichte immer wieder zu Tage, wie es die zahlreichen Entscheidungen im Seuffert'schen Archiv am besten bekunden. Es entspricht dies auch der historischen Anknüpfung des Instituts an die alte commendatio causae (Andr. Heusler, Inst. d. deutsch. P.R. II S. 652 ff.), entspricht dem bekannten Satz des kanonischen Rechts (c. 19 X d. testam. 3, 26), wonach die „executores testamenti post mandatum susceptum" zur getreuen Ausführung des letzten Willens gezwungen werden sollen; entspricht auch der durchgängigen Auffassung der deutschen und außerdeutschen Codificationen, vornehmlich gerade auch des Allgemeinen Preußischen Landrechts. Selbst Beseler, der Begründer des Gedankens der „formellen Repräsentation", sieht es danach als gewiß an, daß der Testamentsvollstrecker nur vermöge eines bestimmten Auftrages seine Gewalt erhält unmittelbar vom Erblasser her (a. a. O. Bd. IX § 3 „Princip der Lehre" S. 165 ff.).

Statuirt man also, wie ganz neuerdings Bekker (Pand. Bd. II 1889, § 106 nam. Beilage III), einen allgemeinen Typus von „Ermächtigungsgeschäften", wenn auch zweckmäßiger Weise mit erheblich engerer Begrenzung ihres Gebietes, als die dort angenommene, so fällt jedenfalls die Ernennung des Testamentsvollstreckers mit unter jenen technischen Begriff des Ermächtigungsgeschäfts. Sie bildet hier eine ganz besonders geartete Species für sich. Wie tiefgreifend sie insbesondere von dem verkehrsmäßigen obligatorischen mandatum, von der allzeit widerruflichen Vollmacht unter Lebenden sich unterscheidet (scharf betont namentlich bei Windscheid, Pand. § 567 Anm. 7), wer könnte das verkennen? Bedarf es doch vor Allem hier für das auf Grund des letzten Willens deferirte Rechtsverhältniß einer eigenen einseitigen, im Entwurf § 1892 zweckmäßig geordneten, Annahmeerklärung und kann doch die einmal erworbene Rechtsstellung ihrem Inhaber nicht mehr durch beliebigen Widerruf entzogen werden, sondern nur aus besonderem wichtigen Grunde kraft Erkenntniß des Nachlaßgerichts (E. § 1896). Auch ist es klar, daß diese Art der Ermächtigung gerade solche Befugnisse und Handlungen umfaßt, welche erst durch den Tod und Erbfall möglich geworden sind und welche der Ermächtiger selber persönlich in solcher Gestalt niemals hätte realisiren können.

Mit diesem Vorbehalt aber trifft es auch hier zu, daß bei jeder Ermächtigung ein gewisser Ausschnitt aus dem Rechte des Ermächtigers auf den Ermächtigten übergeht. Zielt die Ernennung zum Erben beziehentlich zum Legatar hin auf die Bewirkung einer echten Succession in die Rechtsverhältnisse des Erblassers und auf einen einfachen derivativen Erwerb, so steht die Ernennung zum Testamentsvollstrecker am nächsten einer constitutiven Zuwendung, die ein ganz neues Rechtsverhältniß mit sich bringt. Von der wirklichen Zuwendung unterscheidet sie sich offensichtlich dadurch, daß sie ihrer principiellen Richtung nach keine Bereicherung des Berufenen bewirken, kein Recht oder keine Sache in sein eigenes Vermögen hinüberleiten soll. Auf der Verkennung dieses Unterschiedes beruhte jene ältere, auch noch in den Motiven erwähnte Lehre, wonach die Ernennung zum Testamentsvollstrecker als eine Art von Vermächtniß construirt wurde. Immerhin lag doch hinwider das richtige Moment darin, daß auch durch die Ernennung eines Testamentsvollstreckers eine Art von Ausschöpfung aus der Rechtssphäre des Erblassers (delibatio hereditatis) bewirkt wird, daß aus jener letztwilligen Ermächtigung eine, die wirklichen Successoren des Erblassers beschränkende Rechtsstellung erwächst, welche in gewissem Umfang zur Verfügung über fremden Vermögensstoff berechtigt.

Uns interessirt jetzt zunächst die Frage: Sind alle die Befugnisse, welche aus der Ermächtigung zum Testamentsvollstrecker entspringen und welche bis zu ausschließender Ergreifung der zum Nachlaß gehörenden

Sachen, bis zu Veräußerungen u. dgl. sich steigern; sind dieselben ihrem Wesen nach dazu geeignet, um in ihrer Zusammenfassung als ein eigenes wirkliches subjectives Recht des Testamentsvollstreckers juristisch construirt werden zu können? Es möchte zwar scheinen, daß diese Frage als eine bloß doctrinäre in den Bereich unserer jetzigen Aufgabe gar nicht hineingehörte. Wenn man aber aus den veröffentlichten Motiven sieht, wie wesentlich oft ganz doctrinäre Vorstellungen auf die praktisch politische Ausgestaltung der einzelnen positiven Rechtssatzungen eingewirkt haben, so muß man es doch für unentbehrlich erachten, wenigstens in aller Kürze auch jene Schulfrage principiell zu berühren.

Es sind zwei Zweifelsgründe, welche gegen die Annahme eines eigenen subjectiven Rechts geltend gemacht werden könnten. Der eine betrifft die Frage nach dem Dasein eines eigenen selbständigen Interesses beim Ermächtigten, der andere den Gegenstand und die systematische Construction des fraglichen Rechtes.

Ist es richtig, daß bei einer vernünftigen Rechtsordnung ein subjectives Recht sich nicht denken läßt ohne ein belebendes, als schutzwürdig anerkanntes Interesse des Subjects, so scheint es sich hier nur zu handeln um das einstige Interesse eines nunmehr Verstorbenen an der richtigen getreuen Ausführung seines letzten Willens, nicht um ein eigenes Interesse des zu dieser Ausführung Ermächtigten. Aber jenes Interesse wird von sämmtlichen neueren Rechtsordnungen als so wesentlich angesehen, daß es zum Voraus Gewährleistung findet, daß es zur Grundlage eines besonderen Rechtsinstituts erhoben wird. Und der gekürte Vertrauensmann, welcher darauf hin die Stellung freiwillig annimmt und den damit gegebenen Pflichten sich unterzieht, macht hierdurch das einstige Interesse des Erblassers zu seinem eigenen lebendigen Interesse. Es mag sich, wie die Motive sagen (Bd. V S. 240), um ein lediglich „ideales" Interesse des Vollstreckers an der Ausführung des letzten Willens handeln, wenn sich auch für ihn regelmäßig ein Recht auf eine angemessene Vergütung (E. § 1909) an die ganze Stellung und ihre Durchführung anknüpft. Aber sind denn nicht auch lediglich ideale Interessen erst recht, wie insbesondere so manche Familienrechte zeigen, geeignetes Fundament zur Anerkennung subjectiver Eigenrechte für ihre Träger?

Daß im Dienste der übernommenen geheiligten Pflicht sein, des Ermächtigten, Wille zur vollen Geltung gelange, innerhalb des von der Rechtsordnung zum Behuf der Erfüllung jener Pflicht gewährleisteten Machtkreises, das ist sein eigenes Recht; nicht ein bloßes Vertretungsrecht, sondern aus selbständigem Centrum heraus die Interessen aller Erbschaftsbetheiligten, keineswegs allein der Erben überragend.

Die Anerkennung der Stellung des Testamentsvollstreckers als eines selbständigen Eigenrechtes könnte noch weiter von dem Gesichtspunkte aus bezweifelt werden, daß es seiner Hauptrichtung nach jedenfalls ein Eingreifen in fremdes Vermögen zum Gegenstande hat und doch nicht als eines der geläufigen Vermögensrechte rubricirt werden kann, insbesondere weder als dingliches Recht noch als Forderungsrecht. Aber giebt es denn nicht im älteren wie im modernen Rechtsleben eine ganze Reihe von Fällen, wo das eine Recht sich unmittelbar ein anderes Recht als solches unterordnet, es ergreift und beherrscht, wo das zunächst gegebene Recht Gegenstand eines weiteren selbständigen Rechtes in dem Sinne wird, daß der Inhaber des letzteren Rechts über das erstere zu einem gewissen Zweck und in den durch diesen Zweck gegebenen Grenzen juristisch frei verfügen kann? Wir haben schon anderwärts einschlagende Anwendungen und die Eigenart des Rechts an Rechten berührt (Münchener krit. Vjschr. N. F. Bd. III, 1880, S. 518 ff., insb. S. 544 ff.), brauchen also um so weniger das Problem in seiner Allgemeinheit hier zu erörtern. Unter Anderem ist auch die altgermanische Vormundschaft wie die ältere römische tutela nicht als ein bloßes Vertretungsrecht, sondern als ein solches Eigenrecht über die fremde Rechtssphäre zu construiren. Während aber die Vormundschaft des neueren Rechtes einen anderen Charakter in dieser Hinsicht angenommen hat, wird sich gerade die Stellung des Testamentsvollstreckers immer nur richtig auffassen lassen als ein, durch seinen charakteristischen Zweck bestimmtes, subjectives erbrechtliches Eigenrecht, welches die ganze erbschaftliche Rechtssphäre zu seinem wesentlichen Gegenstande hat. Sicherlich wäre es ganz verkehrt, das Institut über einen fremden Leisten zwingen zu wollen und künstlich nach der Analogie des Vormundschaftsrechtes, der Güterpflege oder dergl. zurechtzulegen. Ganz stimmen wir mit Gierke darin zusammen, daß, um den Anforderungen des Rechtslebens völlig zu genügen, die Stellung des Testamentsvollstreckers frei und selbständig ausgebildet werden muß, aus dem inneren praktischen Zweck heraus mit einem eigenartigen, nur sich selbst gleichen erbrechtlichen Rechtsinhalt. Dazu aber gehört es gerade mit, daß der Vollstrecker gegebenen Falls über die collidirenden Rechtsinteressen der Erben, Legatare u. s. w. hinweg kraft eigenen Rechtes, zur getreuen Durchführung des letzten Willens, verfügen kann. Dazu auch kann es gehören, daß er über erbschaftliche Rechtsverhältnisse Processe zu führen hat, nicht im Namen sämmtlicher Erben oder eines einzelnen Erben, natürlich noch weniger im Namen und als Vertreter des Verstorbenen, sondern im eigenen Namen und als Hauptpartei, im Dienst seines idealen Interesses und kraft der darauf beruhenden Rechtsmacht (vergl. auch O. Fischer

a. a. O. S. 60 Anm. und S. 45). Es läßt sich auch hier sagen, was von einem wieder etwas anders gearteten Falle gesagt worden ist (Kohler in Jhering's Jahrb. Bd. XXIV, 1882, Der Dispositionsnießbrauch, insbes. S. 319 ff.): daß der Testamentsvollstrecker Proceßstandschaft hat mit bindender Kraft für die Drittbetheiligten, ohne Vertreter zu sein. Der Proceß ist sein eigener Proceß, nicht der Proceß der Erben, und er wirkt auf sie nur deshalb ein, weil überhaupt für den Zweck der Sicherung und Vollstreckung des Testamentes, soweit dieser Zweck es eben fordert, die erbschaftlichen Rechte in seine Discretion gestellt, seiner erbrechtlichen Verfügungsmacht unterworfen sind. Wie Processe führen, so kann er auch Vergleiche schließen zum Zweck der Aufrechthaltung des Testaments, selbst mit einem einzelnen eingesetzten Erben. Ein recht häufiger Fall ist es doch, daß unter den eingesetzten Testamentserben auch der eine oder andere schon ab intestato berufene, vielleicht pflichttheilsberechtigte Verwandte sich befindet und daß für diesen die Eventualität besteht, die Testamentsbestimmungen aus dem einen oder anderen Grunde ihrer Gültigkeit nach in Frage zu stellen und auf sein gesetzliches Erbrecht beziehentlich sein Pflichttheilsrecht zurückzugreifen. Gelingt es nun dem Testamentsvollstrecker, jenen testamentarisch eingesetzten Intestaterben zu einem Vertrage zu bewegen, worin er auf seine Bemängelung verzichtet und die Rechtsgültigkeit des Testamentes anerkennt, so kann doch kein Zweifel sein an der bindenden Kraft dieses Vertrages, ganz einerlei, ob die übrigen Testamentserben ihr Einverständniß dazu erklärten oder nicht. Kann man aber diese Entscheidung mit dem Reichsgericht (Bd. IX S. 210 Hamburger Rechtssache) dadurch begründen, daß der Testamentsvollstrecker gemeinrechtlich Dritten gegenüber „den Nachlaß, oder wenn man will, den Erblasser und deshalb auch die Testamentserben vertrete als die vom Erbschaftserwerb an wirklich Interessirten"? Wie sollte hier der Testamentsvollstrecker plötzlich zum Vertreter des einen Testamentserben gegenüber dem anderen heruntergesetzt werden, der im Namen jenes mit diesem contrahirte und nur so in fremdem Namen contrahiren könnte? Vielmehr erklärt sich die Sache einzig und allein aus seiner überragenden Rechtsstellung, aus seinem Eigenrecht als Wächter des Testaments, kraft dessen er selbständig und suo nomine solche den Rechtsbestand des Testaments sichernde Verträge gültig schließt.

Eine Eigenthümlichkeit dieses, die erbschaftliche Rechtssphäre ergreifenden Eigenrechts des Vollstreckers ist es noch, daß dasselbe vollen Rechtsbestand in seiner Selbständigkeit haben kann auch neben einem noch so weit gehenden Antheil an den materiellen Erbschaftsrechten selber. Wir erinnern nur wieder an den ganz gewöhnlichen Fall, daß Einer der zu Erben Eingesetzten zugleich zum Testamentsvollstrecker ernannt worden ist. Wenn hier etwa die Rechtsgültigkeit seiner Erbeinsetzung seitens der übrigen Eingesetzten bestritten oder umgekehrt die Erbeinsetzung der Miterben von seiner Seite her angreifbar ist, so mag er z. B. eine gegen unsichere Erbschaftsschuldner eiligst nothwendige Klage einfach kraft des besonderen Eigenrechts als Testamentsvollstrecker erheben und mag die dunkele Erbfrage einstweilen ganz dahingestellt sein lassen. Es geht dies in gewissem Sinn damit parallel, daß der Eigenthümer bei großer Schwierigkeit des Eigenthumsbeweises einfach statt auf das Eigenthum auf das daneben an der eigenen Sache noch bestehende Publicianische Recht sich berufen kann. Wie hier dem Eigenthümer an der eigenen Sache noch ein weiteres Recht zu Gebote steht und sich sehr nützlich von ihm verwerthen läßt, so mag dort der Testamentsvollstrecker auch hinsichtlich der eigenen erbschaftlichen Vermögensrechte noch ein weiteres selbständiges erbrechtliches Verfügungsrecht haben und praktisch ausnützen. Für alle diejenigen aber, welche nun einmal nie ein Recht an einem anderen Recht als solchem gelten lassen wollen, sondern immer nur an körperlichen unmittelbar greifbaren Gegenständen, wird dadurch natürlich die Construction der Stellung des Testamentsvollstreckers aus dem Gesichtspunkte eines besonderen erbrechtlichen Eigenrechts in keiner Weise ausgeschlossen. Sie wird dadurch nur mehr als nöthig verkünstelt, namentlich in Ansehung der Erbschaftsforderungen, für die man nun nach greifbaren Dingen, als der Verfügung des Vollstreckers unterworfen, suchen muß.

Jenes erbrechtliche subjective Recht des Testamentsvollstreckers wird sich endlich auch darin als solches bewähren, daß ihm ein eigener Klagenschutz zuzugestehen ist für den Fall, daß es bestritten wird. So liegt uns z. B. ein Testament aus jüngster Zeit vor Augen, worin drei verschiedene Personen alternativ zu Vollstreckern berufen wurden, der A oder der B oder der C. Wenn hier nun auf Bitten der Erben sofort der C die Sache in die Hand nahm, der A aber gleich nachher ein stärkeres Recht für sich behauptet und verficht, sei es aus bloßem idealem Interesse, sei es auch wegen der Aussicht auf die zu erwartende materielle Vergütung, so muß ihm doch der Weg offen stehen, die Frage seines Rechtes zur gerichtlichen Feststellung zu bringen und im Fall der Anerkennung seines Rechtes die Consequenzen daraus hinsichtlich der einzuräumenden Inhabung des Nachlasses u. s. w. ziehen zu lassen.

Doch es handelt sich dabei nicht um ein isolirtes Recht ganz einseitig für sich. Vielmehr ruht dasselbe auf der Grundlage der übernommenen Pflicht, zu deren sicherer Durchführung es wesentlich ins

Leben gerufen wird und die Anerkennung seitens der Rechtsordnung verdient. Eben deshalb gerade ist schwerlich zu billigen die Einräumung eines einseitig willkürlichen Rücktrittsrechts an den Vollstrecker durch den § 1895 des Entwurfs. Weit entfernt davon, daß „die Kündigungsbefugniß des Vollstreckers im geltenden Recht nicht überall unbestritten ist“ (Motive Bd. V S. 223), unterliegt es vielmehr keinem Zweifel, daß das gemeine Recht und so ziemlich sämmtliche neuere Gesetzgebungen ihr positiv entgegen sind. Meinen die Motive, daß eine ersprießliche Thätigkeit des wider seinen Willen im Amte Festgehaltenen nicht häufig zu erwarten sei, so müßte man aus diesem Grunde auch den Zwang zur Führung von Vormundschaften, zur Leistung des Geschworenendienstes und manches Aehnliche sofort aufheben. Wird befürchtet, daß ohne das freie Rücktrittsrecht häufig das Amt abgelehnt würde, so ist es doch sicherlich besser, daß ein so wankelmüthiger und unentschlossener Berufener lieber von vornherein ablehnt, als daß die Gefahr herbeibeschworen wird, die einmal begonnene Vollstreckung mitten in der Ausführung willkürlich verlassen und die Abwickelung der eingefädelten Geschäfte einem Uneingeweihten anheimgegeben zu sehen.

In der That ist der Umstand, daß hier der Ermächtiger durch seinen Tod außer Stand gesetzt ist, an Stelle des kündigenden Vollstreckers einen anderen zu ernennen, allerdings dazu geeignet, dem Vollstrecker eine festere Gebundenheit als einem gewöhnlichen Mandatar von Rechtswegen zuzumuthen.

Und so sollte nur aus besonderen erheblichen Gründen, unter Controle des Nachlaßgerichts die Rücktrittsbefugniß zugelassen werden.

IV.

Aber wenn wir nun, was gewiß auch der richtige Kern ist unter der Schale der Vorstellung von der „formellen Repräsentation“ des Erblassers, ein eigenes erbrechtliches subjectives Recht für den Testamentsvollstrecker anzuerkennen haben, — nach welchem Princip ist der Umfang dieses Rechtes zu bemessen; wie weit ist zu gehen in der Erstreckung der einzelnen Befugnisse des Berechtigten? Ist es insbesondere richtig, mit dem Entwurf auszugehen von der Aufstellung eines festen gesetzlichen Typus? Und zwar nur von einer einzigen Art, so daß erst ganz hinterher dem erkennbaren Willen des Erblassers (§ 1905) ein gewisser Spielraum für Anordnung von einzelnen speciellen Beschränkungen eingeräumt wird, in deren Ermangelung stets die einheitliche Schablone des Gesetzes Platz zu greifen hat? Es ist das die wichtigste, unmittelbar praktische legislativ politische Frage hinsichtlich unseres Institutes. Und zwar eine Frage, die ihrem Kern nach auch dann bleibt, wenn man unsere Construction eines erbrechtlichen Eigenrechtes verwerfen sollte und auf welche sich die Antwort, den wichtigsten praktischen Gründen nach, in gleicher, formell leicht zu modificirender Weise gestalten würde bei Annahme einer anderen juristischen Construction.

Die veröffentlichten Motive, mit ihrer hier ganz auffällig ausführlichen Erörterung der Gründe und Gegengründe, lassen es deutlich zwischen den Zeilen lesen, daß in jener wichtigsten praktischen Frage ursprünglich von einem anderen Standpunkte ausgegangen sein muß. Ist nun dieser Standpunkt später durch einfache Mehrheit der Commission verworfen worden, so bedarf es einer um so gewissenhafteren Prüfung, ob nicht die Gründe der Minderheit in Wahrheit doch die stärkeren waren. Denn sicherlich kann das Mehr vielleicht einer einzigen Stimme, oder etwa gar bloßer Stichentscheid des Vorsitzenden, keine von vornherein entscheidende Autorität haben.

Betrachten und erwägen wir zuerst, in welcher Weise die Motive den Beschluß zu rechtfertigen suchen, wonach eine einheitliche gesetzliche Schablone an die Spitze gestellt und insbesondere eine grundsätzliche Unterscheidung verschiedener Arten von Testamentsvollstreckern in dem Sinn verworfen wird, daß besondere Vorschriften für verwaltende und für überwachende Testamentsvollstrecker gegeben würden (Motive Bd. V, insb. S. 218—220).

Es sind im Ganzen vier Gründe, welche von den Motiven ins Feld geführt werden. Sie lassen sich in eine Doppelgruppe zusammenfassen, da immer je zwei enge zu einander gehören. Die ersten beiden laufen darauf hinaus, daß dem gewöhnlichen Wortsinn des Ausdrucks „Vollstrecker" eine irgendwie einschränkende Art der Befugnisse, entgegen der vollsten Selbstausführung nicht entspreche; ferner daß sich auch demgemäß eine Neigung des geltenden Rechts zu einer solchen Beschränkung kaum behaupten lasse.

Jene sprachliche, mehr philologisch exegetische Begründungsweise aber, muß sie nicht schon daran einen Anstoß finden, daß für das ganze Institut jenes Wort „Testamentsvollstrecker" keineswegs unbedingt typisch ist, etwa wie für das Wechselrecht das Wort „Wechsel"? Wird es auch thatsächlich im Leben seitens der Testatoren sehr häufig gebraucht, so finden sich doch auch in manchen Gegenden Deutschlands andere Ausdrücke dafür (z. B. der des badischen Landrechts § 1025). Und es kommt auch vor, daß die ganze Stellung nicht durch ein Hauptwort für das Subject bezeichnet wird, sondern daß ohne ein solches die zu leistenden Dienste, die Fürsorge für Ausführung des Testaments u. s. w. einer bestimmt benannten Vertrauensperson letztwillig ans Herz gelegt werden. Doch auch wo, der thatsächlichen Regel gemäß, das Wort „Testamentsvollstrecker" wirklich bei der Ernennung gebraucht wird, ist es sehr häufig ganz unverkennbar, daß das Wort vom Testator in einem minder umfassenden Sinne gebraucht ist. Die Laien und auch die bei Abfassung der Testamente behülflichen Rathgeber wenden das Wort dann schon an, wenn der Vertrauensmann auch nur dazu bestimmt ist, die ihm gewöhnlich im Voraus vertraulich eröffneten Bestimmungen über die Art des Begräbnisses und eines zu setzenden Denkmals zur Ausführung zu bringen, die sofortige gerichtliche Publication des ihm bekannt gegebenen Testamentes zu beantragen, die Bestellung eines gerichtlichen Nachlaßpflegers im Fall der Abwesenheit der eingesetzten Erben zu erwirken, vor dieser Bestellung die nöthigsten Schritte zur Sicherung der Hinterlassenschaft vorzunehmen, etwa auch noch zweifelhafte Ausdrücke des Testamentes auszulegen. Der Schreiber dieser Zeilen hat im gemeinrechtlichen Rechtsgebiet schon selber in diesem Sinn als Testamentsvollstrecker fungirt und kann aus eigener Erfahrung darüber reden. In einem Falle, wo es sich um Nichts weiter als um die oben aufgezählten Functionen handelte, wurde der Ausdruck „Testamentsvollstrecker" doch ganz unbedenklich auf ihn angewendet. Weiter gehende Functionen, wie etwa die Erhebung der nöthigen Klagen, die erforderliche Veräußerung von Nachlaßgegenständen u. dgl. auf sich zu nehmen, würde er sich, wie tausend Andere, die nicht eigentliche Geschäftsleute sind, gar nicht in der Lage befunden haben. Kein Zweifel, daß die zahlreichsten Ablehnungen einer so zeitraubenden und verantwortungsvollen Stellung zu befürchten wären, wenn man dem bloßen Wort zu Liebe die Anforderungen an jene Stellung der Regel des Rechtes nach ohne Weiteres auf das Höchste spannt. Nach dem einmal fest ausgebildeten Sprachgebrauch hat das Wort nicht einen starr abgeschlossenen, schablonenhaften Sinn, sondern ist des verschiedensten Umfanges fähig. Und gerade auch unter sämmtlichen neueren Gesetzen und Gesetzentwürfen, inländischen vom preußischen Landrecht an, wie ausländischen (z. B. Code Napoléon § 1025 u. 1026, Nederlandsch wetboek § 1054, Codice civile d'Italia § 906), etwa von nordamerikanischen wie dem civil Code of the state of New York § 628 abgesehen, ist unseres Wissens nicht ein einziges, wo nicht der Ausdruck „Testamentsvollstrecker," „executeur," „esecutore testamentario" u. s. w. in erster Linie auf den einfachsten Fall als Normalfall bezogen wäre. Auf den Fall nämlich, daß es an einer besonderen Verleihung der Besitznahme und Verwaltung im Testamente fehlt. So wird es auch mit der in den Motiven behaupteten Neigung des geltenden Rechtes zu einer einheitlichen Schablone sein starkes Bedenken haben.

Als zweite Gruppe von Gründen tritt in den Motiven die folgende auf. Der Entwurf, wird gesagt, giebt dem Vollstrecker eine absolute Rechtsstellung. Bei allen Rechtsgeschäften absoluten Charakters aber ist regelmäßig davon ausgegangen, eine nicht näher specialisirte Willenserklärung als auf die Herbeiführung der ausgedehntesten Wirkungen gerichtet anzusehen, sofern nur darin die charakteristische Bezeichnung des Rechtsgeschäfts enthalten ist. Dies Verfahren wird dann endlich auch als praktisch zweckmäßig gerühmt, weil es für den Erklärenden leichter sei, Einzelnheiten eines durch das Gesetz gegebenen Rechtsinhalts zu verneinen, als positiv zu bestimmen, wie weit der Inhalt eines Rechtes zu reichen hat.

Uns will es zunächst scheinen, als ob dort der Doppelsinn des Wortes „absolut" unwillkürlich sein Spiel treibe. Denn wenn die Befugnisse, welche seitens der Rechtsordnung dem Testamentsvollstrecker gewährleistet werden, in dem Sinne absolut sind, daß sie ihrer Intensität nach in der Manier der stärkeren Kraft von dinglichen Rechten, nicht der schwächeren von Obligationen binden, — wie kann daraus irgend gefolgert werden, sie hätten auch in dem ganz anderen Sinne absolut zu sein, daß sie extensiv so umfassend wie möglich sein müßten. Und die gerühmte praktische Zweckmäßigkeit des vom Entwurf eingeschlagenen Systems will nicht so recht einleuchten, wenn man daran denkt, wie es im Leben wirklich zugeht und wie die Auslegung concreter Testamente sich gestaltet.

Einmal ist es doch nicht so leicht für den Testator, sich über die von ihm besonders auszuscheidenden Einzelnheiten klar zu werden. Es erfordert das eine gründlichere Kenntniß des Gesetzes und eine umsichtigere Erwägung, als sie gemeinhin vorzukommen pflegt. Häufig wird also die Folge solcher gesetzlich angenommenen Präsumtion für alle Befugnisse, die nicht erkennbar abgesprochen sind, die sein, daß der Macht- und Pflichtenkreis des Testamentsvollstreckers viel weiter bemessen wird, als es in concreto in der wirklichen Absicht lag. Da droht denn eine von zwei Klippen. Entweder die schon eben angedeutete Gefahr, daß der Berufene die Stellung ganz ablehnt, wenn er im entscheidenden Augenblick noch rechtzeitig belehrt wird, daß die Anforderungen des Gesetzes an ihn sehr viel stärkere und verantwortlichere sind, als die ihm vor der letztwilligen Ernennung übungsgemäß mitgetheilten und beistimmend angehörten Wünsche des Testators. Oder aber, es kann sein, daß eine Person, die solchen Vertrauens des Erblassers gar nicht gewürdigt ist, von Rechtswegen alle seine Werthpapiere, sein Haus und seinen Hof in ausschließende Inhabung bekommt und durch ihre Verwaltung gefährdet. Denkt man daran, daß nach dem Gesetz z. B. auch alle Cridare und alle, zwar rechtlich geschäftsfähige, aber thatsächlich vielleicht noch so geschäftsunerfahrene Personen weiblichen Geschlechtes zu Testamentsvollstreckern ernannt werden können, so erscheint es praktisch gewiß nicht unbedenklich, so allgemein im Zweifel wegen des bloßen Wortes „Testamentsvollstrecker" für den vollsten Machtkreis zu präsumiren.

Und wenn durch dieses System des Entwurfs nur wirklich der offenbar beabsichtigte Vortheil erreicht würde, die Auslegungsstreitigkeiten und die praktischen Zweifel im Einzelnen abzuschneiden, ja auch bloß zu verringern! Unserer selbst erworbenen und bei Anderen gesammelten Erfahrung nach ist es im nord- wie im süddeutschen Rechtsleben ein verhältnißmäßig seltener Fall, daß ein Testator sich schlechthin mit der Formel begnügt, „ich ernenne den N. N. zu meinem Testamentsvollstrecker". Seit überhaupt die Testamente bei uns Eingang gefunden haben, ist es der weitaus vorherrschende Gebrauch, der Ernennung ein kurzes Programm beizufügen über den zu besorgenden Geschäftskreis. Sehr lehrreich ist in dieser Hinsicht, weil es sich über einen Zeitraum von fast vier Jahrhunderten erstreckt, das Urkundenbuch der Stiftungen der Hochschule zu Freiburg im Breisgau, wo in obiger Weise fast in sämmtlichen Testamenten sich Executoren ernannt finden und zwar nicht bloß als Specialexecutoren für die dauerde Stiftung, sondern auch als Generalexecutoren für den gesammten letzten Willen.

Diese Sitte, nähere Bestimmungen über den Umfang der Befugnisse des Testamentsvollstreckers im Testamente selber beizufügen, ist einmal so verbreitet, so fest eingewurzelt, auch durch die Vielgestaltigkeit der Verhältnisse, Interessen und Wünsche der verschiedenen Erblasser innerlich so sehr motivirt, daß sicherlich von der Einführung des neuen bürgerlichen Gesetzbuches ein Verschwinden jenes Gebrauches nicht zu erwarten sein wird. Da muß es denn oft eine schwere Aufgabe sein, das im Testament entwickelte Bild mit dem im Gesetz aufgestellten in dem Sinn mit einander zu vergleichen, um die genaue Bestimmung zu geben, ob und was von dem gesetzlichen Inhalt nach des Erblassers Willen positiv ausgeschieden sein soll. So liegt z. B. vor uns ein vor wenig Monaten publicirtes Testament aus einer Großstadt des gemeinrechtlichen Rechtsgebiets, abgefaßt von einem alten Praktiker, der in seinem langen Leben viele Tausende von Testamenten redigirt, eröffnet, vollstreckt hat und das deshalb in seiner Art für typisch gelten kann. In demselben heißt es nach der Bezeichnung der Person des Testamentsvollstreckers: „Ich ermächtige denselben, über meinen Nachlaß ein Inventar aufzunehmen, die Sicherstellung des meinen Enkelkindern überwiesenen Kapitalvermögens zu bewirken, Kapitale zu kündigen, zu erheben, zu cediren, Quittung zu ertheilen, Grundstücke aus der Hypothek zu entlassen, Hypotheken zu löschen, die Erbtheile zu berechnen und auszuzahlen." Wendet man nun das Schema des Entwurfs mit seinem vorangestellten festen gesetzlichen Normaltypus auf die Würdigung solcher letztwilligen Bestimmungen an, so muß sich ein starker Zweifel ergeben, ob das bloße Schweigen des Erblassers über gewisse gesetzliche Befugnisse genügend ist für das Urtheil, daß sein Wille dahin erhellt, es sollen die nicht besonders erwähnten Rechte dem Vollstrecker nicht zustehen. Was wird nun die Folge davon sein? Der Testamentsvollstrecker wird oft in nicht geringe Verlegenheit gerathen, wenn er z. B. im obigen Falle überlegt, ob er überhaupt die zum Nachlasse gehörigen Sachen in seine Inhabung zu nehmen berechtigt und gegenüber den Erben verpflichtet ist (§ 1899), ob ihm Verfügung über alle jene Gegenstände zur ordnungsmäßigen Verwaltung zusteht (§§ 1900 und 1902) u. s. w. Ungewiß darüber, vielleicht von consultirten Rechtsverständigen verschieden belehrt, wie weit seine gesetzliche Pflicht Hand in Hand mit seinem gesetzlichen Recht wirklich reicht, wird er sich genöthigt sehen, diese Pflicht und dieses Recht im weitesten Sinne zu interpretiren, dadurch aber wieder in Conflicte mit den Erben geführt werden, welche leicht möglich auch ihrerseits unter einander über den Umfang ihrer Gebundenheit (nach § 1901) differiren. Und so möchte es sich gerade begeben, daß die gute Absicht des Entwurfs, durch sein starres gesetzliches System Streitigkeiten abzuschneiden, dem Erfolg nach erst recht solche mit sich brächte.

Stellt man hingegen das Princip an die Spitze, daß der erklärte Wille des Erblassers die oberste Richtschnur über den Umfang von Recht und Pflicht des Vollstreckers abzugeben hat, so wird, bei dem in Deutschland einmal eingebürgerten Gebrauch näherer letztwilliger Directiven, in zahlreichen Fällen die Klarlegung jenes Umfangs eine einfachere Aufgabe sein. Dieser Wille des Erblassers ist nach der ganzen geschichtlichen Entwickelung des Instituts in Deutschland, von der alten commendatio causae an die Treuhänder her, bis in die neueste gemeinrechtliche Praxis hin, der bestimmende Factor für den Machtkreis und die Pflichten unseres Vertrauensmanns gewesen. Mit gesundem geschichtlichen und praktischen Rechtssinne hat deshalb auch das preußische Landrecht jenen leitenden Grundsatz formulirt (I 12 § 557), wonach, wenn der Erblasser jemandem die Vollziehung seines letzten Willens aufgetragen hat, derselbe „als ein Bevollmächtigter des Erblassers und die letztwillige Verordnung selbst als seine Vollmacht und Instruction anzusehen" ist. Unsererseits hätten wir auch gegen die Art dieser letzteren Fassung nichts einzuwenden, da es eben allerhand Vollmachten auf Erden giebt mit den verschiedensten Rechtswirkungen, nicht bloß jene Eine allzeit widerrufliche Vollmacht zur echten Vertretung bei Rechtsgeschäften unter Lebenden (Entwurf §§ 118 und 119). Ist man aber in dieser Hinsicht ängstlich und fürchtet man Verwirrung, so mag leicht eine andere Formulirung gewählt werden. So etwa die folgende: „Für den Umfang der Befugnisse und der Verpflichtungen des Testamentsvollstreckers ist der erkennbare Wille des Erblassers maßgebend, vorbehaltlich der bestimmten gesetzlichen Schranken (§ 1906 Abs. 1, § 1908 Abs. 3)." Denn was Letzteres anbetrifft, so entspricht es der Anerkennung wohl sämmtlicher neuerer Gesetzgebungen und hat die verständigsten legislativ politischen Gründe für sich, daß dem zur Besitznahme und Verwaltung berufenen Testamentsvollstrecker die Rechtspflicht, den Interessenten ein Erbschaftsinventar mitzutheilen und demnächst Rechnung abzulegen, nicht gültig erlassen werden kann.

Räumt man nun so dem, selbstverständlich mit den guten Sitten und der öffentlichen Ordnung harmonirenden (E. § 106) Willen des Erblassers den schuldigen Primat ein, so empfiehlt es sich freilich, für die Fälle ganz fehlender oder offenbar in sich unvollständiger letztwilliger Einzelbestimmungen typische Formen des Willensinhalts in zweiter Linie gesetzlich aufzustellen. Auf die Art der Lösung dieser Aufgabe kommen wir gleich nachher zurück. Hier ist zunächst noch ein wichtiger Vortheil des gesetzlichen Ausgehens vom freien Willensmoment zu betonen und näher zu belegen.

Es versteht sich von selbst, daß vom Gesetz nur solche Bestimmungen in den typischen Willensinhalt aufgenommen werden können, welche sich im Leben erfahrungsgemäß häufig wiederholen und vernünftigen, in einer großen Anzahl von Fällen auftauchenden Interessen dienen. Nun kann aber der individuelle Fall leicht sehr eigenartige Interessen und weitergehende Wünsche des Erblassers mit sich bringen, die der rechtlichen Anerkennung und des rechtlichen Schutzes ebenso würdig erscheinen. Nimmt man nun den Standpunkt des Entwurfes ein mit seinem vorangestellten festen gesetzlichen Typus, so wird hier dem individuellen Fall sein gebührendes Recht versagt (§ 1905); wie denn auch die Motive (Bd. V S. 241) es ausdrücklich als Regel aussprechen, „daß der Erblasser die Rechte des Vollstreckers nicht über den vom Gesetze bestimmten Machtkreis hinaus erweitern kann". Nach einer Richtung hin hat allerdings auch der Entwurf selber die Erweiterung über den von ihm angenommenen normalen Typus hinaus gestattet. Dies nämlich dahin, daß der

Erblasser bei Einsetzung mehrerer Erben die Auseinandersetzung des Nachlasses unter den Miterben durch den Vollstrecker soll anordnen können; eine Ermächtigung, die auch schon darin gefunden werden soll, wenn nur besondere, auf die Auseinandersetzung sich beziehende Anordnungen im Testamente getroffen worden sind (E. § 1898).

Nun aber finden sich im deutschen Rechtsleben auch sonst nicht ganz selten letztwillige Vorschriften mehr individueller Natur, die durch das scharfe System des Entwurfs einfach ohne Noth, ja zu offenbarem Schaden, abgeschnitten werden würden. Wir gehen aus von einem Fall individuellster Natur. Es sei jemand speciell gerade auch mit zum sozusagen litterarischen Testamentsvollstrecker ernannt, vom Erblasser als Mann seines persönlichsten Vertrauens neben der sonstigen Verwaltung des Nachlasses ausdrücklich selbst dazu ermächtigt, hinterlassene Manuscripte, durch deren etwaige spätere Veröffentlichung der litterarische Ruf des Erblassers seines Erachtens beeinträcht würde, zu vernichten, oder auch fremde Briefe, durch deren indiscretes Bekanntgeben später einmal die Pietät verletzt werden möchte. Da kann es leicht sein, daß durch solche Vernichtung von Autographen den Erben ein nicht unerheblicher Vermögensschaden zugefügt wird. Sollen nun hier die Erben auf Ersatz dieses Schadens gegen den getreuen Testamentsvollstrecker Klage erheben können, da der Entwurf von einer schadenstiftenden Vernichtungsbefugniß des Testamentsvollstreckers nichts weiß und da eine letztwillige Erweiterung der gesetzlichen Befugnisse ja im Princip für unzulässig erklärt ist? Natürlich haben wir zu der deutschen Praxis das Vertrauen, daß sie einer solchen Klage nicht wirklich stattgeben würde. Vielleicht möchte sie sich dabei des Kunstgriffs bedienen, daß hier der Erbe durch letztwillige Verfügung, ohne Zuwendung an einen Anderen „mit der Verpflichtung zu einer L e i s t u n g" beschwert erscheine (§ 1757), zu einer Leistung, die im bloßen Dulden der Ausführung jener letztwilligen Vollmacht bestände. Aber ist es denn klug und richtig, durch Aufstellung eines zweifelhaften Grundprincips die Praxis zu solchen oder ähnlichen Schleichwegen zu nöthigen?

Von allgemeinerer Anwendbarkeit und nicht selten sehr nützlich ist die Vorschrift im letzten Willen, daß, falls im Testament Dunkelheiten oder Zweideutigkeiten sich finden sollten, der Testamentsvollstrecker endgültig festzustellen habe, was das Testament im Dunkeln läßt. So hatte z. B. in einem Falle eine kränkliche Erblasserin ihrer langjährigen Dienerin zeitlebens ein bestimmtes Jahrgeld vermacht und dasselbe verdoppelt, falls die Legatarin sie noch „längere Zeit" in ihrer Krankheit bis zum Tode treu verpflegen werde. Die Erblasserin verstarb schon drei Monate nach der Testamentserrichtung und der Testamentsvollstrecker war in der Lage, nach den ihm seitens der Erblasserin vertraulich gemachten Aeußerungen die problematische Bedingung der „längeren Zeit“ doch als erfüllt auszulegen. Ein anderer einschlagender Rechtsfall aus jüngster Zeit findet sich in Seuffert's Archiv Bd. 37, Nr. 156 mit Entscheidung des Hanseatischen Oberlandesgerichts vom März 1881. Leyser (med. ad Pand. vol. VI spec. 374, med. 8) und andere angesehene, ältere Juristen hatten dies in deutschen Testamenten oft vorkommende Officium des Vollstreckers so stark betont, daß daraus eine eigene „Schiedsrichtertheorie“ zur Construction des Testamentsvollstreckers entstanden war (vgl. Sturm in Ihering's Jahrb. XX, 1882 S. 104 f.). Und so bestimmt ja das preuß. Landrecht (I, 12, § 561), daß ganz unmittelbar von Rechtswegen, wenn über den Sinn einer Verordnung des Erblassers zwischen dem Testamentsvollzieher und dem Erben gestritten wird, im zweifelhaften Fall der Meinung des Ersteren der Vorzug gebührt.

Mag man nun auch über die Nichtaufnahme einer solchen unmittelbar gesetzlichen Bestimmung in den Entwurf verschiedener Ansicht sein können, — welchen vernünftigen Grund hat es denn, selbst trotz einer ausdrücklichen Testamentsklausel, durch welche der Testator, dem Vollstrecker sein vollstes Vertrauen schenkend, die Schleusen für allerhand Erbschaftsprocesse weise zu verstopfen sucht, diese Schleusen wieder weit aufzureißen, einem angenommenen „Princip“ zu Liebe?

Um beispielsweise noch eine dritte, über den geplanten Maximaltypus des Entwurfs hinausgehende Erweiterung zu erwähnen, so gedenken wir solcher Fälle (z. B. Seuffert's Archiv Bd. XXIII Nr. 235), wo ein Erblasser, welcher geschäftsunkundige Erben einsetzt, zum Zweck ihrer gänzlichen Entbürdung von den Lasten der Liquidation, einen gewiegten Geschäftsmann ausdrücklich mit der Bestimmung zum Testamentsvollstrecker beruft, daß er erst nach vollständiger Klarstellung und Abwickelung aller Schuldverhältnisse den sich alsdann noch ergebenden Rest an die Erben abliefern solle. Die herrschende gemeinrechtliche Praxis hat niemals daran gezweifelt, daß bei so ausgedehnter Vollmacht von Rechtswegen auch die Passivlegitimation dem Vollstrecker zukomme für die Processe nicht bloß der Legatare, sondern gerade auch der Erbschaftsgläubiger. Beseler in seiner grundlegenden Abhandlung (Zeitschrift Bd. IX, S. 219) spricht sich dahin aus, daß überhaupt jeder zur wirklichen Verwaltung berufene Testamentsvollstrecker schon ohne weitere Specialvorschrift den Gläubigern gegenüber als der rechte Beklagte erscheint und verpflichtet ist, die Gläubiger zu befriedigen, insofern es ihm vermöge seiner Stellung und des in seinen Händen befindlichen Nachlasses möglich ist. Er will nur „keine eigentliche Vermuthung“ als allgemein begründet dafür aufstellen, daß der Erblasser wirklich dem zur Testamentsvollstreckung Berufenen die vollere Macht der Verwaltung zugedacht und anvertraut habe, anstatt der Ueberwachung. Dernburg aber (Pand. zweite Aufl. 1889 Bd. III, § 124 u. 125) sieht es geradezu als der geschichtlichen Entwickelung entsprechend an, daß der Testamentsvollstrecker auch ohne besonderen Auftrag die Besorgung der sämmtlichen Nachlaßgeschäfte habe, das Recht auf juristischen Besitz der Nachlaßgegenstände, die Activ- und Passivlegitimation für alle einschlagenden Processe. Man kann wohl dagegen das Bedenken erheben, ob nicht einer so weit gehenden Anknüpfung an den ursprünglichen geschichtlichen Ausgangspunkt zum Behuf der Begründung des heutigen gemeinen Rechtes eine jahrhundertelange, von abweichenden Gesichtspunkten geleitete Praxis hindernd im Wege stehe. Jedenfalls aber tritt es an Dernburg's Beispiel so anschaulich wie erfreulich zu Tage, daß es sich bei unserer Materie nicht um einen Tummelplatz für Kampfspiele romanistischer und germanistischer Voreingenommenheit handelt. Die Erwägung praktischer Momente, unter denen auch die Rücksicht auf die bisher thatsächlich vorwaltende Rechtsübung ihre Rolle spielt, ist es unter allen Umständen, welche für die Neuordnung auch dieser Frage entscheidend sein muß.

Was liegt nun an zutreffenden sachlichen Gründen vor für die Vorschrift von § 1903 Abs. 2 des Entwurfs, wonach absolut und ausnahmslos der Satz gelten soll: „ein Rechtsstreit, durch welchen eine Nachlaßverbindlichkeit geltend gemacht wird, ist gegen den Erben zu erheben“? Wir finden da wohl die Idee, Geschäftsherr sei der Erbe und dieser Idee entspreche es, die Klage auf Erfüllung gegen ihn sich richten zu lassen und insoweit die Sachlegitimation einem, im Uebrigen mit der vollen Verwaltung betrauten Testamentsvollstrecker doch zu entziehen. Auch würde es dadurch vermieden, daß man dem praktischen Erfolge nach den Erben aus seiner Stellung als Subject des Nachlasses verdrängt und durch den Vollstrecker ersetzt (Motive Bd. V S. 236 u. 238). Am plausibelsten möchte noch der Rechtfertigungsgrund erscheinen, daß man wegen der mehr höchstpersönlichen Natur der Schuldnerschaft nicht den Erbschaftsgläubigern statt des Erben einen anderen Schuldner und Beklagten aufzwingen könne, mit dem gleichen Fug, wie man den Erbschaftsschuldnern statt des Erben einen anderen Forderungsberechtigten gegenüberstellt.

Aber nicht einmal dieser letztere Grund ist irgendwie durchschlagend. Denn die in der Erbschaftsobligation enthaltene Haftung bleibt unter allen Umständen auf dem Nachlaß ruhen. Soweit der Testamentsvollstrecker den Nachlaß noch in Händen hat, kehrt jene Obligation ihre Spitze gegen ihn persönlich. Im Uebrigen würde durch den von ihm, nicht als gesetzlichem Vertreter des Erben, sondern kraft Eigenrechts und selbständiger Proceßstandschaft geführten Proceß der Erbe gerade so rechtskräftig gebunden werden, wie wenn der Rechtsstreit gegen ihn selber gerichtet gewesen wäre. Selbstverständlich hätte der Erbe dabei auch Interventionsrecht zur Sicherung seines rechtlichen Interesses und mag sich sonst durch das Inventarrecht vor Schaden hüten. In Einem Falle würde ja schon nach dem vom Entwurf beliebten System der Proceß des Testamentsvollstreckers nothwendig Recht machen auch hinsichtlich einer Nachlaßverbindlichkeit. Dies nämlich dann, wenn der Vollstrecker nach § 1899 eine Nachlaßforderung eingeklagt hätte und der Belangte zum Behuf der Compensation auf eine ihm gegenüber bestehende Nachlaßverbindlichkeit als solche sich beriefe. Denn nach der ganzen Idee der Sache, wie an dieser Stelle nicht näher auszuführen ist, würde gegen eine solche Klage des Vollstreckers der Erbschaftsschuldner zwar niemals mit Gegenforderung gegen Jenen persönlich noch mit solchen gegen den einen oder anderen Erben compensiren können, aber doch unzweifelhaft mit seiner Gegenforderung aus Nachlaßverbindlichkeiten.

Und wie steht es nun vollends mit den anderen Gründen? „Geschäftsherr" ist der Erbe doch in Wahrheit nur insofern zu nennen, als der Vollstrecker ihm demnächst zur Rechnungslegung, zur Herausgabe und eventuell zum Schadensersatz verpflichtet ist (E. § 1908). Aber warum, so drängt sich zunächst anläßlich dieses Paragraphen die Frage auf, soll der Vollstrecker in dieser Richtung bloß den Erben verantwortlich sein und nicht ebenso auch anderen Erbschaftsbetheiligten, insbesondere den Legataren, wie man es in der gemeinrechtlichen Doctrin und Praxis stets angenommen hat? (Vgl. z. B. Beseler a. a. O. S. 220.) Gesetzt z. B., der besitzende Vollstrecker hätte einen durch Vermächtniß zugewendeten Gegenstand schuldhafter Weise sich entwenden lassen oder beschädigt, so muß er doch vom Legatar dafür direct selber verantwortlich gemacht werden können. Der Erbe, welcher den Vollstrecker schalten und walten lassen muß, kann doch hier vernünftiger Weise nicht haften, insofern er vollkommen unschuldig an der Sache ist.

Zwar sagen die Motive einmal so allgemein, daß man es auch auf jegliche Culpa des Vollstreckers zu beziehen versucht sein möchte: „Der Erbe muß des Vollstreckers (als des ihm vom Erblasser auferlegten Vertreters) Handlungen ebenso gegen sich gelten lassen, wie wenn er selber gehandelt hätte" (Bd. V, S. 235). Aber in dem doch allein entscheibenden Gesetzentwurf selber können wir beim besten Willen einen solchen Grundsatz unbedingter Haftung des Erben für jede Culpa des Vollstreckers nicht anerkannt finden; auch ist es innerlich gewiß nicht unbedenklich, erst den unschuldigen Erben haften zu lassen, um ihn hinterher auf einen unsicheren Regreß gegen den Vollstrecker zu verweisen.

Doch es sei, der Erbe und bloß der Erbe gelte schlechthin als der Geschäftsherr. Wenn er als solcher einen Anderen activ, mit rechtsverbindlicher Kraft für den Nachlaß Processe führen lassen muß, was hindert denn in aller Welt, daß nicht das Gleiche durch Processe in passiver Rolle übernommen geschehe? Liegt es überhaupt einmal im anerkannten Wesen der Sache, daß der mit der Verwaltung betraute Testamentsvollstrecker eine absolute Stellung gegenüber dem Erben hat und ihn in seiner Rolle als Subject des Nachlasses insoweit lahm legt; warum muß denn da in zwingender Weise die erbrechtliche Macht des Vollstreckers gerade Halt machen vor dem Einstehen gegenüber den Erbschaftsgläubigern und vor der passiven Proceßstandschaft? Zumal, als durch die Zulassung einer solchen weitergehenden Machtstellung des Testamentsvollstreckers der lästige im § 1904 vorgeschriebene Umweg vermieden werden würde. Es bleibt doch wirklich ein Umweg, wenn auf Grund dieses Paragraphen, nachdem zuvor von den Erbschaftsgläubigern ein vollstreckbarer Titel gegen den Erben gerichtlich erstritten ist, nunmehr außerdem erst noch ein vollstreckbarer Titel auch gegen den Testamentsvollstrecker auf Gestattung der Zwangsvollstreckung zu erzielen ist, sofern durch die Zwangsvollstreckung die Innehabung der bei ihm befindlichen Nachlaßgegenstände aufgehoben würde.

Kein Zweifel ist uns deshalb, daß jedenfalls eine besondere letztwillige Ausdehnung der Macht des Testamentsvollstreckers gestattet werden sollte. Danach wäre dann der Schlußsatz des § 1903, „ein Rechtsstreit, durch welchen eine Nachlaßverbindlichkeit geltend gemacht wird, ist gegen den Erben zu erheben“ zu ergänzen durch einen Zusatz etwa der Art, „insofern nicht der Wille des Erblassers auch nach dieser Richtung hin nur den Testamentsvollstrecker zum Einstehen berufen hat“.

Aber es läßt sich sogar das zu ernstlicher Erwägung verstellen, ob nicht eine so weit gehende Machtstellung geradezu in den normalen Typus des verwaltenden Vollstreckers aufzunehmen sei. Gegen diesen von Beseler, Dernburg, Gierke (a. a. O. S. Seite 522) u. A. vertheidigten Satz läßt sich etwa nur das geltend machen, daß die hier nicht durch ein positives Gesetz gebundene, sondern dem freien Finden des innerlich sachgemäßen Rechtes überlassene, gemeinrechtliche Praxis

Nachlasses erforderlichen Schritte zu thun, die Anfertigung eines Nachlaßverzeichnisses zu veranlassen, die im persönlichen Interesse des Erblassers gemachten Auflagen unmittelbar auf Kosten des Nachlasses zu erfüllen (vgl. auch § 1888), die Eröffnung, Aufrechthaltung und Ausführung des letzten Willens zu überwachen. Er hat dabei das Recht, an den darüber geführten Rechtsstreitigkeiten als Nebenintervenient Theil zu nehmen, auch zweifelhafte bestrittene Ausdrücke des letzten Willens in Sinn und Geist des Erblassers mit bindender Kraft auszulegen.

Hat sich der Ernannte dem Erblasser gegenüber zur Uebernahme im Voraus dauernd bereit erklärt, so beginnt seine Verantwortlichkeit hinsichtlich der im ersten Absatz bezeichneten Pflichten auch vor förmlicher Uebernahme des Amtes, sobald er den Erbfall erfahren hat."

Zur Begründung im Einzelnen ist hier nur Weniges hinzuzufügen. Der, von den Motiven freilich noch ausdrücklich (Bd. V S. 221) perhorrescirte Schlußsatz ist nothwendig, wenn nicht befugtes Vertrauen des Verstorbenen gröblich getäuscht werden soll. Man mag ja immerhin die weitergehenden Befugnisse des mit der Verwaltung betrauten Vollstreckers und die damit gegebene rechtliche Bindung des Nachlasses erst mit einer Annahmeerklärung gegenüber dem Nachlaßgericht beginnen lassen, im Sinn von § 1892. Letzterer wäre danach zu modificiren und an späterer Stelle einzureihen. Die zur Abschneidung lästiger Erbschaftsprocesse segensreiche Stellung als Schiedsmann wird mit dem preuß. Landrecht (I, 12, § 561) im Geist des Erblassers der durch sein Vertrauen ausgezeichneten Person ohne Weiteres eingeräumt werden können. Das Interventionsrecht aber läßt sich wahrlich nicht mit dem Grunde aus dem Felde schlagen, daß das von der C.P.O. § 63 Abs. 1 geforderte „rechtliche Interesse des Intervenienten" nicht wohl in dem lediglich idealen Interesse des Vollstreckers an der Ausführung des letzten Willens zu finden sei (Motive Bd. V S. 240). Auch bei Ausschließung aller wirklichen Verwaltungsbefugnisse, wie sie ja selbst nach dem Entwurf § 1905 statthaft wäre, ist doch jenes ideale Interesse eine ausreichende belebende Grundlage für Anerkennung eines eigenartigen selbständigen erbrechtlichen subjektiven Rechtes, wenngleich beschränkteren Inhaltes und Umfanges. Und so gering ist der praktische Werth der darauf beruhenden Interventionsbefugniß doch nicht. Macht es nicht einen erheblichen Unterschied aus, ob der Testamentsvollstrecker darauf beschränkt ist, außergerichtlich der von ihm berechtigt erachteten Partei Unterstützung und Rath zu gewähren, falls sie nicht etwa grob abgelehnt werden, oder ob er ein festes aus der Ernennung seitens des Erblassers abgeleitetes Recht hat, gerichtlich zur Wahrung des letzten Willens mit einzugreifen?

Die letztwilligen Vorschriften im persönlichen Interesse des Erblassers, z. B. die Art des Begräbnisses und dergleichen betreffend, machen oft erhebliche Kosten nothwendig und man muß hier dem Vollstrecker gestatten, dieselben ohne den Vorwurf der Rechtswidrigkeit aus den paraten Mitteln der Erbschaft nöthigen Falls selber zu entnehmen, da man ihm doch nicht zumuthen kann, deshalb Schulden für sich zu contrahiren und erst später deswegen Regreß zu suchen.

Erforderlich sind: sicherer Verschluß der vorgefundenen Baarschaften, der Werthpapiere, überhaupt Schritte zur einstweiligen Verwahrung der Erbschaft in dem so häufigen Fall, wo die eingesetzten Erben in der Fremde weilen und als Vollstrecker gerade deshalb eine ortsanwesende Vertrauensperson vom Erblasser berufen ist.

Es versteht sich natürlich von selbst, daß alle die erwähnten Officien auch für den mit der vollen Verwaltung betrauten Testamentsvollstrecker zutreffen würden, insoweit sie nicht wie z. B. die Nebenintervention durch den weitergehenden Macht- und Pflichtenkreis desselben absorbirt werden.

Im Anschluß an die vorhin formulirte Gesetzesbestimmung wäre nämlich für den Fall, daß der Erblasser dem Testamentsvollstrecker „im Allgemeinen die Verwaltung oder Regulirung des Nachlasses übertragen hat", einerlei in welcher Ausdrucksweise, der dadurch bedingte typische Rechtsinhalt näher zu entwickeln, unter Benutzung der §§ 1897—1904 des Entwurfes in modificirter Gestalt. Aus dem vorangestellten Artikel, welcher den Willen des Erblassers als maßgebendes Princip erklärt, würde ohne Weiteres folgen, daß es sich hierbei nicht schlechthin um jus cogens handelt, sondern abweichende Einzelvorschriften des letzten Willens den Vorrang hätten.

Von den bezeichneten Paragraphen des Entwurfs hängt der § 1897 in seiner jetzigen Fassung wesentlich zusammen mit dem § 1903 und der darin ausgeprägten Idee. Ist der Testamentsvollstrecker nur „gesetzlicher Vertreter des Erben", so ist es freilich consequent, ihn nur gegenüber dem Erben für verpflichtet zu erklären, die letztwilligen Verfügungen des Erblassers zur Ausführung zu bringen; so muß ferner der bloße Widerspruch des Erben hierin hemmende Kraft haben, bis der Erbe vom Legatar belangt und zur Erfüllung des Vermächtnisses rechtskräftig verurtheilt ist (s. § 1897 Abs. 2, § 1899 Abs. 2; dazu Motive Bd. V S. 227), muß endlich eine Klage des Vollstreckers selber gegen den Erben zum Zweck der Vollziehung eines Vermächtnisses ganz ausgeschlossen sein (s. § 1897 Abs. 4).

Nun aber ist es ja so gewiß, wie nur irgend etwas in solchen Dingen gewiß sein kann, daß jene Grundidee unrichtig ist. Mit ihr selber aber müssen auch ihre Folgesätze stürzen. Betrachtet und erwägt man ganz unbefangen den vernünftigen Willen eines Erblassers, der dem Testamentsvollstrecker die Verwaltung und Regulirung des gesammten Nachlasses übergeben hat, wie kann man dann annehmen, daß er ihn auf Schritt und Tritt bei Ausführung der letztwilligen Verfügungen durch jeden noch so unmotivirten Widerspruch des Erben zu hemmen und geradezu an das Gängelband zu legen beabsichtigte? Genug daß, wenn der Vollstrecker einmal irrthümlich ein in Wahrheit nicht geschuldetes Vermächtniß aus dem von ihm besessenen Nachlaß entrichtete, dafür eine condictio indebiti in den Nachlaß eintritt und eventuell eine obligatorische Haftung auf Schadensersatz gegen ihn begründet wird (§ 1908). Wie kann man weiter daran zweifeln, daß es hier dem Willen des Erblassers entspricht, dem Vollstrecker auch eine Klage gegen den Erben zum Zweck der Vollziehung des Vermächtnisses nöthigen Falls zu geben, z. B. wenn das Vermächtniß eine eigene Sache des Erben, nicht eine zu dem besessenen Nachlaß gehörende zum Gegenstande hat? Und endlich ist auch das sicherlich das Rationelle, daß der Legatar, insofern er die Vollstreckung in den vom Testamentsvollstrecker besessenen Nachlaß erreichen will, auch ihn selber kraft seiner erbrechtlichen Stellung zu belangen hat. In der frei sich entwickelnden gemeinrechtlichen Praxis hat man das auch durchaus angenommen (vgl. z. B. Mühlenbruch in Glück's Pandekten, Bd. 43 S. 421 f. 444), da es ja eine der Hauptabsichten des Erblassers zu sein pflegt, die Abwickelung der außergerichtlichen wie der gerichtlichen Erbschaftsgeschäfte in die Hand des Vollstreckers zu legen aus der Hand der Erben heraus, weil er die letzteren entweder für interessirt hält oder für geschäftsunerfahren.

Was hiernach vom § 1897 übrig bleibt, wäre passend in den Schlußabsatz des jetzigen § 1899 einzureihen. Ganz hintenan zu stellen sind die Sätze des § 1898 über Erbauseinandersetzung, vereinfacht kraft des Gedankens, daß der Vollstrecker nicht als abhängiger Vertreter der Miterben handelt, sondern selbständig wie ein Arbiter. An die Spitze, bei Regelung der aus der zugewiesenen Verwaltung oder Regulirung des Nachlasses sich ergebenden Befugnisse und Pflichten gehören doch die Bestimmungen des § 1899 über Besitzrecht und Klagbefugniß. Statt von Inhabung würden wir, nach dem früher Ausgeführten, lieber geradezu von „Besitz" reden. Das Recht zur Besitznahme ist angemessener Weise dahin zu verclausuliren, „insoweit es zur Erreichung der im letzten Willen vorgeschriebenen Zwecke als geboten erscheint". Auch Beseler (a. a. O. Bd. IX S. 209) hat zutreffend bemerkt, daß nicht selten Fälle vorkommen, wo eine umfassende Anwendung dieser Befugniß durchaus unangemessen und der Natur des Rechtsverhältnisses widerstreitend sein würde. Und schon in älterer Zeit hat die rücksichtslose Ausübung des Besitzrechts der Treuhänder gegen die Erben, das im Einzelfall unnöthige Verdrängen derselben von Haus und Hof der Erbschaft das Einschreiten der Gesetzgebung dawider hervorgerufen (Andr. Heusler, Inst. II S. 654). Wo aber die Besitznahme durch den Inhalt der letztwilligen Zwecke wirklich als gefordert erscheint, da ist gar nicht einzusehen, warum der Testamentsvollstrecker nur „den Erben gegenüber" dazu verpflichtet sein sollte. Lag etwa auch hier jene eigenthümliche, schwer verständliche Auslegung der Motive (zu § 1897 Bd. V S. 226) zu Grunde, wonach die Worte „gegenüber den Erben" das mögliche Mißverständniß ausschließen sollen, als hätte der Vollstrecker aus seinem Vermögen zu leisten? Die Worte „gegenüber den Erben" sind zu streichen. Die Verpflichtung, wo sie einmal eintritt, ist schlechthin allen Interessenten gegenüber begründet, insbesondere auch gegenüber den Legataren, wenn der Testamentsvollstrecker die durch seine Stellung geforderten Vorsichtsmaßregeln unterläßt.

Weniger Anlaß zum Eingreifen scheinen uns die §§ 1900—1902 zu bieten; nur daß in § 1900 Absatz 2 nach dem früher Bemerkten das lähmende Widerspruchsrecht des Erben zu streichen wäre. Wesentlich ist dann im § 1903 die Ausmerzung der Worte „als gesetzlicher Vertreter des Erben". Der zweite Absatz ist mindestens zu modificiren durch einen Zusatz etwa des Inhalts „insofern nicht der Wille des Erblassers auch hierzu den Testamentsvollstrecker berufen hat". Eine radicalere Abhülfe wäre es, geradezu anzuerkennen: „Zur Führung von Rechtsstreitigkeiten, durch welche ein zum Nachlaß gehörendes Recht, beziehentlich eine den Nachlaß treffende Verbindlichkeit geltend gemacht wird, ist, solange sein Amt besteht, nur der Testamentsvollstrecker berechtigt." Hiermit wäre er dann nicht bloß den Erbschaftsgläubigern, sondern auch den Legataren gegenüber als der rechte Beklagte hingestellt. Das Interventionsrecht der Erben bei solchen Processen ist selbstverständlich. Der § 1905 könnte nach jener Aenderung ganz dahin fallen. Vom § 1906 würde stehen bleiben die zwar der bisherigen gemeinrechtlichen Doctrin nicht entsprechende, aber Treu und Glauben gegen subjective Launen objectiv verständig zu Gunsten der Erbschaftsinteressenten wahrende Vorschrift, daß einem Testamentsvollstrecker, welcher zur Verwaltung und Besitznahme berufen ist, die Pflicht zur Aufnahme eines förmlichen Inventars (gemäß Absatz 2 daselbst) letztwillig nicht erlassen werden kann. Der § 1907 engt sich auch von selbst ein auf den zur Verwaltung oder Regulirung wirklich berufenen Testamentsvollstrecker. Die Beschränkungen der Machtstellung im § 1907, zwar von Gierke gemißbilligt, erscheinen uns doch durch das Zweckmoment gerechtfertigt und entsprechen dem Vorbild der meisten neueren Gesetzgebungen. Insbesondere ist es gewiß sachgemäß, daß dem Erben gegen Sicherheitsleistung das Recht auf Auslieferung solcher Nachlaßgegenstände gewährt wird, die bedingt oder betagt vermacht sind. Daß die Verpflichtung des § 1908 nicht bloß den Erben, sondern überhaupt den Erbschaftsinteressenten oder Betheiligten gegenüber Platz zu greifen hat, wie in der, eigener freier Bewegung überlassenen, gemeinrechtlichen Doctrin stets anerkannt worden ist (vgl. Beseler S. 205 f. a. a. O.), wurde schon früher bemerkt. Ebenso, daß unter den einleitenden Paragraphen das freie, willkürliche Kündigungsrecht des Testamentsvollstreckers (§ 1895) sicherlich besser beseitigt wird.

Endlich für den Fall, daß mehrere neben einander zu Testamentsvollstreckern ernannt worden sind, erscheint doch erneuter Erwägung bedürftig die Bestimmung, wonach sie, von anderweitiger Anordnung des Erblassers abgesehen, schlechthin nur gemeinschaftlich handeln können (§ 1893 Abs. 1). Liegt nicht die Besorgniß gar nahe, daß dadurch die ganze Maschinerie unendlich schwerfällig werde, ja unter Umständen völlig ins Stocken gerathen möge? Es giebt doch zu denken, daß schon das kanonische Recht, daß ebenso durchgängig die Particularrechte und die gemeinrechtliche Doctrin „im Nothfall" auch Einen allein gültig handeln lassen. Von der hier durch die Motive Bd. V S. 222 gewitterten Gefahr eines „Mißbrauches des Rechtes zum Alleinhandeln" hat man bisher in praxi nichts zu hören bekommen. Viel dringlicher und wichtiger ist jedenfalls die Gefahr, daß die nothwendigsten Geschäfte in völligen Stillstand kommen, wenn z. B. der eine Testamentsvollstrecker als Soldat ins Feld ziehen müßte, wenn er gegen die Ausführung einer klaren letztwilligen Verfügung aus offenbarem Eigensinn protestirte u. dgl. Sollte es denn unserem Rechtsleben und unserer Rechtspflege an der erforderlichen Findigkeit und Sicherheit fehlen, um sich mit einem Zusatz zu § 1893 Abs. 1 etwa von folgender Art: „es sei denn durch einen Nothfall auch das Handeln eines Einzelnen geboten", abfinden zu können? Auch in diesem Punkte also, meinen wir, sollte ein etwas größeres Maß von freierer Bewegung dem Institute gewahrt bleiben.

V.

Da die vorstehenden Erörterungen in mancherlei Einzelnheiten haben eingehen müssen, so wird es sachgemäß sein, die Hauptthesen in Folgendem kurz zusammenzustellen.

Vor Allem ist:

1. die Auffassung aus dem Gesetzentwurf völlig auszumerzen, daß der Testamentsvollstrecker seinem Grundcharakter nach nur „ein gesetzlicher Vertreter des Erben" sei. Vielmehr ist derselbe, im Dienst der ethischen Pflichten gegen den Erblasser, welche von der Rechtsordnung in gewissem Umfange auch juristisch gewährleistet und zur Grundlage unseres eigenartigen Rechtsinstitutes gemacht werden, als der Träger eines erbrechtlichen Eigenrechtes anzuerkennen. Diese letztere juristische Construction ist zwar durchaus nicht im Gesetz als solche principiell vorzuschreiben. Aber die einzelnen aufzustellenden positiven Normen werden sich, wenn sie selbständig dem historisch hergebrachten, vernünftigen inneren Zweck der Sache angepaßt sein sollen, mit ihr nicht im Widerstreit befinden können.

2. Als maßgebendes Princip ist, gemäß dem, auch von Beseler (S. 189 a. a. O.) anerkannten und begründeten Wahlspruch der alten berühmten Praktiker „tota igitur executoris potestas ex voluntate constituentium pendet" (Leyser vol. VI, spec. 374 med. 8), der Wille des Erblassers an die Spitze zu stellen. Danach sind auch Erweiterungen der rechtlichen Macht des Testamentsvollstreckers durch den letzten Willen über den gesetzlich zu definirenden typischen Willensinhalt hinaus zulässig, doch innerhalb bestimmter Maximalgrenzen.

3. Es sind, entsprechend dem im deutschen Rechtsleben bestehenden und durch die bisherige Gesetzgebung anerkannten Gebrauch zwei Formen des typischen Willensinhalts gesetzlich abzugrenzen. Es empfiehlt sich aber gewiß nicht, dafür als technische Ausdrücke im Gesetze selber die des „überwachenden" und des „verwaltenden" Testamentsvollstreckers anzuwenden, da eine Beschränkung auf bloße Ueberwachung auch für jene erstere Form unstatthaft sein würde.

4. Im Zweifel wird für den ernannten „Testamentsvollstrecker" die geringere, einen schwächeren Macht- und Pflichtenkreis umfassende Form des typischen Willensinhaltes anzuerkennen sein.

5. In den stärkeren, umfassenderen Typus ist auch die selbständige Legitimation des Testamentsvollstreckers für Passivprocesse hineinzulegen. Seine Macht ist naturgemäß begrenzt auf die zur ordnungsmäßigen Verwaltung und redlichen Ausführung des letzten Willens er-

forderlichen Verfügungen, darf indeß innerhalb dieser Grenzen nicht durch jeden noch so unmotivirten Widerspruch des Erben obligationsmäßig gefesselt werden können. Ein Klagerecht auch gegen die Erben selber ist dem Vollstrecker allenthalben da einzuräumen, wo die sichere Erreichung der vom Erblasser letztwillig hingestellten und ihm anvertrauten Zwecke es erfordert.

6. Im Einzelnen ist noch insbesondere das freie willkürliche Rücktrittsrecht des Testamentsvollstreckers zu beseitigen; vielmehr ist ihm nur aus triftigen Gründen unter Mitwirkung des Nachlaßgerichts das Verlassen seiner Rechtsstellung zu gestatten. Hinsichtlich seiner Pflichten zu ordnungsmäßiger Geschäftsführung ist er nicht bloß gegenüber den Erben als solchen, sondern überhaupt gegenüber den Erbschaftsinteressenten für verantwortlich zu erklären.

II.

Gutachten des Herrn Geheimen Justizraths Professor Dr. von Cuny zu Berlin

über die Frage:

Ist die vom Entwurfe des bürgerlichen Gesetzbuchs angenommene Stellung des Testamentsvollstreckers zu billigen, und wie ist sie nöthigenfalls anders zu regeln?

Den Gedanken, daß der Erblasser die Vollziehung seines letzten Willens dadurch soll sichern und erleichtern dürfen, daß er sie in die treuen Hände eines Vertrauensmannes legt, halte ich für einen guten und entwicklungsfähigen. Das Institut des Testamentvollstreckers entspricht einem Bedürfnisse des Rechtslebens; das zeigt sich in der vielfachen und ausgedehnten Anwendung, welche schon gegenwärtig von ihm gemacht wird. Ich darf mich auf eine Erfahrung aus meinem eigenen Rechtsgebiete, dem rheinischen, berufen. Der code civil hat aus übertriebener Rücksicht auf die Erben die Befugnisse des Testamentsvollstreckers in peinlichster Weise eingeschränkt; das Rechtsleben strebt aber über diese Schranken hinaus; die Neigung der Betheiligten, mitunter auch der Proceßgerichte, geht dahin, der Thätigkeit des Testamentsvollstreckers Gebiete zu erschließen, welche die Aengstlichkeit des Gesetzgebers ihm verschlossen hatte.

Ist der Entwurf des bürgerlichen Gesetzbuchs diesem Bedürfnisse entgegengekommen? Ich bedaure, die Frage verneinen zn müssen. Die Aengstlichkeit und Engherzigkeit, die übertriebene Rücksicht auf den Erben, die ich dem code civil vorwerfe, haftet auch dem Entwurfe an. Er hat den Testamentsvollstrecker in eine Abhängigkeit von dem Erben gebracht, welche den Zweck des Instituts zu vereiteln droht. Dies tritt besonders darin hervor, daß dem einfachen, grund- und begründungslosen Widerspruche des Erben die Kraft beigelegt wird, der Thätigkeit des Testamentsvollstreckers ein Ende zu machen, und daß dem Testamentsvollstrecker nicht einmal das Recht gelassen wird, gegenüber einem solchen frivolen Widerspruche die richterliche Entscheidung anzurufen (§§ 1897 u. 1898). Erlangen diese Bestimmungen Gesetzeskraft, so ist das Institut verkrüppelt.

Der Erblasser ernennt einen Testamentsvollstrecker, weil er die Ausführung seiner letztwilligen Verfügungen nicht dem Erben überlassen will; sei es nun, daß er dem guten Willen des Erben nicht traut, sei es, daß er in den Eigenschaften und Verhältnissen des oder der Erben, in ihrer großen Zahl, ihrer mangelhaften Geschäftskenntniß und Geschäftsfähigkeit u. s. w. ein Hinderniß für die Ausführung erblickt. Daraus folgt mit Nothwendigkeit, daß der Testamentsvollstrecker an den Willen des Erblassers, nicht an den des Erben gebunden sein muß. Diesem Grundgedanken der Testamentsvollstreckung durch einen Vertrauensmann des Erblassers widersprechen die ebengedachten Bestimmungen des Entwurfs. Danach soll der Testamentsvollstrecker vor dem Erben zurückweichen, sobald dieser Widerspruch erhebt; mag der Widerspruch auch noch so frivol und grundlos sein. Der Erbe braucht seinen Widerspruch nicht zu rechtfertigen; die Thatsache, daß er widersprochen hat, genügt, um der Thätigkeit des Testamentsvollstreckers eine Schranke entgegenzusetzen, die für diesen unübersteiglich ist. Nicht einmal das Recht, vor dem Richter den letzten Willen des Erblassers zu vertreten, ist ihm gelassen. Dieser Wille hat, *als solcher*, nach dem Entwurfe keinen Anspruch auf rechtlichen Schutz. Nur der Dritte, dessen eigenes Interesse durch den Widerspruch beeinträchtigt wird, also der Vermächtnißnehmer u. s. w. im im Falle des § 1897, der Miterbe im Falle des § 1898, ist legitimirt, den frivolen Widerspruch zu beseitigen und die Ausführung des letzten Willens zu erzwingen. Allerdings auch *er* nur dadurch, daß er klagt und ein Urtheil gegen den Erben erwirkt. Ganz gegen die Absicht des Erblassers; als derselbe die Auszahlung der Vermächtnisse, die Befriedigung der Erbschaftsgläubiger, die Auseinandersetzung der Erben in die Hand seines Vertrauensmannes legte, wollte er, daß diese dritten Personen das, was er ihnen zugedacht hatte, erhalten sollten, ohne erst gegen den Erben klagen zu müssen; wozu sonst die Ernennung des Testamentsvollstreckers? Der Entwurf vereitelt das; sowie der Erbe das Zauberwort „Ich widerspreche" vernehmen läßt, ist der Testamentsvollstrecker gelähmt, der Dritte gezwungen, gegen den Erben zu klagen.

Hier ist meines Erachtens eine radicale Änderung des Entwurfs unbedingt nöthig. Der Widerspruch, welchen der Erbe den Handlungen des Testamentsvollstreckers entgegensetzt, darf nach meiner Ansicht nur dann wirksam sein, wenn der Erbe ihn durch Klageerhebung geltend macht, und zwar durch Klage gegen den Testamentsvollstrecker; dieser ist kraft seines Amtes befugt, auch dem Erben gegenüber dafür einzutreten, daß der Wille des Erblassers geschehe.

Keine Willkür des Erben! Ist die letztwillige Verfügung, welche der Testamentsvollstrecker vollziehen will, unverbindlich, oder entspricht das, was der Testamentsvollstrecker zu thun im Begriffe steht, nicht wirklich der letztwilligen Verfügung, oder überschreitet er seine Befugnisse, so mag der Erbe gegen ihn klagen und dadurch die Vollziehung verhindern. Daß in einem solchen Falle der Erbe und der Testamentsvollstrecker sich als Proceßparteien gegenüberstehen, widerspricht nicht der Stellung des Testamentsvollstreckers als gesetzlichen Vertreters des Erben, wie die Motive des Entwurfs, Seite 236, sie auffassen. Denn nur, „soweit der Machtkreis des Vollstreckers reicht," fehlt, nach jener Auffassung, dem Erben die Verfügungs- bezw. Geschäftsfähigkeit. Vollzieht Jener etwas, was nicht vollzogen werden darf, oder nimmt er, unter dem Namen „Vollziehung des letzten Willens" eine Handlung vor, die in Wahrheit nicht den rechtlichen Charakter einer solchen Vollziehung hat, so überschreitet er seinen Machtkreis und bewegt sich auf einem Felde, auf welchem er nicht mehr „gesetzlicher Vertreter" des Erben ist; folglich ist in diesem Falle die Klage des Erben gegen den Vollstrecker keineswegs unverträglich mit jener Auffassung. Ob letztere überhaupt richtig ist, will ich dahingestellt lassen; es kam mir hier nur darauf an, darzuthun, daß auch der, welcher diese Auffassung theilt, durch sie nicht gehindert ist, meinen Vorschlag anzunehmen.

Der Testamentsvollstrecker muß, in seinem Amte, gegen die Willkür des Erben geschützt sein; er muß aber auch geschützt sein gegen den Zugriff der Gläubiger des Erben. Ich erkenne an, daß der Entwurf dieses Bedürfniß nicht ganz verkannt hat; allein er ist auf halbem Wege stehen geblieben. Er nimmt auf die Gläubiger des Erben Rücksichten, welche ich nicht für gerechtfertigt halte. Diese Personen erhalten durch den Erbanfall ohne ihr Verdienst Befriedigungsgegenstände, auf welche sie zur Zeit der Entstehung ihrer Forderung keinerlei Anspruch gehabt haben. Der Erblasser, der ihnen gegenüber nicht die Verpflichtung hatte, diese Befriedigungsgegenstände ihnen zu gewähren, darf auch nicht gehindert werden, die Vollstreckung seines Willens ihnen gegenüber dadurch zu schützen, daß er die Verwendung dieser Gegenstände dem Erben vorenthält und seinem Vertrauensmann überträgt. Jene können nur beanspruchen, was übrig bleibt. Eine diesem Gedanken entsprechende Abänderung des § 1904 wird von mir in den nachstehenden Anträgen vorgeschlagen. —

Dem Rechtsinstitute des Testamentsvollstreckers ist möglicherweise noch eine große Zukunft beschieden; ich erinnere an das, was Kohler noch in neuester Zeit darüber geschrieben hat. Darum darf seine Entwickelung nicht durch Unterbindung künstlich verhindert werden. Der Entwurf geht, nach den Motiven zum § 1905, von dem Gedanken aus, „daß der Erblasser die Rechte des Vollstreckers nicht über den von dem Gesetze bestimmten Machtkreis hinaus erweitern kann". Eine Begründung dieses Gedankens ist nicht gegeben. Ich halte ein solches Verbot, welches dem Leben ohne Noth Zwang anthun will, für verwerflich und möchte im Gegentheil eine Fortentwickelung dadurch ermöglicht sehen, daß dem Erblasser ausdrücklich das Recht zuerkannt wird, für die Thätigkeit des Testamentsvollstreckers auch solche Gebiete zu eröffnen, welche im Entwurfe noch unberücksichtigt geblieben sind.

Ich fasse meine Vorschläge dahin zusammen:

1. Das Verhältniß des Testamentsvollstreckers zum Erben ist dahin zu regeln, daß der Erbe nicht schon durch bloßen Widerspruch, sondern nur durch Erwirkung eines Urtheils die Thätigkeit des Vollstreckers hindern kann.
2. Die Testamentsvollstreckung darf nicht durch den Zugriff der Gläubiger des Erben beeinträchtigt werden.
3. Der Erblasser kann dem Testamentsvollstrecker außer den im Gesetzbuche bezeichneten auch noch andere Rechte in Ansehung des Nachlasses übertragen.

Zur Ausführung dieser Abänderungen beantrage ich:

1. den § 1897 folgendermaßen zu fassen:

„Der Testamentsvollstrecker hat den letzten Willen des Erblassers zu vollziehen."

„Reicht der Nachlaß nicht zur Erfüllung aller Nachlaßverbindlichkeiten hin, und hat der Erbe das Inventarrecht, so ist der Vollstrecker gegenüber dem Erben verpflichtet, die Vollziehung eines Vermächtnisses oder einer Auflage nur mit dem erforderlichen Abzuge zu bewirken."

„Er kann gegen den Erben dahin Klage erheben, daß die Vollziehung gestattet oder gesichert werde."

„Bestreitet der Erbe die Verbindlichkeit zur Erfüllung oder überschreitet der Vollstrecker seine Befugnisse, so kann der Erbe im Wege der Klage gegen den Vollstrecker Widerspruch erheben."

Bemerkungen:

Zu Absatz 1: Die Fassung des Entwurfes: „Der Testamentsvollstrecker ist berechtigt und gegenüber dem Erben verpflichtet", ruft die falsche Vorstellung hervor, als ob nur der Erbe, nicht auch der Dritte, der vom Erblasser mit einem Vermächtnisse u. s. w. bedacht ist, das Recht hätte, den Testamentsvollstrecker wegen Ausführung der betreffenden Verfügung in Anspruch zu nehmen. Eine solche Ausschließung des Dritten stände aber offenbar in Widerspruch mit der Absicht des Erblassers, der zu Gunsten aller Bedachten eine Sicherheit dafür hat schaffen wollen, daß sein Wille wirklich ausgeführt werde. Dieser Absicht des Erblassers entspricht die von mir vorgeschlagene absolute Fassung: „Der Testamentsvollstrecker hat — zu vollziehen."

Der Entwurf hat nach Angabe seiner Motive (Seite 226) die Worte „gegenüber dem Erben" nur eingeschaltet, um „das mögliche Mißverständniß auszuschließen, als hätte der Vollstrecker aus seinem Vermögen zu leisten". Meines Erachtens wird dieses Mißverständniß schon dadurch ausgeschlossen, daß der Entwurf die Stellung des Testamentsvollstreckers ausdrücklich als ein „Amt" bezeichnet; wer ein Amt bekleidet, braucht zu Zahlungen, die er amtlich zu leisten hat, nicht sein eigenes Vermögen zu verwenden. Hält man das gedachte Mißverständniß gleichwohl für möglich, so mag man ihm dadurch vorbeugen, daß man in den ersten Absatz die Worte „aus dem Nachlasse" oder „vermittelst des Nachlasses" einschaltet.

Absatz 2 tritt nach meinem Antrage an die Stelle des Absatzes 3 des Entwurfs. Er will nicht, wie der Entwurf, im Falle der Unzulänglichkeit die Vollziehung von der Einwilligung des Erben abhängig machen, sondern nur, wenn der Erbe das Inventarrecht hat, den „Abzug" (§ 2133) vorsehen. (Wird das höchst bedenkliche und unzweckmäßige Institut des „Abzugs" aus dem Entwurfe beseitigt, so ist mein Vorschlag natürlich entsprechend umzugestalten.) Die Motive des Entwurfs behaupten zwar (Seite 227): „Selbst wenn der Erbe das Inventarrecht verloren hat und also vollhaftender Erbe ist, muß ihm die Bestimmung über die Erfüllung der Vermächtnisse und Auflagen vorbehalten bleiben, da durch die Erfüllung sein eigenes Vermögen berührt wird." Ich halte dies nicht für richtig; der vollhaftende Erbe muß die Consequenzen der Anordnungen des Erblassers tragen, auch insoweit, als die Erfüllung sein eigenes Vermögen berührt.

Die Absätze 3 und 4 treten an die Stelle der Absätze 2 und 4 des Entwurfs. Die Begründung ergiebt sich aus dem oben Gesagten. Die Motive des Entwurfs meinen zwar (Seite 227), daß „das Recht zu einem wirksamen Widerspruche dem Beschwerten als Geschäftsherrn gebührt und nicht anzunehmen ist, daß ihm auch dieses Recht durch die Vollstreckungsanordnung entzogen werden sollte". Ich bin entgegengesetzter Ansicht; der Erblasser, der die Ausführung dadurch sichern wollte, daß er sie einem Dritten, dem Testamentsvollstrecker, übertragen hat, hat sicherlich nicht gewollt, daß diesem seinem Vertrauensmanne die Hände gebunden sein sollten, sobald es dem Erben einfällt, einfach „nein" zu sagen. Was das Argument betrifft, der Erbe sei Geschäftsherr und müsse als solcher durch seinen Widerspruch die Ausführung verhindern können, so widersprechen die Motive durch diese Behauptung dem, was sie nachher auf Seite 236 ausführen. Dort sagen sie: „Dem Erben fehlt, soweit der Machtkreis des Vollstreckers reicht, nach der dinglichen Seite die Verfügungsfähigkeit und damit in dieser Beschränkung auch die Geschäftsfähigkeit. Es wird nicht einem völlig Geschäftsfähigen ein gesetzlicher Vertreter bestellt, sondern — eine Geschäftsunfähigkeit bestimmt, welche sich nur auf ein bestimmtes Vermögen (die Erbschaft) — bezieht." Wie läßt es sich, angesichts dieser Ausführung, rechtfertigen, daß der Geschäftsunfähige das Recht haben soll, beliebig durch einfachen Widerspruch zu verhindern, daß der gesetzliche Vertreter seiner amtlichen Pflicht genüge? Erst da, wo der Machtkreis des Vollstreckers aufhört, hört auch die Geschäftsunfähigkeit auf und tritt somit das Recht des Erben ein, durch Erhebung der Klage gegen den Vollstrecker die Machtüberschreitung, die dieser vorzunehmen im Begriffe steht, abzuwehren. Dieses Recht wird ihm durch meinen Antrag, Absatz 4, gewahrt.

2. im zweiten Absatze des § 1898 statt „nach Maßgabe der §§ 2151 bis 2164 zu setzen: „nach Maßgabe der §§ 2151 bis 2155 und 2157 bis 2164."

Bemerkung: Der Entwurf schreibt auch die Anwendung des § 2156 vor; das steht in Widerspruch mit dem Inhalte des § 2156, der gerade den Fall behandelt, daß „nicht ein zur Bewirkung der Auseinandersetzung berechtigter Testamentsvollstrecker vorhanden ist".

3. den vierten Absatz des § 1898 folgendermaßen zu fassen:

„Der Widerspruch wird durch Klage gegen den Vollstrecker erhoben."

Bemerkung: Diese Fassung rechtfertigt sich durch meine obigen Ausführungen. Dem Erben kann nicht das Recht gegeben werden, durch einfachen Widerspruch zu verhindern, daß der Vollstrecker die ihm vom Erblasser anvertrauten amtlichen Befugnisse ausübe. Der Widersprechende muß nachweisen, daß er Grund zum Widerspruch habe; das kann er nur, indem er als Kläger auftritt und somit eine gerichtliche Entscheidung herbeiführt. Die Klage ist gegen den Vollstrecker zu richten. Dieser hat das Recht und die Pflicht, seine Amtshandlung zu vertreten. Die Motive des Entwurfs sagen zwar (Seite 230): „Zu entscheiden ist nur über das unter den Erben bestehende Schuldverhältniß." Das ist unrichtig und widerspricht dem Inhalte des vom Entwurfe selbst vorgeschlagenen fünften Absatzes; zu entscheiden ist darüber, ob die Anordnung des Vollstreckers „einer Anordnung des Erblassers oder einer gesetzlichen Vorschrift oder, sofern das Ermessen entscheidet, der Billigkeit widerspricht". Ob das unter den Erben bestehende Schuldverhältniß bei dem Streite überhaupt in Betracht kommt, ist unwesentlich. Wie, wenn der Erblasser hinsichtlich der Auseinandersetzung eine Anordnung getroffen hat, welche nach seiner Ueberzeugung im Interesse der Familie liegt, welche aber gegen die Wünsche und Neigungen aller einzelnen Erben geht? Der Vollstrecker, dem er zu treuen Handen die Ausführung übertragen hat, darf doch nicht von den Erben beliebig abgehalten werden können, seines Amts zu walten! Nach dem Entwurfe haben sie es in der Hand, dies zu thun, indem einer von ihnen Widerspruch erhebt; der Vollstrecker hat kein Mittel, diesen Widerspruch zu beseitigen, auch wenn derselbe völlig grundlos ist; er kann keine gerichtliche Entscheidung herbeiführen. Das verstößt gegen den Grundgedanken des Instituts.

Wird der § 1898 in der von mir angegebenen Richtung abgeändert, so glaube ich, daß er sehr wohlthätig wirken kann und eine höchst erwünschte Ergänzung der mangelhaften Bestimmungen des Entwurfs über die Erbauseinandersetzung bilden wird. Ich besorge, daß es im Allgemeinen unter der Herrschaft dieses Gesetzbuchs sehr schwer sein wird, die Auseinandersetzung zu bewirken, wenn auch nur ein Theil der Miterben sich passiv verhält. Der § 2156 ist durchaus ungenügend. Um so willkommener ist der Weg, welchen der § 1898 eröffnet. Der Gedanke liegt nah, noch einen Schritt weiter zu gehen, indem man die gesetzliche Vermuthung, welche im ersten Absatze aufgestellt wird, umkehrt und somit annimmt, daß der Erblasser, wenn er die Auseinandersetzung nicht ausdrücklich ausgenommen hat, den Vollstrecker auch mit dieser Thätigkeit habe betrauen wollen. Ich habe diesem Gedanken nur deswegen keine Folge gegeben, weil ich besorge, daß bei einer solchen Auslegung des Testaments die

Auseinandersetzung in manchen Fällen herbeigeführt werden würde, in welchen es besser gewesen wäre, die Gemeinschaft noch fortbestehen zu lassen.

4. den ersten Absatz des § 1899 folgendermaßen zu fassen:

„Der Testamentsvollstrecker hat die zum Nachlasse gehörenden Sachen in seine Inhabung (?) zu nehmen, und den Nachlaß festzustellen und zu verwalten. Soweit es zur ordnungsmäßigen Verwaltung erforderlich ist, hat er die Nachlaßforderungen einzuziehen und alle zum Nachlasse gehörenden Rechte, insbesondere auch im Wege der Klage, geltend zu machen, sowie auch andere Nachlaßverbindlichkeiten, als die aus einem Vermächtnisse oder einer Auflage entstandenen, zu erfüllen."

Bemerkung: Der Vollstrecker ist nicht bloß dem Erben, sondern auch den Vermächtnißnehmern u. s. w. gegenüber zu jenen Handlungen verpflichtet, wenn die Berichtigung der Vermächtnisse hiervon abhängt; vergl. meine Bemerkungen zu § 1897.

5. im ersten Absatze des § 1903 die Worte „als gesetzlicher Vertreter des Erben" zu streichen.

Der Entwurf greift hier, im Widerspruche mit dem, was seine Motive auf Seite 217 versprechen, der Wissenschaft vor und entscheidet sich ohne zwingende Gründe für eine der verschiedenen einander gegenüberstehenden Theorien. Durch die von mir beantragte Streichung soll der wissenschaftlichen Forschung das Gebiet zurückgegeben werden, welches ihr von Rechtswegen zukommt.

6. den zweiten Absatz des § 1903 folgendermaßen zu fassen:

„Ein Rechtsstreit, durch welchen eine Nachlaßverbindlichkeit geltend gemacht wird, ist gegen den Testamentsvollstrecker zu erheben, wenn die Erfüllung von ihm verlangt wird."

Bemerkung: Soweit die Erfüllung der Nachlaßverbindlichkeiten dem Vollstrecker obliegt, ist es folgerichtig, daß der Gläubiger die Klage gegen ihn richte. Wenn der Entwurf das Gegentheil vorschlägt, so ist er hierzu durch eine Erwägung verleitet, deren Unhaltbarkeit schon oben (S. 48) dargethan ist: der Erbe sei Geschäftsherr, die Entscheidung über die Erfüllung gebühre daher nicht dem Vollstrecker, sondern ihm. Der Entwurf geräth hier in Widerspruch mit seiner eigenen Theorie, daß der Erbe, soweit der Machtkreis des Vollstreckers reiche, verfügungs- und geschäftsunfähig sei. Dem Verfügungs- und Geschäftsunfähigen soll die Entscheidung gebühren!

7. den § 1904 folgendermaßen zu fassen:

„Zur Zwangsvollstreckung gegen einen zum Nachlasse gehörenden Gegenstand ist, solange in Ansehung des letzteren das Amt des Testamentsvollstreckers besteht, ein gegen den Letzteren vollstreckbarer Titel erforderlich und genügend."

Bemerkungen: Die hier beantragte Fassung des § 1904 steht im Einklang mit der Vorschrift des § 1901 und bildet ihre nothwendige Ergänzung. Nach § 1901 soll der Erbe, solange das Amt des Testamentsvollstreckers hinsichtlich eines Nachlaßgegenstandes besteht, über diesen nicht unmittelbar mit rechtlicher Wirkung verfügen können. Das Ergebniß, welches er nicht unmittelbar herbeiführen darf, würde aber als mittelbare Wirkung seiner Thätigkeit eintreten, wenn seinen persönlichen Gläubigern, wie der Entwurf will, die Zwangsvollstreckung in diese Gegenstände freistände. Das wird durch meinen Vorschlag ausgeschlossen. Indem derselbe einen gegen den Testamentsvollstrecker vollstreckbaren Titel verlangt, wird er der Absicht gerecht, welche der Erblasser hegte, als er einen Testamentsvollstrecker bestellte. Der Erblasser wollte, daß sein Nachlaß zunächst denjenigen Zwecken dienen solle, für welche er einen Vollstrecker bestellt hat. Solange dieser Aufgabe noch nicht genügt ist, muß der Nachlaß gegen den Zugriff persönlicher Gläubiger eines überschuldeten Erben geschützt sein.

Der Entwurf hat diese Nothwendigkeit nicht ganz verkannt; er hat aber nicht die Consequenzen zu ziehen gewagt. Das Auskunftsmittel, auf welches er verfallen ist, ist ungerecht, unzweckmäßig und ungenügend. Der Vollstrecker soll gegen die von den persönlichen Gläubigern des Erben betriebene Zwangsvollstreckung Widerspruch erheben dürfen, wenn er beweist, daß „durch dieselbe die Erfüllung von Nachlaßverbindlichkeiten beeinträchtigt würde". Es wird ihm also, gegenüber Personen, deren Ansprüche an den Nachlaß erst durch den „geschäftsunfähigen" Erben vermittelt sind, der Beweis aufgebürdet, und zwar ein Beweis, der nur dadurch geführt werden kann, daß er vor dieser dem Nachlasse ganz fremden Person die sämmtlichen Verhältnisse des Nachlasses offenlegt. Ueberdies kann das Widerspruchsrecht des Testamentsvollstreckers unter Umständen dadurch illusorisch gemacht werden, daß ohne sein Vorwissen die Zwangsvollstreckung gegen die Nachlaßgegenstände betrieben wird; denn grundsätzlich braucht er, nach dem Entwurfe, nicht von der

Möglichkeit wiederzugeben, daß er die Aufgabe lösen kann, die der Erblasser ihm gesetzt hat.

Für das Allg. Preuß. Landrecht hat noch am 13. Januar d. J. ein Beschluß der vereinigten Civilsenate des Reichsgerichts festgestellt, daß der Testamentsvollstrecker, dem die Verwaltung des Nachlasses aufzutragen ist, „auch dem widerstrebenden Erben gegenüber auf die Ausführung des letzten Willens des Erblassers zu dringen so berechtigt, wie verpflichtet ist". Der Entwurf, wie er jetzt ist, stellt diesem preußischen Rechte gegenüber einen bedauerlichen Rückschritt dar.

III.

Gutachten des Herrn Professor Dr. Frhrn. von Stengel zu Würzburg

über die Frage:

Wie ist die Rechtspflege in den Schutzgebieten zu ordnen: a) für die Europäer, b) für die Eingeborenen?

I.

Sobald das Deutsche Reich ausgedehnte Gebiete in Westafrika, Südwestafrika und Ostafrika, dann in der Südsee (Neuguinea u. s. w.) „unter seinen Schutz gestellt", d. h. als Colonien erworben hatte, trat an die Reichsregierung die Nothwendigkeit heran, diese „Schutzgebiete" staatlich einzurichten und zu verwalten. Als erste und wichtigste Aufgabe mußte es dabei erscheinen, daß für die Einrichtung und Ausübung einer geregelten Rechtspflege gesorgt werde, denn die erste Grundlage des persönlichen, wirthschaftlichen und socialen Lebens in einem staatlich beherrschten Gebiete ist die Schaffung bezw. Anerkennung einer Rechtsordnung und die Aufrechthaltung derselben durch die Civil- und Strafrechtspflege. Nur dann, wenn durch entsprechende Polizei- und Gerichtseinrichtungen für die Rechtssicherheit in privater und öffentlicher Hinsicht gesorgt ist, können sich in einer Colonie die wirthschaftlichen Verhältnisse in gedeihlicher Weise entwickeln, die ihrerseits wieder die Voraussetzung des Aufblühens der Colonie in anderer Hinsicht bilden.

Am dringendsten trat das Bedürfniß der Ordnung der Rechtspflege mit Rücksicht auf den daselbst bestehenden ziemlich lebhaften, fast ausschließlich durch deutsche Firmen betriebenen Handel in Kamerun hervor.

Deshalb wurde schon durch Verordnung des Kaiserl. Gouverneurs vom 20. Juli 1885 ein „Schiedsgericht" geschaffen, welches aus dem Gouverneur als Vorsitzendem, einem Protokollführer und zwei vom Gouverneur auf ein Jahr ernannten Beisitzern bestand. Für die Rechtsprechung des Gerichts sollten in erster Linie die localen Gebräuche und Gewohnheiten, in zweiter Linie die „in Deutschland geltenden bürgerlichen Gesetze" maßgebend sein. Die Gerichtssprache war die deutsche, doch wurde auf Antrag einer Partei eine Uebersetzung beigegeben. Vor diesem „Schiedsgerichte" waren alle Streitigkeiten zwischen Europäern unter einander und in zweiter Instanz auch alle Streitigkeiten zwischen Europäern und Eingeborenen zu entscheiden. Streitigkeiten der letzteren Art in erster Instanz, sowie Streitigkeiten zwischen Eingeborenen unter einander wurden von Einzelnrichtern, welche der Gouverneur ernannte, unter Zuziehung eines Dolmetschers erledigt. In besonders wichtigen Fällen konnten Streitigkeiten zwischen Eingeborenen unter Zustimmung des Gouverneurs vom Einzelrichter dem Schiedsgerichte überwiesen werden. In solchen Fällen mußte ein Dolmetscher der Sitzung des Gerichts beiwohnen, auch konnten nach dem Ermessen des Gouverneurs ein oder mehrere Häuptlinge zugezogen werden. Das Amt des Einzelnrichters wurde am Sitze des Gouverneuers von einem der Colonialbeamten wahrgenommen, an anderen Orten wurde es einer anderen geeigneten Persönlichkeit übertragen. Auf Strafsachen erstreckte sich die Gerichtsbarkeit des Schiedsgerichtes und der Einzelnrichter nicht; dieselbe blieb vielmehr dem Gouverneur und dessen Stellvertreter vorbehalten [1]).

Selbstverständlich war diese Einrichtung lediglich eine vorläufige, zumal gar nicht daran gedacht werden konnte, für jedes Schutzgebiet die Rechtspflege besonders zu ordnen, sondern eine wenigstens in der Hauptsache einheitliche Regelung der Gerichtsbarkeit für alle Schutzgebiete in Aussicht genommen werden mußte. Zu diesem Zwecke legte denn auch am 12. Januar 1886 der Reichskanzler den vom Bundesrathe beschlossenen Entwurf eines Gesetzes betr. die Rechtspflege in den Schutzgebieten vor (Reichstag: 6. Legisl.-Per., II. Sess. 1885/86 Drucks. Nr. 81), inhaltlich dessen die Ausübung der Gerichtsbarkeit in den deutschen Schutzgebieten, sowie die Mitwirkung der deutschen Behörden bei der Ausübung dieser Gerichtsbarkeit und die hierbei zur Anwendung kommenden Vorschriften des bürgerlichen Rechts und des Strafrechts durch Kaiserl. Verordnung mit Zustimmung des Bundesraths geregelt werden sollten.

---

[1]) Denkschrift über die Schutzgebiete S. 4/5 (Reichtag: 6. Legisl.-Periode' II. Sess. 1885/86 Drucks. Nr. 44.)

In der kurzen Begründung des Entwurfs war zunächst hervorgehoben, daß bei der Regelung der Gerichtsbarkeit in den Schutzgebieten zwar voraussichtlich zu einem großen Theile die Vorschriften des Consulargerichtsbarkeitsgesetzes vom 10. Juli 1879 würden zu Grunde gelegt werden können, daß es aber trotzdem nothwendig sei, die zur Regelung dieser Gerichtsbarkeit erforderlichen Bestimmungen durch selbständige Anordnungen zu treffen. Einmal seien nämlich der Consulargerichtsbarkeit nach § 1 d. Ges. v. 10. Juli 1879 nur diejenigen Reichsangehörigen und Schutzgenossen unterworfen, welche in dem betreffenden Consulargerichtsbezirke wohnen oder sich aufhalten. Darnach könnten, auch wenn in den fraglichen Gebieten alle Angehörigen befreundeter Staaten als „Schutzgenossen" dem Ges. v. 10. Juli 1879 unterstellt würden, doch die im Handelsverkehr mit ausländischen Firmen entstehenden Rechtsstreitigkeiten, für welche an und für sich nach der Reichscivilproceßordnung der Gerichtsstand der Niederlassung, des Vermögensbesitzes, des Erfüllungsorts u. s. w. gegeben sei, vor den Gerichten der Schutzgebiete nicht zum Austrage gebracht werden, soferne der Handlungsinhaber selbst seinen Wohnsitz und Aufenthalt nur außerhalb dieser Gebiete habe, was bedenkliche Folgen für die Rechte und Interessen deutscher Reichsangehöriger haben werde. Außerdem war hervorgehoben, daß auf dem Boden des Ges. v. 10. Juli 1879, welches in allen Beziehungen das im Inlande geltende Recht auf die Jurisdictionsbezirke der Consuln überträgt, eine Ordnung der Rechtsverhältnisse der Eingeborenen überhaupt nicht zu ermöglichen sein werde.

Weiter war in der Begründung bemerkt, daß „im Hinblick auf den rechtlichen Inhalt der in der übernommenen Schutzherrschaft liegenden Befugnisse" die Regelung der Gerichtsbarkeit wie der sonstigen inneren Verhältnisse der Schutzgebiete lediglich im Verordnungswege hätte erfolgen können, soweit nicht die Bewilligung von Geldmitteln des Reiches in Frage stand. Da jedoch gleichzeitig bei Regelung der Gerichtsbarkeit in den Schutzgebieten einerseits die Mitwirkung inländischer Gerichte und sonstiger Behörden des Reichs und der Bundesstaaten nicht zu entbehren sei, und andererseits den in den Schutzgebieten ergehenden Acten der Gerichte innerhalb des Reichsinlandes und der diesem gleichgestellten konsularischen Jurisdictionsbezirke dieselbe Wirkung wie den gleichen Akten deutscher Gerichte gesichert werden müsse, empfehle es sich, durch eine allgemeine gesetzliche Ermächtigung eine Grundlage zu schaffen, welche die Erreichung aller dieser Ziele in unzweifelhafter Weise ermögliche.

Schließlich war in der Begründung darauf hingewiesen, daß Einzelvorschriften über die Bildung der Gerichte, das Verfahren vor denselben

u. s. w. in den Entwurf nicht aufgenommen worden seien, da der Natur der Sache nach bei den noch wenig entwickelten Zuständen der Schutzgebiete die Regelung der Jurisdictionsverhältnisse im Einzelnen und die allmähliche Ausgestaltung derselben an der Hand der Erfahrung am zweckmäßigsten dem Verordnungswege vorbehalten bleibe, wie ja auch in den übrigen Staaten mit Colonialbesitz die Rechtsentwickelung denselben Gang genommen habe.

Der Reichstag stellte sich jedoch auf einen wesentlich anderen Standpunkt und nahm in Folge dessen eine völlige Umgestaltung des Gesetzentwurfs vor, der auf Grund der Verhandlungen im Reichstage schließlich diejenige Fassung bekam, in welcher er nach erhaltener Zustimmung und Sanction des Bundesraths als Reichsgesetz vom 17. April 1886 betr. die Rechtsverhältnisse der deutschen Schutzgebiete (RGBl. S. 75f.) erlassen wurde.

Das Gesetz vom 17. April 1886 weicht namentlich insofern von der Regierungsvorlage ab, als es sich nicht auf die Ordnung der Rechtspflege in den Schutzgebieten beschränkt, sondern überhaupt eine Regelung der Rechtsverhältnisse der Schutzgebiete ins Auge faßt. Demgemäß hat das Gesetz vom 17. April 1886 auch einen dreifachen Inhalt: 1. In § 1 ist die öffentlich-rechtliche Stellung der Schutzgebiete dahin bestimmt, daß die Ausübung der dem Reiche in den Schutzgebieten zustehenden Hoheitsrechte — die sog. Schutzgewalt — dem Kaiser übertragen ist. 2. In den §§ 2 und 3 ist eine Regelung der Rechtspflege in den Schutzgebieten in der Weise versucht, daß, wie sofort näher auszuführen sein wird, das Consulargerichtsbarkeitsgesetz vom 10. Juli 1879 mit seinen verschiedenen Nebengesetzen, jedoch vorbehaltlich gewisser Maßgaben in den Schutzgebieten für anwendbar erklärt wurde. 3. In § 4 ist bestimmt, daß das Reichsgesetz vom 4. Mai 1870, betreffend die Eheschließung und die Beurkundung des Personenstands von Reichsangehörigen im Auslande, mit der Maßgabe für die Schutzgebiete in Kraft zu treten hat, daß dasselbe auch auf andere Personen als Reichsangehörige ausgedehnt werden kann.

Die Bestimmung des Zeitpunktes des Inkrafttretens des Consulargerichtsgesetzes wie des Reichsgesetzes vom 4. Mai 1870 wurde Kaiserl. Verordnung überlassen.

Zum Verständnisse des Inhalts des Gesetzes vom 17. April 1886 muß vor Allem auf folgendes aufmerksam gemacht werden:

In der zur Vorberathung der Regierungsvorlage niedergesetzten Commission des Reichstags wurde zunächst die völkerrechtliche und staatsrechtliche Stellung der Schutzgebiete überhaupt erörtert[2]). Von der einen Seite wurde behauptet, daß die Schutzgebiete nur in einem völkerrechtlichen (Protectorats-) Verhältnisse zum Reiche ständen und daß demgemäß der Kaiser auf Grund des ihm die völkerrechtliche Vertretung des Reiches übertragenden Art. 11 der Reichsverfassung ein selbständiges, gesetzvertretendes Verordnungsrecht in Bezug auf die Schutzgebiete auszuüben befugt sei. Von dieser Auffassung war auch die Regierungsvorlage bei ihrer Behauptung ausgegangen, daß die Regelung der Gerichtsbarkeit, sowie der sonstigen inneren Verhältnisse der Schutzgebiete durch Kaiserl. Verordnung erfolgen könne.

Diese Auffassung drang jedoch in der Commission nicht durch, die Mehrheit derselben vertrat die vom Reichstage selbst stillschweigend gebilligte und auch im Ges. v. 17. April 1886 mittelbar zum Ausdruck gelangte Ansicht, daß die „Schutzgebiete" in einem staatsrechtlichen Verhältnisse zum Reiche stehen, also seiner Souveränität unterworfen sind und daß demgemäß auch die Regelung der Rechtsverhältnisse der Schutzgebiete gemäß Art. 4 Z. 1 d. Reichsverf. auf dem Wege der Gesetzgebung zu erfolgen habe.

Die Auffassung, daß die deutschen Schutzgebiete trotz ihres irreführenden Namens nicht als bloß in einem völkerrechtlichen Verhältnisse zum Reiche stehende Protectoratsländer, sondern als der Souveränität desselben unterworfene Colonien zu betrachten sind, entspricht auch durchaus der Sachlage. Ein jedes Protectoratsverhältniß setzt nämlich zwei staatlich organisirte Gemeinwesen voraus: den Schutzstaat und den schutzherrlichen Staat. Der wesentliche Inhalt des Protectoratsverhältnisses besteht dann darin, daß der (halbsouveräne) Schutzstaat in seinen auswärtigen Beziehungen dem schutzherrlichen Staate untergeordnet ist. Dagegen ist der Schutzstaat in seinen inneren Verhältnissen — grundsätzlich wenigstens — autonom, wenn auch sehr häufig auch auf diese Verhältnisse durch besondere Rechtstitel dem schutzherrlichen Staate ein größerer oder geringerer Einfluß eingeräumt ist.

Da ein jedes Protectoratsverhältniß zwei staatlich organisirte Gemeinwesen voraussetzt, ist ein Protectorat über völkerrechtlich herrenlose Gebiete, d. h. über solche Gebiete begrifflich unmöglich, deren Bewohner überhaupt jeglicher staatlichen Organisation entbehren, und die auch auf

---

[2]) Vgl. den Kommiss.-Bericht (Berichterstatter Meyer-Jena). Verh. des Reichstags 6. Legisl.-Per. II. Sess. 1885/86 Drucks. Nr. 201. — Die Verhandlungen im Plenum finden sich Sten. Ber. 1885/86 S. 652—669 u. 2027—2030.

einer so niedrigen Culturstufe stehen, daß von ihnen eine Anerkennung des Völkerrechts nicht erwartet werden kann[3]).

Die vom Deutschen Reiche erworbenen Schutzgebiete waren aber im Sinne des Völkerrechts durchweg herrenlos und es konnte daher über dieselben nicht das Protectorat, sondern nur die Souveränität erworben werden[4]). Hätten die deutschen Schutzgebiete die Stellung staatlich organisirter Gemeinwesen gehabt, mit denen das Deutsche Reich nur Protectoratsverträge abschloß, so wäre es natürlich zu einer Regelung der Rechtspflege in diesen Gebieten nur insoweit befugt gewesen, als ihm die Protectoratsverträge dieses Recht einräumten. Weil aber die Schutzgebiete der Souveränität des Reiches unterstehen und die Befugniß zur Regelung der Rechtspflege sich von selbst aus der Staatsgewalt ergiebt, so ist es durchaus zweifellos, daß das Reich das Recht hatte, von sich aus die Rechtspflege in den Schutzgebieten in umfassender Weise zu regeln. Das schließt nicht aus, daß in verschiedenen mit den Häuptlingen der in den Schutzgebieten befindlichen eingeborenen Völkerschaften abgeschlossenen Verträgen denselben die Gerichtsbarkeit über ihre Unterthanen vorbehalten wurde. (Vgl. unten sub III.)

Da die Schutzgebiete der Souveränität des Reiches unterstehen, so muß an und für sich die Gesetzgebung in denselben durch die gesetzgebenden Factoren des Reiches ausgeübt werden. Um jedoch der Reichsregierung das erforderliche Maß freier Bewegung zu sichern, wurde bei der gesetzlichen Regelung der staatsrechtlichen Stellung der Schutzgebiete die Kaiserl. Gewalt in den Vordergrund gestellt und die Ausübung der sog. Schutzgewalt in den Schutzgebieten dem Kaiser übertragen, wie z. B. die Ausübung der Staatsgewalt in Elsaß-Lothringen ebenfalls dem Kaiser delegirt worden ist. (Reichsges. v. 9. Juni 1871 betr. die Wiedervereinigung von Elsaß-Lothringen mit dem Deutschen Reiche § 3.)

In der Uebertragung der Ausübung der Schutzgewalt auf den Kaiser liegt natürlich auch die Ermächtigung desselben zum Erlasse gesetzlicher Vorschriften im Wege der Verordnung. Diese Ermächtigung wurde jedoch, gerade was das Gebiet der Rechtspflege anlangt, auf das Erheblichste eingeschränkt. Nach § 2 des Ges. v. 17. April 1886 bestimmen sich nämlich das bürgerliche Recht, das Strafrecht und das gerichtliche Verfahren einschließlich der Gerichtsverfassung nach den Vorschriften des Ges. v. 10. April 1879 über die Consulargerichtsbarkeit mit gewissen, in §§ 2 und 3 des

---

[3]) Vgl. die eingehenderen Ausführungen bei Stengel: Die deutschen Schutzgebiete (Sep.-Abd. aus Hirth's Annalen 1889) S. 8 ff.

[4]) Vgl. Die deutschen Schutzgebiete S. 48 ff.

Ges. v. 17. April 1886 vorgesehenen oder doch für zulässig erklärten Modificationen. Ebenso schrieb, wie schon erwähnt, § 4 d. Ges. v. 17. April 1886 vor, daß das Ges. v. 4. Mai 1870 betr. die Eheschließung und die Beurkundung des Personenstandes von Reichsangehörigen im Auslande in den Schutzgebieten zur Anwendung zu kommen habe. Insoweit nun durch die im Vorstehenden erwähnten gesetzlichen Vorschriften das bürgerliche Recht, das Strafrecht u. s. w. geregelt sind, erscheinen Kaiserl. Verordnungen auf dem Gebiete der Rechtspflege ausgeschlossen und nur auf den Punkten für zulässig, in welchen entweder das Ges. v. 17. April 1886 (in den §§ 3 und 4) selbst oder die von ihm in Bezug genommenen Gesetze, nämlich das Consulargerichtsbarkeits-Gesetz und dessen das bürgerliche Recht u. s. w. betreffenden Nebengesetze und das Reichsgesetz v. 4. Mai 1870 solche für zulässig erklärten[5]). Bald stellte sich jedoch heraus, daß die dem Kaiserl. Verordnungsrechte auf dem Gebiete der Rechtspflege gesteckten Grenzen zu enge gezogen seien. In Folge dessen wurde schon durch die Novelle v. 7. Juli 1884 zum Reichsgesetz v. 17. April 1886 der Kaiser ermächtigt, die Rechtsverhältnisse an unbeweglichen Sachen in den Schutzgebieten durch Verordnung zu regeln. Viel eingreifendere Bestimmungen enthält aber die Novelle v. 15. März 1888. (Ges. betr. die Abänderung des Ges. v. 17. April 1886 betr. die Rechtsverhältnisse in den Schutzgebieten, RGBl. S. 71 ff.)

In der Novelle vom 15. März 1888 findet sich nämlich zunächst eine Anzahl von Bestimmungen, durch welche verschiedene Angelegenheiten geregelt wurden, die im Gesetz vom 17. April 1886 noch keine Regelung erfahren hatten, wie z. B. die Naturalisation der in den Schutzgebieten sich niederlassenden Ausländer und der daselbst vorhandenen Eingeborenen, die Stellung und Verfassung der Colonialgesellschaften u. s. w., außerdem dehnten aber einzelne ihrer Paragraphen das Kaiserl. Verordnungsrecht auf dem Gebiete der Rechtspflege in verschiedenen Punkten aus.

Da die Novelle vom 15. März 1888 das Gesetz vom 17. April 1886 sehr erheblich abgeändert hat, so wurde durch Artikel III derselben der Reichskanzler ermächtigt, den Text des Gesetzes vom 17. April 1886, wie er sich aus den in Artikel I und II der Novelle festgestellten Aenderungen ergab, durch das Reichsgesetzblatt bekannt zu machen. Auf Grund dieser Ermächtigung hat der Reichskanzler den Gesetzestext in der neuen Fassung, in welcher nunmehr das Schutzgebietsgesetz gilt, am 19. März 1888 (RGBl. S. 75 ff.) veröffentlicht.

---

[5]) Vgl. Stengel, Deutsches Colonialstaatsrecht in Hirth's Annalen 1887 S. 902 ff.

Ehe nun auf die durch das Schutzgebietsgesetz[6]) erfolgte Ordnung der Rechtspflege in materieller Hinsicht eingegangen wird, ist vorher die namentlich auch für die Rechtspflege wichtige Frage zu beantworten, ob die Schutzgebiete als Inland zu betrachten sind. Darauf ist zu erwidern: Die Schutzgebiete gelten, weil sie der Souveränität des Reiches unterstehen, im Sinne des Völkerrechts als Bestandtheile des Reichs; vom Standpunkte des Reichsstaatsrechts aus gehören sie jedoch nicht zum Reichsgebiete im Sinne des Artikel 1 der Reichsverf., da ihnen diese Eigenschaft nur durch Reichsgesetz hätte beigelegt werden können, was bisher nicht geschehen ist und wohl auch nicht geschehen wird. Trotzdem sind die Schutzgebiete in mancher Beziehung als Inland zu betrachten. So hat z. B. das Schutzgebietsgesetz im § 6 Abs. 3 ausdrücklich bestimmt, daß die Schutzgebiete im Sinne des § 21 des Reichsgesetzes vom 1. Juni 1870 betr. die Erwerbung und den Verlust der Bundes- und Staatsangehörigkeit, sowie bei Anwendung des Gesetzes vom 13. Mai 1870 wegen Beseitigung der Doppelbesteuerung als Inland gelten.[7])

Sodann kommt aber in Betracht, daß, insoweit einzelne Reichsgesetze in den Schutzgebieten zur Einführung gelangt sind, wie z. B. das Strafgesetzbuch, die Strafproceßordnung, die Civilproceßordnung u. s. w., in Bezug auf diese Gesetze in der Regel die Schutzgebiete als Inland betrachtet werden müssen.[8])

Wie die Schutzgebiete abgesehen von diesen Ausnahmen nicht Reichsinland sind, so sind auch die Angehörigen derselben zwar Unterthanen des Reichs, aber keineswegs von selbst Reichsangehörige mit deren Rechten und Pflichten. Das Schutzgebietsgesetz hat jedoch in § 6 zugelassen, daß den in den Schutzgebieten sich niederlassenden Ausländern, sowie den Eingeborenen der Schutzgebiete durch Naturalisation die Reichsangehörigkeit vom Reichskanzler bezw. einem andern von ihm hiezu ermächtigten Kaiserl. Beamten nach Maßgabe des Reichsges. vom 1. Juni 1870 über Erwerb und Verlust der Bundes- und Staatsangehörigkeit verliehen werden kann. Im Zusammenhange mit dieser Vorschrift steht die Bestimmung des § 7 a. a. O., inhaltlich dessen durch Kaiserl. Verordnung Eingeborene der Schutzgebiete in Bezug auf das Recht zur Führung der Reichsflagge nach Maßgabe des Reichsges. vom 25. October 1867 betr. die Nationalität der Kauffahrteischiffe den Reichsangehörigen gleichgestellt werden können.

---

[6]) Sch.G.G. = Reichsges. vom 17. April 1886 in der Fassung der Novelle vom 15. März 1888.

[7]) Vgl. Die deutschen Schutzgebiete S. 69 ff.

[8]) Vgl. Die deutschen Schutzgebiete S. 171 f. 177.

Wie bereits hervorgehoben, hat bezüglich der Rechtspflege § 2 Sch.G.G. vorgeschrieben, daß sich das bürgerliche Recht, das Strafrecht und das gerichtliche Verfahren einschließlich der Gerichtsverfassung nach den Vorschriften des C.G.G.[9]) bezw. durch dasselbe in den Consulargerichtsbezirken für anwendbar erklärten Reichsgesetze und preußischen Gesetze zu bestimmen habe. Gleichzeitig hat das Sch.G.G. verschiedene Abänderungen dieser Gesetze entweder sofort vorgeschrieben oder durch Kaiserl. Verordnung für zulässig erklärt.

Demgemäß gestaltet sich die Rechtspflege in den Schutzgebieten in folgender Weise:[10])

I. Die Gerichtsverfassung.

Nach § 5 C.G.G. wird die Consulargerichtsbarkeit durch den Consul und das Consulargericht ausgeübt. Gemäß § 2 Sch.G.G. tritt an die Stelle des Consuls der vom Reichskanzler zur Ausübung der Gerichtsbarkeit ermächtigte Beamte und an die Stelle des Consulargerichts das nach Maßgabe der Bestimmungen über das letztere zusammengesetzte „Gericht des Schutzgebiets". Demgemäß setzt sich das Gericht des Schutzgebiets zusammen (§ 6 C.G.G.) aus dem zur Ausübung der Gerichtsbarkeit ermächtigten Beamten als Vorsitzenden und zwei Beisitzern, insoweit das C.G.G. nicht die Zuziehung von vier Beisitzern vorschreibt. Den Beisitzern steht ein unbeschränktes Stimmrecht zu. Die Zuziehung von vier Beisitzern für die Hauptverhandlung ist in § 28 C.G.G. für den Fall vorgeschrieben, daß der Beschluß über die Eröffnung des Hauptverfahrens ein Verbrechen oder ein Vergehen zum Gegenstande hat, welches weder zur Zuständigkeit der Schöffengerichte noch zu den in §§ 74. 75 G.V.G. bezeichneten Handlungen gehört. [11])

Diese Vorschrift greift auch dann Platz, wenn nach § 3 Z. 7 Sch.G.G. durch Kaiserl. Verordnung die zur Zuständigkeit der Schwurgerichte gehörenden Sachen (welche nicht vor den Consulargerichten abgeurtheilt werden dürfen) den Gerichten der Schutzgebiete übertragen sind. Anderer-

---

[9]) C.G.G. = Reichsges. v. 10. Juli 1879, betr. die Consulargerichtsbarkeit.

[10]) Vgl. die deutschen Schutzgebiete S. 158 ff. und die dort angegebenen Citate.

[11]) In § 74 ist den Strafkammern die Aburtheilung gewisser in einzelnen Specialgesetzen, z. B. dem Ges. v. 25. Oct. 1867 betr. die Nationalität der Kauffahrteischiffe vorgesehenen Delicte übertragen, während in § 75 a. a. O. diejenigen Vergehen aufgezählt sind, bezüglich deren die Strafkammer die Verhandlung und Entscheidung den Schöffengerichten überweisen kann.

seits hat das Sch.G.G. in § 3 Nr. 6 zugelassen, daß durch Kaiserl. Verordnung vorgeschrieben werden kann, daß in Strafsachen, wenn der Beschluß über die Eröffnung des Hauptverfahrens eine Handlung znm Gegenstande hat, welche zur Zuständigkeit der Schöffengerichte oder zu den in den §§ 74. 75 GVG. bezeichneten Vergehen gehört, in der Hauptverhandlung eine Zuziehung von Beisitzern überhaupt nicht erforderlich ist.

Ist die Zuziehung von vier Beisitzern in den vorgeschriebenen Fällen (Strafsachen) nicht ausführbar, so genügt die Zuziehung von zwei Beisitzern. Ist in bürgerlichen Rechtsstreitigkeiten die Zuziehung von zwei Beisitzern nicht ausführbar, so tritt an die Stelle des Schutzgebiets-Gerichts der Richter im Schutzgebiete (C.G.G. § 9). Die Ernennung der vier Beisitzer und von mindestens zwei Stellvertretern erfolgt durch den Richter auf die Dauer eines Jahres aus den achtbaren Gerichtseingesessenen (in Ermangelung solcher aus sonstigen achtbaren Einwohnern) seines Bezirks. Beisitzer und Stellvertreter werden bei ihrer ersten Dienstleistung für die Dauer des Geschäftsjahres in öffentlicher Sitzung vereidigt (C.G.G. §§ 7. 8).. Die Personen, welche die Verrichtungen der Gerichtsschreiber und der Gerichtsvollzieher auszuüben haben, bestimmt der Richter; ebenso die Personen, welche er und zwar in widerruflicher Weise zur Rechtsanwaltschaft zulassen will. C.G.G. §§ 10 u. 11.

Was die Zuständigkeit anlangt, so ist, insoweit das C.G.G. nicht selbst abweichende Bestimmungen enthält, für die durch das Gerichtsverfassungsgesetz und die Concursordnung den Amtsgerichten zugewiesenen Sachen der Richter, für die den Schöffengerichten, sowie für die den Landgerichten in erster Instanz zugewiesenen Sachen das Gericht des Schutzgebiets zuständig. In den zur streitigen Gerichtsbarkeit nicht gehörenden Angelegenheiten, welche in denjenigen preußischen Landestheilen, in welchen das Allgemeine Landrecht Gesetzeskraft hat, in erster Instanz zur Zuständigkeit der Amtsgerichte oder Landgerichte gehören, ist der Richter zuständig. C.G.G. § 12.

Die Vorschriften der Titel 13—16 Ger.-Verf.-G. (Rechtshülfe, Oeffentlichkeit und Sitzungspolizei; Gerichtssprache; Berathung und Abstimmung) finden auf die streitige Gerichtsbarkeit in den Schutzgebieten entsprechende Anwendung. C.G.G. § 13.

Als zweite Instanz kommt nach dem C.G.G., soweit dasselbe eine Berufung überhaupt zuläßt, lediglich das Reichsgericht in Betracht, C.G.G. §§ 18, 34, 36. In § 3 Nr. 9 Sch.G.G. ist jedoch zugelassen, daß durch Kaiserl. Verordnung als Berufungs- und Beschwerdegericht ein Consulargericht oder ein Gerichtshof im Schutzgebiet bestimmt und über die Zusammensetzung des letzteren Gerichtshofs, sowie über das Verfahren in Berufungs- und Beschwerdesachen, welche vor einem dieser Gerichte zu verhandeln sind, mit der Maßgabe Anordnung getroffen werden kann, daß das Gericht mindestens aus einem Vorsitzenden und vier Beisitzern bestehen muß.

Anlangend endlich die Stellung der Richter im Schutzgebiete, so wird von dem als Richter fungirenden Consul juristische Vorbildung nach Maßgabe des Tit. 7 G.V.G. nicht verlangt, denn nach § 13 C.G.G. finden nur die Titel 13—16 des Gerichtsverfassungsgesetzes auf die Consulargerichtsbarkeit entsprechende Anwendung, nicht aber die von der Befähigung zum Richteramte handelnden Vorschriften des Tit. 1 des Ger.-Verf.-Ges. Da das Sch.G.G. in dieser Hinsicht eine Aenderung des C.G.G. nicht bewirkt hat, so gilt der gleiche Grundsatz auch für die mit der Gerichtsbarkeit betrauten Beamten der Schutzgebiete. In Folge dessen kommen, was die Rechtsverhältnisse und namentlich auch die Disciplin anlangt, für die Richter in den Schutzgebieten im Allgemeinen die bezüglich der Richterconsuln geltenden Vorschriften zur Anwendung. Für den Richterconsul gelten aber lediglich die einschlägigen Bestimmungen des Consulatsgesetzes vom 8. November 1867 und des Reichsbeamtengesetzes vom 31. März 1873, während für die Richter in den Schutzgebieten noch außerdem die Vorschrift des § 2 Ges. v. 31. Mai 1887, betr. die Rechtsverhältnisse der Kaiserl. Beamten in den Schutzgebieten R.G.Bl. S. 211) zu beachten ist, inhaltlich dessen die Gouverneure, Kanzler und Commissare in den deutschen Schutzgebieten jeder Zeit mit Gewährung des gesetzlichen Wartegeldes zur Disposition gestellt werden können. Die Richter in den Schutzgebieten genießen daher nicht das Vorrecht der Unabsetzbarkeit. Dagegen wird es als selbverständlich betrachtet werden können, daß auch die Richter in den Schutzgebieten die in § 1 G.V.G. ausgesprochene Unabhängigkeit in Bezug auf ihre richterliche Thätigkeit genießen. Ebenso müssen die Vorschriften der Proceßgesetze (C.P.O. § 41 ff., Str.P.O. § 22 ff.) über Ausschließung der Richter von der Ausübung des Richteramts und Verhinderung der Richter an dieser Ausübung auch auf die Richter im Schutzgebiete Anwendung finden.[12])

II. Das gerichtliche Verfahren.

A. Das Verfahren in bürgerlichen Rechtsstreitigkeiten.

Auf das Verfahren in bürgerlichen Rechtsstreitigkeiten und Concurssachen

---

[12]) Vgl. Brauer, Die deutschen Justizgesetze und die Consulargerichtsbarkeit, S. 71.

finden gemäß § 14 C.G.G. die Reichs-Civilproceßordnung und die Reichs-Concursordnung nebst ihren Einführungsgesetzen, sowie die landesgesetzlichen Vorschriften Anwendung, welche für diejenigen preußischen Landestheile, in denen das Allgemeine Landrecht in Kraft getreten ist, zur Ausführung jener Reichsgesetze erlassen oder neben denselben in Geltung sind. Die vorstehend erwähnten reichs- und landesgesetzlichen Vorschriften sind jedoch durch die §§ 15—20 C.G.G. bezw. § 3 Nr. 9 Sch.G.G. in folgenden Punkten modificirt:

1. Das Verfahren in bürgerlichen Rechtsstreitigkeiten vor den Richtern sowohl wie vor den Gerichten in den Schutzgebieten regelt sich ausschließlich nach den Bestimmungen der CPO. über das Verfahren vor den Amtsgerichten (Anwaltszwang findet daher in keinem Falle statt) mit der Maßgabe jedoch, daß auch die Vorschriften der §§ 313—319 C.P.O. über das vorbereitende Verfahren in Rechnungssachen, Auseinandersetzungen und ähnlichen Processen vor den Richtern, bezw. Gerichten der Schutzgebiete Anwendung finden.
2. In den vor das Schutzgebietsgericht gehörenden Sachen nehmen die Beisitzer nur an der mündlichen Verhandlung, sowie an den im Laufe oder auf Grund derselben ergehenden Entscheidungen Theil.
3. Die Verrichtungen der Staatsanwaltschaft werden in Ehesachen im Falle des § 585 (Nichtigkeitsklage) sowie in Entmündigungssachen in den Fällen der §§ 607 (Klage auf Aufhebung des amtsgerichtlichen Entmündigungsbeschlusses) 620 Abs. 4 (Klage gegen den die Wiederaufhebung einer rechtskräftig ausgesprochenen Entmündigung ablehnenden Gerichtsbeschluß), 624 Abs. 3 (klageweise Anfechtung des Entmündigungsbeschlusses, durch die für einen Verschwender erklärte Person) und 626 Abs. 3 (Klage gegen den die Wiederaufhebung einer wegen Verschwendung ausgesprochenen Entmündigung ablehnenden Gerichtsbeschluß) der C.P.O. vom Richter einer der zur Ausübung der Rechtsanwaltschaft zugelassenen Personen oder in Ermangelung solcher einem anderen achtbaren Gerichtseingesessenen übertragen. Im Uebrigen findet eine Mitwirkung der Staatsanwaltschaft nicht statt.
4. In den zur Zuständigkeit des Richters gehörenden bürgerlichen Rechtsstreitigkeiten finden, sofern der Werth des Streitgegenstandes 300 Mk. nicht übersteigt, Rechtsmittel überhaupt nicht statt. Im Uebrigen ist in den vor dem Richter oder dem Gerichte des Schutzgebiets verhandelten bürgerlichen Rechtsstreitigkeiten sowie in Concurssachen zur Verhandlung und Entscheidung über die Rechtsmittel

der Beschwerde und der Berufung das Reichsgericht zuständig, gegen dessen Entscheidung ein weiteres Rechtsmittel nicht zulässig ist C.G.G. § 18.

Diese Vorschrift des § 18 C.G.G. findet jedoch nur dann Anwendung, wenn nicht auf Grund der bereits erwähnten Nr. 9 § 3 Sch.G.G. als Berufungs- und Beschwerdegericht ein Consulargericht oder ein Gerichtshof im Schutzgebiet durch Kaiserl. Verordnung bestimmt und hierdurch das Reichsgericht als zweite Instanz ausgeschlossen wird.

Was das Verfahren in Beschwerdesachen anlangt, so finden die §§ 530—540 C.P.O. Anwendung, mit der Maßgabe jedoch, daß § 540 Abs. 3, wonach das Gericht zu einer Abänderung seiner durch Beschwerde angegriffenen Verfügung nicht befugt ist, keine Anwendung erleidet, wenn die angegriffene Verfügung vom Consul erlassen ist.

Bezüglich des Verfahrens in Berufungssachen bestimmt § 20 C.G.G., daß das Rechtsmittel der Berufung bei dem Richter durch Einreichung der Berufungsschrift eingelegt wird. Die Einlegung braucht nicht durch einen Rechtsanwalt zu erfolgen (C.P.O. § 74 Abs. 1).

Der Richter hat eine Abschrift der Berufungsschrift der Gegenpartei in Gemäßheit des § 164 C.P.O. zustellen zu lassen und die Prozeßacten dem Berufungsgerichte zu übersenden, welches den Termin zur mündlichen Verhandlung von Amtswegen zu bestimmen und den Parteien bekannt zu machen hat. Die Bekanntmachung des Termins erfolgt an den für die Berufungsinstanz bestellten und dem Reichsgerichte durch Vermittelung des Richters oder durch die Partei selbst rechtzeitig benannten Proceßbevollmächtigten oder Zustellungsbevollmächtigten, in Ermangelung eines solchen an die Partei selbst.

Da nun nach Sch.G.G. § 3 Nr. 9 durch Kaiserl. Verordnung das Verfahren in Berufungs- und Beschwerdesachen besonders geregelt werden kann, wenn das Reichsgericht als zweite Instanz durch ein Consulargericht oder einen Gerichtshof im Schutzgebiete ersetzt wird, so kommen die Vorschriften des § 20 C.G.G. selbstverständlicher Weise nur insoweit zur Anwendung, als nicht die betreff. Kaiserl. Verordnung etwas Anderes bestimmt.

Nach § 18 Abs. 2 C.G.G. geht in Civilsachen die Berufung sofort an das Reichsgericht, es fehlt daher eine Mittelinstanz. Demzufolge ist das Rechtsmittel der Revision (C.P.O. § 507) ausgeschlossen, da dasselbe nur gegen Urtheile der Mittelinstanz zulässig ist. An diesem Ergebniß wird auch in dem Falle nichts geändert, daß im Wege der Kaiserl. Verordnung eine Mittelinstanz geschaffen wird, denn nach § 18 C.G.G. auf Grund des § 3 Nr. 9 Sch.G.G. giebt es nur das Rechtsmittel der Berufung, nicht der Revision, und diesen Grundsatz hat das Sch.G.G. nicht geändert. Dagegen ist ein Antrag auf „Wiederaufnahme des Verfahrens" (Nichtigkeits- und Restitutionsklage) allerdings möglich, da ein solcher Antrag nicht als ein Rechtsmittel im Sinne des Proceßrechts, sondern als eine Klage gilt, zu deren Entscheidung das urtheilende Gericht selbst ausschließlich zuständig ist (C.P.O. §§ 541 ff. §§ 54 7. 548).

B. Das Verfahren in Angelegenheiten der nichtstreitigen Gerichtsbarkeit, für welche gemäß § 12 Abs. 2 C.G.G. der Richter ausschließlich zuständig ist, bemißt sich nach den Vorschriften, welche in die preußischen Landestheilen anzuwenden sind, in denen das Allgemeine Landrecht gilt. Für die Verhandlung und Entscheidung über die nach Maßgabe dieser Vorschriften zulässigen Rechtsmittel ist das Reichsgericht zuständig, an dessen Stelle selbstverständlich das gemäß § 3 Nr. 9 Sch.G.G. durch kaiserl. Verordnung etwa bestellte Beschwerdegericht tritt.

C. Anlangend das Verfahren in Strafsachen, so ist zunächst hervorzuheben, daß nach dem CGG. der Aburtheilung der Consulargerichte nur solche Strafsachen unterliegen, welche im Inlande entweder vor die Schöffengerichte oder vor die Strafkammern der Landgerichte gehören. Die Schwurgerichtssachen und die zur Zuständigkeit des Reichsgerichts gehörigen Sachen bleiben dagegen den inländischen Schwurgerichten bezw. dem Reichsgerichte vorbehalten. In solchen Sachen hat der Consul lediglich die zur Strafverfolgung erforderlichen Sicherheitsmaßregeln zu treffen, sowie solche Untersuchungshandlungen vorzunehmen, in Ansehung deren Gefahr im Verzuge obwaltet oder die Voraussetzungen des § 65 Abs. 2 Str.P.O. (ausnahmsweise Beeidigung der Zeugen in der Voruntersuchung im Interesse der Wahrheitserforschung oder wegen Behinderung des Zeugen am Erscheinen in der Hauptverhandlung) gegeben sind und sodann die Acten der Staatsanwaltschaft bei dem zuständigen inländischen Gerichte bezw. dem Oberreichsanwalt vorzulegen.

Diese Vorschriften sind, soweit die zur Zuständigkeit des Reichsgerichts gehörenden Sachen in Frage stehen, selbstverständlich auch für die Schutzgebiete unverändert in Kraft geblieben. Dagegen gestattet das Sch.G.G. § 3 Nr. 7, daß die Gerichtsbarkeit in den zur Zuständigkeit der Schwurgerichte gehörenden Sachen den Gerichten der Schutzgebiete in der Weise übertragen werde, daß bei diesen Sachen, welche im Uebrigen wie die Strafkammersachen zu behandeln sind, in der Hauptverhandlung vier Beisitzer zugezogen werden.

Auf das Verfahren in Strafsachen selbst finden im Einzelnen die Vorschriften der Str.P.O. und des Einf.-Ges. zu derselben Anwendung, soweit nicht das C.G.G. Abweichungen vorschreibt.

Die Verrichtungen des Amtsrichters und des Vorsitzenden der Strafkammer versieht der Richter. Die Beisitzer üben, soweit nicht das Gesetz Ausnahmen vorschreibt, während der Hauptverhandlung das Richteramt im vollen Umfange und mit gleichem Stimmrechte wie der vorsitzende Richter aus und nehmen auch an denjenigen im Laufe der Hauptverhandlung zu erlassenden Entscheidungen Theil, welche in keiner Beziehung zur Urtheilsfällung stehen und welche auch ohne vorgängige mündliche Verhandlung erlassen werden können.

Die außerhalb der Hauptverhandlung erforderlichen Entscheidungen dagegen werden vom Vorsitzenden allein getroffen.

Eine Mitwirkung der Staatsanwaltschaft findet nach § 24 Abs. 1 C.G.G. in Strafsachen nicht statt. In Folge dessen werden a) die Zustellungen, die Vollstreckung von Beschlüssen und Verfügungen, sowie die Strafvollstreckung durch den Richter veranlaßt, und ist b) soweit nach der Str.P.O. die Staatsanwaltschaft wegen einer gerichtlich strafbaren und verfolgbaren Handlung einzuschreiten hat, der Richter hierzu von Amtswegen verpflichtet, wie er auch die der Staatsanwaltschaft im vorbereitenden Verfahren obliegenden Ermittelungen anzustellen hat, c) kann die Wiederaufnahme des Verfahrens (Str.P.O. §§ 399 ff.) in allen Fällen, in welchen der Staatsanwalt einen hierauf bezüglichen Antrag zu stellen in der Lage wäre, von Amtswegen verfügt werden. Eine Voruntersuchung findet nach §§ 26. 27. C.G.G. nicht statt.

In Abänderung der §§ 24—27 C.G.G. hat nun § 3 Nr. 4 Sch.G.G. bestimmt, daß durch kaiserl. Verordnung vorgeschrieben werden kann, daß in Strafsachen a) die Mitwirkung einer Staatsanwaltschaft eintritt; b) eine Voruntersuchung stattfindet, deren Regelung der Verordnung vorbehalten bleibt; c) der § 9 Abs. 1 C.G.G., wonach, wenn die gesetzlich vorgeschriebene Zuziehung von vier Beisitzern nicht ausführbar ist, die Zuziehung von zweien genügt, keine Anwendung findet.

Da die Str.P.O. die Mitwirkung der Staatsanwaltschaft in allen Strafsachen vorschreibt, so kann sie durch Kaiserl. Verordnung auch in allen Strafsachen angeordnet werden, ebenso kann die Voruntersuchung nur in denjenigen Strafsachen vorgeschrieben werden, in denen sie nach der Str.P.O. nothwendig oder zulässig ist.

Gegen die in Strafsachen wegen Uebertretungen erlassenen Entscheidungen sind Rechtsmittel nicht zulässig; in andeern Strafsachen findet gegen die Urtheile der Schutzgebietsgerichte die Berufung statt.

Ueber Beschwerden gegen Entscheidungen des Schutzgebietsrichters entscheidet das Gericht, entgegen der Vorschrift des § 13 Abs. 1 Str.P.O. kann hiebei der betreffende Richter selbst mitwirken. In Fällen der sofortigen Beschwerde (§ 353 Str.P.O.) ist der Richter zur Abänderung seiner durch Beschwerde angefochtenen Entscheidung befugt.

Zur Verhandlung und Entscheidung über das Rechtsmittel der Beschwerde gegen Entscheidung der Schutzgebietsgerichte sowie über die Berufung entscheidet das Reichsgericht, bezw. die gemäß § 3 Nr. 9 Sch.G.G. durch Kaiserl. Verordnung eingerichtete zweite Instanz, gegen welche ein weiteres Rechtsmittel ebensowenig zulässig ist, wie in Civilsachen.

Auch in den den Schutzgebietsgerichten überwiesenen Schwurgerichtssachen ist nur Berufung, nicht Revision zulässig, da die Schwurgerichtssachen vor den Schutzgebietsgerichten ebenso behandelt werden wie die Strafkammersachen.

In Bezug auf das Verfahren in Beschwerde- und Berufungssachen enthalten die §§ 37—40 C.G.G. verschiedene die Str.P.O. abändernde Bestimmungen; dieselben kommen jedoch selbstverständlicher Weise in den Schutzgebieten nur dann zur Anwendung, wenn nicht durch Kaiserl. Verordnung auf Grund des § 3 Nr. 9 Sch.G.G. das Verfahren in Beschwerde- und Berufungssachen besonders geregelt ist.

III. Das Strafrecht.

Nach § 4 C.G.G. in Verbindung mit § 2 Sch.G.G. gelten in den Schutzgebieten das Reichsstrafgesetzbuch und die sonstigen Strafbestimmungen der Reichsgesetze, worunter übrigens nur die Strafgesetze i. e. S. zu verstehen sind, nicht auch die in Verwaltungsgesetzen (Zollgesetz, Gewerbeordnung) nebenher enthaltenen Strafvorschriften, welche nur dann zur Anwendung kommen können, wenn die betreffenden Verwaltungsgesetze in den Schutzgebieten ausdrücklich eingeführt worden sind.

Zu berücksichtigen ist dabei, daß der Kaiser insofern zu einer Abänderung des R.Str.G.B. befugt ist, als er nach § 3 Nr. 8 Sch.G.G. durch Verordnung eine andere, eine Schärfung nicht enthaltende Vollstreckung der Todesstrafe, also z. B. durch Erschießen anordnen kann.

Einen Bestandtheil des in den Schutzgebieten geltenden Strafrechts bilden neben den reichsgesetzlichen Vorschriften a) die vom Kaiser auf Grund des § 3 Nr. 3 Sch.G.G. erlassenen Strafverordnungen, b) die gemäß § 11 Sch.G.G. vom Reichskanzler bezw. auf Grund einer von demselben ergangenen Delegation von einer mit einem Kaiserl. Schutzbriefe versehenen Colonialgesellschaft oder von Beamten der Schutzgebiete erlassenen Strafverordnungen, c) die von den Schutzgebietsrichtern nach Maßgabe des § 4 Abs. 3 C.G.G. erlassenen Polizeistrafverordnungen.

Nach § 3 Nr. 3 Sch.G.G. hat nämlich der Kaiser das Recht, durch Verordnung in Materien, welche nicht Gegenstand des R.Str.G.B. sind, Gefängniß bis zu einem Jahre, Haft, Geldstrafe und Einziehung einzelner Gegenstände anzudrohen. Ebenso ist nach § 11 Abs. 2 Sch.G.G. der Reichskanzler befugt, für die Schutzgebiete oder für einzelne Theile derselben polizeiliche und sonstige die Verwaltung betreffende Vorschriften zu erlassen und gegen die Nichtbefolgung derselben Gefängniß bis zu drei Monaten, Haft, Geldstrafe und Einziehung einzelner Gegenstände anzudrohen. Diese Befugniß kann er in der oben angegebenen Weise delegiren. Endlich sind gemäß § 4 Abs. 3 C.G.G. die Schutzgebietsrichter befugt, für ihren Gerichtsbezirk oder einen Theil desselben polizeiliche Vorschriften für die ihrer Gerichtsbarkeit unterworfenen Personen zu zu erlassen und die Nichtbefolgung derselben mit Geldstrafe bis zum Betrage von 150 Mk. zu bedrohen.

In Bezug auf das Strafrecht sind die Schutzgebiete als Inland zu betrachten, da die deutschen Strafgesetze daselbst eingeführt und die daselbst begangenen strafbaren Handlungen nach Vorschrift derselben zu bestrafen sind. Deshalb finden die Vorschriften der §§ 4—8 R.Str.G.B. über die Bestrafung der im Auslande begangenen Strafthaten auf die in den Schutzgebieten begangenen keine Anwendung, während andererseits für die Frage des Rückfalls die Bestrafung im Inlande für die Schutzgebiete und umgekehrt maßgebend ist.

IV. Das bürgerliche Recht.

Bezüglich des in den Schutzgebieten geltenden bürgerlichen Rechts ist § 3 C.G.G. maßgebend, welcher bestimmt: „In Betreff des bürgerlichen Rechts ist anzunehmen, daß in den Konsulargerichtsbezirken die Reichsgesetze, das preuß. Allg. Landrecht und die das bürgerliche Recht betreffenden allgemeinen Gesetze derjenigen preußischen Landestheile, in welchen das allgemeine Landrecht Gesetzeskraft hat, gelten. In Handelssachen kommt zunächst das in dem Consulargerichtsbezirke geltende Handelsgewohnheitsrecht zur Anwendung."

Nach Maßgabe dieser Vorschrift kommen also die betreffenden Reichsgesetze und preußischen Gesetze für die Schutzgebiete als Landesrecht in Betracht, selbstverständlicher Weise aber nur insoweit, als sich dieselben auf das *bürgerliche* Recht beziehen, während die auf das öffentliche Recht sich beziehenden Bestimmungen der Reichsgesetze und der preuß. Gesetze durch § 2 Sch.G.G. bezw. § 3 C.G.G. nicht betroffen sind. Dieser Grundsatz erscheint sehr einfach; im Einzelnen ist aber dessen Durchführung sehr schwierig, denn es ist häufig kaum möglich zu bestimmen, ob eine Vorschrift dem Privatrecht oder dem öffentlichen Rechte angehört.

Ganz unthunlich muß es aber erscheinen, einheitliche Gesetze, in welchen mit Rücksicht auf den Gegenstand, welchen sie regeln, öffentlich-rechtliche und privatrechtliche Bestimmungen auf das Innigste verbunden sind, z. B. Gewerbegesetze auseinander zu reißen. Die meisten Schwierigkeiten boten in dieser Beziehung begreiflicher Weise diejenigen Gesetze, welche die Regelung der Rechtsverhältnisse des Grundbesitzes zum Gegenstande haben. Gerade bei diesen Gesetzen, z. B. Berggesetzen, Forstgesetzen, Wassergesetzen, Enteignungsgesetzen u. s. w. ist die oben betonte Vermengung öffentlich-rechtlicher und privatrechtlicher Vorschriften in höherem Maße vorhanden als bei anderen Gesetzen. Dazu kommt, daß einzelne dieser Gesetze, z. B. das preuß. Ges. vom 5. Mai 1872 über den Eigenthumserwerb bestimmte wirthschaftlich-sociale Verhältnisse und staatliche Einrichtungen voraussetzen, welche sich in den Schutzgebieten nicht finden.

Die Unmöglichkeit, die Vorschriften des deutschen bezw. preußischen Rechts hinsichtlich des Grundbesitzes unverändert in den Schutzgebieten zur Anwendung zu bringen, war denn auch der Anlaß, daß durch die jetzt die Nummer 2 des § 3 Sch.G.G. bildende Novelle v. 7. Juli 1887 der Kaiser ermächtigt wurde, durch Verordnung eine vom preußisch-deutschen Rechte abweichende Regelung der Rechtsverhältnisse an unbeweglichen Sachen vorzunehmen. Auf Grund dieser Ermächtigung ist denn auch am 20. Juli 1887 eine Kaiserl. Verordnung betr. den Eigenthumserwerb und die dingliche Belastung der Grundstücke im Schutzgebiete der Neu-Guinea-Compagnie ergangen. Ebenso wurde in § 17 der Verordnung betr. die Rechtsverhältnisse in den Schutzgebieten von Kamerun und Togo vom 2. Juli 1888 (R.G.Bl. S. 211) eine besondere Regelung des Eigenthumserwerbs und der dinglichen Belastung in diesen Schutzgebieten vorgenommen und erging am 25. März 1888 eine Kaiserl. Verord. betr. das Bergwesen und die Gewinnung von Gold und Edelsteinen im südwestafrikanischen Schutzgebiete (R.G.Bl. S. 115), welche jetzt in der Hauptsache durch die Verordnung vom 15. August 1889 betr. das Bergwesen und die Gewinnung von Gold und Edelsteinen im südwestafrikanischen Schutzgebiete (R.G.Bl. S. 179 ff.) ersetzt ist.

Was die Reichsgesetze anlangt, welche, weil privatrechtliche Vorschriften enthaltend, in den Schutzgebieten zur Anwendung zu kommen haben, so kommen hier vor Allem in Betracht die Wechselordnung und das Handelsgesetzbuch mit allen auf das Handelsrecht bezüglichen Specialgesetzen, wie z. B. das Ges. v. 1. Mai 1889 betr. die privatrechtliche Stellung der Erwerbs- und Wirthschafts-Genossenschaften.

Neben den dem Gebiete des Handels- und Wechselrechts angehörigen Gesetzen kommen ferner diejenigen Reichsgesetze in Betracht, welche entweder ausschließlich oder doch theilweise privatrechtliche Vorschriften enthalten, wie das Ges. vom 17. Februar 1875 über die Großjährigkeit, das Haftpflichtgesetz vom 7. Juni 1871, das Zinsengesetz v. 14. November 1867, die Strandungsordnung v. 11. Mai 1874 u. s. w.

Da das Deutsche Reich noch kein allgemeines bürgerliches Gesetzbuch besitzt, hat man bei Erlaß des C.G.G. den Ausweg ergriffen, das preuß. Landrecht mit seinen bereits erwähnten Nebengesetzen in den Consulargerichtsbezirken für anwendbar zu erklären. In Folge dessen gelten auch diese Gesetze in den Schutzgebieten, wie z. B. das preuß. Ges. über die Verjährungsfristen v. 31. März 1838, die preuß. Vormundschaftsordnung v. 5. Juli 1875 u. s. w.

Von diesen Reichsgesetzen und preuß. Gesetzen werden begreiflicher Weise manche in den Schutzgebieten nicht oder nur theilweise anwendbar sein, weil die Verhältnisse, zu deren Regelung die betr. gesetzliche Vorschrift erlassen wurde, in den Schutzgebieten überhaupt nicht oder doch nur in veränderter Gestalt bestehen.

Es wird nun Aufgabe der Praxis sein, festzustellen, welche gesetzlichen Vorschriften aus dem angegebenen Grunde in den Schutzgebieten nicht bezw. nur modificirt anwendbar sind, wie in gleicher Weise die Ausscheidung der dem bürgerlichen Rechte und der dem öffentlichen Rechte angehörigen Vorschriften zu erfolgen haben wird.

Zu den Reichsgesetzen, welche das bürgerliche Recht betreffen, gehört auch das Ges. v. 6. Februar 1875 über die Beurkundung des Personenstandes und die Eheschließung. Dieses Gesetz ist jedoch in den Schutzgebieten nicht zur Einführung gelangt, vielmehr ist durch Sch.G.G. § 4 das Reichsges. v. 4. Mai 1870 betr. die Eheschließung und die Beurkundung des Personenstandes im Auslande für anwendbar erklärt worden. Bezüglich der Bedeutung der Einführung des Ges. v. 4. Mai 1870 in den Schutzgebieten ist jedoch folgendes zu berücksichtigen:[13]) Das Reichscivilstandsgesetz schreibt vor (§ 41), daß innerhalb des Deutschen Reichs eine Ehe rechtsgültig nur vor dem staatlichen Standesbeamten unter den im Gesetze selbst vorgesehenen Voraussetzungen und unter Beobachtung der vorgeschriebenen Förmlichkeiten stattfinden kann. Dagegen hat das Ges. v. 4. Mai 1870 nicht den Zweck, den Eheabschluß und die Beur-

---

[13]) Vgl. Die Deutschen Schutzgebiete S. 183 ff.

kundung des Personenstandes von Reichsangehörigen im Auslande vor einem diplomatischen Vertreter oder Consul des Reichs obligatorisch zu machen. Es sollte nur den im Auslande sich aufhaltenden Reichsangehörigen die Möglichkeit gewährt werden, vor einem Reichsbeamten eine in Deutschland gültige Ehe abzuschließen. Die Reichsangehörigen brauchen aber von dieser Möglichkeit keinen Gebrauch zu machen; sie können vielmehr wenigstens in der Regel ihre Ehen ebenso gut und ebenso wirksam in der nach dem ausländischen Rechte zulässigen oder vorgeschriebenen Form abschließen.

Indem nun das Sch.G.G. das Reichsges. vom 4. Mai 1870 in den deutschen Schutzgebieten für anwendbar erklärte, hat sich die Bedeutung dieses Gesetzes für die Schutzgebiete sehr wesentlich geändert, weil sie nicht Länder sind, in denen die Rechtsordnung eines fremden Staates gilt, welches auf die Beurkundung des Personenstandes und des Eheschlusses Anwendung finden könnte, sondern Gebiete, in welchen für die deutschen Reichsangehörigen nur deutsches Recht gelten kann. Da nun zweifellos die gesetzgebenden Factoren des Reichs durch Einführung des Ges. v. 4. Mai 1870 in den Schutzgebieten ein für alle Reichsangehörigen geltendes Recht schaffen wollten, so läßt sich § 4 Sch.G.G. nicht wohl anders auslegen, als daß der Grundsatz der obligatorischen Civilehe und der durch vom Staate aufzustellende Civilstandsbeamte zu erfolgenden Beurkundung des Personenstandes auch in den Schutzgebieten zur Anwendung kommen soll, daß aber mit Rücksicht auf die besonderen Verhältnisse dieser Gebiete in Bezug auf die Bestellung der Civilstandsbeamten und die bei der Eheschließung sowie bei der Beurkundung des Personenstandes zu beobachtenden Förmlichkeiten nicht die Vorschriften des Ges. vom 6. Februar 1875 sondern die des Ges. vom 4. Mai 1870 zur Anwendung zu bringen sind.

Aus der veränderten Bedeutung, welche das Reichsgesetz v. 4. Mai 1870 durch seine Einführung in die Schutzgebiete erhalten hat, folgt namentlich auch, daß dasselbe nicht blos auf die Reichsangehörigen sondern grundsätzlich auf alle in den Schutzgebieten sich aufhaltenden, der Reichsgewalt unterworfenen Personen, mit Ausnahme der besonders zu behandelnden Eingeborenen Anwendung zu finden hat. Dementsprechend haben die Verordnungen v. 21. April 1886, v. 5. Juni 1886 und 13. September 1886 bezüglich der Schutzgebiete Kamerun und Togo, bezw. des Gebiets der Neu-Guinea-Compagnie und des Schutzgebiets der Marschall-, Brown- und Providence-Inseln bestimmt, daß das Reichsgesetz v. 4. Mai 1870 in diesen Schutzgebieten bezüglich aller Personen, welche nicht Eingeborene sind, in Kraft zu treten habe, und mit Recht heißt es in der von der Direction der Neu-Guinea-Compagnie am 12. November 1886 zum Ges. v. 4. Mai 1870 erlassenen Instruction, daß dasselbe im Bereiche des Schutzgebietes nicht nur auf Reichsangehörige, sondern auf alle Personen ohne Unterschied der Nationalität oder Staatsangehörigkeit Anwendung finde, welche im Schutzgebiete wohnen oder sich aufhalten, sofern sie nicht Eingeborene sind, und daß von den bezeichneten Personen innerhalb des Schutzgebietes eine Ehe rechtsgültig nur vor dem Standesbeamten nach den Vorschriften des Gesetzes vom 4. Mai 1870 geschlossen werden kann, wie auch die Beurkundung des Personenstandes lediglich nach Maßgabe dieses Gesetzes, bezw. des § 4 Sch.G.G. zu erfolgen hat.

V. Umfang der Geltung der deutschen Gesetze in den Schutzgebieten.

In dieser Beziehung ist zunächst zu bemerken, daß das C.G.G. und die in demselben in Bezug genommenen deutschen und preußischen Gesetze sowie das Ges. vom 4. Mai 1870 nicht von selbst in den Schutzgebieten in Kraft getreten sind, sondern daß die Geltung dieser Gesetze in den einzelnen Schutzgebieten von dem Erlasse Kaiserl. den Zeitpunkt ihres Inkrafttretens bestimmender Verordnungen abhängig gemacht wurde (Sch.G.G. § 2 Abs. 2). Durch eine Anzahl von Kaiserl. Verordnungen ist denn in der That das C.G.G. in allen Schutzgebieten mit Ausnahme des Witugebietes und das Reichsgesetz vom 4. Mai 1870 in den meisten Schutzgebieten eingeführt worden. Die einzelnen Verordnungen sind folgende: 1. die Verordnung vom 5. Juni 1886, nach welcher das C.G.G. und das Reichsgesetz vom 4. Mai 1870 am 1. September 1886 im Schutzgebiete der Neu-Guinea-Compagnie in Kraft traten. 2. Die Verordnung vom 11. Januar 1887, durch welche die genannten beiden Gesetze in den zum Gebiete der Neu-Guinea-Compagnie gehörigen Salomonsinseln mit Wirksamkeit v. 1. April 1887 eingeführt wurden. Das Reichsgesetz vom 4. Mai 1870 wurde durch Verordnung v. 1. März 1888 in diesem Schutzgebiet mit Wirksamkeit v. 1. April 1888 in Kraft gesetzt. 3. Die Verordnung v. 13. September 1886, welche das Consulargerichtsbarkeitsgesetz und das Reichsgesetz v. 4. Mai 1870 im Schutzgebiete der Marschall-, Brown- und Providenceinsel mit Wirksamkeit v. 1. December 1886 in Kraft setzte. Diese Verordnung wurde in einzelnen Punkten durch die Verordnung v. 7. Februar 1890 (R.G.Bl. S. 55 ff.) abgeändert. 4. Die Verordnung v. 2. Juli 1888; dieselbe führte das C.G.G. mit dem 1. October 1888 in den Schutzgebieten Kamerun und Togo ein, während das Reichsgesetz v. 4. Mai 1870 daselbst bereits am 1. Juli 1886 auf Grund der Verordnung v. 21. April

1886 in Kraft getreten war. 5. u. 6. Die Verordnungen v. 18. December 1887 und 21. December 1887, durch welche das C.G.G. in dem Schutzgebiete der deutsch-ostafrikanischen Gesellschaft und im südwestafrikanischen Schutzgebiete in Kraft gesetzt wurden.

Zu bemerken ist dabei, daß die sub 1—4 aufgeführten Verordnungen genaue und ins Einzelne gehende Einführungsbestimmungen enthalten, während sich die Verordnungen sub 5 u. 6 darauf beschränken, die Geltung des C.G.G. von einem gewissen Zeitpunkte ab auszusprechen; zum Zwecke der praktischen Handhabung des C.G.G. und seiner Nebengesetze werden daher erst noch weitere Ausführungsbestimmungen zu diesen beiden Verordnungen zu erlassen sein.

Das Reichsgesetz v. 4. Mai 1870 ist im ostafrikanischen Schutzgebiete, im südwestafrikanischen Schutzgebiete und im Witugebiete noch nicht eingeführt.

Was sodann die Personen anlangt, welche in den deutschen Schutzgebieten den deutschen Gesetzen und der deutschen Rechtspflege unterliegen, so kommt in dieser Hinsicht Folgendes zu berücksichtigen: Nach § 1 Abs. 2 C.G.G. unterliegen der Consulargerichtsbarkeit nur solche Personen, welche a) Reichsangehörige oder Schutzgenossen sind und b) Wohnsitz oder Aufenthalt zur Zeit der Klagestellung, bezw. der Erhebung der öffentlichen Klage in einem Consulargerichtsbezirke haben. Daraus ergiebt sich: 1. daß die Consulargerichtsbarkeit sich lediglich als eine deutsche Gerichtsbarkeit in fremdem Staatsgebiete über bestimmte Personen, nämlich über Reichsangehörige und Schutzgenossen darstellt. Dagegen hat die sog. Schutzgewalt und die einen Bestandtheil derselben bildende Gerichtsbarkeit territorialen Charakter, so daß derselben grundsätzlich alle in dem betr. Gebiete sich aufhaltenden Personen unterworfen sind; 2. weil der Consulargerichtsbarkeit nur die in den Consulargerichtsbezirken wohnenden oder sich aufhaltenden Reichsangehörigen oder Schutzgenossen unterworfen sind, kommen von den Consulargerichtsbezirken nur der Gerichtsstand des Wohnorts bezw. Aufenthaltsort in Betracht, während alle anderen in den Proceßordnungen vorgesehenen Gerichtsstände der Niederlassung, des Vermögensbesitzes, der Erbschaft u. s. w. vor den Consulargerichten nicht gegeben sind.

Dem gegenüber wurde durch Sch.G.G. § 3 Nr. 1 der Kaiser ermächtigt, zu bestimmen, daß in den Schutzgebieten auch andere als die in § 1 Abs. 2 C.G.G. bezeichneten Personen der Gerichtsbarkeit unterliegen.

Diese Ermächtigung hat einen doppelten Inhalt, insofern der Kaiser auf Grund derselben a) alle in den Schutzgebieten wohnenden oder sich aufhaltenden Personen, auch wenn dieselben nicht Reichsangehörige oder Schutzgenossen sind, der Gerichtsbarkeit und damit den obenerwähnten

Reichsgesetzen und preußischen Gesetzen unterwerfen, b) die im Vorstehenden angedeutete Vermehrung der nach dem C.G.G allein zulässigen Gerichtsstände vornehmen kann.

Anlangend den ersteren Punkt, so sind die Personen, in Bezug auf welche diese Ausdehnung in Frage kommen kann: a) die Eingeborenen, b) die Angehörigen anderer civilisirter Staaten, welche nicht Schutzgenossen sind. Die Ausdehnung der deutschen Gerichtsbarkeit auf die letztere Gruppe von Personen war von Anfang an mit Rücksicht auf den territorialen Charakter der Schutzgewalt selbstverständlich. Dagegen mußte die unveränderte Anwendung der deutschen Gesetze auf die zum Theil auf sehr niedriger Culturstufe stehenden Eingeborenen als thatsächlich unthunlich erscheinen. Dazu kommt aber noch, daß das Deutsche Reich in der Ausdehnung der Gerichtsbarkeit auf die Eingeborenen auch rechtlich insofern beschränkt ist, als sich einzelne Häuptlinge eingeborener Stämme die Gerichtsbarkeit über ihre Unterthanen vorbehalten haben. (Vgl. unten sub III.) Von der in § 3 Nr. 1 Sch.G.G. ertheilten Ermächtigung hat der Kaiser in der Weise Gebrauch gemacht, daß in den Einführungsverordnungen für Neu-Guinea, den Marschallsinseln und Kamerun und Togo ausdrücklich bestimmt ist, daß der deutschen Gerichtsbarkeit alle Personen unterliegen, welche in dem betr. Schutzgebiete wohnen oder sich aufhalten oder bezüglich deren abgesehen hiervon ein Gerichtsstand innerhalb des Schutzgebiets nach den zur Geltung kommenden Gesetzen begründet ist, — also nicht bloß die Reichsangehörigen und Schutzgenossen, sondern auch die im Schutzgebiete wohnenden oder sich aufhaltenden sonstigen Europäer — die Eingeborenen jedoch nur, soweit sie dieser Gerichtsbarkeit besonders unterstellt werden.

Ebenso trat das Reichsgesetz vom 4. Mai 1870 in den angeführten Schutzgebieten bezüglich aller Personen in Kraft, welche nicht Eingeborene sind.

Schließlich ist noch hervorzuheben, daß das Sch.G.G. durch die Bestimmung in Nr. 1 § 3, welche den Kaiser ermächtigte, das C.G.G. auch auf andere Personen, als Reichsangehörige und Schutzgenossen auszudehnen, dem Kaiser in dieser Hinsicht lediglich ein Recht einräumte, aber keine Pflicht auflegte, während er allerdings verpflichtet erscheint, das C.G.G. für die Reichsangehörigen und Schutzgenossen einzuführen. Da daher der Kaiser in Bezug auf die nicht in diese Kategorien gehörigen Personen freie Hand hat, so kann er namentlich, was die Eingeborenen anlangt, entweder dieselben ebenfalls den deutschen Gesetzen unterwerfen oder besondere Vorschriften für sie erlassen oder auch von der Regelung ihrer Rechtsverhältnisse absehen.

Von diesem Rechte Gebrauch machend hat der Kaiser durch Verordnung v. 7. Juli 1888 (Nachrichten über Kaiser Wilhelmsland u. s. w. 1888 S. 165) der Neu-Guinea-Compagnie für ihr Schutzgebiet die Ausübung der Gerichtsbarkeit über die Eingeborenen bis zum Ablauf des Jahres 1897 übertragen.

Ebenso ist der Reichskanzler durch Kaiserl. Verordnung v. 10. März 1890 ermächtigt worden, die erforderlichen Anordnungen für die Regelung der Gerichtsbarkeit über die Eingeborenen des Schutzgebiets der Marschallinseln zu treffen. In den übrigen Schutzgebieten sind für die Eingeborenen in dieser Richtung noch keinerlei Anordnungen getroffen.

II.

Es kann hier natürlich kein ins Einzelne gehender Ueberblick über die Ordnung der Rechtspflege in den verschiedenen Colonien sämmtlicher Colonialstaaten Europas gegeben werden. Es wird genügen, darauf hinzuweisen, von welchen Grundsätzen die drei bedeutendsten Colonialstaaten, England, Frankreich und Holland bei Lösung dieser Frage ausgegangen sind und noch ausgehen.

A. Die englischen Colonien.[14]) Das in den einzelnen Colonien geltende Civil- und Strafrecht ist sehr verschieden, namentlich um deswillen, weil die Engländer in denjenigen Colonien, welche sie durch Eroberung bezw. Abtretung von den Holländern, Franzosen u. s. w. erworben haben, das daselbst geltende Recht zunächst bestehen ließen und es auch bei der weiteren Fortbildung zum Ausgangspunkte nahmen. Dies hat zur Folge, daß z. B. in der Capcolonie holländische Rechtssätze und in Canada französische Gesetze noch heute in Kraft stehen. In denjenigen Colonien, welche durch Ansiedelung englischer Auswanderer entstanden (occupancy-colonies) wurde zwar das gemeine Recht Englands, das sog. common law zur Grundlage genommen; dies geschah aber nicht etwa in der Weise, daß jede in England geltende Vorschrift des Civil- und Strafrechts auch in den Colonien für anwendbar erklärt oder erachtet wurde, vielmehr hatte dieser Grundsatz nur die Bedeutung, daß für die private und öffentliche Rechtsordnung in den Colonien auch die allgemeinen Grundsätze des Mutterlandes als maßgebend betrachtet wurden und noch werden. Zu diesen Grundsätzen gehört namentlich der, daß in den Colonien ohne Mitwirkung von Vertretern der Colonisten keine Gesetze erlassen und keine Steuern auferlegt werden sollen.

---

[14]) Colonies and Dependencies by J. S. Cotton and E. J. Payne, London 1883. — Colonial Office List 1887. — Creasy, The Colonial Constitution of the British Empire, London 1872.

Diese gemeinsame Grundlage der Rechtsordnuug in den Ansiedelungscolonien hinderte aber nicht, daß die Entwickelung des bürgerlichen Rechts und des Strafrechts in den einzelnen Colonien sich höchst mannigfaltig gestaltete. Es war dies auch ganz abgesehen von der Verschiedenheit der wirthschaftlich-socialen Verhältnisse in den einzelnen Colonien um deswillen unvermeidlich, weil die Colonien mit Repräsentativverfassung eine auch auf die gesetzgebende Gewalt sich erstreckende Selbständigkeit und Autonomie besitzen und es sonach in der Hand haben, das bürgerliche Recht und das Strafrecht durchaus nach ihrem eigenen Ermessen zu regeln. Die sog. Kroncolonien hängen allerdings in Bezug auf ihre inneren Verhältnisse in viel höherem Grade von der Regierung des Mutterlandes ab, als die Repräsentativcolonien, aber auch bei ihnen ist keine Rede davon, daß die im Mutterlande erlassenen Gesetze von selbst in den Colonien in Kraft treten; werden ja doch auch für die Kroncolonien in der Regel die Gesetze nicht vom Parlamente und der Regierung des Mutterlandes, sondern von den Gouverneuren unter Mitwirkung der colonialen Volksvertretung erlassen.

Wenn trotzdem das in den englischen Colonien geltende Civil- und Strafrecht unbeschadet großer Abweichungen im Einzelnen in den Hauptgrundsätzen mit dem Rechte des Mutterlandes übereinstimmt, so hängt dies damit zusammen, daß der angelsächsische Stamm in alten Welttheilen mit der größten Zähigkeit an den heimischen Einrichtungen hängt, weshalb auch das amerikanische Recht heute noch große Aehnlichkeit mit dem englischen zeigt.

Aus dieser Anhänglichkeit der englischen Colonisten an die Einrichtungen des Mutterlandes erklärt sich auch, daß, während das bürger- Recht und das Strafrecht in den verschiedenen Colonien in Einzelheiten wenigstens starke Abweichungen vom Rechte des Mutterlandes zeigen, die Gerichtsverfassung insofern in allen Colonien die gleiche ist, als sie überall auf den Einrichtungen des Friedensrichteramtes und der Jury beruht. Ebenso hat jede Colonie ihr collegialisches Obergericht bezw. mehrere Obergerichte, deren Mitglieder namentlich auch als Vorsitzende der Schwurgerichte zu fungiren haben. Die Einheit der Rechtsprechung in den Colonien wird dadurch aufrecht erhalten, daß von den Obergerichten der Colonien die Berufung an die „Königin im Rath" zulässig ist, über welches Rechtsmittel der Justizausschuß des Staatsraths (Privy Council) entscheidet. Dieser Grundsatz gilt auch für das indische Reich. Auch gegen die Entscheidungen der indischen Obergerichte kann an den Justizausschuß des Staatsraths Berufung eingelegt werden. Im Uebrigen ist in Indien die Rechtspflege nur in der oberen Instanz von der Verwaltung getrennt; in der unteren Instanz ist die Rechtspflege zwar mitunter besonderen Beamten übertragen, sehr häufig fungirt aber der Verwaltungsbeamte auch als Richter. Die indischen Gerichtshöfe, welche grundsätzlich über die Eingeborenen wie über die Europäer zu entscheiden haben, haben neben dem englischen Rechte (Parlamentsstatuten, Verordnungen des Vicekönigs, Regulative der Behörden der ostindischen Compagnie u. s. w.) auch das Recht der Hindus und Muhamedaner sowie die Gewohnheiten einzelner Kasten und Stämme anzuwenden.

Zu bemerken ist dabei, daß seit etwa zwei Jahrzehnten in Indien eine rege gesetzgeberische Thätigkeit auf dem Gebiete der Rechtspflege entfaltet worden ist. Das Civil- und Strafrecht und das gerichtliche Verfahren wurden reformirt; dabei hat sich die indische Gesetzgebung in überraschender Weise von einer Menge veralteter Anschauungen und Rechtsvorschriften losgesagt, welche im Mutterlande und in den übrigen englischen Colonien noch in Kraft sind. In Folge dessen hat sich das indische Recht, welches im Wesentlichen auch für die Eingeborenen gilt, sehr erheblich dem continentalen Rechte genähert. So ist z. B. in Civilsachen die Jury beseitigt; ebenso tritt in Strafsachen vielfach an die Stelle des Schwurgerichts ein aus einem Richter und nicht rechtsgelehrten Beisitzern bestehendes Collegium.[15])

B. Die französischen Colonien.[16]) In Frankreich hat man stets großes Gewicht darauf gelegt, daß das bürgerliche Recht und das Strafrecht, wie auch die Gerichtsverfassung und das gerichtliche Verfahren in den Colonien möglichst in Uebereinstimmung mit den im Mutterlande geltenden Rechtsvorschriften gebracht werden. Andererseits dachte man aber auch nicht daran, die gesammte Rechtsordnung des Mutterlandes ohne Weiteres in den Colonien für anwendbar zu erklären. Vielmehr suchte man die verschiedenen Gesetze den Verhältnissen der Colonien anzupassen. Daraus ergaben sich zum Theil recht erhebliche Abweichungen des in den Colonien geltenden Rechts vom Rechte des Mutterlandes. Dies macht sich namentlich auf dem Gebiete der Gerichtsverfassung und des gerichtlichen Verfahrens geltend.

Was nämlich die Gerichtsverfassung anlangt, so ist sie im Gegensatz zu der durchaus einheitlichen Organisation der Gerichte im Mutterlande für jede Colonie besonders geregelt, doch beruht dieselbe in allen

---

[15]) Révue de droit international XXI 1889 Nr. 5 S. 476 ff.: sur la codification et le progrès du droit dans l'Inde.

[16]) Block. Dictionnaire de l'administration française „Colonies françaises." — P. Dislère, Traité de législation coloniale. 3 Bde. 1885—1887.

Colonien auf folgenden Grundsätzen: 1. Die gerichtlichen Beamten der Colonien unterstehen nicht dem Justizministerium allein, sondern dem Justizministerium und dem Ministerium der Colonien (und der Marine) und zwar in der Weise, daß in allen Angelegenheiten der Colonialminister die Initiative zu ergreifen hat, während der Justizminister nur das Recht hat, den Vorschlägen seines Collegen die Genehmigung zu versagen. 2. Die Richter in den Colonien genießen nicht das Vorrecht der Unabsetzbarkeit, wie die Richter im Mutterlande. In Folge dessen sind die Richter der Colonien nicht dem Cassationshof als oberster Disciplinarbehörde über die Richter unterworfen, sondern die disciplinären Maßregeln, einschließlich der Absetzung gegen sie werden vom Colonialminister und Justizminister gemeinschaftlich getroffen. In den Colonien selbst übt die Aufsicht und die Disciplin über die richterlichen wie staatsanwaltschaftlichen Beamten der Gouverneure durch Vermittelung des an der Spitze der Justizverwaltung der betreffenden Colonie stehenden Beamten, in der Regel eines staatsanwaltschaftlichen Beamten aus und zwar in Uebereinstimmung mit dem Appellhof der Colonie, wenn es sich um Richter, in Uebereinstimmung mit dem Conseil privé,[17]) wenn es sich um staatsanwaltschaftliche Beamte handelt. Schwerere Disciplinarstrafen ergehen mit ministerieller Bestätigung. Eine nothwendige Folge der Stellung der Richter in den Colonien ist es, daß sie beliebig versetzt und nach Bedürfniß im richterlichen wie im staatsanwaltschaftlichen Dienst verwendet werden köunen. 3. Während im Mutterlande grundsätzlich die ordentliche Gerichtsbarkeit in erster Instanz durch ein Kollegium geübt wird, (tribunal civil), welchem gegenüber die Friedensrichter lediglich eine Ausnahmegerichtsbarkeit haben, ist in den Colonien in der Regel das Tribunal erster Instanz durch als Einzelrichter fungirende Richterbeamte ersetzt, welche die Zuständigkeiten des Collegialgerichts ausüben. In einzelnen Colonien, in denen die Einrichtung der Collegialgerichte ganz fehlt, bestehen Friedensgerichte mit erweiterter Zuständigkeit. 4. Die Jury ist, abgesehen von den Antillen und Reunion (Ges. v. 27. Juli 1880) nicht eingeführt; als Ersatz dient in schweren Criminalfällen die Zuziehung von je vier oder unter Umständen zwei aus einer Liste der Notabeln ausgewählten Beisitzern der Strafgerichte.

Im Uebrigen hat man, soweit dies möglich war, die Gerichtsver-

---

[17]) Der conseil privé ist ein dem Gouverneur beigegebenes, in der Regel blos berathendes, in einzelnen Fällen auch beschließendes Collegium, bestehend aus dem Gouverneur als Vorsitzenden, den höchsten Beamten der Colonie und einigen von der Regierung ernannten Notabeln.

fassung des Mutterlandes auch in den Colonien beizubehalten gesucht, namentlich hat der Cassationshof zu Paris auch gegenüber den Gerichten der Colonien die Stellung des obersten Gerichtshofs.

Nicht bloß die Gerichtsverfassung ist in jeder französischen Colonie durch besondere gesetzliche Vorschriften geordnet, sondern ebenso das gerichtliche Verfahren und das materielle Recht. Daraus ergeben sich eine Menge Abweichungen des in den Colonien geltenden Rechts von dem Rechte des Mutterlandes sowohl, wie der in den einzelnen Colonien geltenden Vorschriften unter einander. Am meisten weichen die in den Colonien bezüglich des gerichtlichen Verfahrens geltenden Vorschriften von der im Mutterlande geltenden Civilproceßordnung und Strafproceßordnung ab, während der code civil in den Colonien nur verhältnißmäßig wenig Veränderungen erfahren hat. Das Gleiche gilt vom code pénal; der code de commerce kommt unverändert in den Colonien zur Anwendung.

Die Gesetzgebung des Mutterlandes mit den verschiedenen im Vorstehenden angedeuteten Modificationen gilt zunächst für die Franzosen, oder Abkömmlinge von solchen und die sonstigen in den Colonien sich aufhaltenden Europäer, während sie auf die Eingeborenen grundsätzlich keine Anwendung findet. Die Colonialregierung war jedoch bestrebt, allmählich auch die Eingeborenen dem französischen Rechte zu unterwerfen, namentlich hat man stets den Grundsatz angewendet, daß die Eingeborenen das Recht hätten, sich freiwillig der französischen Gesetzgebung zu unterwerfen. In der neueren Zeit ist man dann auch daran gegangen, für die Eingeborenen einzelner Colonien besondere den Anschauungen derselben angepaßte, jedoch auf europäischer Grundlage beruhende Gesetzbücher zu erlassen. [18])

C. Niederländisch-Indien. [19])

In hohem Grade interessant ist die Ordnung der Rechtspflege in der wichtigsten holländischen Colonie, Niederländisch-Indien, namentlich um deswillen, weil diese Colonie mit einer kurzen Unterbrechung im Anfange des Jahrhunderts, während welcher die Engländer dieselbe im Besitz hatten, seit dem Beginn des 17. Jahrhunderts unter holländischer Herrschaft (zuerst der niederländisch-ostindischen Compagnie, später des Staats selbst) stand und sich in Folge dessen die Entwickelung der Rechtspflege in der Colonie genau verfolgen läßt.

---

[18]) Vgl. Genaueres bei Stengel in Hirth's Annalen 1887, S. 388 ff.

[19]) De Looter, Handleiding tot de Kennis van het Staats- en Administratief-Recht van Nederlandsch-Indië. 3. Aufl. 1884, S. 256 ff. 263 ff.

Sobald die Holländer in Niederländisch-Indien festen Fuß gefaßt hatten, trug die Direction der Compagnie Sorge für Einrichtung einer geordneten Rechtspflege von dem Standpunkte aus, daß für die Europäer möglichst das im Mutterlande geltende Recht zur Anwendung komme, während man den Eingeborenen ihre Rechtseinrichtungen und Gebräuche, die theilweise amtlich gesammelt wurden, beließ. Da in Niederländisch-Ostindien von einer Autonomie der Colonie in Bezug auf die Gerichtsbarkeit keine Rede sein konnte, wie sich eine solche in den englischen Ansiedelungscolonien entwickelte, so mußte die Ordnung der Rechtspflege von Anfang an durch die Inhaber der öffentlichen Gewalt über die Colonie erfolgen. In der That entfalteten zuerst die Compagnie und ihre Vertreter in Indien und später die Staatsregierung selbst auf diesem Gebiete eine rege Thätigkeit. Namentlich wurde in diesem Jahrhundert eifrig an einer Reform des Civilrechts, des Strafrechts und des Proceßrechts für Niederländisch-Indien gearbeitet und am 1. Mai 1848 trat eine ganze Anzahl von auf diese Gegenstände bezüglichen Verordnungen in Kraft.

Durch diese Verordnungen wurde nun das bürgerliche und Handelsrecht in ganz Niederländisch-Indien für die Europäer unter Aufhebung der älteren Rechtsvorschriften im Wesentlichen mit dem im Mutterlande geltenden Rechte in Uebereinstimmung gebracht, dagegen wurde das Strafrecht zunächst nur in einigen Punkten geändert. Erst am 1. Januar 1867 trat durch Königliche Verordnung ein auf Grundlage des auch im Mutterlande vielfach abgeänderten code pénal ein Strafgesetzbuch in Kraft, und am 1. Januar 1873 wurde ein besonderes Polizeistrafgesetzbuch in der Colonie eingeführt.

Wie das materielle Recht wurde auch das Verfahren in Civil- und Strafsachen in den letzten Jahrzenten reformirt.

Was die Eingeborenen anlangt, so wurde für dieselben ein besonderes Strafgesetzbuch und ein Polizeistrafgesetzbuch in den 70er Jahren eingeführt, da der Unterschied zwischen Europäern und Eingeborenen auch gegenwärtig noch festgehalten wird.

Das holländische Colonialrecht theilt nämlich die Angehörigen von Niederländisch-Indien ein in: 1. Europäer und die von Europäern abstammenden Personen; 2. Eingeborene und deren Abkömmlinge mit Ausnahme derjenigen, welche sich zum Christenthum bekennen; 3. den Eingeborenen gleichgestellte Personen, d. h. alle Nicht-Eingeborenen und Nicht-Europäer, welche Muhamedaner oder Heiden sind, meist eingewanderte Asiaten (Chinesen u. s. w.); 4. den Europäern gleichgestellte

Personen, nämlich die zum Christenthum sich bekennenden Eingeborenen und alle, welche zu keiner der übrigen Gruppen gehören.

Diese Unterscheidung ist deshalb so bedeutungsvoll, weil die Europäer und die denselben gleichgestellten Personen in Bezug auf Verwaltung und Besteuerung und namentlich in Bezug auf die Rechtsprechung ganz anders behandelt werden als die Eingeborenen und die diesen Gleichgestellten.

Wie schon hervorgehoben, beruht die Gerichtsbarkeit über die Europäer hinsichtlich des materiellen wie des formellen Rechts auf allgemeinen, vom Mutterlande erlassenen gesetzlichen Vorschriften, während für die Eingeborenen grundsätzlich ihre religiösen Vorschriften (Muhamedaner) und ihre Gewohnheiten und Gebräuche zur Anwendung kommen, soweit dieselben nicht mit allgemeinen Grundsätzen der Billigkeit und der Gerechtigkeit in Widerspruch stehen. In Folge dessen hängt freilich die Anwendbarkeit des Rechts der Eingeborenen in hohem Grade von der subjectiven Auffassung der Richter ab, welche dasselbe zur Anwendung zu bringen haben. Insoweit das Recht der Eingeborenen keine Bestimmungen enthält, oder wo es nicht anwendbar erscheint, kommen die Grundsätze des für die Europäer geltenden Rechts auch auf die Eingeborenen zur Anwendung, soweit nicht, wie bereits erwähnt, für einzelne Materien, wie z. B. auf dem Gebiete des Strafrechts, besondere Gesetze für die Eingeborenen erlassen worden sind.

Diese Ungleichheit in der Gerichtsbarkeit über die Europäer und die Eingeborenen kann aber in einer zweifachen Weise ausgeglichen werden: Zunächst kann der Generalgouverneur in Uebereinstimmung mit dem ihm beigegebenen Rath von Indien das für die Europäer geltende Recht, soweit nicht Ausnahmen ausdrücklich gemacht sind, auf die ganze eingeborene Bevölkerung bezw. die derselben gleichgestellten Personen oder einen Theil derselben für anwendbar erklären. Das ist auch bereits wiederholt geschehen; so wurde z. B. im Jahre 1855 das bürgerliche Recht, abgesehen von den Bestimmungen über Familienrecht und Erbrecht, und das Handelsrecht auf alle eingewanderten Asiaten für anwendbar erklärt, ferner wurde im Jahre 1873 für die Eingeborenen das schon erwähnte besondere Strafgesetzbuch erlassen, welches auf europäischer Grundlage beruhend den Rechtsanschauungen der Eingeborenen nur so weit Rechnnng trägt, als dies durchaus geboten erscheint.

Außerdem haben die Eingeborenen die Befugniß, sich in Bezug auf eine bestimmte Angelegenheit dem europäischen Rechte (bürgerlichem wie Handelsrechte) ausdrücklich zu unterwerfen.

Die Gerichtsorganisation ist, wie sich aus Vorstehendem von selbst ergiebt, eine verschiedene, je nachdem es sich um die Rechtsprechung über Europäer oder Eingeborene handelt.

A. Die Rechtsprechung über Europäer wird ausgeübt:

1. durch die residentie-gerechten (Einzelgerichte) für die geringeren Civil- und Strafsachen,
2. die raden van justitie (Collegialgerichte von rechtsgelehrten Richtern), welche einerseits Berufungsgerichte gegenüber den residentie-gerechten sind, und andererseits in wichtigeren Civilsachen und schwereren Strafsachen in erster Instanz entscheiden,
3. den Hoog-Gerechtshof van Nederlandsch-Indie, welcher Berufungs- und Revisionsgericht ist und in einigen wenigen Civil- und Strafsachen (gegen den Staat und Beamte) in erster Instanz entscheidet.

B. Die Rechtsprechung über Eingeborene in Java und Madoera wird ausgeübt durch districts- und regentschaps-gerechten für geringe Sachen, die Residenten (Verwaltungsbeamte) für Polizeiübertretungen, die landraden als ordentliche Gerichte, die rechtbanken van omgang für schwere Verbrechen, und endlich die europäischen Gerichte in einzelnen besonderen Sachen.

Von diesen Gerichten sind die Districtsgerichte und die Regentschaftgerichte ausschließlich durch Eingeborene besetzt, die landraden und die rechtbanken van omgang gemischt aus Europäern und Eingeborenen.

In den übrigen Besitzungen ist die Gerichtsbarkeit über die Eingeborenen etwas abweichend eingerichtet, doch stimmt sie in der Hauptsache mit den in Java und Madoera überein.

Daneben bestehen für die Muhamedaner in einzelnen Theilen der Colonie noch sog. inlandsche priesterraden, welche über gewisse mit den Religionsvorschriften zusammenhängende Rechtssachen namentlich auf dem Gebiete des Familien- und Erbrechts zu entscheiden haben, jedoch unter Controle der europäischen Gerichte stehen.

III.

Im ersten Abschnitt ist ein kurzer Ueberblick über die Einrichtung der Rechtspflege in den deutschen Schutzgebieten gegeben worden. Im Anschlusse daran wurden im zweiten Abschnitte die Grundzüge der Organisation der Gerichtsbarkeit nach englischem, französischem und holländischem Colonialrechte dargelegt. Es wird nun noch zu untersuchen sein, nach welchen allgemeinen Grundsätzen überhaupt die coloniale Rechtspflege sowohl in Bezug auf das formelle, wie materielle Recht zu ordnen ist und inwieweit die deutsche Gesetzgebung diesen Anforderungen entspricht.

Der Ausgangspunkt für jede Regelung der colonialen Rechtspflege wird nun immer der sein müssen, daß die Gesetzgebung und Rechtspflege für die eingewanderten Europäer und ihre Nachkommen in der Hauptsache eine andere zu sein hat, als für die eingeborene Bevölkerung. Jede Gemeinschaft der Rechtsordnung setzt eine gewisse Gleichheit der wirthschaftlichen und socialen Verhältnisse sowohl, wie auch der ethisch-religiösen Grundlagen des Rechts voraus. In Folge dessen ist es unthunlich, die Rechtsordnung der auf christlich-europäischer Cultur beruhenden Staaten auf die durchweg auf ganz niedriger Culturstufe stehende farbige Bevölkerung der Colonien ohne Weiteres zur Anwendung zu bringen. Aber auch für die eingeborene weiße Bevölkerung gilt das Gleiche, soweit dieselbe dem Muhamedanismus anhängt, da die Verschiedenheit der religiösen Anschauungen und die innige Verbindung von Religion und Recht im Islam die unvermittelte Anwendung europäischer Gesetze auf Anhänger des Islams unmöglich macht.

Es wird also im Nachfolgenden die Frage der Regelung der Rechtspflege für die Eingeborenen von der der Rechtspflege für die Europäer zu scheiden sein.

A. Die Regelung der Rechtspflege für die Europäer.

Bei der Regelung der Rechtspflege für die Europäer kommt es vor Allem darauf an, ob die betreffende Colonie der Souveränität des Mutterstaats unterworfen ist, oder bloß seinem Protectorate untersteht. In dem letzteren Falle übt der schutzherrliche Staat auf die inneren Verhältnisse des Schutzstaates nur diejenigen Befugnisse aus, welche ihm ausdrücklich eingeräumt worden sind. Das gilt namentlich auch von der Gerichtsbarkeit über Europäer, welche an sich nach dem Territorialprincip dem Schutzstaate zusteht. Selbstverständlicher Weise wird aber der schutzherrliche Staat sich nicht bloß die ausschließliche Gerichtsbarkeit über seine in der Colonie (dem Schutzstaate) sich aufhaltenden Staatsangehörigen einräumen lassen, sondern auch über die übrigen daselbst befindlichen Europäer zu erwerben suchen, während andererseits es ebenso selbstverständlich ist, daß die Gerichtsbarkeit über die Angehörigen des Schutzstaates grundsätzlich in den Händen der Behörde derselben bleibt.

Ganz anders liegt die Sache bei den sog. eigentlichen Colonien, d. h. denjenigen überseeischen Gebieten, welche der Souveränität eines europäischen Staates unterworfen sind. Hier folgt aus der Souveränität, daß dem Mutterstaate die Gesetzgebung und Rechtspflege über alle in der Colonie befindlichen Personen, Europäer wie Eingeborene (soweit nicht hinsichtlich der letzteren auf Grund besonderer Abmachungen Ausnahmen bestehen) auszuüben befugt ist und daß, was die Europäer anlangt, nicht bloß die eigenen Staatsangehörigen, sondern auch die Angehörigen anderer Staaten seiner Gerichtsbarkeit unterstehen. Der Mutterstaat kann also die Gerichtsbarkeit durchaus nach seinem Ermessen regeln.

Der im Abschnitt II gegebene kurze Ueberblick über die Ordnung der Rechtspflege in den englischen Colonien hat ersehen lassen, daß die sog. Repräsentativcolonien des englischen Rechts auch auf dem Gebiete der Rechtspflege eine weitgehende Autonomie besitzen und im Allgemeinen das bürgerliche Recht, das Strafrecht, das gerichtliche Verfahren und die Gerichtsverfassung selbständig ordnen. Eine derartige Autonomie ist begreiflicher Weise nur in Colonien möglich, in welchen wie in den Repräsentativcolonien die europäische Bevölkerung in jeder Hinsicht überwiegt, und die Eingeborenen nur einen verhältnißmäßig geringen Bruchtheil der Gesammtbevölkerung bilden. Wo dies nicht der Fall ist, muß die Gesetzgebung über die Colonie vom Mutterlande selbst bezw. delegationsweise in beschränktem Umfange durch die Vertreter der einheimischen Staatsgewalt in den Colonien ausgeübt werden.

Bei der eigenthümlichen Stellung, welche die Colonien schon wegen ihrer geographischen Entfernung vom Mutterlande einnehmen und mit Rücksicht auf die besonderen wirthschaftlichen und socialen Verhältnisse derselben wirft sich nun die Frage auf, ob die Ordnung der Rechtspflege in den Colonien durch die gesetzgebenden Factoren des Mutterlandes, also in der Form des Gesetzes, oder durch Verordnungen des Staatsoberhauptes erfolgen soll. Begreiflicher Weise muß das Verordnungsrecht der Regierung in Bezug auf die Angelegenheiten der Colonien im Allgemeinen ein umfassenderes sein, als hinsichtlich der Angelegenheiten des Mutterlandes schon um deswillen, weil der gesetzgebenden Körperschaft des Mutterlandes in der Regel eine eingehendere Kenntniß der in Betracht kommenden Verhältnisse der Colonien fehlen wird und weil mit Rücksicht auf die Verschiedenheiten unter einzelnen Colonien und dem bei rascher Entwickelung einer Colonie gebotenen häufigen Wechsel der Gesetzgebung die Volksvertretung unnöthiger Weise mit einer Menge wenig wichtiger Angelegenheiten belästigt werden würde. Deshalb wird in der Regel die Ordnung der inneren Verwaltung, des Steuerwesens u. s. w. dem Verordnungsrechte des Staatsoberhauptes anheimzugeben sein. Im Zusammenhang damit steht es, daß nach dem Rechte aller Colonialstaaten die für das Mutterland erlassenen Gesetze in den Colonien nicht von selbst in Kraft treten. Hinsichtlich der sog. Justizgesetzgebung, also der Gesetzgebung in Bezug auf das bürgerliche Recht, das Strafrecht, das gerichtliche Verfahren und die Gerichtsverfassung liegt allerdings die

Sache insofern etwas anders, als die in den Colonien sich aufhaltenden Angehörigen des Mutterlandes verlangen können, daß in den angegebenen Richtungen die Rechtsordnung des Mutterlandes auch in den Colonien auf sie Anwendung finde. Doch folgt daraus noch keineswegs, daß die angegebenen Rechtsgebiete der Regelung durch Gesetz in den Colonien in demselben Maße unterliegen müssen, wie dies im Mutterlande der Fall ist. Es wird genügen, wenn nur die Grundzüge durch Gesetz festgestellt sind, im Uebrigen aber der Verordnungsgewalt freie Hand gelassen ist. So ist z. B. in Holland die oberste Regierung der Colonien dem Könige allein übertragen, welcher in Folge dessen die Befugniß hat, für die Colonien auch solche Gegenstände durch Verordnung zu regeln, welche außerdem im Wege des formellen Gesetzes geregelt werden müssen. Von diesem in der niederländischen Verfassung enthaltenen Grundsatze sind nur einige wenige Ausnahmen, namentlich in Bezug auf die Verfassung der Colonien, das Münzwesen und das Finanz- und Rechnungswesen gemacht.[20])

In ähnlicher Weise werden in den französischen Colonien nur einige wenige Gegenstände, wie z. B. das Zoll- und Handelswesen einzelner Colonien durch Gesetz geregelt, alles andere unterliegt der Verordnungsgewalt des Staatsoberhaupts, der nur in wichtigen Sachen den Staatsrath zu hören hat.[21]) Das deutsche Recht geht ebenfalls von dem Grundsatze aus, daß der Kaiser in den Schutzgebieten die gesetzgebende Gewalt ohne Mitwirkung der gesetzgebenden Factoren (Bundesrath und Reichstag) auszuüben hat; das Schutzgebietsgesetz vom 17. April 1886 enthält aber gerade, was die Rechtspflege anlangt, eine sehr einschneidende Ausnahme, insofern als nach § 2 d. Ges. das bürgerliche Recht, das Strafrecht und das gerichtliche Verfahren, einschließlich der Gerichtsverfassung, sich für die Schutzgebiete grundsätzlich nach den Vorschriften des Gesetzes über die Consulargerichtsbarkeit vom 10. Juli 1879 bestimmen. Das Verordnungsrecht des Kaisers ist daher auf diesen Gebieten an und für sich ausgeschlossen und tritt nur insoweit ein, als es durch gesetzliche Bestimmung ausdrücklich zugelassen ist.

Wie bereits hervorgehoben, sollten nach dem im Januar 1886 dem Reichstage vorgelegten Gesetzentwurfe die Ausübung der Gerichtsbarkeit und die hierbei zur Anwendung kommenden Vorschriften des bürgerlichen

---

[20]) De Looter a. a. O. S. 58; de Hartog, Das Staatsrecht des Königreichs der Niederlande in Marquardsen's Handbuch des öffentl. Rechts IV. Band I. Halbband, 4. Abth., S. 85.

[21]) Dislère a. a. O. I, S. 199.

Rechts und des Strafrechts durch Kaiserliche Verordnung mit Zustimmung des Bundesraths geregelt werden, der Reichstag glaubte jedoch das Kaiserliche Verordnungsrecht auf dem Gebiete der Rechtspflege in der angegebenen Weise beschränken zu sollen. Es kann nun ganz dahingestellt bleiben, ob eine derartige Einschränkung des Kaiserlichen Verordnungsrechts nothwendig oder zweckmäßig war, zumal der Umfang dieses Verordnungsrechts namentlich in Bezug auf die Regelung der Rechtsverhältnisse an unbeweglichen Sachen durch die erwähnten beiden Novellen vom 7. Juli 1887 und 15. März 1888 nicht unerheblich erweitert worden ist. Jedenfalls ist so viel sicher, daß dadurch, daß das Consulargerichtsbarkeitsgesetz vom 10. Juli 1879 und die in demselben in Bezug genommenen Reichsgesetze und preußischen Gesetze für die Schutzgebiete für anwendbar erklärt wurden, die Bedeutung dieser Gesetze für die Schutzgebiete eine wesentlich andere geworden ist, als sie für die Consulargerichtsbezirke war, bezw. ist.

Das Consulargerichtsbarkeitsgesetz kommt nämlich mit seinen Nebengesetzen in den Consulargerichtsbezirken nur für die deutschen Reichsangehörigen und Schutzgenossen zur Anwendung. Es hat also einen territorialen Charakter nicht; dieser kommt vielmehr lediglich dem in den Consulargerichtsbezirken geltenden Landesrechte zu, neben welchem das deutsche Recht für die Reichsangehörigen und Schutzgenossen nur so weit wirksam werden kann, als es völkerrechtliches Uebereinkommen oder Herkommen gestatten.

Ganz anders gestaltet sich die Sache in den Schutzgebieten; hier hat das Reich vermöge der ihm zustehenden Souveränität allein das Recht, die Rechtsordnung zu regeln, und wenn die Reichsgewalt gewisse Gesetze für die Schutzgebiete für anwendbar erklärt, so erlangen diese Gesetze die Bedeutung des Landesrechts in diesen Gebieten, neben welchen andere Rechtssätze nur insoweit Geltung haben können, als die Reichsgewalt es zuläßt. Praktisch ist dies natürlich von der größten Tragweite: während in den Consulargerichtsbezirken die deutschen Gesetze nur auf verhältnißmäßig wenige Personen und nicht auf alle rechtlichen Beziehungen derselben Anwendung finden können, unterstehen in den Schutzgebieten grundsätzlich alle Personen und alle Sachen in allen Beziehungen dem deutschen Rechte. Es machte sich dies namentlich auch hinsichtlich der Rechtsverhältnisse an unbeweglichen Sachen geltend und führte dazu, daß das Kaiserliche Verordnungsrecht gerade in Bezug auf die Regelung dieser Rechtsverhältnisse ausgedehnt werden mußte, weil sich zeigte, daß hier eine unveränderte Anwendung des deutschen Rechts nicht möglich war.

Es macht dies aber weiter nothwendig, daß, wie schon früher ausgeführt, die deutschen und preußischen Gesetze den Verhältnissen der

Schutzgebiete erst allmählich angepaßt werden müssen. Es wird dies theils durch die Praxis geschehen können, theils wird zu diesem Zwecke eine Aenderung des geltenden Rechts für die Schutzgebiete nothwendig sein und wird zu diesem Zwecke sich das Bedürfniß einer abermaligen Erweiterung des Verordnungsrechts des Kaisers im Laufe der Zeit herausstellen. Selbstverständlicher Weise wird dieses Bedürfniß vor Allem auf dem Gebiete des Privatrechts sich ergeben, während die strafgesetzlichen Vorschriften der Natur der Sache nach in viel höherem Grade eine unveränderte Anwendung auch in den Schutzgebieten zulassen.

In welchen Punkten sich die Nothwendigkeit einer Aenderung der Reichsgesetze und preußischen Gesetze im Einzelnen zum Zwecke der Anpassung an die Verhältnisse der Schutzgebiete ergeben wird, läßt sich von vornherein und im Allgemeinen gar nicht sagen, es hängt dies von den besonderen Verhältnissen der einzelnen Colonien und ihrer Entwickelung ab. Da die Zustände der deutschen Schutzgebiete im Wesentlichen erst zu erforschen sind, wäre es müßig, hier auf diese Frage genauer einzugehen. Vielmehr wird es, nachdem einmal das Consulargerichtsbarkeitsgesetz mit seinen Nebengesetzen auf die Schutzgebiete für anwendbar erklärt worden ist, am zweckmäßigsten sein, ruhig die fernere Entwickelung der Dinge abzuwarten und die Erweiterung des Kaiserlichen Verordnungsrechts jeweils auf den Gebieten eintreten zu lassen, auf denen sich ein Bedürfniß hierzu ergeben hat.

Was die Gerichtsverfassung und das gerichtliche Verfahren anlangt, so ist es natürlich erwünscht, auch diese Einrichtungen in den Colonien möglichst in Uebereinstimmung mit den betreffenden Einrichtungen des Mutterlandes zu gestalten. Andererseits ist es aber namentlich in kleinen und in solchen Colonien, in welchen die europäische Bevölkerung einen verhältnißmäßig geringen Bruchtheil der Gesammtbevölkerung bildet, unmöglich, sämmtliche Gerichtseinrichtungen des Mutterlandes einzuführen und die Proceßgesetze in jeder Hinsicht unverändert zur Anwendung zu bringen. Deshalb haben denn das französische und holländische Colonialrecht sehr erhebliche Modificationen ihrer einheimischen Gerichtsverfassung eintreten lassen; namentlich hat auch die französische Regierung auf die Einführung der Schwurgerichte verzichtet und an deren Stelle Schöffengerichte gesetzt.

Beide Rechte haben ferner den Richtern in den Colonien das Vorrecht der Unabsetzbarkeit nicht eingeräumt, weil sich die mit diesem Vorrechte in Verbindung stehende scharfe Trennung der Justiz von der Verwaltung in den Colonien gar nicht durchführen läßt, sondern es nicht selten nothwendig ist, dem Verwaltungsbeamten auch richterliche Thätigkeit zu übertragen, und weil die Colonialverwaltung gar nicht darauf verzichten kann, Richter, welche den Ansprüchen, welche die besonderen Verhältnisse der Colonien an sie stellen, nicht genügen, zu versetzen, bezw. abzusetzen.

In ähnlicher Weise verfuhr auch die deutsche Gesetzgebung, welche das C.G.G. in den Schutzgebieten einführte.

Indem nämlich das Consulargerichtsbarkeitsgesetz vom 10. Juli 1879 die sog. Justizgesetze in den Consulargerichtsbezirken für anwendbar erklärte, mußten diese Gesetze sehr erheblichen Abänderungen unterworfen werden, da sie sonst in diesen Bezirken nicht durchführbar gewesen wären.

Vor allem konnte, was die Gerichtsverfassung anlangt, die Ausübung der Rechtspflege nur dem Consul, also einem Verwaltungsbeamten, übertragen werden. Damit fiel von selbst die richterliche Unabsetzbarkeit weg, während der Consul als Richter den Weisungen seiner Vorgesetzten gegenüber ebenso unabhängig sein muß, wie jeder andere deutsche Richter. Da ferner der Consul in der Regel der einzige deutsche Beamte seines Bezirks ist, mußte eine sehr erhebliche Vereinfachung der Zusammensetzung der Gerichte und ihrer Zuständigkeit und des Instanzenzuges vorgenommen werden. Ganz abgesehen von den Schwurgerichten, deren Einführung auch aus anderen Gründen in den Consulargerichtsbezirken unthunlich war, mußten auch die Landgerichte und Oberlandesgerichte wegfallen. In Folge dessen wird die Gerichtsbarkeit in den Consulargerichtsbezirken ausgeübt durch den Consul als Einzelrichter an Stelle des Amtsgerichts und durch das aus dem Consul und zwei bezw. vier Beisitzern (Schöffen) bestehende Consulargericht an Stelle der Schöffengerichte und Landgerichte, während die Schwurgerichtssachen den einheimischen Schwurgerichten vorbehalten sind und als Berufungs- bezw. Revisionsgericht das Reichsgericht fungirt. Auf Bestellung einer Staatsanwaltschaft ist ebenfalls in den Consulargerichtsbezirken verzichtet. Ebenso wurde das gerichtliche Verfahren vereinfacht, indem in bürgerlichen Rechtsstreitigkeiten sowohl vor dem Consulargerichte, wie vor dem Consul grundsätzlich das amtsgerichtliche Verfahren stattfindet und in Strafsachen eine Voruntersuchung nicht geführt wird.

Die in dieser Weise vereinfachte Gerichtsverfassung war an sich wohl geeignet, mit den ebenfalls sehr erheblich vereinfachten Proceßordnungen auf die Schutzgebiete übertragen zu werden. Zudem hat das Schutzgebietsgesetz noch weitere Vereinfachungen der Prozeßordnungen für zulässig erklärt, vgl. z. B. § 3 Nr. 5, 10, 12 Sch.G.G. Andererseits war zu berücksichtigen, daß in den Consulargerichtsbezirken auf manche Einrichtung und auf die Beobachtung mancher processualen Vorschriften nur um deswillen verzichtet worden war, weil schon wegen des Mangels an dem erforderlichen Personal für die Rechtspflege die Gerichtsorganisation auf das geringste zulässige Maß beschränkt werden mußte, während in verschiedenen Schutzgebieten das Vorhandensein einer größeren Anzahl von Beamten freiere Hand giebt. In Folge dessen hat das Schutzgebietsgesetz zugelassen, daß durch Kaiserl. Verordnung in Strafsachen die Mitwirkung einer Staatsanwaltschaft vorgeschrieben, das Stattfinden einer Voruntersuchung angeordnet, die Gerichtsbarkeit in den zur Zuständigkeit der Schwurgerichte gehörenden Sachen den Gerichten der Schutzgebiete übertragen und als Berufungs- und Beschwerdegericht ein Consulargericht oder ein Gerichtshof im Schutzgebiete bestimmt werden kann.

Im Allgemeinen wird man hiernach sagen können, daß die Gerichtsverfassung und das gerichtliche Verfahren, wie sich dieselben nach dem Consulargerichtsbarkeitsgesetze im Zusammenhange mit dem Schutzgebietsgesetze gestalten, den Bedürfnissen einer colonialen Rechtspflege entsprechen. Nur in Bezug auf den Instanzenzug wird eine Aenderung vorgenommen werden müssen; nach § 18 C.G.G. findet nämlich in bürgerlichen Rechtsstreitigkeiten sowie in Concurssachen lediglich die Berufung bezw. Beschwerde an das Reichsgericht statt, ebenso ist in Angelegenheiten der nicht streitigen Gerichtsbarkeit nach § 43 C.G.G. das Reichsgericht zur Entscheidung der gesetzlich zulässigen Beschwerde zuständig. In gleicher Weise fungirt in Strafsachen nach § 36 C.G.G. das Reichsgericht als Berufungs- und Beschwerdegericht. Das Rechtsmittel der Revision ist nach dem C.G.G. weder in Civil- noch in Strafsachen zulässig. Nun hat das Sch.G.G. in § 3 Nr. 9 zugelassen, daß auf Grund kaiserl. Verordnung an die Stelle des Reichsgerichts als Berufungs- und Beschwerdegericht ein Consulargericht oder ein Gerichtshof im Schutzgebiete tritt. Dagegen ist nicht bestimmt, daß gegen die Entscheidungen dieser zweiten Instanz das Rechtsmittel der Revision zulässig sein soll. Diese Entscheidungen sind vielmehr endgültig. Dieser Zustand ist aber auf die Dauer bedenklich. Man kann wohl in einer so großen Colonie, wie es Niederländisch-Indien ist, den Rechtszug mit den Entscheidungen des obersten Gerichtshofs der Colonie selbst abgeschlossen sein lassen, in anderen Colonien ist dies nicht möglich, weil sonst die Gefahr besteht, daß die Einheit des Rechts zwischen dem Mutterland und Colonien in erheblichem Grade beeinträchtigt wird und die Colonialgerichte immerhin nicht in dem gleichen Maße wie die Gerichte des Mutterlandes die Garantien einer tüchtigen und unparteiischen Rechtsprechung bieten. Es wird daher nothwendig sein, gegen die Entscheidungen der in zweiter Instanz urtheilenden Consular- bezw. Schutzgebietsgerichte das Rechtsmittel der Revision zuzulassen, wie auch das französische Recht den Cassationshof als letzte Instanz gegenüber den Gerichten der Colonie beibehalten hat, und selbst in England die Einheit des Rechts durch den als obersten Gerichtshof für die Colonie fungirenden Justizausschuß des Staatsraths gewahrt ist.

Daß man bei Erlaß des Sch.G.G. nicht daran gedacht hat, diesen Punkt zu regeln, begreift sich um deswillen, weil es sich damals vorerst nur darum handelte, die Grundlagen der Rechtspflege zu legen. Nachdem dies geschehen ist, werden die nöthigen Aenderungen der Gerichtsverfassung und des gerichtlichen Verfahrens durch Kaiserl. Verordnung zu treffen und wird daher in dieser Hinsicht das Kaiserl. Verordnungsrecht zu erweitern sein.

B. Die Rechtspflege über die Eingeborenen.

Bietet schon die Regelung der Rechtspflege über die Europäer in den Colonien gewisse Schwierigkeiten, so sind bei der Regelung der Rechtspflege für die Eingeborenen noch viel größere Hindernisse zu überwinden. Das bei der Regelung der Rechtspflege über die Eingeborenen zu verfolgende Ziel muß natürlich sein, dieselbe in Bezug auf das materielle wie das formelle Recht möglichst mit der Rechtspflege über die Europäer in Einklang zu bringen. Dieses Ziel kann aber begreiflicher Weise nur ganz allmählich erreicht werden.

Für die deutschen Schutzgebiete[22]) kommt hier vor Allem der Umstand in Betracht, daß in verschiedenen Schutzgebieten (Togo, Kamerun, Südwestafrika) durch die Reichsregierung den Häuptlingen der eingeborenen Völkerschaften eine gewisse Autonomie, die Aufrechthaltung der bestehenden Rechtsgewohnheiten und Gebräuche und die Gerichtsbarkeit über ihre Unterthanen in größerem oder geringerem Umfange zugesichert worden ist. Es mag hier ganz dahingestellt bleiben, wie diese Abmachungen rechtlich zu beurtheilen sind;[23]) jedenfalls besteht für das Reich kein Anlaß, im Widerspruch mit diesen Zusicherungen die Regelung der Rechtspflege über die Eingeborenen der betreffenden Gebiete sofort vorzunehmen, weil dies nur Widerstand bei denselben hervorrufen würde und das Ansehen des Reichs schädigen könnte. Aber auch in denjenigen Gebieten (Ostafrika, Neuguinea u. s. w.), wo das Reich in dieser Hinsicht freie Hand hat, ist es angezeigt, mit der größten Vorsicht vorzugehen, damit nicht Mißgriffe gemacht werden, durch welche erträgliche Beziehungen zu den Eingeborenen

---

[22]) Vergl. die näheren Angaben in: Die deutschen Schutzgebiete S. 83 ff.
[23]) Vergl. Die deutschen Schutzgebiete S. 75 ff.

auf lange Zeit hinaus unmöglich gemacht werden. Das Deutsche Reich hat aber um so mehr Grund, die Eingeborenen seiner Schutzgebiete mit Schonung zu behandeln, weil sie nicht Länder sind, in welche eine erhebliche Einwanderung von Europäern möglich ist, sondern mit geringen Ausnahmen nur Gebiete enthalten, welche sich zu Handels- und Plantage-Colonien entwickeln können. In Handels- und Plantage-Colonien sind aber die Europäer stets auf die Arbeit der eingeborenen Bevölkerung angewiesen. [24])

Es wird deshalb davon auszugehen sein, daß die Einrichtungen, Gebräuche und Gewohnheiten der Eingeborenen insoweit aufrecht zu halten sind, als sie mit der civilisatorischen Aufgabe, welche das Deutsche Reich in seinen Colonien zu erfüllen hat, und mit der Wohlfahrt und Sicherheit der Schutzgebiete verträglich erscheinen. Dementsprechend wird vorerst von einem Eingreifen in die dem bürgerlichen Rechte, namentlich dem Familien- und Erbrechte angehörigen Verhältnisse möglichst abzusehen sein. Es genügt, wenn Bestimmungen getroffen werden, welche die Verkehrsbeziehungen der Europäer mit den Eingeborenen regeln. Streitigkeiten aus derartigen Beziehungen sind vor ein deutsches Gericht, welchem einheimische Beisitzer beigeordnet werden können, zu verweisen.

Streitigkeiten unter den Eingeborenen selbst werden am besten ihren eigenen Obrigkeiten überlassen; erst nach und nach wird der Versuch gemacht werden können, die Gerichtsbarkeit auch in diesen Rechtssachen vor die deutschen Gerichte in der Weise zu bringen, daß den Eingeborenen gestattet wird, sich freiwillig dem deutschen Rechte und der deutschen Gerichtsbarkeit zu unterwerfen, oder daß wenigstens in wichtigeren Fällen eine Berufung von den eingeborenen Richtern an die deutschen Gerichte zulässig ist.

In höherem Grade als auf dem Gebiete des bürgerlichen Rechts ist ein Eingreifen auf dem Gebiete des Strafrechts möglich und nothwendig. Nicht bloß die strafbaren Handlungen der Eingeborenen gegen Europäer werden nach von der Reichsregierung zu erlassenden Strafgesetzen zu be-

---

[24]) Es mag hier darauf hingewiesen werden, daß im Interesse des Schutzes der Eingeborenen in verschiedenen Richtungen schon mehrere Verordnungen in den Schutzgebieten erlassen worden sind. So wurde z. B. vom Kaiserlichen Kommissar für Neu-Mecklenburg die Anwerbung und Wegführung von Arbeitern durch Bekanntmachung vom 20. März 1886 untersagt. Ebenso hat der Landeshauptmann von Neu-Guinea durch Verordnung vom 3. November 1887 bezw. 27. Januar 1888 die Verabfolgung von Waffen, Munition und Sprengstoffen sowie von Spirituosen an die Eingeborenen und die Ausführung von Eingeborenen zur Verwendung als Arbeiter bei Strafe verboten. Vergl. Die deutschen Schutzgebiete S. 202.

strafen sein, sondern auch die schwereren Strafthaten der Eingeborenen überhaupt sind der deutschen Gerichtsbarkeit zu unterstellen, weil es sich bei allen strafbaren Handlungen, welche in einem Schutzgebiete vorfallen, nicht bloß um die Interessen der durch sie Verletzten, sondern um die Aufrechthaltung der öffentlichen Ordnung und Sicherheit überhaupt handelt. Aus dem gleichen Grunde sind die Eingeborenen auch in der Regel den von der Colonialregierung erlassenen Polizeigesetzen zu unterwerfen.

Von der größten Bedeutung für die Möglichkeit einer eingehenderen Regelung der Rechtsordnung und Rechtspflege für die Eingeborenen ist es natürlich, wenn es gelingt, sie in umfassenderem Maße dem Christenthume zuzuführen. Vor zwei Täuschungen wird man sich aber in dieser Hinsicht hüten müssen. Zunächst genügt es nicht, daß die Eingeborenen das Christenthum bloß äußerlich annehmen; es ist vielmehr nothwendig, daß sie dadurch auf eine höhere Stufe der Cultur gehoben werden. Sodann ist überhaupt nicht zu erwarten, daß diejenigen eingeborenen Stämme, welche dem Islam huldigen, in irgend erheblichem Umfang dem Christenthume gewonnen werden können.[25]) Es besteht auch für die Colonialregierung aller Anlaß, die religiösen Gefühle der Muhamedaner möglichst zu schonen und ihnen ihre Gesetze und ihre eigene Gerichtsbarkeit, soweit immer thunlich, zu belassen.

Ehe aber ernstlich daran gegangen werden kann, die Rechtspflege über die Eingeborenen zu regeln, ist es nothwendig, die Rechtsgewohnheiten, Sitten und Gebräuche der Eingeborenen in den einzelnen Schutzgebieten durch die Colonialbeamten oder durch besondere Commissäre in zuverlässiger Weise feststellen zu lassen, da sonst jede sichere Grundlage für das legislatorische Vorgehen fehlt.[26]) Es wird sich hierdurch ergeben, welche Personen in den einzelnen Schutzgebieten als Eingeborene zu betrachten sind und daß nicht bloß die Eingeborenen jedes einzelnen Schutzgebietes, sondern in einzelnen Schutzgebieten selbst die verschiedenen Stämme besonders behandelt werden müssen.[27])

Die vorstehenden Ausführungen haben zu folgendem Ergebnisse geführt:

I. Was die Regelung der Rechtspflege in den deutschen Schutzgebieten für die Europäer anlangt, so ist die im Sch.G.G. enthaltene

---

[25]) Vergl. über diese Frage: Catellani, La Colonizzazione tedesca (Bologna 1890), p. 57 ff.

[26]) Vergl. über diese Frage den Artikel in den Grenzboten II, 1890, S. 529 ff.: Die Rechtsverhältnisse der Eingeborenen in den deutschen Schutzgebieten.

[27]) Die deutschen Schutzgebiete S. 87 ff.

Ordnung des materiellen wie formellen Rechts im Allgemeinen beizubehalten, mit der Maßgabe jedoch, daß a) in Bezug auf das bürgerliche Recht die Verordnungsgewalt des Kaisers allmählich erweitert wird; b) in Civil- wie in Strafsachen die Revision an das Reichsgericht gegen die zweitinstanziellen Entscheidungen der Schutzgebietsgerichte für zulässig erklärt und das Verfahren in der Revisionsinstanz durch Kaiserliche Verordnung geregelt wird.

II. Was die Rechtspflege über die Eingeborenen betrifft, so ist es vor Allem nothwendig, die Rechtsgewohnheiten und Gebräuche der Eingeborenen in den einzelnen Schutzgebieten in zuverlässiger Weise festzustellen. Im Uebrigen ist fürs Erste die Gerichtsbarkeit über die Eingeborenen möglichst ihren eigenen Obrigkeiten zu überlassen und deutsches Recht und deutsche Rechtsprechung erst nach und nach auf sie auszudehnen.

IV.

Gutachten des Herrn Rechtsanwalt Dr. Ludwig Fuld zu Mainz

über die Frage:

Soll die Trunksucht als solche strafrechtlich verfolgt werden?

Es läßt sich nicht behaupten, daß die öffentliche Meinung Deutschlands bezüglich der so viel erörterten und seit Jahren so eingehend discutirten Frage der Bestrafung der Trunksucht zu einer gewissen Uebereinstimmung gelangt ist, vielmehr weichen die Ansichten und Auffassungen, die darüber geäußert werden, noch sehr von einander ab, und mit rücksichtsloser Schärfe und ausgeprägter Schroffheit werden die Standpunkte vertreten, die einander am meisten entgegengesetzt sind. Auch durch die Verhandlungen der zahlreichen Congresse und Versammlungen, welche ihre Berathungen der Frage neuerdings widmeten, ist eine durchgreifende Klärung der öffentlichen Meinung noch nicht bewirkt worden, was zum Theil darauf zurückzuführen sein dürfte, daß diese Versammlungen und Congresse nicht ausschließlich oder auch nur zum größten Theile aus Juristen zusammengesetzt waren, während doch bei einer die Pönalisirung einer bestimmten Handlung und somit die Erweiterung des Gebietes des Strafrechtes berührenden Frage die Entscheidung vor Allem dem Juristen competirt. Es darf deshalb von den Verhandlungen des Deutschen Juristentages hierüber gehofft werden, daß sie klärend wirken, Unklarheiten und Unrichtigkeiten beseitigen und richtig stellen und für die Reichsgesetzgebung, welche ja nach den wiederholt seitens ihrer Vertreter gegebenen Erklärungen mit der gesetzgeberischen Behandlung der Materie beschäftigt ist, eine werthvolle Unterstützung bei Lösung dieser Aufgabe bieten werden. Nachdem der Juristentag sich bereits mit der Frage befaßt hat, ob sich die Aufnahme einer Bestimmung in das bürgerliche Gesetzbuch empfehle, welche die Entmündigung wegen Trunksucht gestattet, bildet es eine Ergänzung der damaligen Verhandlungen und Beschlüsse, wenn nunmehr die Bestrafung der Trunksucht in den Bereich seiner Discussionen gezogen wird. Die höchst beklagenswerthen Folgen, welche die Trunksucht sowohl für den Einzelnen wie für die Gesammtheit, für das physische und moralische Wohl des Individuums nicht minder wie des socialen Körpers hat, sind allenthalben so bekannt, daß es überflüssig erscheint, des Näheren auf sie insoweit einzugehen, als sie dem volkswirthschaftlichen oder ethischen Gebiete angehören. Hingegen können wir nicht davon Umgang nehmen, der Frage mit kurzen Worten näher zu treten, ob und in welchem Grade die Trunksucht ein Factor der Crimininalität ist, da die hierauf zu ertheilende Antwort für den Gesetzgeber, dem man die Pönalisirung der Trunksucht ansinnt, ohne Zweifel von hoher Bedeutung ist. Daß die Trunksucht unter den Ursachen der Criminalität eine hervorragende Rolle beanspruchen darf, kann für den Criminalisten, welcher die Ergebnisse der Criminalstatistik mit Aufmerksamkeit zu betrachten nicht verschmäht, einem Zweifel nicht unterliegen, und wenn wir von dem italienischen Schriftsteller Napoleone Calapanni absehen, der in seinem übrigens sehr anregenden und interessanten Buche L'alcoolismo (Catania, 1887) die verderblichen Einwirkungen des Alkoholismus auf die physische und moralische Gesundheit des Individuums und der Gesammtheit zum größten Theile überhaupt in Abrede stellt, so besteht in dieser Hinsicht zwischen den Schriftstellern der verschiedensten Staaten und Völker eine weitgehende Meinungsübereinstimmung. Die geistvolle und packende Schilderung, welche Cesare Lombroso in seinem Buche über den L'uomo delinquente von dem Einfluß des Alkoholismus auf das Verbrechen entwirft, erweist sich nach Maßgabe der Resultate der Statistik im Wesentlichen als richtig und zutreffend; wir erinnern zur Bestätigung des Gesagten und behufs Vermeidung ausführlicher Zahlenangaben an die bekannten criminial- und moralstatistischen Arbeiten der deutschen Schriftsteller Oettingen, Illing, Starke und Bär, der französischen Lunier und Tarde, der italienischen Ferri, Marro, Berenini und Cananico, in welchen übereinstimmend anerkannt wird, daß die Trunksucht einer der bedeutsamsten Factoren der Criminalität ist; die statistischen Angaben in den Werken der vier erstgenannten Autoren reichen aus, um für das Gebiet des Deutschen Reiches diese Thatsache als eine nicht weiter zu bestreitende erscheinen zu lassen, trotzdem die statistischen Erhebungen, welche seitens der Gerichte und Staatsanwaltschaften vorgenommen werden, sich auf die Feststellung der Causalität zwischen Trunksucht und Verbrechen leider nicht beziehen. Die Delicte, welche vor Allem durch die Trunksucht hervorgerufen werden, sind die Verbrechen und Vergehen gegen die Person, die Widerstandsleistung gegen die Staatsgewalt, Verletzungen der öffentlichen Ordnung und Verbrechen und Vergehen gegen die Sittlichkeit, mit einem Worte also die Rohheits- und Gewaltthätigkeitsdelicte, deren Progression die Eigenthümlichkeit des deutschen Verbrecherbudgets bildet und welche in so auffallendem Gegensatze zu der progressiven Verminderung der Verbrechen und Vergehen gegen das Vermögen, speciell gegen das Eigenthum steht. Wenn im Gebiete des Deutschen Reiches die Verbrechen und Vergehen gegen die Person seit Jahren in einer Vermehrung begriffen sind, die wir, ohne der Uebertreibung geziehen zu werden, eine exorbitante nennen dürfen, so liegt dies vor Allem an der Ausbreitung der Trunksucht, welche in erster Linie durch eine unzureichende, den Bedürfnissen durchaus nicht genügende Gesetzgebung möglich geworden ist. Stellt man die Ergebnisse der deutschen Criminalstatistik in chartographischer Form dar, so sieht man auf den ersten Blick, daß diejenigen Gebietstheile, in welchen die Verurtheilungen wegen Verbrechen und Vergehen gegen die Person am zahlreichsten sind, identisch sind mit denjenigen, in denen der maßlosen Völlerei am meisten gefröhnt wird; wo die meisten Schankstellen anzutreffen sind, wo der auf den Kopf der Bevölkerung entfallende Alkoholconsum der bedeutendste ist, wo der Rausch den chronischen Zustand der Bevölkerung bildet, gehören die Körperverletzungen durch alle Kategorien, vor Allem aber die wüsten Messeraffairen und Schlägereien zu dem täglichen Brod der Gerichte, und der Criminalist und Criminalstatistiker kann es daher nur als psychologisch vollkommen richtig bezeichnen, wenn in dem vielbesprochenen Drama G. Hauptmann's „Vor Sonnenaufgang" der Dichter den betrunkenen Vater ein unzüchtiges Attentat auf seine Tochter begehen läßt. Dies ist nicht nur in Deutschland so, sondern auch in andern Ländern läuft die Linie, welche für die Häufigkeit der Delicte gegen die Person maßgebend ist, mit derjenigen parallel, welche die Größe des Consums geistiger Getränke bildlich zum Ausdruck bringt. Lunier hat für Frankreich den Nachweis erbracht, daß in den Departements, in welchen der Verbrauch alkoholischer Getränke am größten ist, nicht nur die Zahl der Kranken, Irren und Gestorbenen, sondern auch diejenige der Verbrechen die höchste ist, und die Richtigkeit dieser Ergebnisse bestätigte eine spätere Arbeit Ferri's; in einem Berichte, welcher dem französischen Senate unter dem 7. Februar 1887 durch sein Mitglied Claude (des Vosges) über die Ergebnisse einer angeordneten Erhebung bezüglich des Umfanges des Alkoholconsums in Frankreich überreicht wurde, konnte der Verfasser derselben die von Lunier und abzielte, also das Strafrecht wieder auf jene Stufe der Entwicklung zurückversetzen wollte, den es im theokratischen Staatswesen hat, wo Unsittlichkeit mit strafbarem Unrecht identisch ist und die staatliche Strafgewalt sich dazu hergeben muß, die Befolgung der Gebote der Ethik mit Zwang herbeizuführen, wo, wie Feuerbach einmal sagt, die Jurisprudenz der Theologie Magddienste erweisen muß. Diese Consequenz wäre nur dann zu befürchten, wenn es sich bei der Pönalisirung gewisser Handlungen um solche drehte, denen der Charakter einer Rechtsverletzung gänzlich fremd ist, im vorliegenden Falle also nur die criminelle Ahndung des Lasters der Unmäßigkeit im Genuß geistiger Getränke insoweit in Frage stünde, als dasselbe eine Sittenwidrigkeit darstellt. Allein diese Voraussetzung ist mit Nichten vorhanden, nicht die Bestrafung einer einfachen Sittenwidrigkeit, einer Unsittlichkeit kommt in Frage, sondern die einer Rechtsverletzung im stricten Sinne. Die Trunksucht wird durch die gewohnheitsmäßige Unmäßigkeit im Genuß geistiger Getränke hervorgerufen, sie bildet das Resultat einer Reihe von Handlungen, von welchen jede an und für sich zwar unsittlich, aber noch nicht schlechthin strafbar erscheint; die Trunkenheit bildet den Zustand, in welchem jene zumeist an die Außenwelt tritt; und man kann es dieserhalb, wenn auch nur mit einigem Vorbehalt, als richtig anerkennen, daß die Trunksucht als häufigste Veranlassung und Verursachung der Trunkenheit erscheint, wie dies von Bär in dem bereits erwähnten Berichte für den IV. Internationalen Gefängnißcongreß des Näheren ausgeführt wird. Die Unmäßigkeit im Genuß geistiger Getränke an sich zu strafen hat der Staat aber ebenso wenig ein Recht wie die Unmäßigkeit im Genuß geschlechtlicher Freuden; jene wie diese unterliegt als eine Verletzung der Vorschriften der Ethik nur der Ahndung durch diese, und für den Staat ist erst dann Veranlassung gegeben, sich mit ihr im Wege des Strafrechtes zu beschäftigen, wenn aus der privaten Unmäßigkeit eine Handlung wird, welche in die Rechtssphäre Anderer, insbesondere in die Rechtssphäre der Gesellschaft verletzend übergreift. Daraus folgt, daß die Völlerei, welche nicht die Grenzen des Hauses und der Wohnung überschreitet, niemals einen Gegenstand der criminellen Ahndung bilden kann, solange die Gesetzgebung und Wissenschaft an dem als Fundamentalwahrheit anzusehenden Satze festhält, daß das Gesetz eine unsittliche Handlung nur dann strafen darf, wenn sie eine für das öffentliche Wohl gefährliche Rechtsverletzung zum Inhalte hat, es folgt daraus, daß die Frage, ob der Staat ein Recht wie eine Pflicht hat, die Trunksucht zu bestrafen, sich in die Frage umwandelt, ob es ihm zusteht, gegen die Trunkenheit strafrechtlich vorzugehen. Sehr treffend spricht dies auch

Cananico in einem dem IV. Internationalen Gefängnißcongreß über die Bestrafung der Trunksucht überreichten Berichte aus, wenn er sagt: „La loi ne peut punir un acte immoral qu'autant qu'il renferme une lésion de droit dangéreuse pour la sécurité publique". Zu einer Rechtsverletzung wird aber die Trunksucht erst dann, wenn sie als Trunkenheit auf öffentlichen Plätzen, auf der Straße oder an irgend einem Orte mit öffentlichem Charakter zu Tage tritt. Die gesellschaftliche Sicherheit und der gesellschaftliche Anstand sind unter dieser Voraussetzung durch sie bedroht, die gesellschaftliche Sittlichkeit ist dann durch sie verletzt, und hiergegen einzuschreiten ist die Pflicht des Staates. Die Gesellschaft hat ein Recht darauf, von Jedem ihrer Mitglieder, sowie es die Schwelle seiner Wohnung überschreitet, ein Benehmen und Betragen zu verlangen, das in keiner Beziehung Anstoß erregt, und so wie sie von diesem Standpunkte aus die Bestrafung solcher Personen verlangen kann, welche sich öffentlich einer unzüchtigen Handlung schuldig machen, so kann sie auch die Bestrafung desjenigen fordern, der in trunkenem Zustande der Oeffentlichkeit gegenübertritt.

Gegen diese Argumentationen hat man nun oft den Einwand erhoben und erhebt ihn noch jetzt häufig genug, daß sie von einer rigorosen Auffassung ausgehe, die dem gesellschaftlichen Rechtsbewußtsein fremd sei und daher, falls der Gesetzgeber sich ihr anschließe, die höchst bedenkliche Folge haben werde, zwischen dem positiven Rechte und dem Rechtsbewußtsein der Gesammtheit einen Widerspruch hervorzurufen, der doch, wenn irgend möglich, vermieden werden müsse; die Rechtsüberzeugung der Gesellschaft erblicke, so behauptet man, in der offen zu Tage tretenden Trunkenheit keine Verletzung des Rechtes auf Anstand und es sei nicht gerechtfertigt, zwischen dem unzüchtigen Gebahren einer Person auf der Straße und der Haltung eines Betrunkenen eine Parallele zu ziehen. Der Verfasser ist nun der Ansicht, daß die Rechtsüberzeugung der Gesammtheit allerdings für den Gesetzgeber bei der Frage, welche Handlungen mit Strafe zu belegen sind, auf volle Beachtung Anspruch hat und ohne besondere Gründe eine Nichtberücksichtigung jener nicht stattfinden sollte, er kann es dagegen nicht zugeben, daß die gesellschaftliche Rechtsüberzeugung unter allen Umständen für die Gesetzgebung maßgebend sein soll und letztere sich von jener niemals entfernen darf. Die Consequenz dieses Standpunktes würde die Gesetzgebung zum Sclaven der öffentlichen Meinung machen, sie würde sie zu einem guten Theile ihrer schöpferischen Kraft berauben und in ihrer bedeutsamsten Wirksamkeit lahm legen. Der Staat hat aber die Aufgabe, wenn er erkannt hat, daß die öffentliche Rechtsüberzeugung in Ansehung der Beurtheilung einer bestimmten Handlung der nothwendigen Schärfe entbehrt, durch seine Strafsatzung eine Reform derselben anzustreben. Indem die Gesetzgebung durch die Pönalisirung einer Handlung das Verdammungsurtheil der öffentlichen Gewalt über sie ausspricht, wirkt sie dahin, daß auch die gesellschaftliche Rechtsüberzeugung mit der Zeit zu einer Mißbilligung derselben gelangt, die staatliche Brandmarkung bleibt auf die öffentliche Meinung nicht ohne Einwirkung und die erzieherische Eigenschaft des Strafgesetzes tritt so offen zu Tage. Wenn es aber bei irgend einer unsittlichen und zugleich die Rechtsordnung verletzenden Handlung für die Gesetzgebung geboten ist, die Pönalisirung ohne Rücksicht auf die öffentliche Meinung und die gesellschaftliche Ueberzeugung auszusprechen, so ist dies in Deutschland in Ansehung der Trunksucht der Fall. Zwar ist der vorher gekennzeichnete Einwand gegen die hier befürwortete Bestrafung der Trunksucht, wonach die öffentliche Meinung hierin eine Unsittlichkeit nicht zu erblicken vermag, in dieser Form nicht richtig, es fehlt zum Glücke auch in unsern Tagen nicht in Deutschland an Männern, in jedem Stande und Berufe, die mit Hamlet der Ansicht sind, daß dieses Laster einen Brauch darstellt, „von dem der Bruch mehr ehrt als die Befolgung," aber doch muß anerkannt werden, daß die öffentliche Meinung über die Trunkenheit bei Weitem nicht in der für erforderlich zu erachtenden Strenge und Schärfe urtheilt. Das bekannte Lied: „Wer niemals einen Rausch gehabt, der ist kein braver Mann", bildet für weite Schichten unseres Volkes die Norm, nach der man Trunksucht und Trunkenheit beurtheilt und die ewige Verherrlichung der Becherei und Kneiperei seitens der Mehrheit unserer Dichter, die sich nicht selten bis zur Verherrlichung der Betrunkenheit steigert, ist ein mehr als genügender Beweis dafür, daß sittliche Schärfe der gesellschaftlichen Rechtsüberzeugung noch zum guten Theile gänzlich unbekannt ist, soweit es sich um die Beurtheilung der Trunksucht handelt. Der Erlaß einer Vorschrift, welcher dieselbe als Verletzung der Rechtsordnung anerkennt und als solche bestraft, würde zweifellos eine reformirende Wirkung auf die öffentliche Meinung in dieser Beziehung ausüben. Dieser indirecte Erfolg der Pönalisirung der Trunksucht genügt aber unserer Ansicht nach durchaus, um das verlangte Einschreiten der Strafrechtsgewalt als berechtigt erscheinen zu lassen und es bedarf nicht mehr eines Eingehens auf die Frage, ob von der Bestrafung eine wirkliche Verminderung der Zahl der Trunkenbolde, eine Verringerung der Völlerei zu erwarten ist. Auch wenn dieser unmittelbare Erfolg in der ersten Zeit nach dem Erlaß des Gesetzes nicht sollte constatirt werden können, so wäre der mittelbare schon eine ausreichende Rechtfertigung für die befürwortete Erweiterung des Strafgesetzes. Seitens der Gegner wird gegen die Forderung der Bestrafung der Trunksucht, abgesehen von dem im Bisherigen charakterisirten Einwand, besonderes Gewicht auf die Behauptung gelegt, daß ein Gesetz dieses Inhaltes zu einem Classengesetz werden müsse; der arme Arbeiter, welcher nach des Tages Mühe einmal über den Durst getrunken habe und schwankenden Schrittes von der Schenke nach Hause gehe, werde wegen Verletzung der gesetzlichen Vorschrift zur Anzeige gebracht und bestraft werden, der reiche Mann dagegen, der nach einem üppigen Gelage im Wagen nach Hause fahre, um seinen Champagnerrausch auszuschlafen, werde von der Strafe keineswegs erfaßt. Auch dieser Einwand, dessen sich insbesondere die Tagespresse mit einer gewissen Vorliebe bedient hat und bedient, ist nicht im Stande, gegen die Bestrafung der Trunksucht in entscheidender Weise zu sprechen. Wir erachten es als selbstverständlich und einer näheren Darlegung nicht bedürftig, daß der Bestrafung Jeder unterliegt, welcher gegen das gesetzliche Verbot sich verfehlt und in betrunkenem Zustande der Oeffentlichkeit gegenübertritt. Daß die wohlhabende und reiche Bevölkerung in höherem Maße Gelegenheit hat, die Trunksucht und Trunkenheit vor der Oeffentlichkeit zu verbergen, soll an sich nicht geleugnet werden, allein es ist unerfindlich, wie man hieraus dem Gesetze den Vorwurf der Ungerechtigkeit machen oder es gar als ein Classengesetz charakterisiren kann. Wenn, wie wir oben ausgeführt haben, der rechtsverletzende Charakter der Trunksucht nur darin zu erblicken ist, daß sie den öffentlichen Anstand und die öffentliche Sittlichkeit verletzt, so muß eben die der Oeffentlichkeit nicht gegenübertretende Trunksucht straflos bleiben, man müßte denn den Muth haben, den Staat zu einem Eindringen in die Häuslichkeit und das Innere des Familienlebens zu berechtigen, das für dieses eine völlige Zerstörung und Auflösung zur Folge haben würde. Nicht minder haltlos ist der Einwand, der namentlich im Laufe der letzten Zeit vielfach erhoben wurde, daß Trunkenbolde nicht bestraft, sondern geheilt werden sollen, ein Einwand, der auch von Seiten solcher Personen gemacht wird, welche von der Gefährlichkeit der progressiven Bewegung des Alkoholismus überzeugt sind und eine energische und systematische Bekämpfung desselben durch den Staat und die Gesellschaft verlangen. Es ist dem Verfasser dieses Gutachten, welcher sich in seinem dem IV. Internationalen Gefängnißcongreß überreichten Berichte für die Bestrafung der Trunksucht ausgesprochen hat, entgegengehalten worden, er habe außer Acht gelassen, daß der Zustand der Trunkenbolde ein derart pathologischer und anomaler sei, daß nicht die Bestrafung, sondern die heilende Behandlung ihm gegenüber in Anwendung gebracht werden müsse; der Verfasser kann aber nicht zugeben, daß betreffenden Personen, auch ohne daß eine gerichtliche Verurtheilung vorhergegangen ist, in die Arbeitsanstalt verbringen zu lassen, beweist zur Genüge, daß die Behörden von der Ueberzeugung durchdrungen sind, daß mit Hülfe des § 361 Ziffer 5 in seiner gegenwärtigen Formulirung gegen die Personen, welche durch ihre Völlerei die öffentlichen Armenlasten steigern, in wirksamer Weise nicht vorgegangen werden kann. Die Pönalisirung der Trunksucht, welche der Oeffentlichkeit gegenübertritt, darf daher als eine Umbildung der angeführten Strafbestimmungen bezeichnet werden, als eine Umbildung, welche dem Gedanken und der Absicht, die den Gesetzgeber bei ihrem Erlaß geleitet und vorgeschwebt haben, einen entsprechenderen Ausdruck verschafft. Dürfte hiernach die grundsätzliche Berechtigung und Verpflichtung der Staatsgewalt zur Bestrafung der Trunksucht einem Zweifel nicht mehr unterliegen, so fragt es sich nunmehr, in welcher Richtung das strafrechtliche Vorgehen dagegen sich bewegen soll? Es ist schon vorhin bemerkt worden, daß die Trunksucht eine lasterhafte Gewohnheit bezeichnet, welche als solche dem Bereiche der Strafrechtsgewalt entrückt ist, daß sie erst mit dem Augenblick ein Gegenstand strafrechtlicher Repression wird, in dem sie den Charakter der Rechtsverletzung annimmt, und wir haben auch schon festgestellt, daß dies erst dann der Fall ist, wenn sie der Oeffentlichkeit gegenüber zu Tage tritt, wenn sie in die Sphäre des öffentlichen Lebens eingreift. Demnach kann die Trunksucht nur insoweit in Betracht kommen, als sie sich in der Trunkenheit äußert, mit andern Worten, die zur Begutachtung gestellte Frage verwandelt sich, wie bereits bemerkt, in die der Bestrafung der Trunkenheit. Diesen Standpunkt haben fast alle Gesetzgebungen eingenommen, welche sich mit der Repression der Trunksucht beschäftigten; ein Ueberblick über die wichtigsten Polizeistrafgesetzbücher, in denen die Trunksucht fast durchweg zum Gegenstande strafrechtlicher Ahndung gemacht ist, wird dies bestätigen. Nach dem hannoverschen Gesetze über die Polizeiübertretungen vom 25. Mai 1847 wurde der Betrunkene bestraft, welcher ein öffentliches Aergerniß erregt oder zu Unordnungen Anlaß giebt.

Nach dem bayerischen Polizeistrafgesetzbuche vom 26. December 1871 unterliegt einer Gefängnißstrafe bis zu 14 Tagen derjenige, welcher innerhalb eiues Jahres mehr als zweimal der Polizeibehörde Anlaß gegeben hat, ihn wegen Trunkenheit von öffentlichen Plätzen, Straßen, Verkehrshäusern zu entfernen; die Entfernung Betrunkener gestattet das Gesetz aber nur in dem Falle, wenn sie die Sicherheit von Personen oder Eigenthum bedrohen oder die öffentliche Ruhe stören.

Eine ähnliche Bestimmung enthält das badische Polizeistrafgesetz.

Das braunschweigische Polizeistrafgesetz vom 22. December 1870 gestattet der Polizei die Verhaftung trunkener Personen, welche durch Lärm und Geschrei Aergerniß erregen.

Nach dem Polizeistrafgesetzbuch für das Großherzogthum Hessen vom 10. October 1871 werden Trunkenbolde, welche im Zustande der Trunkenheit an öffentlichen Orten öffentliches Aergerniß erregen, bestraft.

Das österreichische Gesetz vom 19. Juli 1877 für Galizien, Kroatien und Lodomirien bestraft denjenigen, welcher sich in Wirthshäusern oder an anderen öffentlichen Plätzen im Zustande offenbarer Trunkenheit befindet, geeignet Aergerniß zu erregen.

Das ungarische Gesetz vom 12. Juli 1879 bestraft denjenigen, welcher sich an einem öffentlichen Platze in betrunkenem Zustande befindet und Aergerniß erregt.

Auch die Gesetze der schweizer Kantone, wie das luzernische Gesetz vom 6. Juni 1861 bestrafen zum größten Theile nur die Trunkenen, welche sich im Zustande der Trunkenheit auf Straßen, Plätzen oder anderen öffentlichen Orten befinden.

Nach dem französischen Gesetze vom 23. Januar 1873 unterliegen der Strafe die Personen, welche sich auf den Straßen, Wegen, Plätzen, in Wirthshäusern oder anderen öffentlichen Orten im Zustande der Trunkenheit befinden. Auf demselben Standpunkte befindet sich das engliche Gesetz vom 10. August 1872, das schwedische Gesetz vom 16. Februar 1869 und das neue Strafgesetzbuch für das Königreich Italien, das allerdings neben der Repression der Trunkenheit auch eine besondere Strafbestimmung gegen das gewohnheitsmäßige Trinken enthält. Auch der Gesetzentwurf der Reichsregierng von 1881 wollte nur die Personen bestraft wissen, welche in einem Zustande Aergerniß erregender Trunkenheit an öffentlichen Orten betroffen werden. Es frugt sich nun, ob der Standpunkt, wie er von sämmtlichen vorerwähnten Gesetzgebungen — nur die italienische nimmt eine besondere Stellung ein — festgehalten wird, auch seitens der Wissenschaft und Gesetzgebungspolitik empfohlen werden kann, und ob der Wunsch auszusprechen ist, daß auch bei der in Aussicht stehenden Regelung der Frage die Reichsgesetzgebung sich von ihm leiten lasse? Nach dem, was wir oben über den Charakter der Trunkenheit als Rechtsverletzung gesagt haben, kann die Antwort hierauf nur bejahend ausfallen. Eine Rechtsverletzung enthält die Trunksucht als solche, auch die gewohnheitsmäßige, noch nicht und deshalb kann es auch nicht für zulässig erachtet werden, sie unter Strafe zu stellen, gegen sie mögen und müssen andere Maßregeln in Anwendung gebracht werden, Entmündigung und Zwangsunterbringung in einer Trinkerheilanstalt, allein für die strafrechtliche Verfolgung bildet sie keinen geeigneten

Gegenstand, mit Strafe ist nur die Trunkenheit zu belegen und auch sie nicht schlechthin, sondern nur unter gewissen Voraussetzungen, die im Folgenden des Näheren zu erörtern sein werden. Bevor wir jedoch zu der Präcisirung des Thatbestandes der strafbaren Trunkenheit übergehen, wie er unserer Ansicht nach von der Gesetzgebung zu bestimmen ist, muß aus dem Kreise der Trunkenheitsfälle, die für den Gesetzgeber überhaupt in Betracht kommen können, ein Fall ausgeschieden werden, der unter die Strafsanction unter keinen Umständen fallen darf. Es kann natürlich nicht die Rede davon sein, die Trunkenheit auch dann bestrafen zu wollen, wenn sie nicht auf den freien Willen der betreffenden Person zurückzuführen ist; wenn in einer durch Zufall oder durch Dritte verursachten Trunkenheit nicht einmal vom Standpunkte der Moral ein verwerflicher Vorgang zu erblicken ist, so kann natürlich für das Strafrecht die Rüge einer derartigen Handlung gar nicht in Frage kommen. Die entgegengesetzte Auffassung würde einen Fundamentalsatz des Strafrechtes verletzen und sich mit dem in allen Gesetzgebungen anerkannten Principe in Widerspruch setzen, daß eine nicht auf dem freien Willen einer Person basirende Handlung, mögen die Consequenzen derselben auch noch so gefährlich sein, keinen Gegenstand strafrechtlicher Repression bildet. Es ist also nur die vorsätzlich herbeigeführte und die auf grobe Fahrlässigkeit zurückzuführende Trunkenheit, welche der strafrechtlichen Ahndung unterliegt, und auch in Ansehung dieses Punktes stimmen sowohl die Gesetzgebungen wie die Ansichten der Vertreter der Wissenschaft fast durchweg überein. Der Gesetzentwurf der Reichsregierung von 1881 huldigte ebenfalls dieser Auffassung, er schied aus dem Kreise der strafbaren Betrunkenen die Personen aus, welche unverschuldet sich in dem Zustande befinden, den er als Voraussetzung der Bestrafung betrachtete; man wollte dadurch dem Gedanken Ausdruck verleihen, daß es gewisse Fälle der Trunkenheit gebe, in Ansehung deren eine Imputation nur mit Unrecht erfolgen könne, die dieserhalb von der Bestrafung ausgeschlossen werden müßten. Die Reichstagskommission stimmte dieser Erwägung vollkommen bei, sie war jedoch der Meinung, daß die Formulirung des Gedankens keine besonders glückliche sei und es sich empfehle, an Stelle der doppelten Negation „nicht unverschuldet“ die positive Form des „selbstverschuldet“ zu wählen, welche Fassung auch dem Militärstrafgesetzbuche § 49 Absatz 2 entspricht. Der Kreis der Trunkenheitsfälle, welche der strafrichterlichen Repression unterliegen, erfuhr durch die Abänderung des Textes der Vorlage keine Einschränkung oder Einengung, die Personen, welche sich in einem nicht unverschuldeten Zustande öffentlicher Trunkenheit befinden, sind mit denjenigen identisch, welche sich in einem Zustande selbstverschuldeter Trunkenheit befinden, die letztere Fassung hat aber den Vorzug, daß durch sie in höherem Maße der Gedanke deutlich zum Ausdruck gebracht wird, eine Trunkenheit, welche weder auf ein bewußtes Handeln noch auf eine Fahrlässigkeit zurückzuführen ist, unterliege nicht der Bestrafung. Diese Auffassung ist auch bei der Anwendung des französischen Gesetzes über die Bestrafung der Trunkenheit, ungeachtet des scheinbar weitergehenden Textes zur Anerkennung gelangt und sie bildet auch die Basis für die bereits im kanonischen Rechte sich findende Unterscheidung zwischen Ebrietas voluntaria und Ebrietas involuntaria.

Gehen wir nunmehr zu der Formulirung des Thatbestandes der strafbaren Trunkenheit über, so bildet nach dem soeben Gesagten zunächst der Begriff des „selbstverschuldet" ein Moment desselben; weiter muß nach dem, was oben über die Natur der Uebertretung ausgeführt wurde, daran festgehalten werden, daß in dem Thatbestande das Moment der Oeffentlichkeit seinen Platz findet. Wir würden bereits Gesagtes nur zum größten Theile wiederholen, wenn wir eine eingehendere Begründung dieser Forderung geben wollten und aus den kurzen Angaben, die wir über den Inhalt der hauptsächlichsten Gesetze gegen die Trunksucht machten, ist zu entnehmen, daß in den meisten derselben die Oeffentlichkeit der Trunkenheit ein Moment des Thatbestandes der Uebertretung bildet. Besteht in dieser Beziehung eine Verschiedenheit unter den Gesetzgebungen der einzelnen Staaten eigentlich nicht, so ist dieselbe dagegen in Bezug darauf vorhanden, ob lediglich die öffentliche, Aergerniß erregende Trunkenheit mit Strafe zu bedrohen ist oder von dem Moment der Aergernißerregung abzusehen ist? Nach dem französischen Gesetze von 1873 wird mit Geldstrafe von 1 bis 10 Franken eventuell mit verhältnißmäßiger Haft bestraft, wer im Zustande offenbarer Trunkenheit auf der Straße, im Wirthshause oder an anderen öffentlichen Orten gefunden wird. Das englische Schankgesetz von 1872 bestimmt, daß jede Person, welche im Zustande der Trunkenheit auf der Straße oder an einem anderen öffentlichen Orte, gleichviel, ob derselbe ein Gebäude ist oder nicht, oder endlich in einer Schenke betroffen wird, mit Geldstrafe bis zu 10 Schilling bestraft wird; die Strafe kann bis zu 20 Schilling steigen, wenn der Thäter innerhalb eines Jahres rückfällig wird, und bis zu 40, wenn er im Laufe desselben Zeitraumes mehr als zwei Verurtheilungen erhalten hat. Nach demselben Gesetze wird ferner jede Person, welche sich im Zustande der Trunkenheit auf der Straße oder an einem anderen öffentlichen Platz befindet und daselbst Lärm macht oder sich in ungeziemlicher Weise beträgt, mit Geldstrafe bis zu 40 Schilling oder nach dem Ermessen des Richters mit Gefängnißstrafe bis zu einem Monat mit oder ohne Zwangsarbeit bestraft; auch ist ihre sofortige Festnehmung statthaft. Das schwedische Strafgesetzbuch von 1869 bestraft mit einer Geldstrafe bis zu 20 Gulden denjenigen, welcher sich derart betrunken hat, daß sein Zustand sich durch seine Haltung kenntlich macht, sofern er in diesem Zustande auf der Straße, auf einem Wege oder auf einem anderen öffentlichen Orte betroffen wurde. Die diesem Gesetzbuche vorangehende Gesetzgebung Schwedens, wie sie in der Königlichen Ordonnanz von 1841 enthalten ist, bestrafte denjenigen, welcher im betrunkenen Zustande auf den Wegen, Straßen oder an anderen öffentlichen Orten betroffen wird, für jeden Fall der Betreffung mit einer Geldstrafe von 3 Gulden und 10 Schilling. Von den Gesetzgebungen der deutschen Bundesstaaten, welche vor dem Erlaß des Reichsstrafgesetzbuchs in Kraft standen, erwähnen wir das hannoversche Polizeistrafgesetz von 1847, welches die Trunkenheit nur dann strafte, wenn sie öffentliches Aergerniß erregte oder zu Unordnungen Anlaß giebt. Das österreichische Gesetz von 1877, das, wie bereits erwähnt, nur für Galizien, Lodomirien, Krakau und die Bukowina gilt, bestraft mit einer Geldstrafe bis zu 50 Gulden und mit Arrest bis zu einem Monat denjenigen, welcher sich im Zustande offenbarer, Aergerniß erregender Trunkenheit in Wirthshäusern, Herbergen, auf der Straße oder an einem anderen öffentlichen Orte befindet. Der Entwurf eines österreichischen Gesetzes zur Hintanhaltung der Trunksucht für die im Reichsrathe vertretenen Länder bestraft mit Arrest bis zu einem Monat oder mit Geldstrafe bis zu 50 Gulden denjenigen, welcher sich in Gast- oder Schankräumlichkeiten, in Lokalen, in welchen der Ausschank oder Kleinverschleiß oder Handel mit gebrannten geistigen Getränken betrieben wird, auf der Straße oder an sonstigen öffentlichen Orten im Zustande offenbarer Trunkenheit befindet. Das ungarische Gesetz von 1879 über die Bestrafung der Uebertretungen bestraft mit einer Geldstrafe bis zu 25 Gulden denjenigen, welcher sich betrunken an einem öffentlichen Orte befindet und dadurch Aergerniß erregt. Nach dem neuen italienischen Strafgesetzbuche wird derjenige, welcher im Zustande der Volltrunkenheit an öffentlichen Orten betroffen wird, mit Arreststrafe von 6 bis 24 Tagen bestraft, die im Arbeitshause zu verbüßen ist. Von den Strafgesetzgebungen der Cantone der schweizer Eidgenossenschaft erwähnen wir die Luzernische und die Appenzellische. Nach dem Luzernischen Polizeigesetze wird mit Geldstrafe bis zu 10 Franken oder mit Gefängniß bis zu drei Tagen, im Falle des Rückfalles mit Gefänguiß bis zu 14 Tagen bestraft, wer sich im Zustande der Trunkenheit befindet und dadurch öffentliches Aergerniß erregt. Das Appenzellische Polizeigesetz bestraft mit Geldstrafe von 5 bis zu 10 Franken, die im Falle des Rückfalles bis zu 50 Franken steigen kann, die Personen, welche sich dem Trunke ergeben; Rückfällige können auch an Stelle der Geldstrafe mit Arrest bis zu acht Tagen bestraft werden. Aus dieser Uebersicht geht hervor, daß die Mehrheit der Gesetzgebungen die Trunkenheit nur unter der Voraussetzung straft, daß sie geeignet ist, Aergerniß zu erregen und manche sogar noch weiter gehen und die Strafbarkeit von dem Nachweise abhängig machen, daß durch dieselbe Aergerniß erregt worden ist. Zu den Gesetzgebungen, welche dieser Ansicht huldigen, müssen trotz der nach dem Wortlaute der betreffenden Bestimmungen scheinbar beliebten Festhaltung der entgegengesetzten Auffassung auch die englische und französische gezählt werden, wie dies bei der Berathung des Gesetzentwurfes von 1881 seitens der Reichstagscommission constatirt wurde. Was diesen Gesetzentwurf selbst anlangt, so schloß er sich den Gesetzgebungen an, welche zur Bestrafung der Trunkenheit verlangen, daß dieselbe geeignet sein müsse, Aergerniß zu erregen; der Commission des Reichstags, der die Vorlage zur Berathung überwiesen wurde, hielt an dieser Fassung fest und lehnte es ab, nach Vorbild des französischen Gesetzes die öffentliche Trunkenheit an sich unter Strafe zu stellen, theils um deswillen, weil sie der Ansicht war, daß das französische Gesetz trotz seiner abweichenden Formulirung thatsächlich doch auf demselben Standpunkte stehe wie die Vorlage, theils weil sie, soweit durch die beantragte Aenderung die der Bestrafung unterliegenden Fälle eine Vermehrung erfahren sollten, aus grundsätzlichen Bedenken dieser Erweiterung nicht zustimmen konnte. Es fragt sich nun, soll die Gesetzgebung auch heute noch den Standpunkt festhalten, auf welchen sich die Vorlage von 1881 gestellt hatte, oder soll sie es aufgeben, die Aergernißerregung zu einem Moment des gesetzlichen Thatbestandes zu machen? Wie der Verfasser in seinem dem IV. Internationalen Gefängnißcongreß erstatteten Berichte bereits dargethan hat, ist er entschieden der Ansicht, daß wenigstens für das Gebiet des deutschen Rechtes von der Aufnahme des Momentes der Aergernißerregung in den Thatbestand der Uebertretung nicht abgesehen werden kann. Wir würdigen die Gründe und Bedenken, welche von namhaften Aerzten und Geistlichen gegen diese Ansicht vorgebracht wurden, wir verstehen auch die Erwägungen, welche den österreichischen Gesetzgeber bewogen haben, in dem von ihm für die im Reichsrathe vertretenen Länder bestimmten Gesetzentwurfe an dem entgegengesetzten Standpunkte festzuhalten, in Deutschland ist derselbe nicht möglich, er würde Verständniß nur bei dem winzigen Häuflein der Temperenzfanatiker finden und eine Strafvorschrift, die ihn berücksichtigen würde, nicht nur fast die gesammte Nation in schroffster Weise verletzen, sondern sie würde auch, was uns noch weit wichtiger zu sein scheint, bei der praktischen Anwendung und Durchführung des Gesetzes auf unüberwindliche Schwierigkeiten stoßen. Wenn in der Antastung und Verletzung der öffentlichen Sittlichkeit das für die Pönalisirung der Trunkenheit entscheidende Kriterium liegt, wenn die Beleidigung und Kränkung der öffentlichen Anstandsgefühle durch sie dem Staate das Recht giebt wie, die Pflicht auferlegt, mit Strafen gegen sie einzuschreiten, so muß auch für die Bestrafung der Nachweis gefordert werden, daß die Trunkenheit im gegebenen Falle geeignet war, das Anstandsgefühl zu beleidigen und zu kränken, daß sie in einer Weise zu Tage trat, daß die öffentliche Sittlichkeit dadurch angetastet und verletzt werden konnte, es muß mit einem Worte verlangt werden, daß sie geeignet war, Aergerniß zu erregen. Der moderne Staat straft auch noch die Gotteslästerung, weil er dem religiösen Gefühle seiner Unterthanen eine ausreichende Beschützung gegen rohe Verletzungen schuldet, er straft sie aber nur unter der Voraussetzung, daß dieses zu schützende, religiöse Gefühl im concreten Falle auch wirklich verletzt wurde; er hat auch Strafandrohungen gegen die Verletzungen der Schamhaftigkeit durch unzüchtige Handlungen, gegen die Verletzungen des Menschlichkeitsgefühls durch rohe Thierquälerei für nothwendig erachtet, aber gleichfalls nur unter der Voraussetzung, daß diese und jene ihrer Beschaffenheit nach darnach angethan waren, das Gefühl zu verletzen, dessen Schutz die Staatsgewalt aus gewichtigen Gründen nicht aus den Augen verlieren darf. Denselben Gesichtspunkt, welchen die Gesetzgebung bei der strafrechtlichen Ahndung dieser Delicte eingenommen hat, muß sie auch bei der gesetzlichen Reprobation der Trunkenheit festhalten, auch hier handelt es sich um die Bestrafung einer Handlung, welche die gesellschaftliche Sittlichkeit verletzt und gerade um deswillen, gerade mit Rücksicht darauf der öffentlichen Bestrafung zu unterstellen ist. Wir geben es zu, daß in sehr vielen Fällen jede auf öffentlichen Plätzen oder an öffentlichen Orten zu Tage tretende Trunkenheit eine solche ist, die sich zu der Erregung von Aergerniß eignet, wir müssen aber anderseits daran festhalten, daß es auch Fälle giebt, in welchen die Trunkenheit sich äußert, ohne Aergerniß zu erregen; dieserhalb kann nicht zugegeben werden, daß jede öffentliche Trunkenheit auch eine Aergerniß erregende Trunksucht sei, wie von manchen Seiten in Bekämpfung der hier vorgeschlagenen Formulirung behauptet wird. Gewichtiger als dieser Einwand ist ein anderer, der dahin geht, der Begriff des „Aergerniß erregend“ sei ein wenig bestimmter und unpräciser, dessen Auffassung in der Rechtsprechung eine schwankende genannt werden müsse und dieserhalb unterliege die Formulirung, welche den Begriff des „Aergerniß erregend“ in sich aufnehme, der Gefahr, bald in zu weitem, bald in zu engem Sinne angewendet zu werden. Diese Befürchtung ist seiner Zeit schon gegen die Formulirung geltend gemacht worden, welche die Pönalisirung der Trunkenheit in dem Entwurfe der Reichsregierung von 1881 gefunden hatte, man konnte sich aber seitens des Reichstags nicht überzeugen, daß dieselbe zutreffend sei, sondern war der Meinung, daß der im Strafgesetzbuch an mehreren Stellen sich vorfindende Ausdruck durch die Rechtsprechung eine ziemlich feststehende Auslegung erhalten habe, so daß eine Veranlassung nicht vorliege, ihn zu beseitigen und durch einen anderen zu ersetzen; diese Ansicht halten wir auch heute noch für richtig und geben der Formulirung, welche sich des Begriffes „Aergerniß erregend" bedient, entschieden den Vorzug vor derjenigen, welche die Strafvorschrift in der Art gefaßt wissen will, daß die thatsächliche Erregung des Aergernisses als Voraussetzung für die Bestrafung gefordert wird. Wenn von denjenigen, welche diese Formulirung befürworten, zur Vertheidigung ihres Standpunktes ausgeführt wird, daß die andere nicht die Gefahr ausschließe, daß auch solche Fälle zur Aburtheilung dem Strafrichter zugewiesen werden, in Ansehung deren eine criminelle Ahndung nicht gerechtfertigt sei, so vermögen wir dieses Bedenken nicht zu theilen. Die Auslegung der §§ 183 und 166 des deutschen Strafgesetzbuches seitens der Praxis, insbesondere seitens des Reichsgerichtes, hat zur Genüge den Nachweis geliefert, daß die Gefahr einer extensiven und über den von dem Gesetzgeber mit dem gedachten Ausdruck verbundenen Begriff hinausgehenden Auslegung keineswegs vorhanden ist, daß vielmehr eher das Gegentheil zu befürchten steht, und es wird weiter unten auf die Nothwendigkeit eingegangen werden, gerade mit Rücksicht auf diese Rechtsprechung, falls die Trunkenheit unter dem hier vertheidigten Gesichtspunkte bestraft werden wird, eine Abänderung der §§ 183 und 166 des Strafgesetzbuches vorzunehmen. Wenn aber diese Gefahr einer Auslegung, welche sich eines Uebergriffes auf das Gebiet der Moral schuldig machte, nicht anzuerkennen ist, so sprechen anderseits sehr gewichtige Gründe dagegen, die Bestrafung nur unter der Voraussetzung zu gestatten, daß Aergerniß im concreten Falle erregt worden ist. Wir erachten an und für sich schon für bedenklich, die Bestrafung einer Handlung, zu welcher sich der Staat im öffentlichen Interesse und in Erfüllung seiner Aufgabe veranlaßt und verpflichtet sieht, nur unter der Bedingung zu gestatten, daß Hinz oder Kunz daran Aergerniß genommen haben, der Staat macht hierdurch das mehr oder minder geschärfte und entwickelte Sittlichkeitsgefühl des einen oder anderen zum letzten Richter darüber, ob ein bestimmter Vorgang strafrechtlich verfolgt werden soll. Wir wollen zugeben, daß dies bei einem Delikte wie der Gotteslästerung berechtigt ist, aber bei jedem anderen Delikte scheint uns sehr Vieles dagegen zu sprechen, daß die Ueberzeugung des Staates, eine bestimmte Handlung sei strafbar, mit Rücksicht darauf vielleicht unterdrückt wird, daß das abgestumpfte Anstandsgefühl, das corrumpirte Empfinden dieses oder jenes Individuums, das zufällig Zeuge der betreffenden Handlung war, an derselben ein Aergerniß nicht genommen hat. Nur die Herrschaft, welche die privatrechtlichen Anschauungen auch im öffentlichen Recht und insbesondere im Strafrechte erlangt haben, macht es begreiflich, daß das deutsche Strafgesetzbuch auch bei anderen Delikten als der Gotteslästerung das genommene Aergerniß als wesentliche Voraussetzung des strafbaren Charakters derselben betrachtet und es ist unserer Ansicht nach nicht zu bezweifeln, daß die Energie des Strafschutzes durch diese Berücksichtigung privatrechtlicher Anschauungen abgeschwächt wird. Wenn nun aber bei der Pönalisirung irgend einer Handlung die gewichtigsten Gründe dagegen sprechen, die Strafbarkeit von dem Nachweis des genommenen Aergernisses abhängig zu machen, so ist dies bei der Trunkenheit der Fall, bei der es sich durch die Bestrafung nicht zum wenigsten auch darum handelt, die öffentliche Meinung zu reformiren und die laxe Beurtheilung dieser Rechtswidrigkeit durch eine schärfere und strengere zu ersetzen; um so weniger kann die Rede davon sein, den Nachweis des genommenen Aergernisses zur Voraussetzung für das strafrechtliche Einschreiten zu machen. Nicht das vielleicht corrumpirte Gefühl des zufälligen Beobachters soll darüber entscheiden, ob die Trunkenheit zu bestrafen ist, nicht das vielleicht noch in embroanalem Zustande befindliche Rechts- und Anstandsgefühl des ersten besten Gaffers soll berechtigt sein, den Anspruch erheben zu dürfen, daß seine Auffassung für die strafrechtliche Verfolgung dieses Lasters maßgebend sei, sondern Sache des Richters ist es, vom objectiven Standpunkte aus zu ermessen, ob die Trunkenheit im concreten Falle geeignet war, das nicht corrumpirte Gefühl zu verletzen, und wir gestehen es offen ein, der strengste und rigoroseste Maßstab, den der Richter hierbei anlegen wird, ist uns kaum streng genug; je strenger der Richter die Trunkenheit beurtheilt, je häufiger er zu der Feststellung gelangt, daß dieselbe geeignet war, Menschen mit strengen Grundsätzen zu verletzen, um so mehr wird er den Zwecken der Gesetzgebung Rechnung tragen, um so mehr wird er auf die Anerkennung Anspruch erheben können, daß er den Absichten derselben gerecht wird. Demnach können wir uns nur entschieden dagegen aussprechen, den Nachweis des erregten Aergernisses zur Voraussetzung der Bestrafung der Trunkenheit zu machen. Nun ist allerdings zu bedenken, daß nach Ansicht des Reichsgerichtes, vgl. Entscheidung vom 12. Juli 1880, Rechtsprechung Bd. 2 S. 183, vom 29. Sept. 1880, Rechtsprechung Bd. 2 S. 273, vom 4. Nov. 1880, Rechtsprechung Bd. 2 S. 449, der § 183 des Strafgesetzbuches zu seiner Anwendbarkeit verlangt, daß thatsächlich an der incriminirten Handlung Aergerniß genommen wurde. Dem Wortlaute des Gesetzes entspricht diese Auslegung, ob auch dem Geiste derselben und der Absicht der Gesetzgebung dürfte wohl als zweifelhaft erscheinen; da aber nicht anzunehmen ist, daß die Judicatur des Reichsgerichtes in dieser Beziehung eine Aenderung erleiden wird, so muß, falls die Gesetzgebung die Bestrafung der Trunkenheit nur davon abhängig macht, daß sie geeignet ist, Aergerniß zu erregen, der Wortlaut des § 183 in entsprechender Weise abgeändert werden, wie auch von Stenglein in einer Besprechung des von dem Gutachter für den IV. Internationalen Gefängnißcongreß erstatteten Berichtes richtig anerkannt wird. Befürchtet man von einer Strafbestimmung mit dem bezeichneten Inhalte einerseits ein zu weitgehendes Einschreiten gegen die Trunkenheit, so wird anderseits von den Temperenzfanatikern behauptet, daß eine so verclausulirte Vorschrift thatsächlich nur in unbedeutendem Umfange werde angewendet werden können und dieserhalb eine irgendwie erhebliche Wirksamkeit nicht ausüben werde. Auch diese Ansicht können wir nicht als zutreffend erachten. Allerdings geben wir zu, daß es von der Art und Weise der Gesetzesauslegung und Rechtsübung abhängen wird, ob die Strafvorschrift häufig zur Anwendung gelangt oder so selten wie die Vorschriften mancher Polizeistrafgesetzbücher über die Bestrafung der Trunkenheit; es wird sich eben zeigen, ob die deutschen Gerichte für die Bedeutung dieser Strafnorm, insbesondere für ihre sociale Bedeutung volles Verständniß haben, ob sie sich frei machen können von jener laxen Beurtheilung der Trunksucht, die unter den akademisch gebildeten Deutschen leider so außerordentlich verbreitet ist, daß es uns kaum mehr befremdet, in dem Urtheile des Strafrichters dem Satze zu begegnen, die Trunkenheit des Angeklagten bei Ausübung der That stehe demselben als mildernder Umstand zur Seite; es wird sich zeigen müssen, ob die privatrechtliche Auffassung des richterlichen Berufes derart herrschend ist, daß sie den Richter verhindert, die außerordentliche sociale Tragweite der strafrechtlichen Bedrohung der Trunkenheit einzusehen und dementsprechend auch den Begriff der Aergernißerregung auszulegen. Wenn wir auch nicht in Abrede stellen können, daß in ähnlichen Fällen die deutsche Rechtsprechung nicht stets in der Auslegung des Gesetzes die Schärfe und Strenge zu betonen wußte, welche mit Rücksicht auf die thatsächlichen Verhältnisse geboten gewesen wäre, so glauben wir anderseits doch an der Hoffnung festhalten zu sollen, daß unter dem Drucke der gegen die ungeheueren Verwüstungen, welche die sinnlose Völlerei im deutschen Volke im Laufe der beiden letzten Jahrzehnte angerichtet hat, machtvoll reagirenden öffentlichen Meinung, die ein energisches Vorgehen gegen diese Seuche erheischt, die deutschen Gerichte sich veranlaßt sehen werden, die Beurtheilung der Frage, ob eine Trunkenheit geeignet war, Aergerniß zu erregen, von einem anderen Gesichtspunkte aus vorzunehmen als demjenigen, den ein Kneipgenie oder ein Dichter dabei einnehmen würde, der das Ideal poetischer Verklärung in der Vertilgung unzähliger Schoppen erblickt.

Aus den bisherigen Erörterungen ergiebt sich, daß für die Construction des Thatbestandes der strafbaren Trunkenheit drei Momente als wesentlich festzuhalten sind: 1. die selbstverschuldete Herbeiführung des Zustandes, 2. die Eigenschaft dieses Zustandes Aergerniß zu erregen, 3. die Oeffentlichkeit des Ortes, an welchem er beobachtet wird. Demnach würde die Strafbestimmung zu lauten haben: Wer in betrunkenem Zustande, welcher geeignet ist, Aergerniß zu erregen, an einem öffentlichen Orte betroffen wird, ist mit Geldstrafe bis zu 100 Mark oder mit Haft bis zu drei Wochen zu bestrafen, sofern dieser Zustand ein selbstverschuldeter ist. Diese Fassung lehnt sich einerseits an die durch die Beschlüsse der Reichstagscommission nur in unwesentlichen Punkten veränderte Vorlage der Reichsregierung von 1881 an, sie harmonirt anderseits mit dem Inhalte der wichtigsten Gesetzgebungen der neuesten Zeit, welche ein strafrechtliches Einschreiten gegen die Trunksucht nicht länger entbehren zu können glaubten. Was die Art und Weise der Bestrafung der Trunkenheit anlangt, so glauben wir auf die Regelung derselben nicht näher eingehen zu sollen, da der Juristentag es stets abgelehnt hat, sich mit dem Detail der von ihm zu erörternden Fragen zu beschäftigen und es mit Recht vorzieht, nur die Grundsätze in den Bereich seiner Verhandlungen zu ziehen. Indem der Verfasser bezüglich dieses Punktes auf die Vorschläge verweist, die er theils in einer im „Gerichtssaal" Bd. 40, SS. 401 u. fg. veröffentlichten Arbeit, theils in dem Berichte für den IV. Internationalen Gefängnißcongreß gemacht hat, will er nur hervorheben, daß die Bestrafung der wiederholt Rückfälligen eine wesentlich schärfere sein muß, wie diejenige der zum ersten Male zur Aburtheilung gelangenden Personen, daß bei ersteren die Freiheitsstrafe durch Dunkelzelle, Entziehung der warmen Nahrung und der weichen Lagerstätte einen anderen Inhalt besitzen muß als bei letzteren, daß durch die obligatorisch anzuordnende Ueberweisung rückfälliger Uebertreter des Gesetzes an eine Trinkerheilanstalt auch für die Heilung dieser Personen in angemessener Weise zu sorgen ist. Er will ferner bemerken, daß gegen die Rückfälligen gewisse Nebenstrafen auszusprechen sind, die einerseits in der Aberkennung bestimmter staatsbürgerlicher und politischer Rechte auf die Dauer eines nicht allzukurzen Zeitraumes, theils in der Entziehung gewisser Privatrechte, wie beispielsweise der väterlichen Gewalt, zu bestehen haben; er will endlich nicht unterlassen hervorzuheben, daß auch gegen die Personen, welche auf Grund des § 361 Ziffer 5 des Strafgesetzbuches verurtheilt werden, die Verbringung in ein Trinkerasyl und nicht die Unterbringung im Arbeitshaus zur Anwendung zu kommen hat, da dies den vorhandenen Bedürfnissen unzweifelhaft entspricht und es das Bestreben des Staates sein muß, dem Trinker eine Behandlung angedeihen zu lassen, welche die Möglichkeit bietet, daß er wieder zu einem ordentlichen Mitgliede der Gesellschaft werde; eine solche individuelle Behandlung kann aber nur in der Trinkerheilanstalt und nicht auch in dem Arbeitshause stattfinden. Die Begrenzung der zur Begutachtung gestellten Frage gestattet es uns nicht darauf einzugehen, daß eine gesetzliche Vorschrift den Behörden die Ermächtigung geben soll, gewohnheitsmäßige Trinker, auch ohne daß dieselben eine Verurtheilung wegen Trunkenheit erlitten haben, in einer Trinkerheilanstalt unterzubringen. Bei Berathung des Gesetzentwurfes von 1881 wurde, wie oben schon erwähnt worden ist, seitens des Reichstags der Beschluß gefaßt, der Reichskanzler solle ersucht werden, die Frage einer Prüfung zu unterziehen, ob es wünschenswerth sei, eine gesetzliche Anordnung zu erlassen, auf Grund deren auch in anderen als den von der Vorlage erwähnten Fällen, d. h. ohne Rücksicht auf eine vorgängige Bestrafung, gewohnheitsmäßige Trinker in Trinkerheilanstalten zwangsweise untergebracht und daselbst während bestimmter Zeit festgehalten werden können. Der Erlaß einer Bestimmung dieses Inhaltes ist nach Ansicht des Gutachters dringend nothwendig und wünschenswerth, und ein zur Bekämpfung der Trunksucht bestimmtes Gesetz, welches einer solchen Vorschrift entbehrte, könnte als ein den Bedürfnissen genügendes nicht bezeichnet werden, dagegen kann wohl darüber ein Zweifel nicht obwalten, daß diese Unterbringung von Trunkenbolden in bestimmten zur Heilung dienenden Anstalten nicht den Charakter der Strafe besitzt und deshalb auch im Rahmen eines die strafrechtliche Verfolgung der Trunksucht an sich behandelnden Gutachtens nicht weiter zu erörtern ist. Auch darauf glauben wir nicht eingehen zu sollen, daß ein Gesetz gegen die Trunksucht Strafbestimmungen gegen Wirthe enthalten muß, welche die Völlerei begünstigen, z. B. Strafandrohungen wegen der Abgabe von geistigen Getränken an Betrunkene, an Personen unter 16 Jahren, eventuell auch wegen der Verabfolgung geistiger Getränke gegen Creditirung. Bestimmungen dieses Inhaltes, welche sich sowohl in den ausländischen Trunksuchtsgesetzgebungen vorfinden, als auch in Deutschland nicht unbekannt sind, indem im Laufe der letzten Jahre die Verwaltungsbehörden sich vielfach veranlaßt gesehen haben, durch Verordnungen solcher Art die Trunksucht zu bekämpfen, können allerdings eine höchst wirksame Waffe bilden, um der Verbreitung der Völlerei Einhalt zu thun, und gegen ihre Zweckmäßigkeit und Nützlichkeit wird ein ernsthafter Einwand auch von denjenigen nicht erhoben, welche die Pönalisirung der Trunkenheit an sich bekämpfen, allein wir würden doch die uns gestellte Frage in einer, wie uns scheint, zu weitgehenden und ungerechtfertigten Weise ausdehnen, wollten wir auch den Erlaß derartiger Vorschriften in den Kreis unserer Erörterungen ziehen.

Aus den obigen Bemerkungen und dem, was wir soeben über die Unterbringung der Gewohnheitstrinker gesagt haben, ergiebt sich, daß wir ein strafrechtliches Vorgehen gegen die Trunksucht als solche, welche sich nicht in der öffentlichen Trunkenheit, die zur Erregung von Aergerniß geeignet ist, verkörpert, nicht billigen können, und an dieser unserer Ansicht müssen wir festhalten, trotzdem in der einen oder anderen der oben angezogenen Gesetzgebungen der entgegengesetzte Standpunkt vertreten wird. Wir können uns nicht davon überzeugen, daß die Trunksucht als solche unter den Begriff einer strafrechtlich zu ahndenden Rechtsverletzung fällt und müssen wiederholt betonen, daß gegenüber der gewohnheitsmäßigen Völlerei, welche sich nicht in der charakterisirten Weise äußert, nicht die Bestrafung, sondern die Heilung einzutreten hat; insofern stimmen wir ganz damit überein, wenn man gesagt hat, die gewohnheitsmäßige Trunksucht sei eine Krankheit, die auch als solche behandelt werden müsse. Soweit nur die Krankheit vorhanden ist, kann auch nur eine Heilung beziehungsweise ein Heilungsversuch unternommen werden, soweit dieselbe dagegen auch eine Rechtsverletzung in sich einschließt, muß nach Obigem auf der strafrechtlichen Verfolgung, an die sich der Heilungsversuch anzuschließen hat, bestanden werden.

Auf Grund dieser Ausführung empfiehlt der Gutachter dem Juristentage einen Beschluß dahin zu fassen:

> Die strafrechtliche Verfolgung der Trunkenheit, welche an öffentlichen Orten zu Tage tritt und geeignet ist, Aergerniß zu erregen, ist geboten.

Die wichtigste Literatur über diese Frage ist am Schlusse des von dem Verfasser für den IV. Internationalen Gefängnißcongreß erstatteten Berichtes angegeben, der in Travaux Préparatoires (St. Pétersbourg 1889) abgedruckt ist. Außerdem sind noch zu nennen die Berichte, welche Cananico, v. Stößer, Fischer, Bär und Sliosberg darüber dem erwähnten Congreß geliefert haben, die ebenfalls in den Travaux Préparatoires abgedruckt sind.

V.

Gutachten des Herrn Gerichtsassessor und Privatdocent Dr. Ludwig Goldschmidt zu Göttingen

über die Frage:

Ist die Bestimmung in § 283 des Entwurfs eines B.G.B. zu billigen, wonach die Aufrechnung bewirkt, daß die beiderseitigen Forderungen in dem sich deckenden Betrage mit dem Zeitpunkt als erloschen gelten, in welchem sie als zur Aufrechnung geeignet sich gegenüber getreten sind?

I. Einleitung.

§ 1. Der § 283 des Entwurfs eines bürgerlichen Gesetzbuchs für das Deutsche Reich bestimmt:

> Die Aufrechnung bewirkt, daß die beiderseitigen Forderungen in dem sich deckenden Betrage mit dem Zeitpunkte als erloschen gelten, in welchem sie als zur Aufrechnung geeignet sich gegenübergetreten sind.

Zur Begründung dieser Bestimmung wird in den Motiven (Bd. II S. 108—109) Folgendes ausgeführt:

„Wenn der Entwurf nicht der Theorie der ipso iure Wirkung der Compensation folgt, so knüpft er doch die Wirkung der Aufrechnung zeitlich nicht an die Aufrechnungserklärung. Vielmehr ist letzterer rückwirkende Kraft auf den Zeitpunkt beigelegt, in welchem die beiderseitigen Forderungen als zur Aufrechnung geeignet sich gegenüber getreten sind (§ 283). Nicht zu verkennen ist allerdings, daß durch die Verneinung der rückwirkenden Kraft klares und einfaches Recht geschaffen würde, und daß diese Verneinung auch mit der dem Entwurfe zu Grunde liegenden Auffassung, wonach sich beide Forderungen bis zur Aufrechnungs-erklärung des einen oder anderen Theiles unabhängig und unbeeinflußt von einander gegenüberstehen, eher im Einklange stände. Denn nicht ohne Grund kann gesagt werden, daß mit der Aufstellung der rückwirkenden Kraft im Wesentlichen doch anerkannt werde, daß schon von dem Zeitpunkte an, wo die Forderungen sich compensationsfähig gegenübertreten, die eine von der anderen beeinflußt sei, und daß die Verlegung der Tilgung in die Vergangenheit bei Festhaltung der erwähnten Auffassung nur im Wege positiver Satzung durch eine juristische Fiction möglich sei. Wenn der Entwurf dennoch zur Aufstellung dieser Fiction sich verstand, so war hierfür einmal die Rücksicht maßgebend, daß durch die zeitliche Bindung der Wirkung der Compensation an die Compensationserklärung der praktische Werth des Rechtsinstitutes der Compensation verkümmert würde, indem eine solche Normirung namentlich zur Folge hätte, daß sowohl die Verzinslichkeit, als die mora sowie das Verfallen einer Strafe sich ausschließlich nach der Zeit der Compensationserklärung beurtheilten. Ganz bedenklich aber wäre, daß zu jener Normirung die Vorschriften der Conc.O. über die Compensation im Concurse (§§ 46 ff., Mot. z. Conc.O. S. 229 f.) nicht passen würden. Die Annahme des Principes, daß die vollzogene Aufrechnung erst von der Aufrechnungserklärung an wirke, nöthigte, um den Anforderungen des praktischen Lebens und des Verkehrs zu genügen und mit dem geltenden Rechte im Einklange zu bleiben, unabweislich, den gedachten Uebelständen durch eine größere oder geringere Zahl von positiven Bestimmungen zu begegnen. Damit gingen aber die Hauptvorzüge des durch seine Einfachheit und Klarheit allerdings bestechenden Princips verloren. Um allen diesen Mißständen vorzubeugen, bleibt in der That nur die Aufstellung der erwähnten Fiction übrig. Auf denselben Weg wurden auch die modernen Codificationen, soweit sie nicht auf dem Boden der strengen ipso iure Wirkung stehen, durch das Bedürfniß gedrängt."

Man sieht, es ist ein schweres Opfer, mit welchem die Fiction erkauft wird: die Einfachheit, Klarheit und Folgerichtigkeit des Rechts. Je größer aber dies Opfer, um so zwingender müssen die Gründe sein, um derentwillen es gebracht wird. Es soll durch diese Zurückdatirung zweierlei erreicht werden. Die Uebereinstimmung mit dem geltenden Recht und die Befriedigung der Bedürfnisse des Lebens, welches fordert, daß die Verzinslichkeit, der Verzug und das Verfallen einer Strafe bereits vom Moment der Aufrechenbarkeit ausgeschlossen sind. Man könnte vermeinen, daß die Uebereinstimmung mit dem geltenden Recht nur dann ein wünschenswerthes Moment sei, wenn man mit ihr den realen Bedürfnissen des Lebens gerecht zu werden vermag, so daß sie als selbständiger Grund neben und außer diesen nicht in Betracht genommen werden darf. Allein diese Auffassung würde die ideelle und materielle Bedeutung der Rechtsgewöhnung unterschätzen, welche jede Aenderung des bestehenden Zustandes als ein Uebel empfinden läßt, das durch besonders gewichtige Gründe wett gemacht werden muß, soll sie anders gerechtfertigt erscheinen. Das mit jeder Aenderung verbundene Uebel ist aber ein doppeltes. Wie jedes Ding, so hat auch der Rechtssatz neben denjenigen Seiten, die zu seiner Statuirung führen, solche, die nicht wünschenswerth, vielleicht höchst unerwünscht sind, aber um jener ersteren willen mit in den Kauf genommen werden. Das trifft für den altüberkommenen Rechtssatz in gleicher Weise wie für den neu einzuführenden zu. Allein mit den Schattenseiten des überkommenen Satzes hat die lange Gewöhnung vertraut gemacht und sie weniger hart empfinden lassen. Bei dem neuen hingegen werden die Ecken und Kanten, deren man völlig ungewohnt ist, in ihrer ganzen Härte empfunden. Das zweite Uebel, welches die nothwendige Folge jeder Rechtsänderung ist, bildet die Unsicherheit. Erst eine langdauernde Rechtsanwendung vermag den vollen Gehalt der Rechtssätze zu erschließen. Kein Gesetzgeber, sei er auch der weitschauendste, ist im Stande, die sämmtlichen Wirkungen vorauszusehen, die eine anscheinend recht wenig bedeutungsvolle Aenderung hervorbringt. Das Zusammentreffen mit anderen Normen und ihr Ineinandergreifen läßt die Aenderung in völlig anderem Licht erscheinen. Das Leben wirft neue Thatbestände auf, der neue Satz findet ein ungeahntes Object erweiterter Anwendung. Die Theorie bringt neue Gesichtspunkte bei, jene Aenderung bekömmt eine völlig unvorhersehbare Bedeutung. Kurz, jede Aenderung ist wie ein Schritt ins Ungewohnte, so auch ein Schritt ins Ungewisse. Daher ist es ein Moment von durchaus realem Werth, wenn der Gesetzgeber mit dem geltenden Rechte in Uebereinstimmung bleibt, und die Motive haben Recht, dasselbe in die Wagschale zu werfen neben dem Umstande, daß die Fiction allein den praktischen Bedürfnissen gerecht zu werden vermag. Beide Momente werden wir ihrer selbständigen Bedeutung für die Rechtfertigung der Vorschrift wegen auch selbständig neben einander zu prüfen haben.

II. Das geltende Recht.

§ 2. 1. Das gemeine Recht.

In den Quellen findet sich eine Reihe von Stellen, welche die Wendung „ipso iure compensari“ und ähnliche enthalten. Es hat sich über deren Bedeutung eine große Mannigfaltigkeit der Ansichten herausgestellt, die sich auf zwei Gruppen zurückführen lassen. Die eine legt dem Satz lediglich eine historische Bedeutung bei, die andere eine materiell-praktische. In dieser letzteren Gruppe aber lassen sich wieder drei Hauptansichten unterscheiden. Nach der einen soll jener Satz besagen, daß sich die gegenüberstehenden Forderungsrechte ipso iure aufheben; nach einer zweiten soll die Aufhebung erst eintreten, wenn ein Schuldner sich darauf beruft, allein es soll dann so angesehen werden, als ob die sich gegenüberstehenden Forderungen sich zur Zeit ihres Gegenübertretens aufgehoben hätten; nach einer dritten Meinung endlich soll vom Moment der Coexistenz ab jedes der beiden Forderungsrechte mit einer sie nach der Seite ihrer Wirksamkeit hemmenden Einrede behaftet sein. Nach allen drei Ansichten datirt die Compensationswirkung vom Moment der Coexistenz der Forderungen.

Allein zunächst dahingestellt, ob dies etwa aus anderen Gründen anzunehmen ist, unzutreffend ist es jedenfalls, dies in dem ipso iure compensari ausgedrückt zu finden. Diese Wendung hat vielmehr gar keine Beziehung zu der Datirung der Compensationswirkung. Es kommen vier Stellen des Justinianischen Rechtsbuches in Betracht. Für gewöhnlich freilich werden hier ihrer sechs angeführt, nämlich außer unseren vier, noch die l. 4, l. 10. D. de comp. 16, 2. Dieselben haben aber vorliegend auszuscheiden, die erstere, weil sie über die Compensations-wirkung, die letztere, weil sie über die gemeine Compensationswirkung nichts besagt. Die l. 4 cit. lautet:

> Verum est, quod et Neratio placebat et Pomponius ait, ipso iure eo minus fideiussorem ex omni contractu debere, quod ex compensatione reus retinere potest: sicut enim, quum totum peto a reo, male peto, ita et fideiussor non tenetur ipso iure in maiorem quantitatem quam reus condemnari potest.

Die Stelle behandelt die Frage, ob der Bürge die dem Hauptschuldner zustehende Compensation geltend machen kann. Diese Frage aber wird bejaht: sofern und soweit der Schuldner seine Leistung von Compensations wegen verweigern dürfe, soweit mindere sich auch die Bürgschaftsschuld „ipso iure“, d. h. ohne daß es der Einwilligung des Hauptschuldners bedarf. In diesem Sinn, also = etiam invito aliquo findet sich die Wendung ipso iure in den Quellen überaus häufig. (Beläge bei Lenel, Ueber Ursprung und Wirkung der Exceptionen S. 94 ff.) Bei dem Bürgschaftsverhältniß ist aber kein Zweifel so nahe liegend wie der, ob der Bürge die Vertheidigungsmittel des Hauptschuldners selbständig geltend machen kann. Häufig kommen die Quellen darauf zu sprechen und billigen ihm dieselben (exceptio et cetera rei commoda) zu: et quidem invito reo (l. 32 pr. de fideiuss. 46, 1). Bei der Compensation aber war der Zweifel der allerberechtigtste. Denn da handelt es sich ja, wenn der Bürge die Forderung des Hauptschuldners zu Compensationszwecken benutzen darf, um die Verfügung über ein fremdes Vermögensstück. Gegenüber der Klage auf den Kaufpreis darf sich sicher der Bürge nicht auf einen dem Schuldner wegen Mängel des Kaufobjects erwachsenen Redhibitionsanspruch berufen und zwar deswegen, weil dies einen Eingriff in die Dispositionssphäre eines Dritten darstellte. Wie zweifelhaft mußte aber von diesem Gesichtspunkt aus dann die Frage erscheinen, ob der Bürge eine Forderung des Schuldners zur Compensation verwenden dürfe. Darüber herrschte wohl lange lebhafter Streit. Unsere Stelle sagt nun, er darf es „ipso iure", d. h. et quidem invito reo. Daß statt dieses „compensiren dürfen" im Hinblick auf seinen ökonomischen Erfolg in der Stelle „non tenetur in maiorem quantitatem, eo minus debere" gesagt ist, kann angesichts der „regula iuris": debitor intellegitur is, a quo invito exigi pecunia potest nicht Wunder nehmen. Durch kein Wort hingegen deutet die Stelle an, mit welcher zeitlichen Wirkung die Compensation stattfindet und zwar auch nicht in den Worten „ex compensatione reus retinere potest", oder in den andern „quum totum peto a reo, male peto". Das „ex compensatione" in der ersteren Wendung entspricht, unserem „von Compensations wegen". Das kann aber des Näheren sowohl heißen auf Grund der compensationsweisen Von-Selbst-Aufhebung der Forderungen, als auch auf Grund der durch eine bezügliche Erklärung des Compensanten mit oder ohne Rückwirkung eintretenden Compensation, wie endlich auch auf Grund des Zustandes der Compensabilität. Kurz, jene Wendung ist völlig neutral. Weniger scheint das bei der zweiten in Frage stehenden Wendung. Denn es findet sich in den Quellen das „male petere" für eine ohne Weiteres abzuweisende Klage: ante nuptias male petitur (l. 4 § 2 D. de pact. 2, 14), ähnlich male agere: qui ante diem agit, male agit, (l. 1 § 4 D. quando dies 7, 3), male stipulari für eine ungiltige Stipulation (l. 10 D. de operis libert. 38, 1), (non) male testari für ein (nicht) nichtiges Testiren (l. 3 § 14 D. de bonis libert. 38, 2). Allein technisch ist dies durchaus nicht. Denn es findet sich das „male" auch als Bezeichnung durchaus giltiger, aber ökonomisch nachtheiliger oder irgendwie mißbilligenswerther Akte: si male vendiderit res hereditarias (l. 3 pr. D. ad legem Falc. 35, 2), nomina male contracta (l. 16 D. de adm. et per. tut. 26, 7), suo periculo male argentario credidit (l. 18 pr. D. de hered. petit. 5, 3), male pecunia credita sit (l. 10 § 7 D. mand. 17, 1), si male contraxerint (l 7 § 2 D. de adm. et per. tut. 26, 7). Es ist kein Grund abzusehen, warum in unserer Stelle das „male petere“ in jenem ersten weitgehenden Sinn und nicht in der letzteren Bedeutung gebraucht sein soll. Dann heißt aber die in Frage stehende Wendung, daß, wenn man einen Schuldner, dem eine compensable Gegenforderung zusteht, auf den Betrag seiner Schuld ohne Berücksichtigung jener verklagt, man sich materiell einer Ungehörigkeit schuldig macht. Eine solche ist es aber, mag die Rechtsordnung dagegen mit den Nachtheilen der technischen plus petitio oder sonstwie reagiren. Was die zweite der oben erwähnten Stellen, die l. 10 D. h. t. betrifft, so ist dieselbe für die Frage nach der gemeinen Compensationswirkung um deswillen unverwerthbar, weil sie offensichtlich eine Entscheidung für das Specialgebiet der Societät giebt. Es kann dahingestellt bleiben, ob nicht der erste Satz von einer Culpacompensation, nicht aber von einer Forderungscompensation redet. Der zweite Satz, in dem letzteres sicher der Fall, erklärt sich völlig aus Gründen, die ausschließlich auf dem Gebiet des Societätsrechts liegen. Freilich nicht, als ob der Abschluß einer Societät einen Compensationsvertrag — welcher ja auch nicht zu einer ipso iure liberatio führen könnte, — enthielte, so wenig als die societas omnium bonorum ein constitutum possessorium bezüglich der Eigenthumsobjecte enthält. Nur die Geschichte der societas lehrt uns den Satz verstehen. Die römische Societät war hervorgegangen aus der fortgesetzten Gemeinschaft der Agnaten nach dem Fortfall des parens. (Vergl. Leist, zur Geschichte der societas; Pernice, in Zeitschrift für Rechtsgeschichte n. F. Bd. 3 S. 48.) Es waren also ursprünglich Familiengenossenschaften, Verbindungen überaus innigen Charakters, ein ius fraternitatis waltete unter den Genossen, und von dieser familienartigen Herkunft erklären sich manche Eigenthümlichkeiten. So das Erlöschen der Societät durch capitis diminutio minima eines Genossen, das beneficium competentiae, die Haftung für culpa in concreto, der Eigenthumsübergang ohne Tradition bei Abschluß einer societas omnium bonorum. Daher auch die Eigenthümlichkeit des Compensationsrechtes. So berechtigt es war, bei solch fortgesetzter Familiengemeinschaft die durch dieselbe erforderte Gemeinschaftlichkeit des Eigenthums ohne Traditionsact eintreten zu lassen, so erklärlich muß es erscheinen, daß bei solch umfassender und inniger Vereinigung auf Gedeih und Verderb Forderung und Gegenforderung sich ohne Weiteres aufhoben, und der Schuldner durch seine Gegenforderung ohne Weiteres befreit war (compensationem factam videri et invicem ipso iure liberationem). Es sollte ja trotz des Erbgangs das Vermögen die wirthschaftliche Einheit bleiben, die es in der Hand des parens bildete. Auch in der Kaiserzeit kam die societas omnium bonorum, die unserem Leben völlig fremd ist, noch häufig genug vor, wie ihre Erwähnung an manchen Stellen der Quellen beweist (vergl. l. 1, l. 2, l. 3 pr. § 1, l. 5 pr., l. 52 § 16, l. 53, l. 65 pr. § 3, l. 73 D. pro socio 17, 2). Was Wunder, daß jene Sätze, die ihre sachliche Begründung in einer ganz anders gearteten Gesellschaftsform hatten, sich auch erhielten, als aus der familienartigen eine geschäftliche Societät geworden war? (Dernburg, Pand. II § 125.) Allein eben dies ergiebt auch, daß wir es in l. 10 cit. mit einer Sonderbestimmung für das Specialgebiet der Societät zu thun haben, von welcher Schlüsse auf die gemeine Compensation nicht gezogen werden dürfen.

Nun zu den vier verbleibenden Stellen des Justinianischen Rechtsbuches.

Abgesehen vom Wechslerverkehr und Concurs, findet sich eine richterlich erzwingbare Compensation zunächst bei den bonae fidei iudicia. Eine frühere Rechtshistorie legte den freien und strengen Klagen ein gleich hohes Alter bei, so daß das römische Contractensystem von vornherein auf dem Dualismus des starren und des freien Princips aufgebaut erschien. Für die heutige Rechtsforschung ist es hingegen eine feststehende Thatsache, daß das letztere Princip sich erst sehr allmählich neben dem strengen und in hartem Kampfe gegen dasselbe Bahn gebrochen. (Vergl. Burckhardt, Zur Geschichte der locatio conductio.) Erst für die Zeit des Sextus Aelius Paetus Catus (Consul im Jahre 556 der Stadt) ist ein Zeugniß der Klagbarkeit des Kaufs beizubringen (l. 38 § 1 de a. e. v. 19, 1); zuvörderst aber stand er, wie die anerkannten Rechtsgeschäfte, die er vorfand, unter den Regeln des strictum ius. Allmählich gelangten auch die anderen Consensualverträge zu rechtlicher Anerkennung und etwa um das Jahr 650 der Stadt finden wir bei ihnen das bona-fides-Princip anerkannt (Cicero de off. III 17 § 70):

> Q. quidem Scaevola, P. M., summam vim dicebat esse in omnibus arbitriis, in quibus adderetur: ex fide bona — — — in tutelis, societatibus, fiduciis, mandatis, rebus emptis venditis, conductis locatis.

Gewiß später wie diese Geschäfte wurden dann auch die anderen bonae fidei negotia, das Depositum, das Kommodat und der Pfandvertrag, als solche vom Recht anerkannt. Als nun aber allmählich der bonae fidei-Charakter dieser Geschäfte zur Anerkennung gelangt war, so bedurfte es doch noch geraumer Zeit, ehe daraus alle Consequenzen gezogen wurden. Zu den äußersten derselben aber gehört die Berücksichtigung eines selbständigen, wenn auch ex eadem causa originirenden Anspruchs des Beklagten bei dem Urtheil über den klägerischen Anspruch. Man sieht, es ist eine verhältnißmäßig recht späte Zeit, in welcher die richterlich erzwingbare Compensation hier durchdrang. Und, als sie sich endlich durchgearbeitet hatte, so war sie doch nur für das Gebiet des bonae fidei iudicium anerkannt. Ein wie weites Gebiet war da noch ungedeckt, zumal bei der bekannten Neigung des römischen Rechtslebens, sich der Stipulationsform in ausgedehntestem Maße zur Einkleidung von Ansprüchen zu bedienen: conventionales (stipulationes) — — — quarum totidem genera sunt, quot, paene dixerim, rerum contrahendarum (l. 5 pr. D de v. o. 45, 1). Bei den stricti iuris iudicia wurde der Compensationszwang eröffnet durch Vermittelung einer Exceptio: opposita exceptione doli mali (§ 30 I. de act. 4, 6, Gaius IV 63). Es war die exceptio doli generalis. Ueber deren Alter können wir Folgendes feststellen. Es war zuerst eine exceptio doli aufgestellt worden von einem Prätor Cassius (l. 4 § 33 D. de doli exc. 44, 4). Nun berichtet uns Cicero ad Att. VI 1, 15, daß Q. Mucius Scävola in seinem Provincialedikt (etwa im Jahre 655 der Stadt) aus Rücksicht für die Publicanen die exceptio doli durch die exceptio „extra quam si ita negotium gestum est, ut eo stari non oporteat ex fide bona“ ersetzt hatte. Da eine solche Verdeckung eines Rechtsmittels naturgemäß eine längere Anwendung desselben voraussetzen läßt, so möchte als Urheber der exceptio doli der wegen seiner strengen Gerechtigkeit berühmte L. Cassius Longinus Ravilla zu erachten sein, welcher um das Jahr 616 der Stadt das Volkstribunat bekleidete. Von der Einführung der exceptio doli bis zu ihrer Erweiterung als generalis muß aber ein überaus beträchtlicher Zeitraum verstrichen sein. (Lenel, a. O. S. 115.) Und als sie nun endlich diese Entwickelung durchgemacht, so bedurfte sie erst noch der Vermählung mit einem anderen Gedanken, um das geeignete Mittel zu sein zur Herbeiführung der Compensation ex dispari causa. Dieser Gedanke aber war der, daß die Forderung in der Richtung A (Gläubiger) — B (Schuldner) und die Gegenforderung in der Richtung B—A eine jede ihre Deckung in der anderen findet und, daß es daher keiner der beiden Parteien zugemuthet werden kann, durch Zahlung ihre Deckung preiszugeben (cf. l. 3 D. de comp.), daß also die Abwickelung beider zu gleicher Zeit ein Gebot der Verkehrstreue ist. Das enge Erforderniß des „ex eadem causa“ war damit verflüchtigt zu einem „inter easdem personas“ — eine ähnliche Entwickelung, wie sie unser Retentionsrecht im Handelsverkehr durchgemacht hat, bei welchem als connex gegenseitige

Ansprüche, die dem Handelsbetriebe inter eosdem mercatores entsprossen sind, gelten. Es bedarf keiner Ausführung, welch langer Zeit es danach wohl bedurft haben mag, um die exceptio doli generalis geeignet erscheinen zu lassen, die Compensation zu vermitteln. Mag es also auch zweifelhaft sein, ob Marc Aurel (161—180) die Compensation im stricti iuris iudicium opposita doli mali exceptione eingeführt hat, jedenfalls so gar sehr viel früher dürfte sie wohl kaum zn allgemeiner Anerkennung gekommen sein. Allmählich wurde dann auch bei anderen Klagen, also denjenigen, die weder bonae fidei, noch stricti iuris waren, die Compensation eröffnet, bei den Delictsklagen, den dinglichen, den Klagen ex variis causarum figuris, ohne daß im Einzelnen die Entwickelung sich nachweisen ließ. Jedenfalls ist sie abgeschlossen erst unter Justinian (nostra constitutio easdem compensationes, quae iure aperto nituntur, latius introduxit § 30 I. de act. 4, 6). Die Langsamkeit der Entwickelung, welche die richterlich erzwingbare Compensation aufweist, machte es nothwendig, daß der Verkehr sich auf andere Weise die Vortheile der Compensation zu verschaffen suchte. Oder die Römer, dieses praktische Volk, hätten durch Jahrhunderte den Vortheil der Deckung der einen Forderung durch die andere übersehen haben müssen. Dieser Vortheil muß auf anderem Wege erreicht worden sein. Die Compensation will Aufhebung der gegenseitigen Ansprüche ohne materielle Befriedigung durch bloße Verrechnung. Nun waren dem römischen Recht mannigfache Wege bekannt, Ansprüche ohne Befriedigung zur Erledigung zu bringen. Dies konnte geschehen durch liberatio per aes et libram, durch Acceptilation, durch contrarius consensus, durch pactum de non petendo. Während die ersten Geschäfte aber nur ein beschränktes Anwendungsgebiet besaßen, so war das des letzten ein allgemeines. Zu ihm griffen daher die Römer, um sich die Vortheile der Compensation außergerichtlich zu verschaffen, solange die richterlich erzwingbare Compensation noch nicht, und auf denjenigen Gebieten, auf denen sie jeweils noch nicht anerkannt war. Seine Anwendung für diesen Zweck kann nicht häufig genug gedacht werden (c. 2 C. de a. e. et v. 4, 49, c. 11 C. de resc. vend. 4, 44, l. 51 § 1 D. de pact. 2, 14). Es wurde also durch diesen Vertrag die Compensation vermittelt. Der Vertrag war in häufiger Anwendung seit Jahrhunderten, als das Recht zu allgemeiner Anerkennung der richterlichen Compensation auf einseitigen Antrag gelangte. Wenn nun in Stellen, welche von letzterer handeln, gesagt wird: ipso iure compensatur, so liegt doch nichts näher, als darin den Gegensatz zu dem bisherigen Rechtszustand angegeben zu sehen: die Compensation tritt nunmehr auch ohne Vereinbarung der Parteien ein, eine Bedeutung, die die Wendung

„ipso iure“, wie oben bereits angeführt, in einem großen Theil aller Stellen, in denen sie überhaupt vorkommt, hat. Hierher gehört vor Allem die l. 21 D. de comp. 16, 2. Diese deutet klar und bestimmt darauf, daß das ipso iure einen Gegensatz gegen eine frühere Epoche anzeigen soll:

> Posteaquam placuit inter omnes id quod invicem debetur ipso iure compensari, si procurator absentis conveniatur, non debebit de rato cavere, quia nihil compensat, sed ab initio minus ab eo petitur.

d. h.: Nachdem es Praxis geworden, daß gegenseitige Forderungen allgemein, nicht mehr bloß für gewisse Classen, wie den Geldwechsler und bonorum emtor, ohne vorausgegangene bezügliche Vereinbarung aufgerechnet werden, so braucht der Vertreter eines Abwesenden keine cautio de rato zu leisten; er schließt ja keinen Compensationsvertrag (vergl. l. 52 § 1 D. de pact. 2, 14) ab, sondern die Klage geht auch ohnedies von vornherein nur auf den Ueberschuß der eingeklagten Forderung über die andere. Ob es sich dabei um ein juristisches ipso iure non habere actionem handelt oder um eine durch Exception quoad quantitates concurrentes bedrohte Klage, ist hierbei völlig gleichgiltig. Dies sagt uns ja derselbe Paulus ausdrücklich in l. 112 D. de r. i. 50, 17:

> Nihil interest, ipso iure quis actionem non habeat an per exceptionem infirmetur.

Es handelt sich also in unserer Stelle lediglich um dieselbe ökonomische Auffassung, auf welcher die Aussprüche beruhen:

> Desinit debitor esse is, qui nactus est exceptionem.
> Debitor intelligitur is, a quo invito exigi pecunia potest.

Wie nun aber war zu helfen, wenn der procurator ohne Vollmacht sich erwies, und nun der dominus in einem neuen Proceß seine Forderung geltend machte, derentwegen der Gegner bereits mit seiner Forderung zurückgewiesen war? Daß es den Römern an Mitteln dazu nicht fehlte, beweist die gegen die Klagenconsumption nicht selten gewährte in integrum restitutio.

Nun scheint freilich eine andere Stelle von demselben Paulus uns doch zu zwingen, das ab initio minus petitur im juristisch-technischen Sinne aufzufassen. Dieselbe wird uns in der westgothischen Compilation überliefert und lautet:

> Compensatio debiti ex pari specie et causa dispari admittitur: velut si pecuniam tibi debeam et tu mihi pecuniam debeas aut

frumentum aut caetera huiusmodi licet ex diverso contractu, compensare vel deducere debes: si totum petas, plus petendo causa cadis.

Allein diese Stelle aus den Sentenzen II 5 § 3 ist aus folgendem Grunde unbeweisend. Das Institut der exceptio ist in das Breviar nicht aufgenommen. Nur in zwei Stellen findet es sich dort, und auch da offenbar blos in Folge einer Flüchtigkeit der Redaction. Insbesondere ist in den Stellen von Paulus' Sentenzen, die im ursprünglichen Text von einer exceptio nothwendig sprechen mußten bezw. bezeugter Maßen sprachen, dieselbe stets getilgt. Wollten sonach die Breviatoren das Institut der exceptio nicht aufnehmen, so mußten sie auch dann, wenn etwa das Fragment im Urtext gelautet hat: „si totum petas, doli exceptione summoveris“ eine Aenderung desselben in die jetzt vorliegende Form vornehmen. Das genügt aber, um für den hier in Frage stehenden Zweck das Fragment unbeweisend zu machen: es steht damit seine Uebereinstimmung mit dem Urtext nicht mehr fest. (Vergl. hierzu Stampe, Compensationsverfahren S. 94).

Als Gegensatz gegen das überlieferte Eintreten der Compensation auf Grund eines bezüglichen Vertrages ist das „ipso iure“ auch zu verstehen in c. 4 C. de comp. 4, 31: die Compensation tritt nicht mehr allein auf Grund des Vertrages, sondern auch, wenn der eine oder andere Theil es nicht will, wider dessen Willen ein. Doch kann dies des Näheren erst später (S. 134) dargelegt werden. Eine weitere Stelle, welche das ipso iure in diesem Sinne, also als Gegensatz zu der durch einen Vertrag vermittelten Compensation enthält, ist die c. 14 C. de comp. 4, 31. Dieselbe lautet im Principium:

Compensationes ex omnibus actionibus ipso iure fieri sancimus, nulla differentia in rem vel personalibus actionibus inter se observanda.

Auch bis zu Justinian hin war die richterliche Compensation noch nicht allen Ansprüchen gegenüber möglich. Die l. 21 cit. hatte nur in subjectiver Beziehung — inter omnes — die Compensation als durch die Praxis — placuit — verallgemeinert constatirt, in objectiver Beziehung aber — je nach der Art der Klage — war die einseitige Compensation noch kein allgemeines Institut geworden. Justinian aber beseitigt auch diesen letzten Rest compensationsfreien Gebietes und verfügt, daß nunmehr bei allen Klagen, seien sie persönlicher, seien sie dinglicher Art, die Compensation auch ohne Parteiverabredung statthaben solle. Daß das „ipso iure“ aber nur auf diesen Gegensatz, also auf den Compensationszwang bezogen werden darf, ergiebt sich aus dem § 2 der Constitution, in welchem gesagt ist:

Possessionem autem alienam perperam occupantibus compensatio non datur.

Der Zusammenhang ist der, daß das Principium die Regel, der § 1 deren nähere Durchführung, der § 2 eine Ausnahme jener Regel statuirt. Diese Ausnahme geht nun dahin, daß in einem gewissen Fall die Compensation ausgeschlossen ist, selbstverständlich nur die richterliche, nicht die vertragsmäßige, also nur die ipso iure eintretende, nicht die ex pacto: die Compensation soll ohne das Erforderniß eines Vertrages nunmehr ganz allgemein Geltung haben, außer gegenüber einem Anspruch aus unrechtmäßigem Besitz. Würde insonderheit das ipso iure auf die Zeitwirkung der eingetretenen Compensation gehen, so wäre der Gegensatz des § 2 zu dem Vorhergehenden schief. Es hieße dann so: die Compensation erfolgt nunmehr ganz allgemein mit ipso iure-Wirkung außer bei Ansprüchen aus unrechtmäßigem Besitz, dort findet sie nämlich überhaupt nicht statt! Ferner: es ist von Justinian eine Erweiterung des Gebietes der ipso iure-Compensation herbeigeführt; denn der Bericht in § 30 J. de act. 4, 6 — und das ist die vierte der hier in Betracht kommenden Stellen — besagt, nachdem er von der Compensation officio iudicis bei bonae fidei iudicia und der Compensation opposita doli mali exceptione bei stricti iuris iudiciis gesprochen: sed nostra constitutio easdem compensationes latius introduxit, d. h. die Constitution hat diese Compensationen auf ein weiteres Gebiet ausgedehnt. Das kann sich aber nicht beziehen auf die Verschiedenheit der beiden Compensationsarten (officio iudicis; opposita doli mali exceptione). Denn sonst müßte, ganz abgesehen von der praktischen Bedeutung dieses Unterschiedes zu Justinians Zeit, doch sich irgendwo angedeutet finden, auf welchem Theile des neuen Compensationsgebietes die eine, auf welchem die andere Compensationsart stattfinden solle. Wenn er „easdem compensationes latius introduxit", so kann ihm mangels solcher Angabe nur deren sie von dem neu eröffneten Compensationsgebiet bisher trennendes gemeinschaftliches Moment vorgeschwebt haben. Diese „compensationes" aber charakterisirten sich dadurch gegenüber den erst neu darunter gestellten Fällen, daß bei letzteren bisher nur vermittelst eines pactum compensirt werden konnte, während bei ersteren die Compensation ohne solches eintrat; nunmehr trat also auch bei jenen die Compensation in ihrer anspruchsmindernden Kraft ohne Vereinbarung mit dem Gegner ein: compensatio actiones ipso iure minuit.

Damit dürfte denn dargethan sein, daß das ipso iure compensari und die ähnlichen Wendungen der Quellen eine Andeutung der **zeitlichen** Wirkung der Compensation nicht enthalten.

Nun wird freilich in den Quellen zweierlei gelehrt, was auf den ersten Blick als Folgerung aus der Datirung der Compensationswirkung auf den Moment der Coexistenz erscheint, und der letzte Grund, das ipso iure als Anerkennung des Princips jener Datirung aufzufassen, ist vielleicht in dem Ausspruche dieser vermeintlichen Folgerungen aus demselben zu sehen. Diese „Folgerungen" sind aber:

1. Der Compensationsberechtigte, der in Unkenntniß seiner Befugniß gezahlt hat, hat die condictio indebiti;
2. Vom Moment der Coexistenz von Forderung und Gegenforderung an findet eine gewisse Hemmung des Zinsenlaufes statt.

Weitere Folgerungen jenes angeblichen Princips kennen die Quellen nicht: insonderheit wissen sie nichts von dem Ausschluß des Verzuges, des Verfallens der auf die Nichtleistung gesetzten Strafe, der Verwirkung der Emphyteuse und des Miethrechts. Wenn es namentlich in l. 40 D. de rebus cred. 12, 1 heißt: non enim in mora is, a quo pecunia propter exceptionem peti non potest, so bezieht sich dies doch nur auf Exceptionen, die sich gegen den **Bestand** der Forderung richten. Bei der Compensation aber handelt es sich gerade um eine durchaus rechtsbeständige Forderung, welche der Schuldner nur in einer ihm gesetzlich nachgelassenen Weise zur Erledigung bringen will.

Nun zu den beiden in den Quellen allein enthaltenen „Folgerungen".

ad 1. Die condictio indebiti wird in zwei von **Ulpian** herrührenden Stellen erwähnt, nämlich in l. 10 § 1 D. de comp.: si quis igitur compensare potens solverit, condicere poterit quasi indebito soluto und in l. 30 D. de cond. ind. 12, 6: qui invicem creditor idemque debitor est, in his casibus, in quibus compensatio locum non habet, si solvit, non habet condictionem veluti indebiti soluti, sed sui crediti petitionem. Der Grund der Condiction ist also der Umstand, daß Schuldner hätte compensiren können, es aber unterlassen hat, also daß er auf eine Schuld leistete, der gegenüber ihm ein das Zahlungsbegehren abwehrender Rechtsbehelf zu Gebote stand (l. 54 D. de cond. ind. l. 40 eodem). Dieser Rechtsbehelf ist aber dem Schuldner erwachsen mit seiner Gegenforderung; damit hat er ein Recht auf Compensation. Dieses Recht macht er unter den eigenartigen Umständen des in Frage stehenden Falles geltend mittelst der nach den allgemeinen Condictionsgrundsätzen zuständigen condicto indebiti; er fordert Rückgabe der gezahlten Summe gegen Aufgabe seiner Gegenforderung. Für die Zulassung der condictio indebiti sprach aber noch etwas Besonderes. Wenn die gezahlte Schuld 90 Kapital + 10 Zinsrückstand seit dem Erwachsen der Gegenforderung betrug, letztere aber 90 zinslos stehendes Kapital, so fordert Kläger 100 gegen Aufgabe der Gegenforderung von 90 zurück; mit der Klage aus letzterer aber könnte er nur 90 fordern. Dieser Vortheil, den er durch Compensation hätte herbeiführen können, soll ihm durch die irrthümliche Zahlung nicht geraubt sein. So wenig aber, wie gleich darzuthun, dieser Vortheil etwas mit der Datirung der Compensationswirkung von der Coexistenz der Forderungen an zu thun hat, so wenig hat auch die condictio indebiti damit zu schaffen.

ad 2. Die Hemmung des Zinsenlaufes wird statuirt in c. 4 C. de comp.

> si constat pecuniam invicem deberi, ipso iure pro soluto compensationem haberi oportet ex eo tempore, ex quo ab utraque parte debetur, utique quoad concurrent quantitates, eiusque solius, quod amplius apud alterum est, usurae debentur, si modo petitio earum subsistit.

Es ist eine Zinsklage angestellt. Der Kapitalsforderung steht eine kleinere Gegenforderung gegenüber. Beklagter macht letzteres geltend. Der Kaiser wird angefragt, ob Kläger die Zinsen von seiner gesammten Forderung oder seit dem Entstehen der Gegenforderung nur von dem Ueberschuß der ersteren über die letztere fordern darf. Der Kaiser antwortet: „eius solius, quod amplius apud alterum est, usurae debentur“. Das und das allein ist die kaiserliche Entscheidung, das Weitere aber lediglich Decisivgrund: ipso iure pro soluto compensationem haberi oportet ex eo tempore, ex quo ab utraque parte debetur. Diese Worte stellten daher den der Rechtfertigung der Entscheidung dienenden theoretischen Grund dar. Dieser Grund nun lautet: Es muß ja die Compensation auch ohne Einwilligung des Gegners (ipso iure = etiam invito adversario) ähnlich einer zu der Zeit des Gegenübertretens von Forderung und Gegenforderung erfolgten Zahlung erachtet werden. Hier ist nun freilich die Datirung der Compensationswirkung auf den Moment des Zusammentreffens vorgeschrieben, aber auch hier nicht durch das ipso iure, welches vielmehr etwas ganz anderes besagt, sondern durch die Worte „ex eo tempore . . .“, welche ja schlechthin überflüssig wären, wenn schon die erstere Wendung auf jene Datirung weisen würde. Allein man muß sich gegenwärtig halten, daß es sich dabei nicht um die Entscheidung, sondern um einen dieselbe theoretisch stützenden allgemeineren Gesichtspunkt handelt. Es bedarf keiner Beispiele, wie oft sich die römischen Juristen und Kaiser bei Aufstellung solcher vergriffen haben. Daß derselbe falsch ist (vergl. Wendt, Pandekten § 241), beweist Folgendes. Einmal ist es schon auffallend, daß jene Sistirung des Zinsenlaufes, wenn sie Folge eines allgemeinen Princips war, noch durch Kaiserconstitution besonders statuirt werden mußte, und daß Ulpian, der dies in l. 11, 12 D. de comp. berichtet, lediglich die Kaiserconstitution, nicht aber jenen vermeintlichen theoretischen Grundsatz dafür anführt. Ferner aber handelte die Kaiserconstitution nach dem Bericht Ulpians (cum alter alteri pecuniam sine usuris, alter usurariam debet), also auch die lediglich diese referirenden l. 11 und 12 cit. von vertragsmäßigen Zinsen. Dann ist aber auch anzunehmen, daß die so kurze Zeit darauf (229 und 244) ergangenen c. 4, c. 5 C. h. t. und c. 7 C. de sol. et lib. 8, 42 [43], die auch ihrem Wortlaut nach am nächsten auf vertragsmäßige Zinsen zu beziehen sind, auch nur solche treffen sollten, da sonst in ihnen wohl eine Andeutung, daß die Vorschrift Severs von den vertragsmäßigen auf die gesetzlichen Zinsen ausgedehnt werden solle, enthalten wäre. Danach können also Verzugszinsen auch nach dem Gegenübertreten der unverzinslichen Gegenforderung noch gefordert werden. Damit ist aber jener allgemeine Satz, daß die vollzogene Compensation als Zahlung im Moment des Zusammentreffens zu behandeln sei, schlechthin unvereinbar; denn eine gezahlte Schuld kann auch keine Verzugszinsen mehr hervorbringen. Endlich und vor Allem erlischt die Zinspflicht nur, wenn die Gegenforderung unverzinslich ist, nicht aber, wenn beide Forderungen verzinslich sind. Insbesondere laufen die Zinsen ungestört weiter, wenn Forderung und Gegenforderung verschieden hoch verzinslich sind (Entsch. des R.G. in Civilsachen Bd. 17 S. 141):

> sed et si invicem sit usuraria pecunia, diversae tamen sint usurae, compensatio nihilo minus locum habet eius quod invicem debetur (l. 12 cit.).

Und da sollten doch die beiden Forderungen schon als im Moment der Coexistenz gezahlt erachtet werden. Undenkbar! Wir sind aber in der glücklichen Lage, nicht nur nachweisen zu können, daß der vom Gesetzgeber angegebene Grund nicht der richtige ist, sondern auch den richtigen darthun zu können. Es handelt sich um eine verzinsliche Forderung und eine unverzinsliche Gegenforderung. Wo es sich nun um eine an sich zinsfähige Forderung, die in concreto zinslos stand, handelte, war es römische Anschauung, daß es billig wäre, dem Gläubiger eine gewisse Entschädigung zukommen zu lassen, sofern dies möglich wäre, ohne daß der Gegner noch eine positive Aufwendung aus seinem Vermögen zu machen braucht. So nennt es Seneca (epist. 81) sogar eine Undankbarkeit, wenn dem Gläubiger einer unverzinslichen Schuld irrthümlich Zinsen gezahlt sind, und dieselben ihm dann wieder abgefordert werden. Aehnlich war aber auch der Standpunkt des römischen Rechtes, welches in solchem Fall dem Zahlenden die Rückforderung versagt (l. 26 pr. D. de cond. ind. 12, 6):

> si non sortem quis, sed usuras indebitas solvit, repetere non poterit, si sortis debitae solvit.

Man wollte diese Stelle weginterpretiren, sei es, daß man eine Zahlung wissentlich nichtgeschuldeter Zinsen unterstellte, sei es, indem man das folgende „sed" im Sinne von „sed et" auffaßte. Und doch beruht die Stelle auf demselben Grundgedanken, aus dem ein ganzes wichtiges Rechtsinstitut erwachsen ist, das sich trotz aller Versuche nicht weginterpretiren läßt: die sog. antichresis tacita. Wird nämlich für eine zinsfähige, aber in concreto zinslose Forderung eine fruchttragende Sache verpfändet, so ist der Gläubiger berechtigt, sich deren Früchte bis zum Belauf der gesetzlichen Zinsen anzueignen (l. 8 D. in qu. c. pign. 20, 2):

> Cum creditor gratuita pecunia utatur, potest creditor de fructibus rei sibi pignoratae ad modum legitimum usuras retinere.

Damit haben wir dargethan, was uns oblag: Das ipso iure ist — abgesehen von der aus dem Sonderrecht der Societät sich erklärenden l. 10 D. h. t. — bedeutungslos für die Datirung der Compensationswirkungen, da es lediglich den Gegensatz gegen die vertragsmäßige Compensation enthält; ebenso die Zulassung der condictio indebiti, da sich dieselbe schon aus den allgemeinen Condictionsgrundsätzen rechtfertigt, und endlich die Hemmung des Zinsenlaufes, da diese aus vermeintlichen Billigkeitsrücksichten, die ausschließlich auf dem Zinsgebiet liegen, statuirt ist.

Es bleibt noch Eins. Man hat die Datirung der Compensationswirkung vom Moment des Zusammentreffens beider Forderungen ab von einem weiteren Gesichtspunkt aus zu rechtfertigen gesucht. Die Compensationseinrede soll nämlich wie jede Exception im Fall ihres Vorschützens von dem Augenblick an befreiend wirken, in welchem ihre objectiven Voraussetzungen vorhanden waren. Wird also die Compensation beantragt und kommt sie zur richterlichen Anerkennung, so soll nicht der Zeitpunkt des richterlichen Urtheils zu Grunde zu legen sein, sondern der Augenblick, in welchem sich die Gegenforderungen compensabel gegenübertraten. Allein diese Beweisführung beruht auf einer irrigen Gleichstellung der exceptionsweisen Vertheidigung mit der compensationsweisen. Die Gleichstellung übersieht den gerade hier maßgeblichen Unterschied beider. Jene besagt: „Dein Recht, Kläger, ist mit einer Schwäche behaftet", diese hingegen: „Dein vollkräftiges Recht will ich nicht durch Baarzahlung zur Erledigung bringen, sondern durch Preisgabe eines mir gegen Dich zustehenden gleich wirksamen Rechts". Aeußerlich betrachtet wirken zwar beide dasselbe: Abweisung des Klägers. Allein erstere, weil die Klage unbegründet, letztere trotzdem die Klage begründet ist. Im ersteren Fall z. B. bei Vorschützen der Verjährungsexception genügt daher auch, daß sich letztere als begründet herausstellt, zur Abweisung der Klage, bei der Compensationseinrede hingegen bedarf es zuvor der Feststellung der Klageforderung; erst wenn und nachdem diese dargethan, kommt die Gegenforderung in Betracht. Wenn also etwa einer Forderung die Verjährungs- und eventuell die Compensationseinrede entgegengehalten wird, so ist zuvörderst die Verjährungseinrede Gegenstand der Erörterung und Beurtheilung; trifft sie zu, so ist die Sache erledigt, es ergeht abweisendes Urtheil; dasselbe besagt: der klägerische Anspruch ist unbegründet. (Lenel a. O. S. 137). Trifft sie hingegen nicht zu, so geht nicht die Erörterung sogleich auf die Compensationseinrede über, vielmehr wendet sie sich nunmehr erst der Klageforderung zu; ergiebt sich diese als unbegründet, so ist die Sache wieder erledigt; es ergeht wiederum ein abweisendes Urtheil, ohne daß die Compensationseinrede weiter in Betracht genommen wird, und das Urtheil besagt wieder: Der klägerische Anspruch ist unbegründet. Nur wenn die Verjährungseinrede für unbegründet, die Klageforderung für begründet erachtet wurde, kommt die Compensationseinrede zur Erörterung. Wird letztere nun ebenfalls für begründet erachtet, so ergeht gleichfalls abweisendes Urtheil. Allein das besagt: Der klägerische Anspruch ist begründet, der beklagtische Gegenanspruch aber auch. (Anders Lenel a. O. S. 145 ff.) Bei dieser fundamentalen Verschiedenheit zwischen materieller Exception und Compensation, mag letztere in derselben Form wie erstere oder sonst wie geltend zu machen sein, darf daraus, daß jene von dem Moment an wirkt, wo ihre objectiven Voraussetzungen gegeben sind, für die Wirkung der letzteren nichts geschlossen werden.

Damit ist dargethan, daß in den Quellen nichts sich finden läßt, was für eine Datirung der Compensationswirkungen auf den Moment des Zusammentreffens beider Forderungen als compensabler spricht.

Die Quellen geben uns aber sogar das Material zu dem Nachweis, daß ihnen eine Rückdatirung der Compensationswirkungen fremd ist. Wir haben bereits oben (S. 135) gesehen, daß der Lauf von Verzugszinsen niemals, der Lauf von vertraglichen Zinsen regelmäßig nicht durch die Coexistenz zweier compensabler Forderungen berührt wird. Allein jene Datirung hätte nicht bloß zur Sistirung des Zinsenlaufes, sondern auch z. B. zum Ausschluß des Verzuges, der Vertragsstrafe und einer vertragsmäßigen oder gesetzlichen Rechtsverwirkung führen müssen. Hätten dies die Quellen anerkannt, so wäre die Compensation nicht mehr bloß eine eigenthümliche Art der Lösung von Schuldverbindlichkeiten, sondern auch von größtem Einfluß auf den Umfang der Schuldverpflichtungen gewesen. Bei ersterer Bedeutung der Compensation konnte durch eine in Unkenntniß der Compensationsbefugniß erfolgende Zahlung immer nur der Zahlungsleister, der baar Geld aufgewandt hatte, wo er es nicht nöthig hatte, in Schaden kommen, niemals aber der Zahlungsempfänger. Hatte hingegen die Compensation die weitergehende Bedeutung, so konnte auch der Letztere durch die Zahlungsannahme großen Schaden leiden. Es stand z. B. seine Forderung von 1000 unter einer Conventionalstrafe von 50, die gleich hohe Gegenforderung unter einer solchen von 100. Nimmt er nun die ihm zukommende Leistung von 1050 an, so muß er dem Gegner 1100 zahlen. Hätte er hingegen die Gegenforderung gekannt und mit ihr compensirt, so wäre er mit der Preisgabe seines Anspruchs, also mit 1050, des Gegenanspruches von 1100 ledig geworden. Bei solcher Sachlage hätte aber das römische Recht sowohl dem Zahlungsempfänger, wie dem Zahlungsleister ein Mittel geben müssen, um die irrthümlich statt der Compensation erfolgte Baarleistung rückgängig zu machen und damit freie Bahn zu schaffen für die Herbeiführung der Wirkungen, die durch die Compensation eingetreten wären. Ein solches Mittel des Zahlungsempfängers kennen die Quellen aber nicht. Nur dem Zahlungsleister billigen sie ein solches zu in der besprochenen condictio indebiti. Damit besagen die Quellen aber klipp und klar: An der nachträglichen Compensation statt der bereits gemachten Baarleistung hat lediglich der Zahlungsleister ein Interesse, d. h. aber die Compensation ist ein Mittel eigenartiger Lösung der Schuldverhältnisse zwecks Ersparung der Baarzahlung und der damit verbundenen Gefahren und Mühen, weitergehende Vortheile gewährt sie aber nicht, insbesondere keinen Ausschluß des Verzuges, der Conventionalstrafe, der Rechtsverwirkung vom Moment der Coexistenz ab. Wenn das nun auch bezüglich der Zinsen seit der Constitution Sever's nicht mehr völlig zutrifft, so ist es doch nur dann erklärlich, daß der Zahlungsempfänger ohne jedes Mittel zur Rückgängigmachung der Zahlung und nachträglichen Herbeiführung der Compensation blieb, wenn man annimmt, daß allein bezüglich der Zinsen eine Aenderung eingetreten war. Bei diesen handelte es sich regelmäßig nur um verhältnißmäßig geringe Beträge. Hätte man hingegen jene weiteren Wirkungen anerkannt, bei denen, wie unten noch näher auszuführen sein wird, viele Tausende in Frage kommen können, so hätte die Entwickelung nothwendig dazu führen müssen, dem Zahlungsempfänger jenes Rechtsmittel zu gewähren. Es wird durch dessen Nichtgewährung bestätigt, daß es sich bei der Constitution um eine Ausnahmsnorm handelte, in welchem vermeinte Billigkeit das Rechtsprincip durchbrochen, — einen Bruch, in den sich die Juristen ergeben mußten, den sie aber innerhalb der zulässigen engsten Grenzen halten und nicht zu dem allgemeinen Grundsatz der Rückdatirung ausbilden wollten. Hatten übrigens beide Theile ihre Schuld ohne Kenntniß der Compensationsmöglichkeit bezahlt, was leicht geschehen kann, wenn die eine Zahlung von einem Vertreter des Schuldners an einen Vertreter des Gläubigers, die andere aber zwischen den Parteien selbst erfolgt, so ist die Sache definitiv erledigt. Denn bei solcher Sachlage könnte man nur beiden Zahlungsleistern oder keinem von beiden die Condictionsmöglichkeit gewähren. Ersteres aber hieße den ersten Zahlungsempfänger, der zunächst ja kein Mittel, die Compensation sich zu eröffnen, hat, zwingen, seine Schuld etwa unter Vorbehalt (l. 2 pr. D. de cond. ind. 12, 6) zu bezahlen, um sich so zum Zahlungsleister zu machen und auf diese Weise die Condiction zu verschaffen; es hätte derselbe also lediglich leisten müssen, um sich die Möglichkeit zu schaffen, eben dieses Thun (nebst dem Thun des Gegners) rückgängig zu machen. Ferner scheint der Gedanke der Rückwirkung ausgeschlossen in l. 20 § 2 D. de statulib. 40, 7: Quodsi (servus) heredi dare iussus est decem, et eam summam heres debeat servo: si velit servus eam pecuniam compensare, erit liber. Ein Sclave soll dem Erben 10 leisten, um die Freiheit zu erlangen. Wenn nun der Erbe dem Sclaven dieselbe Summe schuldig wird, so soll derselbe frei werden, auch ohne daß er zahlt, wenn er statt dessen seine Compensationsbereitschaft erklärt. Daß er nach Abgabe dieser Erklärung aber schon von dem Zusammentreffen beider Ansprüche an als frei gelten soll, scheint nach der Fassung der Stelle geradezu als ausgeschlossen; vielmehr steht er bis dahin sicher unter Sclavenrecht, wenn auch die Erfüllung der Bedingung eine etwa zwischenzeitig von dem Erben vorgenommene Veräußerung des Sclaven bricht, was mit einer Rückwirkung überhaupt nichts, jedenfalls aber nichts mit einer Rückwirkung der Compensationserklärung zu thun hat. In l. 4 D. qui pot. in pign. 20, 4 wird von dem Fall gehandelt, daß Jemand seine Sache nach einander zwei Gläubigern verpfändet und darauf dieselbe dem ersten Pfandgläubiger verkauft. Wenn er nun den ihm zustehenden Kaufpreis mit seiner Schuld gegenüber dem Käufer compensirt, so soll dies dieselbe Wirkung haben „ac si priori creditori pecunia soluta esset“. Nun ist aber doch das gewiß, daß die Zahlung erst von dem Moment ihrer Vornahme, nicht aber schon in dem Moment zu wirken vermag, in dem der Zahlungspflichtige etwa das zur Zahlung erforderliche Geld sich verschafft hat. Der Moment der Vollziehung kann daher bei dieser Gleichstellung mit der Zahlung auch bei der Compensation nur der maßgebende sein. Das bestätigt uns endlich wohl auch die c. 12 C. de comp. 4, 31:

> Invicem debiti compensatione habita, si quid amplius debeas, solvens vel accipere creditore nolente offerens et consignatum deponens de pignoribus agere potest.

Danach wird der Pfandnexus bei gleicher Höhe von Forderung und Gegenforderung gelöst „invicem debiti compensatione habita“, also nachdem die gegenseitige Aufrechnung stattgefunden hat. Der Moment der Vollziehung der Compensation wird auch hier für den maßgeblichen erklärt.

Damit ist zur Genüge dargethan, daß das Justinianische Rechtsbuch nicht bloß die Datirung der Compensationswirkungen von dem Moment des Zusammentreffens compensabler Forderungen an nicht statuirt, sondern daß es positiv einen mit dieser Datirung unvereinbaren Standpunkt einnimmt. Der fernere Verlauf der Erörterung wird uns weiteres Material dafür gewähren, daß wir jene Rückdatirung als durchaus unrömisch erkennen (vergl. S. 156, 160).

§ 3. 2. Das particuläre Recht.

Das preußische Recht enthält die einschlägigen Normen in den §§ 300, 301 I 16 A.L.R. Dieselben lauten:

> Die Aufhebung der Verbindlichkeiten, welche durch gegenseitige Anrechnung dessen, was einer dem Andern schuldig ist, erfolgt, wird Compensation genannt.
>
> Sobald die Forderung, durch welche die Compensation gesetzmäßig begründet wird, entstanden ist, wird auch die Schuld, soweit die Compensation reicht, für erloschen geachtet.

Beide Sätze stehen in einem gewissen Widerspruch zu einander. Der zweite Satz besagt, daß die Forderungen mit und durch ihre Coexistenz sich gegenseitig aufheben, der erste hingegen, nach welchem es zur Aufhebung der „Anrechnung“ bedarf, scheint einen Compensationsact, eine Thätigkeit des Schuldner-Gläubigers. zu fordern. Zweifellos standen die Verfasser des Landrechts auf dem ersteren Standpunkt. Denn zur Zeit der Schaffung desselben war die Lehre des Martinus die herrschende, nach welcher die compensatio sine facto hominis erfolgt. Zwar blieben dieser Lehre gegenüber die Glossatoren ungläubig, insbesondere erklärten sich gegen sie Johannes Bassianus und Azo. Allein Tyndarus griff sie auf und seine durch Erschöpfung des Materials ausgezeichnete Arbeit verschaffte der Lehre den Sieg. Er formulirte dieselbe folgendermaßen (Tyndari de comp. tract. art. VI concl. I): Quod compensatio omni casu fit ipso iure ab initii tempore contractorum debitorum etiam sine hominis ministerio in rebus et iuribus compensabilibus, quam tamen conclusionem sub nube enuntiat Martinus glossator antiquus. Cujacius (ad tit. XXXI quarti libri Codicis; de Comp. prooem. cf. obs. 8, 16) schloß sich ihr an, ebenso Noodt. Donellus erhob sich als Gegner, aber im Ganzen ohne Erfolg. Glück konnte wieder die Lehre des Martinus als sicher begründet vortragen (Pandekten XV § 934).

Vom Standpunkt dieser Lehre, die die Landrechtsverfasser als die herrschende vorfanden, war es nur folgerecht, daß die Wirkungen der Compensation vom Moment des Zusammentreffens von Forderung und Gegenforderung eintreten. Allein jene Lehre ist ebenso unrichtig wie praktisch unbrauchbar. Man denke bloß an den Fall, daß dem Schuldner-Gläubiger mehrere Gegenforderungen zustehen. Mit Freuden griff daher die preußische Doctrin und Praxis zu der Handhabe, die ihr der § 300 in seiner unglücklich-glücklichen Fassung bot, um sich von jenem unerträglichen „sine facto hominis" zu befreien. Man forderte allgemein eine bezügliche Willenserklärung des Schuldner-Gläubigers. Dafür glaubte man sich auch darauf berufen zu dürfen, daß das Gesetz eine gültige Entsagung auf die Compensationsbefugniß anerkennt, daß der Schuldner die Wahl hat, auf welche von mehreren Forderungen des Gläubigers er compensiren wolle, daß correi debendi die Gegenforderungen ihrer Mitschuldner nicht zur Compensation stellen dürfen (§§ 372, 375, 306, 151, 152 h. t.). Mit der Aufgabe des Grundsatzes, daß die beiden Forderungen sich sine facto hominis aufheben, war freilich der Datirung der Compensationswirkung vom Moment ihres Zusammentreffens ab die Grundlage entzogen. Was vom Standpunkte jenes Princips als nothwendiger Folgesatz erschien, war nunmehr nur noch als positivrechtliche Beliebung aufrecht zu erhalten. Allein dies konnte um so weniger Bedenken erregen, als auch die gemeinrechtliche Lehre zwischenzeitig jenen Grundsatz über Bord geworfen hatte und beides — die neuere Auffassung und die Wirkungen der alten — friedlich neben einander stellte, daß nämlich zwar die Compensation erst auf Grund einer bezüglichen Erklärung des Schuldner-Gläubigers erfolge, daß aber, wenn diese Erklärung einmal erfolgt sei, die Sachlage so zu betrachten wäre, als ob die Compensation bereits im Moment des Zusammentreffens beider Forderungen stattgefunden habe. Als Folgen jener Rückdatirung werden für das preußische Recht angeführt die Sistirung des Zinsenlaufes, das Erlöschen des Verzuges, des Strafgedinges, der Sicherheitsleistung. Daß dem Schuldner-Gläubiger die nach der Fälligkeit der Schuld vollendete Verjährung seiner Forderung nicht schade, sagt das Gesetz selbst (§ 377).

Die französische Jurisprudenz unterscheidet die compensation légale, die compensation facultative und die compensation reconventionelle, welch letztere als wesentlich proceßrechtlich interessirendes Institut hier ausscheidet. Unter der compensation facultative aber wird die lediglich auf Grund eines bezüglichen Verlangens des Schuldner-Gläubigers eintretende, also auf seinem Belieben beruhende Compensation verstanden. Bei derselben wird überwiegend angenommen, daß sie erst vom Augenblick des darauf gerichteten Verlangens an wirkt. Mit der compensation légale hingegen ist diejenige Compensation gemeint, die der code Napoléon (Art. 1290) allein regelt. Dieselbe tritt ein, sobald ihre objectiven Voraussetzungen gegeben sind, ohne daß es einer Handlung des Schuldner-Gläubigers oder auch nur des Wissens desselben bedarf:

> La compensation s'opère de plein droit par la seule force de la loi, même à l'insu des débiteurs; les deux dettes s'éteignent réciproquement, à l'instant où elles se trouvent exister à la fois jusqu' à concurrence de leurs quotités respectives.

Mit der Forderung gehen auch alle Nebenrechte unter, insbesondere Bürgschaft und Pfandrecht. Ein Gläubiger, dessen Forderung eine Gegenforderung gegenübersteht, hat nicht weiter die Verjährung zu fürchten. Mit dem Grundsatz ist noch halbwegs vereinbar, daß der Schuldner, der von seinem Gläubiger belangt wird, im Proceß die Compensation im Wege der Einrede geltend machen muß, auch wohl, daß der Schuldner auf die Compensation verzichten kann. Hingegen ist damit kaum noch in Einklang zu bringen, was gleichfalls allgemein angenommen wird, daß, wenn der Schuldner im Proceß die Einrede der Compensation nicht vorschützt, seine Gegenforderung bestehen bleibt und nur gewisse Nebenrechte verloren gehen. Ebenso wenig, daß bei der Cession der debitor cessus, der in Unkenntniß einer ihm zustehenden Gegenforderung die Cession dem Cessionar gegenüber angenommen hat, gegen letzteren die Compensation nicht geltend machen kann, aber seine Gegenforderung gegenüber dem Cedenten mit allen ihren Nebenrechten behalten soll. Endlich aber ist völlig mit dem aufgefaßten Grundsatz unvereinbar, daß, wenn der Schuldner ungeachtet der eingetretenen Compensation zahlt, ihm die Klage wegen seiner Gegenforderung — wegen der Nebenrechte allerdings nicht schlechthin — erhalten bleiben soll.

Nach dem Recht des bürgerlichen Gesetzbuchs für das Königreich Sachsen kann die Aufrechnung sowohl im Proceß, als auch außerhalb eines solchen durch eine einseitige Erklärung des Schuldner-Gläubigers erfolgen (B.G.B. § 992). Nicht recht im Einklang damit bestimmt freilich der § 990 l. c., daß die Forderung, gegen welche der Schuldner außergerichtlich aufrechnet, fällig sein müsse. Forderung und Gegenforderung bestehen auch nach ihrem Gegenübertreten fort. Fällt die Gegenforderung z. B. durch Verjährung fort, so ist die Forderung angriffsfrei. Ist die Compensationserklärung erfolgt, so wirkt sie zurück auf den Moment, wo sich die Forderungen gegenübertraten. Von da an können keine Zinsen mehr gefordert werden, kann kein Verzug eintreten, kann keine Rechtsverwirkung auf Grund der cassatorischen Clausel wegen Nichterfüllung eintreten. So wenigstens die herrschende Lehre, welcher es freilich an Gegnern nicht fehlt.

Im allgemeinen bürgerlichen Gesetzbuch für die deutschen Erblande der österreichischen Monarchie finden sich Redewendungen, welche auf ein Erlöschen der beiderseitigen Forderungen durch und mit ihrem Gegenübertreten deutlich hinweisen (§ 1438 bürg. G.B.). Allein Theorie und Praxis fanden in § 1442 l. c. den erwünschten Anhalt, durch das Gegenübertreten der Forderungen nur das Recht auf Compensation begründet sein zu lassen, für die Herbeiführung derselben aber ein Vorschützen der Gegenforderung zu fordern. Diese kann im Laufe des Rechtsstreites in Form der Einrede oder auch, wie in neuerer Zeit gelehrt wird, durch einseitige Erklärung außerhalb des Processes erfolgen. Die eingetretene Compensation wirkt von dem Augenblick des Gegenübertretens der compensablen Forderungen. Es hört von diesem Zeitpunkt ab der Zinsenlauf auf, es kann kein Verzug mehr eintreten und es nimmt der begonnene Verzug ein Ende; auch kann die Conventionalstrafe nicht mehr verfallen. Zahlt der Schuldner im Irrthum über die ihm zustehende Compensationsbefugniß, so wird ihm die condictio indebiti auf Rückgabe der geleisteten Zahlung gewährt und jene Befugniß wieder eröffnet. Eine nach dem Gegenübertreten der compensablen Gegenforderungen, aber vor der Compensationserklärung vollendete Verjährung bleibt unberücksichtigt (Glaser und Unger, Entsch. N. 291, 770, anders Motive I S. 344).

Erwähnt sei schließlich noch, daß auch für einige Specialgebiete sich die ausdrückliche Bestimmung findet, daß die Verjährung einer Forderung ihrer Geltendmachung im Wege der Compensation dann nicht im Wege steht, wenn die Verjährungszeit erst nach Entstehung der Gegenforderung abgelaufen ist. (So Art. 911 des Handelsgesetzbuchs; vergl. auch § 9 des Bremer Verjährungsgesetzes, Art. 11 Abs. 2 des württembergischen Gesetzes vom 6. Mai 1852. Motive a. O. S. 343 Anm. **).

III. Der Entwurf.

§ 4. 1. Die für die Rückwirkung geltend gemachten Gründe. — Die Uebereinstimmung mit den Grundsätzen der Concurscompensation.

Wir haben gesehen, daß das gemeine Recht eine Rückdatirung der Wirkungen des Compensationsactes auf den Moment des Gegenübertretens der Forderungen als compensabler nicht kennt, und daß es von den Wirkungen, die eine solche herbeiführen würde, nur zwei kennt — eine gewisse Hemmung des Zinsenlaufes und die Condicirbarkeit des in Unkenntniß der Compensationsmöglichkeit Geleisteten — daß sich aber dies beides aus völlig anderen Gründen erklärt. Die preußische, französische und österreichische Gesetzgebung datiren zwar principiell die Compensation von jenem Moment ab, allein nicht auf Grund einer Rückwirkung des Compensationsactes, sondern weil es eines solchen gar nicht bedarf, die Compensation vielmehr mit dem Zusammentreffen der beiden Forderungen bereits eingetreten ist. Die Theorie und Praxis, wenigstens des preußischen und österreichischen Rechts, sind hiervon zwar abgegangen und fordern einen besonderen Compensationsact, sind aber trotzdem bei jener Datirung geblieben. Auf demselben Standpunkt steht das sächsische Gesetzbuch. Als Folgen jener Datirung finden sich allein die Sistirung des Zinsenlaufes, die Condicirbarkeit des in Unkenntniß der Compensationsmöglichkeit Gezahlten, das Erlöschen des Verzuges, des Strafgedinges, der Ausschluß der Rechtsverwirkung, das Freiwerden der Sicherheitsleistung und die Unschädlichkeit der nachträglich eingetretenen Verjährung erwähnt. Danach würde der Entwurf, insoweit die von ihm beliebte Datirung nur diese Wirkungen äußerte, im Wesentlichen die Continuität der Rechtsentwickelung wahren. Allein jene Datirung soll nicht bloß die Uebereinstimmung mit dem Recht, welches ihm weichen soll, sondern auch mit dem Recht, welches neben ihm fortbestehen soll, herbeiführen. Es soll die Datirung der Compensationswirkungen von dem Compensationsacte ab unvereinbar sein mit den Vorschriften über die Concurscompensation (§§ 46 ff. K.O.); um deswillen erschien dem Entwurf die Vordatirung unumgänglich. Allein diese Auffassung fehlt dadurch, daß sie bloß zwei Möglichkeiten ins Auge faßt, nämlich die der Datirung vom Compensationsact ab und die der Vordatirung, während es noch eine dritte Möglichkeit giebt: das Unterlassen jeder Datirung im Gesetz. Für das

Concursrecht, welches die praktische Wirkung jener vermeintlichen Vordatirung selbst angiebt, enthält die Aufstellung jenes Satzes lediglich die Angabe eines theoretisch-constructiven Momentes: der Entwurf will mit seiner Aufstellung die §§ 46 ff. C.O. auf einen oberen Gesichtspunkt zurückführen. Allein, inwieweit derselbe auf die Bestimmungen der §§ 48, 49 zutreffen soll, ist nicht abzusehen. Die Nr. 1 und 2 des § 48 erklären sich aus der rechtlichen Geschlossenheit der Concursmasse als Sondervermögen gegenüber dem sonstigen Vermögen des Gemeinschuldners, die Nr. 3 enthält einen eigenthümlichen Anfechtungsanspruch und der § 49 einen besonders gestalteten Schadensersatzanspruch. Der § 47 endlich handelt — abgesehen von seinem dritten Absatz — nicht von den Wirkungen, sondern von den Voraussetzungen der Compensation. Mit diesen Bestimmungen hat die Vordatirung der Compensationswirkungen wohl kaum etwas zu schaffen. Das Citat der Motive „§§ 46 ff. C.O." ist daher zu weit. Es sollte lediglich der § 46 angezogen sein. Und auch dieser nicht in dem, was er unmittelbar besagt, daß sich der Compensationsberechtigte nicht am Concursverfahren betheiligen braucht, sondern in dem dieser Bestimmung zu Grunde liegenden Satz, daß die Compensationsbefugniß nicht durch den Concurs erlischt. Ob aber letzteres die Folge einer Vordatirung der Wirkungen der nach der Concurseröffnung erfolgten Compensationserklärung oder des Umstandes, daß jene Befugniß ein vor der Concurseröffnung entstandenes, durch dieselbe nicht entziehbares Recht ist (vergl. auch §§ 303, 286 Entw.), oder wessen sonst sei, das festzustellenist der Gesetzgeber gar nicht in der Lage, sondern unbeschränkbares Recht der Wissenschaft. Und wie, wenn letztere zu einem anderen Resultat gelangt, wie jener? Wenn überhaupt der Gesetzgeber nicht autoritativ zu bestimmen vermag, welches der gewissen Normen zu Grunde liegende theoretische Gedanke ist, so noch weniger der Gesetzgeber eines späteren Gesetzes bezüglich der theoretischen Grundgedanken eines früheren Gesetzes. Allein überdies will der vermeintliche Grundgedanke der Concurscompensation — die Vordatirung — gar nicht recht mit der Concursordnung stimmen. Nach § 47 daselbst ist die Bedingtheit der einen Forderung kein Hinderniß der Compensation. Die Vordatirung aber soll nach § 283 des Entwurfs bewirken, daß die beiderseitigen Forderungen mit dem Zeitpunkt als erloschen gelten, in welchem sie sich als zur Aufrechnung geeignet gegenübergetreten sind. Das wäre hier der Fall in dem Moment der das Hinderniß der Bedingtheit beseitigenden Concurseröffnung. Macht man daher mit der Anwendung des Grundsatzes des § 283 auf die Concurscompensation Ernst, so würden die unbedingte Forderung und die bedingte Gegenforderung im Moment der Concurseröffnung als erloschen gelten. Damit ist aber der materiell durchaus angemessene Absatz 3 des § 47 C.O. nicht wohl vereinbar, daß der bedingte Gläubiger seine Schuld einzahlen muß und nur einen Anspruch auf Sicherheitsleistung wegen seiner bedingten Gegenforderung hat. Es müßte dann vielmehr gerade umgekehrt der bedingte Gläubiger von der Einzahlung seiner Schuld befreit sein und nur etwa für den Fall der Deficienz der Bedingung Sicherheit stellen müssen. Die Bezugnahme auf die Concurscompensation zwecks Rechtfertigung der Fiction des § 283 des Entwurfes kann daher als eine glückliche nicht bezeichnet werden.

§ 5. 2. Fortsetzung: Zinsen, Verzug, Strafe.

Die Motive führen als namentlich im Interesse der Prakticabilität des Rechtsinstitutes der Compensation gelegene Wirkungen der Rückdatirung auf, daß die Verzinslichkeit, die mora, sowie das Verfallen einer Strafe sich sonst nach der Zeit der Compensationserklärung beurtheilten.

Zuvörderst die Verzinslichkeit. Das römische Recht hatte allein den Billigkeitssatz aufgestellt, daß, wenn einer verzinslichen Forderung eine unverzinsliche Gegenforderung ersteht, vom Moment des Gegenübertretens ab der Gläubiger der ersteren keine Zinsen solle beanspruchen dürfen. Die modernen Rechte scheinen hingegen zu der Verallgemeinerung dieses Satzes dahin zu neigen, daß der Zinsenlauf stets gehemmt wird, mag es sich um eine verzinsliche und eine unverzinsliche oder um zwei, sei es gleich, sei es verschieden hoch, verzinsliche Forderungen handeln. Handelt es sich um zwei zu gleich hohem Zinsfuß stehende Forderungen, so ist der Satz durchaus berechtigt. Er enthält lediglich die Anwendung des Grundsatzes, daß die Compensation die Forderungen in dem sich deckenden Betrage erlöschen macht, auf die Nebenforderungen, nur daß er die Compensationserklärung bezüglich der Hauptforderungen auch ohne Weiteres auf die Zinsforderungen wirken läßt; juristisch läßt sich dies vielleicht aus der accessorischen Natur der Zinsobligation erklären und ökonomisch aus dem Zweck des Instituts, die beiden sich gegenüberstehenden Forderungsverhältnisse vollständig, also auch bezüglich etwaiger Nebenansprüche zur Erledigung zu bringen, soweit es ohne materielle Kränkung des einen oder anderen Theils möglich ist. Bedenklicher wird der Satz schon, wenn eine unverzinsliche und eine verzinsliche Forderung sich gegenüberstehen. Man denke, es ist bei einer Geldforderung der Gläubiger im Verzug der Annahme. Damit hört für den Schuldner eine etwaige Pflicht der Verzinsung auf (§ 259 Entw.). Hat nun aber der Schuldner darauf eine verzinsliche Gegenforderung erworben, so büßt er die Zinsen der letzteren ein, sobald Gläubiger nur demnächst die Compensationserklärung abgiebt. Nehmen wir an, beide Forderungen betragen je 1000 Mark und die zweite steht zu 6 %, die Compensationserklärung aber erfolgt, nachdem letztere ein Jahr gestanden, so würde der Gläubiger, wenn er sich keines Verzuges schuldig gemacht, 1000 Mark vor Jahresfrist erhalten haben und dem Schuldner jetzt 1060 Mark zu zahlen haben. In Folge seines Verzuges aber bekommt er zwar nicht seine 1000 Mark, braucht aber auch dem Gegner nichts zu zahlen, hat also 60 Mark erspart. Nun hat freilich Schuldner ja das Jahr hindurch den Genuß der 1000 Mark gehabt, die er in Folge der Nichtannahme seitens des Gläubigers behalten. Allein, wenn unterdeß der Zinssatz, für welchen im Verkehr Geld zu haben, auf etwa 3 % herabgegangen, so hatte er davon nur einen Nutzen in Höhe dieser 3 %, er büßt aber dafür ein 6 %. Der Gläubiger hat alsdann durch seinen Verzug noch einen Vortheil von 3 %. Nun kann man freilich sagen, Schuldner selbst habe ja nach Erwerb der Forderung die Compensation vornehmen können. Allein man unterstelle den Fall, daß es sich um eine dem Schuldner ipso iure erwachsene Gegenforderung handelt, von welcher dieser erst nach langer Zeit etwas erfährt, sein Gegner aber sogleich Kenntniß erlangt hat. Dann wäre letzterer geradezu in der Lage, auf Kosten des Schuldners zu speculiren. Glaubt er das Geld zu höherem Zinssatz, als wie die Gegenforderung steht, austhun zu können, so nimmt er das Geld, leiht es aus und streicht die höheren Zinsen ein; fordert Schuldner seine Gegenforderung, nachdem er von ihr erfahren, ein, so zieht er das ausgeliehene Geld zurück und zahlt die Schuldsumme nebst den niedrigeren Zinsen. Glaubt er hingegen nur zu niedrigerem Zinssatz das Geld unterbringen zu können, so verweigert er die Annahme und giebt, sobald Schuldner seine Gegenforderung einfordert, die Compensationserklärung ab; Capitalforderungen und Zinsforderung sind damit erloschen.

Jene Verleitung zur Speculation auf Kosten des Gegners erscheint noch potenzirt, wenn es sich nicht um capitalmäßig festbestimmte Zinsen handelt, sondern wenn etwa nach § 1154 Abs. 3 Entw. eine Antichrese vereinbart ist mit ihren wechselnden Erträgnissen.

Ferner: Es hat Jemand eine Zinsenforderung eingeklagt und rechtskräftig zugesprochen erhalten. Der Beklagte findet darauf in einer ihm vor dem Entstehen des Anspruches, aus welchem der Gegner seine Zinsforderung hergeleitet hat, angefallenen Erbschaft eine gleichfalls verzinsliche Forderung des Erblassers an den Gegner von gleicher Höhe. Er klagt darauf ebenfalls die Zinsen aus derselben ein. In diesem Proceß giebt nun der Gegner die Compensationserklärung ab, und Kläger muß nun in Folge der Rückwirkung derselben mit seiner Zinsklage abgewiesen werden; der Gegner ab hat die ihm zugesprochenen Zinsen lucrirt. Alsdann: Es hat Jemand Geld zu 5 % ausgeliehen. Schuldner erwirbt darauf durch Erbgang oder sonstwie eine wegen des hohen dabei eingegangenen Risicos zu 10 % stehende Forderung; ein Zinssatz von 10 % wäre hingegen bei der ersten Forderung nach den Umständen des Falles wucherlich. Normaler Weise könnte Gläubiger solche 10 % daher nicht erlangen. Tritt ihm hingegen eine Gegenforderung mit diesem Zinsfuß entgegen, so kann er die Zinsforderung des Gegners durch seine Compensationserklärung eliminiren, mit anderen Worten: er stände dann genau ebenso, wie wenn er sein Geld rechtswirksam zu 10 % ausgethan hätte. In solchem Falle wäre das Reichswuchergesetz indirekt unwirksam gemacht. Am bedenklichsten wird aber die Sache, wenn nur ein Theil kompensationsberechtigt ist, wie an anderer Stelle (S. 152) ersichtlich werden wird. Allein trotz solcher Bedenken scheint entscheidend für die Hemmung des Zinsenlaufes in das Gewicht zu fallen, daß die moderne Entwicklung dieselbe festgehalten hat. Danach sieht es so aus, als ob in dieser Richtung eine gemeinsame Rechtsüberzeugung sich gebildet hätte. Allein, wenn man die Leute aus dem Volke befragt, so wird man hören, wie wenig ihnen das in den Sinn will. Wer sein Geld zu 5 % ausgethan, will diese 5 % bis zu dem Moment genießen und glaubt auf deren Genuß rechnen zu können, bis seine Forderung bezahlt oder sonstwie zur Erledigung gebracht ist. Er wird es verstehen, wenn ihm gesagt wird, sein Schuldner habe eine Gegenforderung zur Compensation gestellt, damit sei seine Gegenforderung geschlagen; allein er versteht es sicher nicht, wenn ihm gesagt wird, daß sein Zinsanspruch zu 5 % damit ebenfalls vom Moment des Gegenübertretens an erledigt sei, obgleich die Gegenforderung unverzinslich oder nur zu 3 % verzinslich war. Vor Allem aber zeigt sich, daß die Annahme einer solchen Volksüberzeugung irrthümlich ist auf demjenigen Rechtsgebiet, welches moderne Rechtsanschauungen am evidentesten hervortreten läßt: auf dem Gebiet des Handelsrechtes. Bei dem Contocorrentverkehr handelt es sich stets um Forderungen und Gegenforderungen. In demselben werden nun von jeder einzelnen Forderung die Zinsen bis zum Abschluß des Contocorrents für beide Theile berechnet. Man wird einwenden, es handle sich hier um eine Eigenheit des Contocorrentverkehrs. Allein derselbe ist bekanntermaßen weit hinaus gewachsen über sein ursprüngliches Anwendungsgebiet: er findet sich heut nicht mehr bloß unter Kaufleuten, unter denen er vor noch nicht gar langer Zeit allein zulässig war, sondern auch zwischen Kaufmann und

Nichtkaufmann. Wie hätte letzteres im Wege gewohnheitsrechtlicher Uebung in verhältnißmäßig kurzer Zeit sich einbürgern können, wenn in einer nothwendig so überaus häufig praktisch werdenden Frage das Institut im Widerspruch mit einer Rechtsüberzeugung der Nichtkaufleute gestanden hätte? Und auch ein anderes modern ausgestaltetes Institut, die Subhastation, beweist eher eine gegentheilige Rechtsüberzeugung. Der Ersteher hat bekanntermaßen das Kaufgeld mit 5 % vom Tage des Zuschlagsurtheils ab zu verzinsen. Ist derselbe nun gleichzeitig Gläubiger einer baar zur Hebung kommenden zu 3 % verzinslichen Hypothekenforderung, so hat er von dem ganzen Kaufgeld die 5 % Zinsen zu gewähren, während er von seinem Hypothekencapital nur 3 % erhält. Und doch müßte er bei Datirung der Compensation auf den Moment der Coexistenz in Höhe seiner Gegenforderung, wie das Kaufgeld, so auch die Zinsen nicht zu leisten brauchen. Beträgt also das Kaufgeld 12 000 Mark, die Hypothekenforderung 2000 Mark und liegt zwischen dem Zuschlags- und dem Kaufgelderbelegungstermin 1 Monat, so würde er nur 10 000 Mk. nebst 5 % Zinsen davon, also an Zinsen 41 Mark 67 Pfennig zu gewähren haben; in Wirklichkeit aber hat er 10 000 Mark nebst 5 % Zinsen von 12 000 Mark — 3 % Zinsen von 2000 Mark auf 1 Monat, also an Zinsen 50 Mark — 5 = 45 Mark zu prästiren. Auch in folgendem Fall dürfte unser Rechtsempfinden gegen eine Sistirung des Zinsenlaufes sein. Einer Forderung von 100, verzinslich zu 5 %, erstehen unverzinsliche Gegenforderungen von je 5, jede folgende einen Monat nach der vorhergegangenen. Jede einzelne müßte in ihrer Höhe den Zinsenlauf der ersteren Forderung hemmen. Und doch sind z. B. für den großen Verkehr zwanzig Theilleistungen von 5 nicht gleichwerthig einer einmaligen von 100. Solche kleine Beträge kommen für den Großhandel als werbende Capitalien nicht in Betracht. Er hat also von solchem gliedweisen Abstoßen der Forderung im Wege der Compensation keinen entsprechenden Vortheil, ja sogar noch eine größere Last durch die vermehrten Buchungen und Abschreibungen, welche durch die wiederholten Theiltilgungen erforderlich werden. Und trotzdem soll die werbende Kraft seiner Forderung in Höhe der jeweils entstehenden Gegenforderung gebrochen sein, obgleich er die kleinen Beträge vielleicht lieber baar ausgezahlt hätte, daran aber durch irgend welche in der Person des Gläubigers liegende Umstände, z. B. häufiges Wechseln des Domicils, verhindert worden ist.

Ist hiernach die Rückdatirung des Compensationsactes in ihrer die Productivität beider Forderungen hemmenden Wirkung nicht annehmbar, so ist sie dies doch bezüglich der Wirkung, welche wir oben als bei gleich hoch verzinslichen Forderungen allein in Betracht kommend festgestellt haben, nämlich insofern sie die Compensationserklärung bezüglich der Hauptforderung auch auf die bereits erwachsenen Zinsansprüche wirken läßt. Dies ist aber ohne die Statuirung einer Rückwirkung zu erreichen, etwa durch folgende Bestimmung:

Durch die Aufrechnung zinstragender Forderungen erlöschen auch die beiderseitigen Zinsansprüche in dem sich deckenden Betrage.

Danach dürfte sich die vom Entwurf gewollte Hemmung des Zinsenlaufes von der Coexistenz der Forderungen aber überhaupt nicht empfehlen. Insbesondere, was das Zusammentreffen einer unverzinslichen mit einer verzinslichen Forderung betrifft, so hatte der Entwurf, der die der Hemmung des Zinsenlaufes zu Grunde liegende Billigkeitsrücksicht durch Nichtanerkennung der sogenannten antichresis tacita zurückgewiesen, keine Veranlassung, dieser vermeintlichen Billigkeit hier, wo sie, wie gezeigt, höchst ungerecht wirken kann, Eingang zu gewähren.

Bei Weitem bedeutsamer aber ist die Fiction des Entwurfs für die Frage des Verzugs. Gemäß derselben würde nach abgegebener Aufrechnungserklärung ein rechtlich wirksamer Verzug vom Moment der Coexistenz beider Forderungen ab ausgeschlossen sein; der durch den Verzug erwachsene Anspruch kann sich auf Tausende belaufen, mit der Aufrechnungserklärung ist er weggewischt. Die den Zögernden treffenden Nachtheile sind ja nur die Kehrseite der Schadloshaltung des Gegners wegen der ihm durch den Verzug erwachsenen Nachtheile. Und, ob er für diese Nachtheile Ersatz erhalten soll oder nicht, ist gelegt in die Entscheidung eben dieses ersatzpflichtigen Gegners. Man denke, es hat ein Gewerbetreibender eine Wechselzahlung zu leisten; er darf erwarten, daß er am Tage der Fälligkeit einen lange ausstehenden Posten einbekommt. Der Schuldner des letzteren hat ihm auf sein Ersuchen um Zahlung, welches er mit der ihm obliegenden Wechselzahlung motivirte, geantwortet, daß er bestimmt vor dem Fälligkeitstage des Wechsels befriedigt werden würde. Allein vergeblich wartet der Gläubiger auf Zahlung. Der Wechsel wird ihm präsentirt und Mangels Zahlung protestirt, und es schließen sich daran alle die schweren Nachtheile für seinen Credit und die großen Kosten, welche im Gefolge der nichtpünktlichen Erfüllung einer Wechselschuld für den Geschäftsmann einzutreten pflegen. In dem sich nun anschließenden Proceß gegen den pflichtwidrigen Schuldner auf Zahlung und Schadensersatz wendet derselbe ein, er habe nach Absendung seines die Zahlung zusagenden Schreibens in den von einem unfähigen oder treulosen Buchhalter unordentlich geführten Büchern einen an unrichtiger Stelle eingetragenen und darum bisher übersehenen Schuldposten des Klägers gefunden, mit dem er nunmehr compensire. Besteht dieser Posten nun in Wirklichkeit, so geht Kläger leer aus. Daß er geschäftlich ruinirt sein kann dadurch, daß Beklagter erst nach Absendung jenes Schreibens den Posten entdeckt, den Kläger selbst als gewissenhafter Kaufmann nicht zu kennen brauchte, — man denke, er hat das Geschäft im Wege des Erbganges von einem Andern erst vor Kurzem überkommen — ist sein Unglück; zu helfen ist ihm nicht. Der Nachtheil unordentlicher Buchführung im beklagtischen Geschäft, der nach natürlicher Auffassung den Beklagten treffen müßte, wird hier auf den Kläger gewälzt, der gar keinen Einfluß auf diese Buchführung zu üben in der Lage ist. Diese Unbilligkeit wird um so schwerer empfunden, als der Gläubiger durch ihren Eintritt völlig überrascht werden kann: wie er von der gegen ihn bestehenden Gegenforderung keine Kenntniß zu haben braucht, so braucht auch der Gegner, der etwa davon weiß, ihn mit keinem Wort davon zu benachrichtigen. Und das wird er um so weniger thun, als er sogar ein gewisses Interesse haben kann, davon zu schweigen. Denn stellt sich der Anspruch, der ihm aus dem Verzug erwächst, niedriger, als der des Gegners, wie es insbesondere auf Grund des § 248 Abs. 1 Satz 2 sich nicht selten ereignen mag, so wird er nunmehr compensiren. Stellt sich hingegen sein Verzugsanspruch höher, so zahlt er nunmehr dem Gegner seine Forderung nebst dem Zögerungsanspruch aus und macht seine Gegenansprüche geltend. Der dem Gegner zu Gebote stehende Exculpationsgrund entschuldbaren Irrthums (§§ 246, 241 Entw.), durch welchen er die Verzugsfolgen ablehnen kann, wird von ihm wohl um so weniger immer zu erweisen sein, als die Praxis erfahrungsgemäß bei der Berücksichtigung solch rein innerer verkehrserschwerender Momente sich ziemlich spröde erweist. Der Gegner aber steht diesem Spiel mit seinen Interessen völlig machtlos gegenüber. Das war freilich auch nach römischem Recht so. Der Zahlungsempfänger konnte die Zahlung nicht zurückgeben und statt dessen die ihm damals noch unbekannt gebliebene Gegenforderung compensando geltend machen, mochte ihm dies auch viel vortheilhafter sein. (S. oben S. 138.) Allein einmal handelte es sich da um eine viel geringere Differenz zwischen dem Erfolg der Baarzahlung und der Compensation — die Tilgungsart war verschieden, der Umfang der Verpflichtungen, abgesehen allein von der Sistirung des Zinsenlaufes, blieb bei beiden derselbe — wie nach dem Entwurf mit seiner principiellen Vordatirung. Zum Andern aber half das römische Recht für einen — und zwar den praktisch wichtigeren — Fall, für den Fall nämlich, daß der Zahlende in Unkenntniß der Compensationsbefugniß leistete. In diesem Fall hatte derselbe die bereits besprochene condictio indebiti zwecks Herbeiführung der materiellen Sachlage, wie sie sich bei Ausübung des Compensationsrechtes ergab; also wenn er 200 Capital und 10 Jahreszinsen gezahlt, während er 200 unverzinsliches Capital seit Jahresfrist zu fordern hatte, erhielt er die gezahlten 210 — (gegen Cautionsleistung se non amplius petiturum?) — zurück. Damit war für den praktisch dringendsten Fall wenigstens Vorsorge getroffen. Allein nach dem Entwurf ist die condictio indebiti in solchem Fall unzuständig, und daher selbst der irrthümlich zahlende Schuldner hilflos gestellt. Die weitgehende ökonomische Differenz, die sich ergiebt, je nachdem zur Compensation geschritten oder beide Forderungen unabhängig von einander getilgt werden, dürfte danach häufig genug von recht zufälligen Momenten abhängen. Erfährt Schuldner einen Moment zu spät von seiner Gegenforderung und hat daher seine Schuld baar gezahlt, so ist es um die Compensationsmöglichkeit geschehen und er damit unter Umständen um Tausende geschädigt. Die darin liegende Unbilligkeit wird aber zur Härte, wenn der Forderung eine Gegenforderung gegenübersteht, welcher gegenüber nicht compensirt werden kann. (§§ 289, 288 Entw.) Nehmen wir an, daß die ersteren Verzugsnachtheile in Höhe vnn 1000, die letztere solche in Höhe von 500 im Gefolge gehabt, so wird der Schuldner-Gläubiger die ihm nicht benommene Compensationserklärung abgeben und damit zwar seinen Verzugsanspruch von 500 eingebüßt, dafür aber auch den Verzugsgegenanspruch von 1000 elidirt haben. Hätte umgekehrt der erstere sich auf 1000, der zweite auf 500 belaufen, so wird sich der Schuldner-Gläubiger hüten, eine solche Erklärung abzugeben. Kurz, wir sehen wiederum: der Schuldner kann auf Kosten des Gegners speculiren.

Am klarsten zeigt sich die Unleidlichkeit solchen Zustandes, wenn wir die weiter von den Motiven noch namentlich aufgeführte Wirkung der Rückdatirung ins Auge fassen: das Verfallen einer Strafe. Damit ist wohl nicht nur die Conventionalstrafe gemeint, sondern jeder für den Fall nicht rechtzeitiger Erfüllung eintretende Nachtheil, abgesehen von den Verzugsfolgen. Solche finden sich sowohl als gesetzliche, wie als rechtsgeschäftliche, insbesondere vertragliche. Zu den ersteren gehören die Rechtsverwirkungen bei der Emphyteuse wegen Nichtleistung der öffentlichen Abgaben oder des Canons, bei der Miethe und Pacht wegen Nichtleistung des Miethzinses (§§ 528, 532 des Entwurfes), beim Handelskauf (Art. 354—357 H.G.B.). Von vertragsmäßigen Nachtheilen nicht rechtzeitiger Leistung findet sich vor Allem ebenfalls der Vorbehalt der Rechtsverwirkung, die cassatorische Clausel. So wenn in einem Kaufvertrage bestimmt ist, daß, wenn Käufer den Kaufpreis nicht pünktlich zahle, er seiner Rechte aus dem Kaufe verlustig gehen solle, wenn ein Miethvertrag dem Vermiether das Recht der Exmission des mit der Zinszahlung säumigen Miethers vorbehält, wenn die Gesellschafter sich die Ausstoßung der ihre Einlagen nicht pünktlich leistenden Mitgesellschafter ausbedingen (vergl. Art. 220 Abs. 2 H.G.B.), wenn eine Versicherung bei nicht rechtzeitiger Prämienzahlung verwirkt sein soll. Verwandt ist, wenn in Vergleichen für den Fall nicht pünktlicher Zahlung einer Rate der jeweils noch rückständige Rest auf einmal fällig wird. Aber auch andere Nachtheile nicht gehöriger Vertragserfüllung finden sich in Menge. So die Vereinbarung des sog. Rutscherzinses, eine Erhöhung des Zinsfußes bei nicht pünktlicher Zinszahlung. Man sieht, es sind theilweise Wirkungen von weittragendster Bedeutung, die sich daran anschließen, daß nicht rechtzeitig geleistet ist. Unterstellen wir, daß der Verpächter auf seinen Unterhalt im Wesentlichen angewiesen ist auf den je am Ende des Jahres zu leistenden Pachtzins. Der Pächter ist zwei Jahre im Rückstand. Der Verpächter kann, will er sich nicht selbst in Schulden stürzen, nicht länger warten. Er theilt dies dem Pächter mit und fordert ihn auf, den Rückstand binnen 14 Tagen zu zahlen, widrigenfalls er von seinem gesetzlichen Recht Gebrauch machen, das Pachtverhältniß zu ihm lösen und sich anderweit einen Pächter suchen müsse. Der Pächter hofft ein anderes Gu unter günstigeren Bedingungen zu pachten und schweigt auf den Brief des Verpächters. Nach vieler Mühe ist es letzterem gelungen, einen neuen Pächter zu finden. Er theilt dies dem alten Pächter mit. Ist es nun letzterem gelungen, ein anderes Gut unter günstigeren Bedingungen zu pachten, so wird er anstandslos abziehen. Ist ihm das nicht gelungen, so erklärt er dem Verpächter, daß es ihm gar nicht einfalle, seine Pacht aufzugeben; es stände ihm gegen den Verpächter eine im Wege des Erbganges erworbene Gegenforderung zu, die er hiermit zur Compensation stelle, womit sich der Grund der Aufhebung des Pachtvertrages erledige. Die Gegenforderung aber braucht er erst einen Tag vor dem zweiten Fälligkeitstermine erworben zu haben. Wie leicht ist es da möglich, daß der Verpächter von dieser Gegenforderung vor ihrer Geltendmachung noch nichts erfahren hat. Der Verpächter muß die Pacht mit ihm aushalten und hat überdies noch dem neuen Pächter Schadensersatz zu leisten (§§ 508, 506 Entw.). Leicht ließen sich die Beispiele vermehren, in denen die Rückdatirung zu den unerfreulichsten Consequenzen führen kann, allein aus dem bisher Dargelegten dürfte bereits zur Genüge ersichtlich sein, was bewiesen werden sollte, daß nämlich die vom Entwurf statuirte Fiction gerade da, wo sie nach den Motiven ihre eigentliche Rechtfertigung finden soll, sich nicht bewährt.

§ 6. 3. Weitere Folgen der Rückdatirung.

Die Idee der Datirung der Compensationswirkungen vom Moment des Zusammentreffens der Forderungen ab wäre wohl kaum acceptirt worden, wenn nicht Theorie und Praxis im Wesentlichen allein mit den bisher erörterten Wirkungen zu thun gehabt hätten. Denn principiell durchgeführt führt sie zu einer Reihe fernerer Consequenzen, die sich ohne Weiteres als unhaltbar ergeben.

Es wird eine Klage im Gerichtsstand des Vermögens erhoben (§ 24 C.P.O.). Das Vermögensstück, welches das Forum begründet, ist eine Forderung des Beklagten gegen den Kläger. Der Beklagte wendet die Unzuständigkeit des Gerichts ein, indem er erklärt, die ihm gegen den Kläger zustehende Forderung mit einer älteren Gegenforderung des letzteren gegen ihn zu compensiren. Wirkt diese Erklärung auf den Moment des Gegenübertretens der Forderungen zurück, so war die die Gerichtszuständigkeit begründende Forderung im Moment der Klageerhebung nicht mehr vorhanden. So kann der Beklagte durch seine Compensationserklärung das vielleicht einzige gegen ihn begründete Forum elidiren.

Eine Forderung im Betrage von 5000 Mark wird in privatschriftlicher Form verschenkt. Nachdem Schenker erfahren, daß die Schenkuug nur bis zu 500 Ducaten rechtsbeständig ist, verschenkt er den überschießenden Theil der Forderung an Tertius weiter. Der Schuldner hat eine Gegenforderung von 333,33 Mark, der gegenüber Compensation unzulässig ist. Hier hätte es der Schuldner in der Hand, ob die zweite Schenkung voll rechtsbeständig sein oder zusammenfallen soll. Wird er nämlich vom ersten Schenknehmer belangt und unterläßt seinerseits die ihm allein eröffnete Compensation, so müßte Kläger in Höhe des 500 Ducaten übersteigenden Betrages abgewiesen werden, weil die Schenkung mangels der gerichtlichen Insinuation insoweit nichtig ist. Compensirt Schuldner hingegen, so ergiebt die Rückwirkung dieser Erklärung, daß die geschenkte Forderung schon vor der Zeit der Schenkung nicht über 500 Ducaten betrug, also der gerichtlichen Insinuation nicht bedurfte. Es gäbe das die Veranlassung zu den unsaubersten Transactionen des Schuldners einmal mit dem an der theilweisen Nichtigkeit der ersten Schenkung interessirten Tertius, zum Andern aber mit dem an der Vornahme der Compensation interessirten Schenkgeber. Wer von beiden Theilen ihm mehr bietet, zu dessen Gunsten entscheidet er.

Aehnliche Unzuträglichkeit tritt überall ein, wo es sich um eine nach der Höhe des Objectes verschiedene Rechtsbehandlung handelt. So wenn nach preußischem Recht Verträge über ein Object von mehr als 150 Mk. schriftlich abgefaßt sein müssen. Von Bedeutung könnte die Rückwirkung auch namentlich werden für die Frage nach der Stempelpflicht, wo es sich nicht um einen bloßen Beurkundungs-, sondern um einen echten Werthstempel handelt.

Aber auch noch in manch anderer Hinsicht kann die Fiction der Rückdatirung die unliebsamsten Consequenzen herbeiführen. Wird ein ganzes Vermögen verschenkt, so ist der Beschenkte verpflichtet, die Schulden des Schenkgebers zu berichtigen, d. h. diejenigen Schulden, welche zur Zeit der Schenkung vorhanden sind, also weder die später entstehenden, noch die vorher bereits erloschenen (§ 319 Entw.). Allein auch die Haftung des Schenkgebers dauert fort. Derselbe soll sich eine Forderung aus seinem Vermögen zurückbehalten haben. Der Schuldner aber hat eine dem Schenker unbekannte Gegenforderung. Er klagt dieselbe aus und Schenker compensirt mit der ihm verbliebenen Forderung, es gelten alsdann beide Obligationen bereits seit der Coexistenz als erloschen. Die Gegenforderung bestand daher nicht mehr im Moment des Vertragsschlusses und kann nach dem eben festgestellten Inhalt der Verpflichtung des Beschenkten diesem nicht zur Last fallen. Der Schenkgeber hat daher durch die Opferung seiner Forderung eine Schuld getilgt, die zu tilgen der Schenknehmer nicht verpflichtet war. Er kann sich also dieserhalb auch nicht an den Schenknehmer regrediren, wie er es doch könnte, hätte er die Schuld baar bezahlt. Solche Consequenz wird aber doch wohl Niemand wollen, und doch ist sie unumgänglich, wenn mit der Idee der Rückwirkung Ernst gemacht wird. Dasselbe kann sich auch bei dem Vertrage ergeben, durch welchen Jemand ein ihm gehöriges selbständiges Sondervermögen einem Anderen überträgt, insbesondere beim Verkauf eines Handelsgeschäftes mit Activen und Passiven. Sehen wir weiter den folgenden Fall. Es ist einem Gläubiger ein Pfand bestellt. Wegen Nichtzahlung der Schuld läßt derselbe das Pfand verkaufen. Darauf giebt Schuldner auf Grund einer ihm kurz vor dem Pfandverkauf erwachsenen Gegenforderung eine Compensationserklärung ab; die Pfandforderung fällt rückwärts hin zusammen und der Pfandverkauf ist mangels des Bestehens einer Forderung wirkungslos (§ 1181 Abs. 1 Entw.). Aehnlich ist es, wenn der Pfandverkauf zu einem die Forderung des verkaufenden Gläubigers gerade deckenden, auf Grund des § 1178 Entw. creditirten Gebotes mit der Bestimmung stattgefunden hat, daß bei nicht pünklicher Zahlung der Ersteher seiner Rechte verlustig gehen solle, und nun beim Ausbleiben der Zahlung eine nochmalige Versteigerung des Pfandes stattfindet. Nachdem dies geschehen, compensirt der Ersteher mit einer ihm vor dem Fälligkeitstermin des Gebotes gegen den Pfandgläubiger erwachsenen Forderung: die für die Wiederversteigerung erforderliche und vorhanden gewesene Voraussetzung der nichtpünktlichen Berichtigung des Gebotes fällt damit rückwärts hin zusammen, vgl. § 718 C.P.O.

Hiermit sind wir an dem oben bereits gestreiften Punkte angelangt, wo der Grundsatz der Rückwirkung auch für die Gestaltung der Rechtsverhältnisse Dritter seine Bedeutung erweist. Jede Forderung kann durch das Entgegentreten einer Gegenforderung in einen Schwebezustand versetzt werden, der sie demnächst rückwärts zusammenbrechen läßt. Ist das schon für die Parteien, die doch meist wissen werden, wenn zwischen ihnen Forderung und Gegenforderung sich gegenübertreten, wie wir gesehen, mit schweren Nachtheilen verknüpft, so ist es für Dritte, wie Verpfänder, Nachhypothekare, Bürgen, die davon regelmäßig gar nichts erfahren, völlig unerträglich. Es hat Jemand sein Haus für eine Schuld seines Neffen verpfändet. Darauf hat er das Haus für eine eigene Schuld verpfändet mit der Verpflichtung, die vorstehende Hypothek bis zum 1. Januar 1890 abzustoßen, widrigenfalls die Capitalforderung fällig würde. Der Verpfänder setzt sich mit seinem Neffen in Verbindung, um ihn zu veranlassen, durch Compensation mit seinem Gläubiger, von dem er einen Betrag in Höhe seiner Schuld am 20. December 1889 zu fordern hat, die Hypothek zu beseitigen. Dies zögert sich aber weit über den 1. Januar 1890 hinaus hin. In Folge dessen klagt der zweite Hypothekar auf Rückzahlung des Capitals gegen den Verpfänder und hat auch, da er auf den Zinsertrag zu seinem Leben angewiesen ist, das Capital für den nächsten 1. Juli einem Dritten versprochen. Kurz vor dem Endurtheil endlich giebt der Neffe die Compensationserklärung gegenüber dem ersten Hypothekar ab. Kraft der Rückwirkung macht dieselbe bereits unterm 20. December 1889 die Forderungen erlöschen und damit ist auch die erste Hypothek als bereits vor dem 1. Januar 1890 fortgefallen zu erachten. Danach ist aber die Klage des zweiten Hypothekars hinfällig. Derselbe hat nicht nur die Kosten zu tragen, sondern ist auch dem Dritten, dem er das Capital versprochen, dessen Zurückgabe er verlangen konnte, aber nun nicht mehr verlangen kann, ersatzpflichtig. In *solchen Fällen versagt der Einwand, daß die Parteien normaler Weise Kenntniß haben, wenn ihrer Forderung eine Gegenforderung erwächst, und daß es damit ja auch jede Partei in der Hand habe, die Compensation herbeizuführen.* Denn hier sind es eben gar nicht die Parteien, deren Interessen die Compensation berührt. Besonders scharf tritt dies in dem Fall der l. 9 § 3 D. qui pot. 20, 4 hervor. Es hat Jemand eine fremde Sache zwei Gläubigern nach einander verpfändet. Erwirbt er alsdann die Sache, so soll zunächst die erste Verpfändung convalesciren, die zweite dagegen erst, wenn der frühere Gläubiger befriedigt ist, und der Verpfänder in diesem Augenblick noch Eigenthümer ist. Unterstellen wir nun, daß der Verpfänder nach dem Erwerb der Sache eine Gegenforderung an den ersten Gläubiger erworben hat. Nachdem Verpfänder nun noch einem dritten Gläubiger ein Pfandrecht an der Sache bestellt, verkauft er dasselbe weiter. Macht nun nach dem Weiterverkauf der Sache der Verpfänder oder der erste Pfandgläubiger von seiner Compensationsbefugniß Gebrauch, so gilt kraft der Rückziehung die erste Pfandforderung als vor dem Weiterverkauf erloschen und das zweite Pfandrecht kommt zu Kräften. Will es hingegen der Verpfänder zusammenbrechen lassen, so braucht er nur mit dem ersten Gläubiger eins zu werden dahin, daß letzterer seine Forderung baar ausgezahlt erhält und den empfangenen Betrag sofort dem Verpfänder auf seine Gegenforderung zurückgiebt. Dann fällt das zweite Pfandrecht zusammen und das dritte rückt an seine Stelle vor. Welch verlockende Gelegenheit zugleich für den Verpfänder, sich mit diesen beiden Pfandgläubigern in unlautere Verhandlungen einzulassen und sein Vorgehen danach einzurichten, ob er von dem Einen oder dem Anderen einen größeren Vortheil in Aussicht gestellt bekommt. Bürgschaften werden nicht selten gegen Entschädigung übernommen, Objecte zur Verpfändung gegen Vergütung gewährt. Die Vergütung wird dann wohl auch nach Zeitabschnitten bestimmt, z. B. für jedes Vierteljahr der Haftung auf 10. Nachdem die Forderung längere Zeit bestand, stellt der Schuldner fest, daß ihm eine Gegenforderung aus einer kurz nach dem Entstehen jener Forderung angefallenen Erbschaft zustehe. Er benutzt dieselbe zur Compensation. Bürgen, Pfänder sind frei von der Zeit des Gegenübertretens beider Forderungen. Die Unmöglichkeit weiterer Haftung, die von keiner Seite verschuldet ist, hat zur Folge, daß Bürgschaftsgewährer und Pfandgewährer nun seit jener Zeit, also unter Umständen seit Jahren, keine Entschädigung mehr zu beanspruchen haben. Denn ein vertretbares Verschulden kann doch unmöglich in dem späten Gebrauch der Compensationsbefugniß gesehen werden.

Eine mangels Zahlung protestirte Tratte wird vom protesterhebenden Gläubiger gegen den Acceptanten ausgeklagt. Letzterer compensirt mit einer ihm vor dem Protest bereits erwachsenen Gegenforderung. Da alsdann der Wechsel als damals bereits erloschen anzusehen, müßten die Protestkosten dem Protesterheber zur Last fallen. Und doch war die Protesterhebung vielleicht durchaus geboten; so wenn Acceptant allein compensationsbefugt ist, wo Gläubiger gar nicht sicher ist, daß Compensation überhaupt erfolgt.

§ 7. 4. Der Entwurf steht selbst nicht durchwegs auf dem Boden der Rückwirkung.

Am klarsten zeigt sich die Ungerechtigkeit des Grundsatzes der Rückwirkung bei diesem doch der aequitas entsprossenen Institut, wenn wir die oben bereits gestreiften Fälle betrachten, in denen nur einer beider Theile die Compensationsbefugniß hat. Solche Fälle kennt der Entwurf in den §§ 288, 289. Nach dem ersteren kann unpfändbaren Forderungen gegenüber nicht compensirt werden und nach dem zweiten nicht gegenüber Forderungen des Reiches, des Staates oder der Gemeinden, wenn beide Forderungen von verschiedenen Cassen ressortiren. Durch die Anerkennung dieser letzteren Ausnahmen ist meines Erachtens der Entwurf mit der Rückwirkung der Compensationserklärung selbst in Widerspruch getreten. Die der Compensation zu Grunde liegenden Gesichtspunkte sind doppelter Art. Einmal soll die Compensation der Nothwendigkeit, sich insbesondere baare Geldmittel zu verschaffen, um zu zahlen, was man doch kraft Rechtens sofort zurückerhalten soll, überheben und die damit verbundenen Mühen beseitigen. Zum Andern soll sie — was das Wichtigere ist (S. 128) — die Gefahr ausschließen, daß man sein Geld hingiebt und nun auf die Zuverlässigkeit des Empfängers angewiesen ist, ob er es auch zurückgiebt. Ja, auch bei bestem Willen des Empfängers kann dies vereitelt werden. Man denke etwa, daß ein Gerichtsvollzieher in dem Moment der Auszahlung das Geld pfändet — ein Fall, der bei den Auszahlungen im Subhastationsverfahren durchaus nicht selten ist. Das zweite Moment — die Sicherheit des Erlangens der eigenen Forderung — fällt gegenüber dem Fiscus und den Gemeinden fort. Denn bei ihnen ist diese Sicherheit auch ohnedies völlig gewährleistet. Das erstere Moment aber, die Ersparung der Mühen für die Verschaffung baarer Geldmittel, ist gegenüber dem Interesse der genannten Verwaltungen an übersichtlicher, zuverlässiger Geschäftsgebahrung, welche es nicht gestattet, daß die von den verschiedenen Stationen bearbeiteten Sachen in einander überfließen, ein so geringfügiges, daß es letzterem wohl geopfert werden darf. So erscheint die Ausnahme des § 289 völlig gerechtfertigt. Allein ganz anders wird auf einmal die Sachlage, wenn die Compensationserklärung rückwirkende Kraft haben soll. Da ist das Institut der Conpensation nicht mehr bloß im Dienste der erhöhteren Bequemlichkeit und Sicherheit, sondern ein Institut, welches dem Berechtigten die größten ökonomischen Vortheile zu verschaffen vermag. Es kann sich dabei um Tausende handeln in Folge des Ausschlusses des Verzuges, der Sistirung des Zinsenlaufes, des Nichtverfallens der Conventionalstrafe, des Nichteintretens der Rechtsverwirkung. Welche Bevorzugung des Fiscus und der Gemeinden nun, wenn ihnen die Compensationsbefugniß zusteht, nicht aber dem Gegner! Solche Ungleichheit kann vom Entwurf um so weniger beabsichtigt sein, als ja eine bloße die Grenzen der Stationen ändernde oder eine neue Station errichtende Verwaltungsanordnung in der Lage wäre, auf das Schwerste in die privaten Rechtsverhältnisse einzugreifen. Eine Gemeinde hat eine Emphyteuse ausgethan. Emphyteuta bleibt durch drei Jahre den Canon im Hinblick auf ihm zustehende Gegenforderungen rückständig. Die Gemeinde stellt den Privationsproceß an, da sie das emphyteutische Grundstück jetzt für sich braucht; der Emphyteuta will compensiren; da stellt sich heraus, daß für seine Gegenforderung eine andere Casse wie für den Canon zuständig ist, jeder private Eigenthümer wäre unterlegen, die Gemeinde aber siegt ob! Ferner: Die Stadt schuldet einem Privaten 100 und übersendet sie ihm durch einen Cassendiener. Der Private sagt letzterem, der Rendant wisse wohl nicht, daß er an die Stadtcasse ebenfalls 100 zu zahlen habe, er solle nur das Geld wieder zurücknehmen. Der Diener thut es und verliert unterwegs das Geld. Da die Casse, von der zu zahlen war und die, an welche der Private zu zahlen hatte, verschiedene sind, war die Compensationserklärung unberechtigt, der Private im Verzug der Annahme; ihn trifft daher der Verlust des Geldes. Seine Schuld aber muß er zahlen. Und nun denke man: dieselbe Person hat einen gleichgelagerten Rechtsfall vor Kurzem gegenüber einem anderen Privaten im Proceß ausgetragen: da ist er auf Grund der Rückwirkung der hier zulässigen Compensationserklärung von der Verpflichtung zur Zahlung seiner Schuld losgesprochen worden. Wie muß diese ungleiche Behandlung des Fiscus und der Privaten die Ueberzeugung von der Rechtsgleichheit erschüttern. Wäre er in beiden Fällen verurtheilt worden, der Betroffene hätte es verstanden; aber dort verurtheilt, hier losgesprochen, das erschüttert sein Vertrauen zur Rechtsordnung oder zur Rechtspflege. Die Verschiedenheit der Behandlung zwischen Privaten und Fiscus wird aber eine so große, daß sie diese Erschütterung herbeizuführen vermag, nicht durch das bloße Verbot der Compensation gegenüber dem letzteren, sondern allein durch die materiell so überaus weitgreifende Statuirung

Vortheil haben kann. Durch das Vermächtniß ist der Erbe verpflichtet, von der Compensation keinen Gebrauch zu machen — ein Fall obligatorischer Incompensabilität im Gegensatz zu der dinglichen Incompensabilität der §§ 288, 289 Entw. Dürfte der Erbe aber compensiren, so wäre die schuldnerische Gegenforderung von 112 durch Aufrechnung gegen die Nachlaßforderung von 100 erloschen. In Folge des Vermächtnisses aber kann der Schuldner-Gläubiger nunmehr die ganzen 112 fordern, hat also bei pflichtgemäßem Verhalten des Erben durch das Vermächtniß 12 gewonnen. Hier macht sich in elementarer Weise die natürliche Auffassung der Compensation geltend, wonach die beiden Forderungen bis zur Compensationserklärung einander gar nichts angehen und von da ab sich nur in futurum beeinflussen, eine Auffassung, die auch im Entwurf in §§ 281—282 zum Ausdruck gebracht, in § 283 freilich in Bezug auf die zeitliche Wirkung der Compensationserklärung durch das künstliche Mittel der Fiction wieder rückgängig gemacht ist. Für die vom Entwurf beliebte Gestaltung der Compensation erscheint aber die Rückwirkung doppelt unangemessen. Wo, wie im gemeinen Recht, die sog. compensatio necessaria nur im Proceß erfolgen kann und zwar im Wege der Einrede, mag ein gewisses Bedürfniß nach Rückdatirung der Compensationswirkungen sich vielleicht bemerkbar machen. Hat nämlich der Compensationslustige die geringere Forderung, so ist er in der Zwangslage, um die vortheilhaften Wirkungen der Compensation sich möglichst bald zu verschaffen, den Gegner zu verklagen und ihn dadurch zu veranlassen, seine Gegenforderung quoad summas concurrentes zur Compensation zu stellen, woran sich dann natürlicher Weise wegen des überschießenden Betrages eine Widerklage oder eine selbständige Klage des Beklagten anschließt — letzterer Nachtheil wiegt für die Meisten aber regelmäßig schwerer, als der Vortheil möglichst baldiger Herbeiführung der Vortheile der Compensationswirkungen —, oder mit der Compensation zu warten, bis der Gegner ihn verklagt, in welchem Fall es von letzterem abhängt, von welchem Moment ab der Compensationsbereite sich jener Vortheile solle erfreuen können; denn ohne Klage keine Compensationseinrede und „nemo invitus agere cogitur". So mag es sich erklären, daß sich im Gebiet der Rechtsordnungen, welche nur unter Vermittelung einer Einrede den Compensationszwang eintreten ließen, das Bedürfniß nach einer Rückdatirung hier und da vielleicht geltend machen mochte. Allein gerade hierin hat ja der Entwurf Wandel geschaffen mit seiner durchaus billigenswerthen Bestimmung, daß die Aufrechnung durch einfache Willenserklärung des Compensationslustigen erfolge (§ 282). Hat dadurch der Entwurf die Herbeiführung der Compensation wesentlich erleichtert, vor Allem aber zeitlich unabhängig vom Gegner gestellt, so ist auch das eben berührte Moment für die Rückdatirung hinfällig.

Die Rückdatirung geschieht auf den Zeitpunkt, in welchem die beiderseitigen Forderungen als zur Aufrechnung geeignet sich gegenüber getreten sind (§ 283). Dieser Moment mag oft recht zweifelhaft sein. Man denke z. B. es ist eine Forderung durch eine vom Schuldner zu vertretende Unmöglichkeit der Leistung compensabel geworden. Wie soll der Zeitpunkt des Eintritts der Unmöglichkeit, der oft genug schon nach wenig Tagen nicht mehr sicher festzustellen ist, nach Monaten, vielleicht nach Jahren, wenn eine Compensationserklärung erfolgt, noch festgestellt werden? Und doch ist eine unpräcise Bestimmung jenes Moments bei der heutigen Schnelligkeit des Verkehrs und des Preiswechsels der Verkehrsobjecte von den größten Gefahren für die Betheiligten begleitet. Welch andere Bedeutung hat die Differenz von einem Tage für unsere Verhältnisse wie ehedem! Und hier setzt zugleich ein Bedenken gegen die Formulirung des maßgeblichen Momentes ein. Es soll dies der Zeitpunkt sein, in welchem jeder Theil die ihm gebührende Leistung fordern und die ihm obliegende Leistung bewirken kann (soll wohl heißen: darf). § 281 Entw. Nun unterstellen wir, es habe ein Banquier am 1. April um 10 Uhr Morgens 1000 Stück Actien gegen Conventionalstrafe zu liefern. Um dies zu können, bedingt er sich von einem Dritten die Leistung dieser Stücke gegen eine gleich hohe Conventionalstrafe für den 1. April 9 Uhr Morgens aus. Allein die Leistung unterbleibt, der Banquier muß, um nicht in die ihm drohende Conventionalstrafe zu verfallen, noch am 1. April um $^3/_4$ 10 Uhr die Actien, die unterdeß im Course erheblich gestiegen, sich anderweit verschaffen. Als er darauf seinen Gegner auf Schadensersatz belangt, wendet derselbe ein, daß ihm zwischenzeitig eine ebensolche Forderung gegen den Kläger, fällig ebenfalls am 1. April, erwachsen gewesen sei, welche er damit zur Compensation stelle. Das scheint nach der Fassung des Entwurfes angängig zu sein: arg. verba „sobald er die ihm gebührende Leistung fordern kann" (§ 281). So gut ein Wechsel, der am 1. April fällig ist, zu jeder Stunde dieses Tages zur Zahlung präsentirt und — innerhalb der Protestſtunden — protestirt werden kann, so kann auch der Gläubiger jeder anderen Forderung zu jeder Stunde des Fälligkeitstages die Leistung beanspruchen. Danach konnte der Beklagte am 1. April bereits um 9 Uhr Morgens die Leistung der ihm geschuldeten Stücke fordern; in diesem Moment standen sich die beiden Forderungen als compensable gegenüber und auf diesen Moment ist daher ihr Erlöschen zurückzudatiren, also Kläger abzuweisen. Und doch dürfte dies kaum der Sachlage entsprechen. Hätte vielmehr der Beklagte, wie er sich anheischig gemacht hatte, am 1. April um 9 Uhr geliefert und zugleich von dem Empfänger die Erfüllung seiner Gegenverpflichtung verlangt, so würde letzterer, dem der Fälligkeitstag auch ganz zu Gute kommen muß, mag der Gegner auch bereits mit dessen Beginn fordern dürfen, ihn vielleicht auf eine Nachmittagsstunde vertrösten, zu welcher er von anderer Seite die zu leistenden Stücke erhält, und Beklagter hätte bis zum Ablauf der Geschäftsstunden warten müssen. Es fallen eben Fordern-dürfen und Leisten-müssen nicht nothwendig zeitlich zusammen.

Das übersieht der Entwurf, wenn er auf den Moment abstellt, in welchem jeder Theil die ihm gebührende Leistung fordern darf. Mag es sich bei jenem Auseinanderfallen beider Momente oft auch nur um Stunden handeln, für einen Verkehr, der mit Eisenbahn, Telegraph und Telephon arbeitet, können das recht erhebliche Zeiträume darstellen. Compensirt aber kann erst werden, sobald der Compensationsgegner rechtlich leisten muß, nicht sobald Compensant fordern darf. Die Compensation ist eine Art zwangsweiser Geltendmachung der Forderung durch den Compensanten gegenüber dem Verpflichteten. Dies ist auch die Auffassung des Entwurfes, wie sich aus dessen § 288 ergiebt. Und wenn sie auch keine Zwangsvollstreckung ist — denn sie bezweckt nicht Realisirung der Forderungen: wenn beide Theile sich gegenseitig verpflichtet sind, einen Metercentner Chausseesteine zu klopfen, so sind nach vollzogener Compensation die Steine immer noch nicht zerkleinert —, so ist es doch eine damit verwandte Zwangserledigung einer Forderung durch und um der gleichzeitigen Erledigung (liberatio) einer Gegenforderung willen. Daher war es auch durchaus richtig, wenn das oberste Landesgericht für Bayern unterm 6. Juli 1883 die Compensation gegenüber einer nach § 749 C.P.O. unpfändbaren Forderung für unzulässig erklärte, und es ist zu bedauern, daß derselbe Gerichtshof unterm 5. November 1887 von dieser wohlbegründeten Auffassung zurückgekommen ist. Ist aber die Compensation Zwangserledigung der Forderung, so braucht sich der Gegner derselben nicht zu beugen, bevor er zu leisten verpflichtet ist, mag Gläubiger auch schon vorher zu fordern berechtigt sein. Der § 281 wäre danach etwa dahin zu ändern:

„Wenn zwei Personen einander gleichartige Leistungen schulden, so darf jeder Theil, sobald sein Gegner die ihm obliegende Leistung bewirken muß und er selbst die ihm obliegende Leistung bewirken darf, seine Forderung gegen die Forderung des Gegners aufrechnen."

Zum Schluß sei noch Eines hervorgehoben. Wenn nur ein Theil compensationsberechtigt ist, und dieser das vom Gegner an ihn gerichtete Gesuch gegenseitiger Compensation abgelehnt, darauf aber doch noch von seinem Compensationsrecht Gebrauch gemacht hat, so wirkt dies auf den Moment zurück, in welchem er nicht compensiren wollte; die Compensationswirkung tritt also bereits in dem Moment ein, in welchem der allein Compensationsberechtigte erklärt hat, eine solche nicht herbeiführen zu wollen.

Wir haben gesehen, daß das römische Recht eine Wirkung der Compensation vom Moment der Coexistenz beider Forderungen an nicht kennt, daß das preußische, französische, österreichische und sächsische Gesetzbuch sie bloß als Folge der Anlehnung an die zur Zeit ihrer Entstehung herrschende Pandektentheorie kennt und zwar die ersten drei wegen des angeblichen Erlöschens der beiden Forderungen durch ihr bloßes Gegenübertreten, das letztgenannte wegen der angeblichen Rückwirkung des Compensationsactes. Ersteres aber ist längst als unrichtig erkannt, für die Unrichtigkeit der Rückwirkungstheorie ist oben der Beweis versucht. Wir haben ferner gesehen, daß die Rückwirkung zu den unerfreulichsten und unerwünschtesten Resultaten führen kann, in keiner Beziehung durch praktische Rücksichten geboten ist (vergl. auch Motive I 344 oben) und mit dem Wesen und der principiellen Gestaltung der Compensation im Entwurf im Widerspruch steht. Für letzteres sind wir so glücklich, einen trefflichen Gewährsmann anführen zu können. Es ist dies Bethmann-Hollweg. In einem von ihm im Jahre 1827 im rheinischen Museum Bd. I S. 257 veröffentlichen „Beitrag zur Lehre von der Compensation" gedenkt er der Möglichkeit, „daß ein positives Recht dem Schuldner das Recht giebt, was bei der compensatio voluntaria durch Uebereinkunft geschieht, durch einseitige Willenserklärung zu bewirken, so daß er den Gläubiger durch Abrechnung gewissermaßen bezahlt. Hierdurch wird dann auch die Forderung ipso iure d. h. stricto iure, wie durch Zahlung getilgt sein, aber nicht ipso iure im zweiten Sinne, nicht von selbst, sondern durch den Willen des Schuldners, also auch erst von dem Augenblick an, wo dieser seinen Willen erklärt hat". Man sieht, es war Bethmann-Hollweg undenkbar, daß ein Gesetz, welches die Compensation durch einseitige Willenserklärung geschehen läßt, die Wirkungen derselben knüpfen könnte an den Moment des Zusammentreffens der Forderungen. Dies fällt um so mehr ins Gewicht, als Bethmann-Hollweg für das römische Recht Rückwirkung annimmt.

meinen Gütergemeinschaft [1]), der Mobiliar- und Errungenschaftsgemeinschaft [2]), meistens auch bei bloßer Errungenschaftsgemeinschaft [3]), vor Allem aber bei dem Güterstande der Verwaltungsgemeinschaft [4]). Der zu Grunde liegende Gedanke ist der, daß eine gesunde Verwaltung des zur Bestreitung des ehelichen Aufwandes bestimmten Vermögens ohne ein Mobiliarveräußerungsrecht nicht durchgeführt werden kann. Selbst das römische Recht hat dies erkannt und darum nur die Veräußerung des fundus dotalis verboten. Erwägt man übrigens, daß auch in den Gebieten des römischen Dotalrechts vielfach eine stillschweigende Dosbestellung an allem ohne Vorbehalt eingebrachten Vermögen der Frau angenommen wird [5]), so darf man füglich behaupten, daß das Mobiliarveräußerungsrecht des Ehemannes kaum in einem Achtel des Deutschen Reiches gesetzlich beseitigt, in mindestens sieben Achteln dagegen das nationale Recht festgehalten ist. Während das sächsische B.G.B. mit seinem Systeme des ususfructus maritalis wenigstens an eine in Sachsen vielfach verbreitete, wenn auch falsche Auslegung des Sachsenspiegels anknüpfen konnte, würde der Vorschlag des Entwurfes im Wesentlichen einen völligen Bruch mit dem, was auf diesem Gebiete bisher Rechtens gewesen ist, bedeuten. Es ist klar, daß ein solcher Bruch nur durch die zwingendsten Gründe gerechtfertigt werden könnte, aber die in den Motiven entwickelten Gründe wiegen überaus leicht.

Die Gegner des ehemännlichen Mobiliarveräußerungsrechts behaupten, daß dasselbe mit den heutigen, auf hochentwickelter Capitalswirthschaft beruhenden ökonomischen Verhältnissen nicht mehr vereinbar sei und eine Gefährdung der Ehefrau besorgen lasse. Allein zunächst sind alle für den persönlichen Gebrauch der Frau bestimmten Gegenstände als gesetzlicher Vorbehalt der Verfügung des Mannes entzogen. Wer der Ehefrau eine Zuwendung durch Schenkung oder Testament machen will, hat es, wenn die Umstände es wünschenswerth erscheinen lassen, in der Hand, seiner Zuwendung ebenfalls den Charakter des vorbehaltenen Gutes zu geben. Außerdem hat aber die Gesetzgebung schon bisher durch eine

---

1) Vgl. Roth, System des deutschen Privatrechts II. 82 ff.

2) Vgl. Code civil 1421. Bad. Landrecht 1421. Stemann, Güterrecht der Ehegatten im Gebiete des jütischen Lovs, 1857, S. 69.

3) Vgl. Roth a. a. O. II. 139 f.

4) Vgl. A.L.R. II. 1 § 247. Code civil 1531, 1535. Oldenburgisches Gesetz vom 24. April 1873, Art. 5, 7. Roth a. a. O. II. 214 ff. Stobbe, Handbuch des deutschen Privatrechts IV. 167. Schröder, Geschichte des ehelichen Güterrechts II. 3, S. 230 f.

5) Vgl. Roth a. a. O. II. 45, Anm. 21. Oesterreich. B.G.B. 1238.

Reihe von Ausnahmen im Interesse der Frau einem Mißbrauche des Veräußerungsrechtes zu begegnen gewußt[6]), und es empfiehlt sich, in dieser Richtung noch etwas weiter zu gehen. Wenn das preußische A.L.R. in diesem Sinne Gerechtigkeiten und auf den Namen der Frau, ihres Erblassers oder Geschenkgebers eingetragene Capitalien den Grundstücken gleichstellt (A.L.R. II. 1 §§ 232 ff.), so wird nichts dagegen einzuwenden sein, wenn dies auch von Schiffen und Schiffsparten, Kuxen und allen auf den Namen der Frau oder ihres Rechtsvorgängers lautenden Werthpapieren bestimmt wird, so daß das Verfügungsrecht des Mannes wesentlich nur noch bei Geld, Inhaberpapieren und Hausrathsgegenständen in Betracht kommt. Da den Gläubigern des Mannes bei dem Güterstande der Verwaltungsgemeinschaft der Zugriff auf das Ehegut allgemein, auch hinsichtlich seiner beweglichen Bestandtheile, versagt ist, so könnte eine Gefährdung des Ehegutes nur durch eine mißbräuchliche Vermögensverwaltung des Ehemannes herbeigeführt werden. Gegen eine solche Gefährdung hat die Frau aber nach dem bisherigen Rechte einen doppelten Schutz, indem sie von ihrem Manne Sicherheitsleistung für ihre Ersatzansprüche und, wenn ihr eine solche nicht gewährt wird, die Aufhebung der Verwaltungsgemeinschaft verlangen kann. Merkwürdiger Weise verhält sich der Entwurf, während er die letztgenannte Befugniß der Ehefrau aufrecht erhält (§ 1328), gegen die Sicherstellung ihrer Ersatzansprüche seitens des Ehemannes durchaus ablehnend, und zwar mit der Begründung, daß die heutige Rechtsanschauung und die Tendenz der neueren Reichsgesetze jeder derartigen Sicherstellung entgegen sei. Die Motive führen diese angebliche Tendenz geradezu als den entscheidenden Grund für die in dem Entwurfe vorgeschlagene Beseitigung des ehemännlichen Mobiliarveräußerungsrechtes an[7]). Aber richtig ist doch nur, daß das deutsche Recht das gesetzliche und privilegirte Pfandrecht der römischen Ehefrau verwirft und daß mit der Aufhebung des Concursprivilegs der Ehefrauen durch die Reichs-Concurs-Ordnung die römischen Dotalprivilegien im Deutschen Reiche im Wesentlichen beseitigt sind. Im Uebrigen wenden sich die Bestimmungen der Concursordnung (§ 25) und des Reichsgesetzes vom 21. Juli 1879 (§ 3), auf welche sich die Motive berufen, gegen die Sicherstellung oder Rückgewähr des Ehegutes seitens des Mannes nur unter der Voraussetzung, daß dieselbe innerhalb der letzten zwei Jahre vor Eintritt des Vermögensverfalles geschehen ist, und zwar mit der ausdrücklichen Ausnahme, daß derartige Maßregeln unbe-

---

[6]) Vgl. Roth a. a. O. II. 84, 215.

[7]) Vgl. Motive IV. 184, 194 f., 197 f.

dingt aufrecht erhalten bleiben sollen, wenn sie auf Grund einer gesetzlichen Verpflichtung oder eines älteren Ehevertrages vorgenommen sind. Dem Gesetzgeber hat demnach nichts ferner gelegen, als derartigen gesetzlichen Verpflichtungen principiell entgegen zu treten. Es ergiebt sich also nur die Nothwendigkeit, den Entwurf durch eine Bestimmung zu ergänzen, welche den Mann auf Verlangen der Frau zur Sicherheitsleistung für ihre Ersatzansprüche verpflichtet [8]). Damit mag man dann in Anlehnung an die §§ 1034 und 1323 des Entwurfes noch die weitere Bestimmung verknüpfen, daß die Frau bei Geldern und Inhaberpapieren, die zu dem Ehegute gehören oder durch Veräußerung von Ehegutsgegenständen oder Einziehung von Ehegutscapitalien eingegangen, soweit sie für die ordnungsmäßige Verwaltung entbehrlich sind, die Anlegung auf ihren Namen verlangen kann.

Die Beseitigung des ehemännlichen Mobiliarveräußerungsrechtes ist nicht bloß durch keinen in der bisherigen Rechtsentwickelung liegenden Grund geboten oder auch nur gerechtfertigt, sondern sie ist außerdem unpraktisch. Sie gefährdet die Rechtssicherheit, wenn auch nicht bei Geld oder Inhaberpapieren, bei deren Veräußerung die unverschuldete Unbekanntschaft mit ihrer Ehegutseigenschaft den Erwerber schützen würde, so doch bei allen anderen Gegenständen, da die von den Motiven (IV. 273) herangezogenen §§ 877—879 und 1182 des Entwurfes nur auf Gegenstände Anwendung finden könnten, die mit dem Willen der Ehefrau „aus deren Inhabung gekommen" sind. Die Motive haben übersehen, daß das Recht des Ehemannes auf die Verwaltung des Ehegutes aus dem Gesetze und nicht aus dem Willen der Ehefrau entspringt. Nicht selten werden sich Ehegutssachen ohne oder selbst wider den Willen der Frau in der „Inhabung" ihres Mannes befinden, auf welche die angezogenen §§ 877—879 keine Anwendung finden könnten. Dazu kommt noch die Gefährdung des ehelichen Friedens, wenn die Frau einer durch die Verhältnisse gebotenen Veräußerung ihre Zustimmung verweigert. Nach dem bisherigen Rechtszustande bedarf es, abgesehen vom Königreiche Sachsen, einer solchen Zustimmung überwiegend nur bei unbeweglichen Gütern, außerdem ist in dringenden Fällen Ergänzung der mangelnden Zustimmung der Ehefrau durch das Gericht gestattet. Der Entwurf verlangt die Zustimmung der Ehefrau auch bei Mobiliarveräußerungen, lehnt aber die gerichtliche Ergänzung im Verwaltungswege (auf bloße causae cognitio) ab, weil dies eine obervormundschaftliche Handlung bedeuten würde, eine solche aber hier ausgeschlossen bleiben müsse, da der Entwurf die ehe-

---

[8]) Etwa nach dem Vorgange des A.L.R. II. 1 §§ 254 ff.

herrliche Vormundschaft und mit ihr auch jede Obervormundschaft über den Ehemann ablehne. Deshalb verweist der Entwurf den Ehemann, um die Zustimmung seiner Frau zu erzwingen, auf den Weg der Klage (§ 1319). Also möglicher Weise Proceß unter Ehegatten bei jedem alten Stuhl oder Tische, den der Mann verkaufen oder umtauschen will. Bis der Proceß darüber entschieden ist, sind die Kinder vielleicht schon verhungert, aber das Princip bleibt wenigstens gewahrt!

Wir haben uns in unserer vorstehenden Ausführung vornehmlich gegen die von dem Entwurf beabsichtigte Aufhebung des ehemännlichen Mobiliarveräußerungsrechtes gewendet, aber ähnliche Bedenken erheben sich auch gegen die Gleichstellung des ehemännlichen Nutzungsrechtes mit dem Nießbrauche (§ 1292). Das Nutzungsrecht des Ehemannes läßt sich nur mit dem des Eigenthümers selbst, allenfalls noch mit dem des Vasallen am Lehen, des Zinsbaueru am Leihgute, sowie dem des Stammguts- und Familienfideicommißbesitzers vergleichen. Die Gleichstellung mit dem Nießbraucher giebt dem Ehemanne eine unwürdige, Chicanen und Processen ausgesetzte Stellung, die mit dem Wesen der Ehe nach deutscher Auffassung unvereinbar ist. Der Entwurf schließt sich auch hier auf das Engste an das sächsische B.G.B. an. Die Motive berufen sich auf das preußische A.L.R. und andere neuere Gesetze, wo ebenfalls auf den Nießbrauch verwiesen sei, sie übersehen aber, daß diese Verweisung nur eine sehr allgemeine Bedeutung hat, während die Einzelbestimmungen die Stellung des Ehemannes durchaus abweichend von der des Nießbrauchers gestalten.

Das in dem Entwurfe aufgestellte System des gesetzlichen Güterstandes bedarf demnach einer grundsätzlichen Abänderung in der Richtung, daß das aus dem sächsischen B.G.B. entlehnte System des ehemännlichen Nießbrauches in dem Sinne der deutschen ehelichen Verwaltungsgemeinschaft in der Art des preußischen A.L.R. ausgestaltet wird.

VII.

Gutachten des Herrn Landgerichtsrath Brühl zu Bautzen

über die Frage:

Bedarf das System des gesetzlichen Güterstandes in dem Entwurfe des B.G.Bs. einer grundsätzlichen Abänderung und in welcher Richtung?

I.

„Die Verwaltungsgemeinschaft beruht wie die Errungenschaftsgemein- „schaft auf dem Gedanken, daß die Zuständigkeit des beiderseitigen Ver- „mögens durch die Ehe nicht geändert, daß aber der Ertrag des beider- „seitigen Vermögens und der beiderseitigen Arbeit zur Bestreitung der „ehelichen Lasten verwendet und zu diesem Zwecke das Vermögen der „Ehefrau mit dem Vermögen des Ehemannes in der Hand des letzteren „als des Hausherrn und Hauptes der Ehe vereinigt werden soll. Die „weitere Ausführung dieses Gedankens erfolgt aber bei der Verwaltungs- „gemeinschaft — abweichend von der Errungenschaftsgemeinschaft — in „der Art, daß der Ertrag des beiderseitigen Vermögens und der beider- „seitigen Arbeit, vorbehaltlich der bei dem selbständigen Erwerbe der „Ehefrau durch ihre Arbeit eintretenden Modifikationen, dem Ehemanne „als dessen alleiniges Eigenthum überlassen, andererseits aber der Ehe- „mann verpflichtet wird, die ehelichen Lasten allein zu tragen.“ So die Motive (Bd. IV S. 156) des Entwurfs [1]. Die Modifikationen bezüglich des selbständigen Arbeitserwerbs der Ehefrau bestehen in der Hauptsache darin, daß der Entwurf in § 1289 denselben für Vorbehaltsgut erklärt und damit der ehelichen Nutznießung und Verwaltung

---

[1]) Wo wir weiterhin Motive ohne nähere Bezeichnung anziehen, sind überall die Motive des Entwurfs gemeint.

(§ 1286), d. h. der Verwendung für die Zwecke der Ehe entzieht; wenigstens solange als die Mittel des Ehemannes zur Bestreitung der ehelichen Lasten hinreichen (§§ 1281, 1480ff.). Während in der Errungenschaftsgemeinschaft der gesammte Erwerb der Ehegatten denselben gemeinschaftlich gehört und bei Beendigung der Ehe der Ueberschuß der Errungenschaft über den ehelichen Aufwand jedem Ehegatten antheilig zufällt, tritt also nach dem Entwurf im Systeme des gesetzlichen Güterstandes bereits während bestehender Ehe Theilung der Errungenschaft ein, in Erwerb zur Bestreitung der Ehelasten und in solchen Erwerb, der grundsätzlich von diesen Lasten befreit ist. Wir haben bereits die Zulässigkeit dieser Abweichung einer Kritik unterzogen, auf welche wir verweisen[2]). Sie ist keine nothwendige Folge der Konstruktion der ehelichen Nutznießung als ususfructus maritalis und läßt sich deshalb beseitigen, ohne das System des maritalischen Nießbrauches selbst in Frage zu stellen. Die Hauptfrage bleibt nur, ob es gerathen ist, die Theorie des ususfructus maritalis zu legalisiren.

Ob die Technik des Entwurfs zu billigen ist, kann, wie überhaupt so auch innerhalb des Eherechts, nur nach einer genauen Prüfung der in Betracht kommenden Einzelfragen entschieden werden[3]), da es im Wesentlichen darauf ankommt, welcher Rechtssatz am meisten den Bedürfnissen des Lebens entspricht. Ein Mißverständniß der Wissenschaft vergangener Jahrhunderte beseitigen, heißt noch nicht soviel wie die Rezeption des römischen Rechts rückgängig machen wollen. Nachdem durch Schröder der deutschen Wissenschaft wieder zum Bewußtsein gebracht worden ist, daß das eheliche Güterrecht sich den deutschen Kern bewahrt hat, sollen wir da nicht versuchen, diesem Kern die entsprechende Form zu geben? Wir halten das im Entwurf gegebene System im Allgemeinen für annehmbar. Nur ist es nach verschiedenen Richtungen der Verbesserung fähig und bedürftig. Um dies nachzuweisen, werden wir zuerst die Brauchbarkeit der Form des ususfructus für die Konstruktion der Rechte des Ehemannes am Ehegute einer praktischen Prüfung unterwerfen[4]). Erst wenn und soweit sich die Unbrauchbarkeit derselben er-

---

[2]) Vgl. Archiv f. d. c. Pr. Bd. 73 S, 408ff. und Bd. 74 S. 399ff.

[3]) Vgl. auch Petersen in Rassow's und Küntzels's Beitr. IV. Folge, 4. Jahrg. S. 43f. Selbstverständlich müssen wir uns bei der Umfänglichkeit des Stoffes auf das Herausgreifen charakteristischer Punkte beschränken.

[4]) Historischer Betrachtungen glauben wir uns enthalten zu sollen. Daß die ehelichen Verwaltungs- und Nutznießungsrechte aus dem Mundium des Ehemannes entstanden sind und daß die eheliche Vormundschaft etwas Anderes ist als die antiquirte Geschlechtsvormundschaft, brauchen wir Niemandem zu sagen.

geben haben wird, wollen wir den Versuch machen, eine andere Form zu finden, welche dem Wesen der ehelichen Verhältnisse besser entspricht.

II.

Vor Allem haben wir zu untersuchen, ob die Gesammtheit der Rechte des Ehemannes am Vermögen der Ehefrau sich als Ein Recht an der Vermögensgesammtheit des Ehegutes auffassen läßt. Von Planck[5]) wird dies unter Berufung auf § 1293 des Entwurfes behauptet. Mit Recht hat aber bereits Mitteis darauf hingewiesen, daß § 1293 im Grunde genommen nichts weiter besagt als: „Ein Gegenstand unterliegt der ehelichen Nutznießung nur so lange, als — er derselben unterliegt“[6]). Um obige Frage zu beantworten, bedarf es einer Erörterung des Vermögensbegriffs, über dessen Inhalt — wie die Kritik des Entwurfs von Neuem gezeigt hat — keineswegs Einverständniß herrscht.

Im Allgemeinen versteht man unter Vermögen einer Person die Summe der ihrer rechtlichen Herrschaft unterworfenen Güter. Sie wird in der Regel getheilt in Herrschaft über Personen und Sachen. Diese herkömmliche Eintheilung scheint uns aber die in der Person des Vermögenssubjects selbst vorhandenen Rechtsgüter nicht genügend zu beachten.

Die Herrschaft einer Person über ihr Vermögen ist vor Allem Herrschaft über sich selbst. Neben dieser letzteren steht die Herrschaft über Personen und Sachen der Außenwelt. Diese Unterscheidung führt in der Hauptsache dazu, den Gegensatz zwischen Capital- und Arbeitsvermögen aus der Wirthschaftslehre in das Gebiet des Rechtes zu übertragen[7]). Zwar ist das Arbeitsvermögen nicht das alleinige höchstpersönliche Rechtsgut der Person. Privatrechtlich aber kommt es vor allen anderen höchstpersönlichen Rechtsgütern (Ehre, Freiheit, Leben) so gut wie allein in Betracht.

Welche Schwierigkeiten hat der Rechtswissenschaft die Construction des sogenannten geistigen Eigenthums gemacht! Für uns ist der Schutz des Urheberrechts und anderer sogenannter Individualrechte nur Rechtsschutz des Arbeitsvermögens und seiner Früchte. Dahin gehört auch z. B. das Rechtsgut des Geschäftsgeheimnisses, welches in den Kategorien des

---

[5]) Vergl. Planck im Archiv f. c. Pr. Bd. 75 S. 358, 360.

[6]) Vergl. Mitteis in Grünhut's Zeitschr. für das Privat- und öffentl. Recht der Gegenwart Bd. 16 S. 582 Note 76.

[7]) Capital verhält sich zur Arbeit wie der Körper zum Geist. Auch die geringste Arbeit, welche mechanisch verrichtet wird, will erdacht und erlernt sein.

Sachen- und Obligationenrechts sich nicht unterbringen läßt. Die Veräußerung eines solchen gegen Entgelt ist ebenso wenig als Kauf wie der Lehrvertrag als Verdingungsvertrag aufzufassen. Verhältnisse dieser Art lassen sich juristisch, als Fälle aus dem Rechte des Arbeitsvermögens[8]), nur aus sich selbst beurtheilen.

Wir verlangen nun keineswegs das Unmögliche, daß der Entwurf dem Rechte des Capitalvermögens ein Recht des Arbeitsvermögens fix und fertig zur Seite stellt. Aber man sollte doch das Verlangen nach Reform des Privatrechts nicht mit der Nothwendigkeit einer scharfen logischen Formulirung der Begriffe und ihrer Consequenzen zurückweisen wollen. Die Einheitlichkeit des Rechtssystems kann nicht, wie Planck[9]) besorgt, unter sachgemäßen Reformen leiden. Im Gegentheil würden durch solche so manche zweifelhafte Rechtsbegriffe in ein neues, helleres Licht gesetzt werden[10]). Z. B. der Vermögensbegriff. Sind Capital- und Arbeitsvermögen lediglich Theile eines und desselben Ganzen, so muß auch der Begriff des Capitalvermögens mit dem Begriffe des Arbeitsvermögens die innere Wesenheit gemein haben. Ist der Begriff des letzteren nur in subjectivem Sinne denkbar, so muß auch das Capitalvermögen in subjectiver Bedeutung verstanden werden. Haben wir den Begriff des Rechts subjectiv zu verstehen als rechtlich geschützte Macht des Individuums, so kommt für uns als Vermögen der Person ebenmäßig nur die Gesammtheit ihrer subjectiven Rechte in Betracht. Die Objecte des Vermögens sind an sich für den Vermögensbegriff ebenso gleichgültig wie der Gegenstand des einzelnen Rechts für den Rechtsbegriff. Wir treten hiernach

---

[8]) Wohin man mit der Unterstellung des Arbeitsvermögens unter das Recht des Capitalvermögens kommt, das zeigt z. B. recht deutlich die Beantwortung der Frage, ob die Hinterbliebenen eines durch Schuld des Dienstherrn verunglückten Arbeiters einen Anspruch gegen den Dienstherrn aus dem Dienstmiethvertrage haben. Das geltende Recht bekennt sich im Allgemeinen nicht zu der Auffassung, daß die menschliche Arbeitskraft rechtlich wie ein Vermögensstück zu behandeln sei, sondern ist grundsätzlich noch immer auf dem Standpunkte des römischen Rechts verblieben, wonach liberum corpus aestimationem non recipit. „Auch der Entwurf des bürgerlichen Gesetzbuchs für das Deutsche Reich, welcher in seinen §§ 722—725 die delictsmäßigen Folgen der widerrechtlichen Tödtung eines Menschen regelt und dabei einzelne neue Schadensersatzansprüche einführen will, ist weit davon entfernt, etwa das dem römischen entgegengesetzte Princip in dieser Materie durchzuführen.“ Wir begnügen uns, wegen des Näheren auf das Reichsgerichtsurtheil vom 24. Mai 1888 (Entsch. in Civils. Bd. XXI S. 170 ff. und namentlich S. 173, 174) hinzuweisen.

[9]) a. a. O. S. 334.

[10]) Vgl. Menger im Archiv f. sociale Gesetzgebung 2. Jahrg. S. 1 ff., 419 ff. und die kaiserl. Erlasse vom 4. Febr. 1890.

der Ansicht bei, daß juristisch genommen das Capitalvermögen, wie das Vermögen überhaupt, nur Rechte enthält.

Für unseren Zweck können wir unerörtert lassen, ob es objective Einheiten giebt, welche Gegenstand Eines Rechts sein können (vgl. z. B. § 62 des sächs. B.G.B.), namentlich ob es zu billigen ist, daß der Entwurf (Mot. Bd. III S. 28 ff.) den Begriff der Gesammtsache grundsätzlich verwirft. Auch wenn man der ersteren Meinung den Vorzug giebt, braucht man den Mangel des Begriffs der objectiven Vermögenseinheit dem Entwurfe noch nicht, wie Gierke gethan, zum Vorwurfe zu machen. Die Passiven sind rechtlich die Beziehungen, in welchen das Vermögenssubject als Rechtsobject anderen Vermögenssubjecten gegenübersteht. Sie sind daher nicht Vermögensbestandtheile. Das Vermögen einer Person ist die Gesammtheit der rechtlichen Beziehungen derselben als Rechtssubjects. Das Rechtssubject wird in Ansehung der sämmtlichen ihm zustehenden Rechte Vermögenssubject genannt. In dem Vermögen, aufgefaßt als Gesammtheit von Activen und Passiven, ist nicht ein Rechtsbegriff gegeben, sondern nur der oberste Grundsatz der Rechtsordnung zum Ausdruck gebracht, daß Jeder, wie er die Anerkennung seiner Rechte von dem Anderen verlangen darf, auch diesem diese Anerkennung zu bethätigen hat. So groß der Einfluß ist, welchen dieser Grundsatz auf die Macht des Rechts- und Vermögenssubjects ausübt; objectiv ist durch denselben das einzelne Vermögensrecht und folglich auch die Summe derselben nicht beschränkt. Die Rechtsparömie bona non intelliguntur nisi deducto aere alieno scheint uns nichts weiter als eine dem Praktiker zuweilen recht willkommene Formel zu sein, welche demselben die schwierige Darlegung des Ergebnisses der Zusammenwirkung von weit aus einander liegenden Rechtssätzen erspart. Dogmatischen Werth hat sie für uns nicht.

Wie die mathematische Differenz zweier Größen erst durch ein Rechenexempel gefunden werden muß, ebenso ist der Bestand eines Vermögens deducto aere alieno nicht ohne Weiteres als objektive Einheit vorhanden. Die Darstellung der objektiven Vermögenseinheit verlangt eine wirthschaftliche Ausgleichung, eine juristische Operation mehr oder weniger verwickelter Art, kurz eine Thätigkeit, welche als solche außerhalb des Objektbegriffes liegt. Ein wirklicher Abzug fremder Rechte von eignen Rechten läßt sich zwar im Sachenrecht, aber auch da nur in abstracto denken. Im Gebiete der (dinglichen und persönlichen) Ansprüche ist das Recht des A gegen B regelmäßig nicht durch fremde Rechte des C, D, E gegen A beschränkt. Die Beschränkung der Rechte des A gegen B durch die Rechte des B gegen A kommt nur als Ausnahme von der Regel in Betracht; im Verhältniß zweier Rechtssubjekte zu einander, nicht im Verhältniß des Vermögenssubjektes zu sämmtlichen übrigen Vermögenssubjekten.

Was bezüglich des Vermögenssubjektes gilt, muß folgerichtig auch für Denjenigen gelten, der befugt ist, an Stelle des Vermögenssubjektes dessen Rechte ganz oder zum Theil für sich auszuüben. Der Ausgleich der sich in seiner Person kreuzenden rechtlichen Interessen vollzieht sich nicht von selbst, sondern durch eine Reihe der verschiedensten Rechtsgeschäfte, welche sich unter dem Gesichtspunkte der Vermögensverwaltung vereinigen. Deshalb allein, weil die Ausübung eines Rechtes am Vermögen eines Andern eine Verwaltung des letzteren bedingt, läßt sich noch lange nicht sagen, daß zur richtigen Erfassung dieses Rechts die Konstruktion einer objektiven Einheit des Vermögens gehöre. Jener Ausgleich der das Vermögenssubjekt berührenden Interessen ist nicht gegenständlich; er ist subjektiv.

Wollte man aber selbst mit Gierke[11]) die Möglichkeit und Unentbehrlichkeit des objektiven Vermögensbegriffs für Beurtheilung der Rechte an einem gegenwärtigen Vermögen, z. B. an der hereditas anerkennen, so scheint uns doch der Begriff der objektiven Vermögenseinheit dort vom Uebel zu sein, wo es sich, wie im Familienrecht, um die rechtliche Herrschaft über das gegenwärtige und zukünftige Vermögen einer Person handelt, welche in jedem Augenblicke, ähnlich wie der Alimentationsanspruch, immer von Neuem entsteht. Zur Erklärung der Stellung des Ehemannes gegenüber den Gläubigern des Ehegutes (§ 1311) bedarf es nicht der Betrachtung des letzteren als einer objektiven Vermögenseinheit (bona intelliguntur nisi deducto aere alieno), sondern es reicht dazu schon die Erkenntniß aus, daß das Recht des Ehemannes am Ehegute auf dem Rechte desselben an der Ehefrau als dem Subjekte des Ehegutes beruht. Deshalb und nur deshalb kann es nicht weiter gehen als das Recht der Ehefrau selbst.

Wie wenig der Entwurf sich die Klarstellung dieses Grundsatzes hat angelegen sein lassen, zeigt die Thatsache, daß man völlig übersehen hat, zu bestimmen: „Dingliche Rechte an Gegenständen des Eheguts gehen ohne Rücksicht auf die Zeit ihrer Entstehung der ehelichen Nutznießung vor[12])". Wenn nunmehr Planck (a. a. O. S. 358) vorschlägt, diesen Mangel durch Einschiebung der Worte „und soweit" hinter „solange" in § 1293 zu beseitigen, so möchten wir nochmals auf dasjenige hinweisen,

---

[11]) Vgl. Bekker und Fischer, Beiträge zur Erläut. u. Beurth. des Entw. 18. Heft „Personengemeinschaften und Vermögensinbegriffe".

[12]) Vgl. Näheres im Arch. f. d. c. Pr. Bd. 73 S. 422 ff. und dazu Mitteis, a. a. O. S. 586. Gierke a. a. O. S. 121.

was gegen § 1293 überhaupt von Mitteis geltend gemacht worden ist (vgl. oben S. 174). Der Hauptfehler des Entwurfs liegt darin, daß er das Ehegut zum unmittelbaren Objekt der ehemännlichen Rechte machen will, während der Ehemann unmittelbar nur Rechte an der Person der Ehefrau und erst durch diese hindurch, mittelbar, Rechte an dem Vermögen derselben (als einer Zubehör der Person) besitzt.

Große Schwierigkeiten müssen der Praxis aus dieser verkehrten Technik entstehen, welche den Anspruch erhebt, als „die scharfe logische Formulirung der Begriffe und ihrer Consequenzen" anerkannt zu werden [13]); das leuchtet beinahe von selbst ein. Die einzige Handhabe, welche durch den Entwurf geboten wird, um die gröbsten Absurditäten der Auffassung der ehelichen Nutznießung als einer unmittelbaren, d. i. dinglichen Herrschaft über das Ehegut zu vermeiden, liegt in § 1325 oder vielmehr in den Motiven zu § 1325 vergraben. In dieser Vorschrift hat, was man kaum ahnen würde, wenn nicht die Motive es aussprächen, zum Ausdruck gebracht werden sollen, daß die Anwendung der Nießbrauchsvorschriften sich in verschiedenen Richtungen durch das Verwaltungsrecht und die Verwaltungspflicht des Ehemannes modificirt und bei einer Collision die §§ 1317—1324 vorgehen (Mot. Bd. IV 286). Diese Modificationen herauszudüfteln, kann aber der Praxis unmöglich zugemuthet werden, dies um so weniger, als es dem Entwurfe selbst nicht gelungen ist, bei der Uebertragung der Nießbrauchsvorschriften auf die eheliche Nutznießung eine zutreffende Grenze zu finden. Um dies zu zeigen, wenden wir uns zunächst zum Verhältnisse der Ehegatten unter einander.

III.

„Zur Kritik des Entwurfes" ist von Planck bemerkt worden, es sei sachlich ohne Bedeutung, ob man die eheliche Nutznießung als ein dingliches Recht charakterisire oder nur die entsprechende Anwendung der Vorschriften über den Nießbrauch vorschreibe; denn das dem Ehemanne in Ansehung der einzelnen zum Ehegute jeweilig gehörigen Gegenstände zustehende Recht sei, wie das eheherrliche Recht selbst, als dessen Ausfluß es erscheine, jedenfalls ein absolutes Recht und habe als solches in der hier in Frage kommenden Beziehung dieselben Wirkungen wie ein dingliches Recht [14]). Einer solchen Vermischung von Dinglichkeit und Absolutheit muß entgegengetreten werden. Wie dieselbe wirken kann, zeigt folgender Fall.

---

[13]) Vgl. Planck a. a. O. S. 333.

[14]) Vgl. Planck a. a. O. S. 360.

Welches Gericht ist zuständig für die Klage, durch welche die Ehefrau die Freiheit ihres Grundstücks von der ehelichen Nutznießung dem Ehemanne gegenüber geltend zu machen versucht? Stellt man sich auf den Standpunkt der Dinglichkeit des ehemännlichen Rechts, so ist das forum rei sitae ausschließlich zuständig (§ 25 C.P.O.). Ist aber die eheliche Nutznießung ein persönliches Recht, wie wir annehmen, so hat die Ehefrau im allgemeinen Gerichtsstande des Ehemannes zu klagen (§ 12 C.P.O.). Dieser Unterschied würde namentlich dann um so wichtiger werden, wenn etwa — was allerdings wohl kaum anzunehmen — das Regionalsystem zur Einführung kommen sollte. Voraussetzlich aber ist der erwähnte Fall einer Negatorienklage der Ehefrau nicht der einzige, bei dem der Unterschied zwischen dinglichem Nutznießungsrecht und persönlichem Genußrecht [15]) hervortritt. Es ist nicht unsere Aufgabe, mehr solche Fälle aufzusuchen. Uns scheint vielmehr, daß schon der eine angeführte Fall zur völligen Widerlegung Planck's genügt.

Wichtiger ist für uns der umgekehrte Fall der Klage, welche der Ehemann gegen die Ehefrau auf Anerkennung seines Nutznießungsrechtes bezüglich eines bestimmten Ehegutsgrundstückes oder eines sonstigen Activum des eheweiblichen Einbringens erhebt. Es liegt nahe, daß diese Klage ebensowenig unter § 25 C.P.O. gestellt werden kann. Welcher Art ist sie denn, wenn sie nicht dinglicher Art ist? Gegenüber der Ehefrau kann der Ehemann nicht die Klage haben, welche an sich der Ehefrau zusteht. Ihr gegenüber ist seine Sachlegitimation von selbständiger Bedeutung. Aehnlich wie der Cessionar gegen den Cedens klagen kann auf Feststellung der Cession, so geht die Klage des Ehemannes auf Feststellung der Ehegutseigenschaft des der Ehefrau gehörigen Grundstücks. Befindet er sich nicht im Besitze, so wird der Klageantrag auf Herausgabe hinzukommen können. Hat er dagegen bereits den Besitz, so dürfte auch ein Antrag auf Verurtheilung der Ehefrau zu Unterlassung weiterer Störungen (wie bei der a. confessoria) nicht ausgeschlossen sein. Deshalb aber ist nicht etwa eine dingliche Klage anzunehmen. Sonst würde auch die Klage eines Patentinhabers wegen Verletzung seines Patentrechtes eine dingliche Klage genannt werden müssen (§ 4 des Reichspatentgesetzes v. 25. Mai 1877). Es handelt sich vielmehr hier wie dort um „angewandte Zustandsrechte". Dieselben haben mit den reinen Zustandsrechten die absolute Wirkung gemein [16]). Wenn wir der Technik des Rechts zu Liebe

---

[15]) Diesen Unterschied haben wir im Archiv f. c. Pr. Bd. 73 S. 399 ff. des Näheren erörtert.

[16]) Vgl. Förster (Eccius), Theorie und Praxis Bd. IV § 201 S. 2. (4. Aufl.)

die eheliche Nutznießung als dingliches Recht auffassen sollen, so sehen wir nicht recht ein, warum man in gleicher Weise sich nicht mit dem Begriffe des geistigen Eigenthums begnügt hat. Die Begriffe „geistiges Eigenthum" und „ehelicher Nießbrauch" [17]) stehen ziemlich auf derselben Höhe.

Die Wirkung der ehelichen Nutznießung im Verhältniß der Ehegatten zu einander zeigt sich hauptsächlich in den Einschränkungen der Handlungsfreiheit der Ehefrau (§§ 1300—1304). Aus ihrer absoluten Wirkung, da sie sogar zu Gunsten der Ehefrau eintritt, geht unwiderleglich hervor, daß der Inhalt der Nutzungsrechte des Ehemannes nicht rein vermögensrechtlicher Natur sein kann, daß vielmehr das Rechtsverhältniß des Ehemannes zur Ehefrau auch dort ein höchstpersönliches bleibt, wo es das Vermögen der letzteren betrifft. Selbst Planck giebt, während die Motive noch die innere Verschiedenheit der Verwaltung und Nutznießung betonen (Bd. IV S. 161), nunmehr die innere Einheit thatsächlich zu, indem er die Beschränkung der Verfügungsfreiheit der Ehefrau [18]) als negative Function des ehemännlichen Verwaltungsrechts bezeichnet (a. a. O. S. 361). Zugleich wird von ihm die weitgehende Einschränkung desselben Verwaltungsrechtes (in seiner positiven Function) mit der Sorge für die Sicherheit des Eheguts gerechtfertigt. Allein gerade wenn man diesen Grund recht betont, ergiebt sich von selbst, daß die Einschränkung zu weit geht und grundsätzlich nur hinsichtlich der Substanz des Eheguts gerechtfertigt ist. Dagegen läßt sich mit Grund bezweifeln, ob es richtig ist, daß der Entwurf an die Geschäfte des Ehemannes, welche die Nutzbarmachung des Ehegutes betreffen, die Ehefrau nicht für gebunden erachten will; vgl. hierzu die Entscheidung der Leipziger Juristenfacultät im Wochenbl. f. m. R. Jahrg. 1847 S. 160 und die dazu abgedruckte Reformatoria. Die Interessen des Miethers und Pächters insbesondere verlangen, daß diese sich auf das Wort des Ehemannes verlassen können. Dieselben haben keinen Sinn für die logischen Consequenzen der Nießbrauchstheorie. Wenn eine derartige Erweiterung des Rechts der ehelichen Verwaltung in den zeitherigen Gesetzgebungen, wie die Motive

---

[17]) Schröder sagt sehr richtig: „Indem der Entwurf den § 1293 für nothwendig erachtet, legt er indirect das Bekenntniß ab, daß er auf falschen Boden gerathen ist und incommensurable Dinge mit einander zusammengebracht hat." S. 16 des 15. Hefts in Bekker u. Fischer's Beitr. zur Erläuterung und Beurtheilung des Entw. eines bürg. Gesetzbuchs.

[18]) Ob es richtig ist, daß der Entwurf — wie Schröder S. 9, 26 annimmt — die Geschäftsfähigkeit der Ehefrau nur objektiv beschränke, wollen wir nicht weiter erörtern.

Bd. IV S. 187 betonen, nicht vorkommt, so kann dieser Beweis ungenügender Erkenntniß der ehelichen Verwaltungsgemeinschaft für den Gesetzgeber, der die Verwaltungspflicht des Ehemannes in besserer Erkenntniß dem Verwaltungsrecht zur Seite stellt, nicht maßgebend sein.

Die Praxis des ususfructus maritalis hat allerdings die übelsten Folgen der Zurückdrängung des Verwaltungsrechts zu beseitigen verstanden, indem sie den Fall der Beendigung des Nießbrauchs durch Beendigung der Ehe dem Falle des Erlöschens eines Nießbrauchs durch Zeitablauf gleichstellte. Aehnlich der Entwurf (§ 1008 und Mot. Bd. IV S. 186). Daß aber an sich diese beiden Fälle nicht gleichstehen, können selbst die Motive (Bd. III S. 521) nicht bestreiten. Für die Dienstbarkeit des Sachnießbrauches mag immerhin § 1008 genügen. Für die richtige Behandlung der ehelichen Nutznießung dagegen genügt uns die Vorschrift in § 1008 nicht. Hat der Vermiether oder Verpächter die zeitliche Beschränknng seines Genußrechts dem Miether oder Pächter verschwiegen, so wird dieser nach Befinden Schädenansprüche erheben können. Letzteres wird dagegen dem durch unvorhergesehenes Erlöschen der Nutznießung beeinträchtigten Mitcontrahenten des Ehemannes fast niemals möglich sein. Es ist daher billiger, die Interessen der Ehefrau erst in zweite Linie zu stellen. In der Regel wird dieselbe davon nicht den geringsten Nachtheil haben. Dies befürchtet auch der Entwurf nicht. Die Aengstlichkeit desselben in der Gestaltung des Verwaltungsrechts beruht weniger auf sachlichen Gründen, als auf der **Unmöglichkeit, neben der Legaltheorie des ehemännlichen Nießbrauchs zu einer gesunden Basis der verselbständigten ehelichen Verwaltung zu gelangen. Der Entwurf hat überall das Bestreben, der Form des ususfructus maritalis alle anderen Rücksichten unterzuordnen.** Das Volk wird dies niemals verstehen lernen. Dem rechtsunkundigen Ehemann kommt die Beurtheilung seiner ehemännlichen Rechte als eines zeitlich beschränkten Nießbrauchs sicher niemals in den Sinn.

Für die eheliche Nutznießung ist die Anwendung des § 1008 um so bedenklicher, weil sie sich auf Mieth- und Pachtverträge über Grundstücke beschränkt, hiernach aber alle anderen Sachen von ihr ausgeschlossen bleiben. § 1008 bildet im System des ususfructus eine Ausnahmevorschrift. Es fragt sich, ob im Eherecht dieser Charakter aufrecht erhalten bleiben darf. Von dem logischen Richter wird freilich die analoge Anwendung des § 1008, weil sie innerhalb des ususfructus ausgeschlossen erscheint, auch im Gebiete der ehelichen Nutznießung für unzulässig erklärt werden. Wir glauben dagegen, daß die eheliche Nutznießung in erster

Linie eheliche Verwaltung ist, und kommen deshalb zu dem entgegengesetzten Ergebnisse.

Es ist schief, die Verträge, welche der Ehemann betreffs der Nutzung des Ehegutes schließt, aus dem Nießbrauchsgesichtspunkte zu beurtheilen. Ob der Ehemann bei Abschluß derselben sein oder seiner Frau Interesse wahrgenommen hat, zeigt sich erst im Zeitpunkte der Fälligkeit der bedungenen, bürgerlichen Früchte. Es kann sein, daß dieselben bis zur Beendigung des Vertragsverhältnisses dem Ehemanne zufallen; es kann auch Theilung eintreten, falls die Ehe vor Ablauf des Vertrages sich auflöst; endlich ist nicht ausgeschlossen, daß der Ehemann wegen alsbaldiger Beendigung der Ehe gar nicht in die Lage kommt, die bedungenen Früchte selbst zu ziehen. Wir sind der Meinung, daß die Wirksamkeit des Vertrages von der Zeitdauer der Ehe unabhängig gemacht werden muß. Die Einseitigkeit und Engherzigkeit des reinen Nießbrauchsstandpunktes zeigt sich aber nicht nur in Ansehung der Verträge, welche der Ehemann über den Gebrauch und die Früchte von Gegenständen des Ehegutes abschließt, sondern auch umgekehrt bezüglich der Nutzungen, welche aus Verträgen der Ehefrau sich ergeben. Verkauft in diesem Falle der Ehemann z. B. die fructus pendentes des seitens der Ehefrau von einem Dritten erpachteten Grundstücks, so kann er das entweder im eigenen Namen oder im Namen der Ehefrau thun. Betont man die eheliche Nutznießung an erster Stelle, so verkauft er in eigenem Namen, andernfalls im Namen der Ehefrau. In der Regel wird er, dafern er nicht einige Rechtskenntnisse besitzt, beim Vertragsschlusse nicht hervorheben, in welcher Eigenschaft er abschließen will. Dies muß nach dem Entwurfe weiter zu der Annahme führen, im Zweifel sei vom Ehemanne im eigenen Namen abgeschlossen worden, obschon diese Annahme in den meisten Fällen den Intentionen der Ehegatten nicht entsprechen wird. Namentlich in den Fällen, in welchen die Ehefrau miethet und pachtet, weil der Ehemann in Concurs verfallen und nicht in der Lage ist, seine rückständigen Verbindlichkeiten zu erledigen, wird der Ehemann regelmäßig bei Verfügungen über fructus pendentes nur die Absicht haben, die Frau zu vertreten. Deshalb fragt sich, ob es nicht richtiger wäre, davon auszugehen, daß dem Ehemanne über die fructus pendentes ein Verfügungsrecht zwar aus eigenem Recht, aber nicht in eigenem Namen gegeben ist (§ 1298). Wenn er fructus pendentes verkauft, so handelt er für die Ehefrau, da zur Zeit dieser und nicht ihm der Anspruch auf die Früchte zusteht. Erst im Momente der Fruchtziehung tritt das Recht des Ehemannes auf die Nutzungen des Ehegutes in Wirksamkeit. Besteht die Ehe noch, so fällt der Kaufpreis dem Ehemanne zu. Besteht die Ehe nicht mehr, so gehört der Kaufpreis der Frau.

Der Entwurf (§ 1293) will selbst den Umfang des ehemännlichen Rechts stets nach der rechtlichen Lage des Ehegutes im Momente der Fruchterwerbes beurtheilen. Deshalb wird jede vorhergehende Verfügung des Ehemannes über die Früchte in erster Linie nicht aus dem Gesichtspunkt der Nutznießung, sondern aus dem Gesichtspunkt der Verwaltung zu beurtheilen sein.

Ein Hauptfall, bei dem der Gesichtspunkt der ehelichen Verwaltung völlig übersehen wird, liegt vor beim selbständigen Betriebe eines Erwerbsgeschäftes seitens der Ehefrau. Daß der Ehemann insoweit der Ehefrau die Verwaltung überläßt, kann unseres Erachtens doch Nichts an der Pflicht der Ehefrau ändern, die Erträgnisse ihres Capital- und Arbeitsvermögens zum Besten der Ehe zu verwenden. Die Sache wird um so einleuchtender, wenn der Mann sich am Geschäfte der Ehefrau betheiligt. Denn im Zweifel darf man ihn nicht zum bloßen Geschäftsgehülfen degradiren.

Im Großbetriebe können ja hinsichtlich der Stellung des Mannes zum Geschäfte der Frau nicht so leicht Irrungen eintreten. Aber in Fällen wie denjenigen des Art. 10 H.G.B. wird es häufig vorkommen, daß aus dem unklaren Verhältnisse der betheiligten Ehegatten zum Geschäftsbetriebe die unerquicklichsten und schier unlöslichen Streitfragen entstehen. Zur Illustration nur ein Fall aus der Praxis: Die Wittwe eines Hausirers führt das ausgedehnte Geschäft ihres verstorbenen Gatten in schwunghafter Weise fort. Sie heirathet zum zweiten Male. Der zweite Gatte betheiligt sich am Geschäftsbetriebe der Frau, ohne daß vertragsmaßig festgestellt wird, in welcher Eigenschaft. Theils gehen die Gatten zusammen hausiren, theils jeder für sich. Einmal kauft die Frau ein, einmal der Mann. Schließlich aber kommen Differenzen, die Ehe wird geschieden. Nun entsteht Streit, wem eigentlich das Geschäft gehört hat. Der Mann klagt gegen seine frühere Ehefrau auf Herauszahlung der Geschäftseinnahmen oder umgekehrt. Hier liegen drei Möglichkeiten vor: Hat die Ehefrau bis zuletzt das Geschäft im eigenen Namen weiter betrieben? Oder: Hat der Ehemann den Geschäftsbetrieb auf seinen Namen übernommen? Oder: Hat ein gemeinschaftlicher Geschäftsbetrieb stattgefunden? Zur Entscheidung dieser Fragen bedarf der Richter eines festen Grundsatzes. An diesem fehlt es dem Entwurfe vollständig.

Nach unserem Dafürhalten müßte das Gesetz aussprechen, daß die Vermuthung zu Gunsteu des einen oder anderen Ehegatten streitet, am richtigsten wohl zu Gunsten des Mannes. Der Eintritt desselben in das

Geschäft der Ehefrau als Gehülfe oder als bloßer Theilhaber würde nur beim Nachweis eines besonderen Vertrages anzunehmen sein, bezüglich dessen das Erforderniß der Schriftform wohl kaum etwas schaden könnte [19]).

Für die Schwierigkeit aller dieser Verhältnisse ist der Hauptgrund, daß sich das System des gesetzlichen Ehegüterstandes in der Hauptsache auf die Construction der ehelichen Nutznießung beschränken zu können glaubt, welche doch zur Verwaltung nur in untergeordnetem Verhältnisse steht. Die Verwaltungsrechte des Ehemannes lassen sich freilich nicht nach der Schablone des Sachen- oder Obligationenrechts beurtheilen. Deshalb ist es das Einfachste, sie zu streichen!?

Wir haben diese Verhältnisse, welche zwischen den Ehegatten selbst aus der Einseitigkeit des usufructus maritalis hervorgehen, nicht ganz übergehen wollen. Indessen geben wir ohne Weiteres zu, daß für die gesetzliche Ordnung des ehelichen Güterstandes das Verhältniß der Ehegatten unter einander von geringerer Bedeutung ist als das Verhältniß derselben zu Dritten. Deshalb lassen wir auch alle die Fragen auf sich beruhen, welche schon an sich — von dem Verhältnisse zu Dritten abgesehen — die Dinglichkeit der ehelichen Nutznießung auf eine harte Probe stellen. Hierher würde namentlich die Frage gehören, inwieweit dem Ehemanne das Recht zur Mobiliarveräußerung zugestanden werden kann [20]), ob dem Ehemanne an den verbrauchbaren Sachen des Ehegutes, insbesondere am Gelde der Ehefrau ein quasi usufructus einzuräumen ist [21]). Die Verhältnisse des ehelichen Lebens werden sich insoweit zu ihrem Recht verhelfen, mag im Gesetze stehen was will. Anders steht es aber mit dem Verhältnisse der Ehegatten zu Dritten. Dieses Verhältniß bedarf ganz besonders sorgfältiger Erwägung, damit wir nicht von falschen Grundlagen aus zu schiefen Consequenzen und unhaltbaren Zuständen gelangen. Und zwar ist hier wiederum weniger wichtig das

---

[19]) Die Unklarheit des ehelichen Güterrechts verführt heruntergekommene Geschäftsleute dazu, die Ehe zu allerhand Schiebungen zu mißbrauchen, denen man die betrügerische Absicht ansieht, ohne letzterer beikommen zu können. Sollte es nicht gerathen sein, jeder Ehefrau, welche ein selbständiges Geschäft führt, vorzuschreiben, daß sie in ihrer Firma einen Vornamen ausschreiben oder dieselbe mit „Frau" beginnen muß? Jetzt ist es bekanntlich nicht selten, daß die Ehefrau von August Müller dessen Firma A. Müller fortführt, weil sie den Vornamen Anna besitzt. Wird dann von den Geschäftslieferanten der Ehemann verklagt, so behauptet er für die Firma seiner Frau bestellt zu haben. Wird diese verklagt, so wendet sie ein, daß sie die Bestellung ihres Mannes nicht zu vertreten habe.

[20]) Vgl. Schröder a. a. O. S. 16, 25.

[21]) Vgl. Mitteis a. a. O. S. 587 ff.

Verhältniß der Ehefrau zu den Gläubigern und Schuldnern des Mannes. In dieser Beziehung genügt uns im Allgemeinen der Satz, daß die Frau nicht für Schulden des Mannes haftet, sowie die Anerkennung der sogenannten Schlüsselgewalt. Vielmehr handelt es sich hauptsächlich darum, eine einheitliche Regelung des Verhältnisses des Ehemannes zu den Gläubigern und Schuldnern der Ehefrau anzustreben.

Dazu ist das Rechtsinstitut des ususfructus maritalis untauglich. Allenfalls läßt sich dasselbe bei Construction des Verhältnisses des Ehemannes zu den Activen des Ehegutes heranziehen. Bezüglich des Verhältnisses des Ehemannes zu den Ehegutspassiven, d. h. zu den Gläubigern der Ehefrau versagt es dagegen vollständig, wie wir später sehen werden. Vorerst wenden wir uns zur Besprechung der Möglichkeit, das Verhältniß des Ehemannes zu den Schuldnern der Ehefrau den Nießbrauchsnormen zu unterwerfen.

Wir bitten zu diesem Zwecke um die Erlaubniß, hierbei unter „Gläubiger" den Inhaber nicht nur eines persönlichen, sondern auch eines dinglichen Anspruches [22]) verstehen und uns auch des Ausdruckes „Schuldner" in dem entsprechenden Sinne bedienen zu dürfen. So läßt sich das Verhältniß des Ehemannes zu den Activen und Passiven des Ehegutes am ehesten von einem und demselben Standpunkte aus überschauen. Nur darf selbstverständlich der Gläubiger nicht mit „Kläger" und der Schuldner nicht mit „Beklagter" ohne Weiteres identificirt werden, da die Geltendmachung von Ansprüchen ebenso gut im Einrede- wie im Klagwege vorkommt.

IV.

Behufs Erörterung der Frage, in welchem Verhältnisse der Ehemann zu den Schuldnern der Ehefrau steht, dürfte es practisch sein, die Natur der sogenannten Confessorienklage des Ehemannes gegen Dritte an einigen Fällen zu erörtern, zumal der Entwurf sich über die Frage des ehemännlichen Klagrechtes im Gebiete der ehelichen Nutznießung ausschweigt. Daß er ein solches aber anerkennt, ergiebt sich aus den Motiven und allenfalls aus § 1017.

Der Dinglichkeit des Rechts auf die Nutzungen des Eheguts bedarf es nicht, um diesem Rechte Wirkung gegen Dritte zu verleihen. Nicht das einzelne Recht auf die Nutzung eines Vermögensgegenstands der Ehefrau als solches ist es, welches in der Hand des Ehemannes Wirkung

[22]) Auch die dinglichen Ansprüche haben (was viel zu wenig berücksichtigt wird) eine persönliche Richtung, wenn auch nur mittelbar; vgl. Windscheid, Pandekten § 43.

gegen Dritte besitzt — es kann ebenso gut persönlicher wie dinglicher Natur sein —, sondern die absolute Natur der Sachlegitimation[23]).

Von diesem Standpunkte aus ist die Klage des Ehemannes immer nur die Klage, welche an sich der Ehefrau zusteht. Von einer Confessoria des Ehemannes läßt sich daher nur insoweit reden als derselbe kraft Gesetzes das Recht auf Nutzung einer zum Ehegut gehörigen Dienstbarkeit geltend macht[24]) Wesentlich gehört zur Klagbegründung, ganz wie bei der Klage der Ehefrau, daß im Ehegute die gestörte Dienstbarkeit wirklich besteht. Wenn auch einige Aehnlichkeit zwischem dem Anspruche des rechtsgeschäftlichen Rechtsnachfolgers des Servitutberechtigten und dem Klagrechte des Ehemannes einer servitutberechtigten Ehefrau sich ergiebt, so liegt doch ein durchgreifender Unterschied insofern vor, als jener sich nachträglich entstandene Einreden aus der Person seines Rechtsvorgängers nicht gefallen zu lassen braucht, während dem Ehemanne gegenüber Einreden aus der Person der Ehefrau aus dem Gesichtspunkte der Befriedigung von Ehegutsverbindlichkeiten (§ 1311) zu berücksichtigen sind.

Besonders deutlich zeigt sich die Natur der Klage des Ehemannes im Falle der Geltendmachung einer zum Ehegute gehörigen Grunddienstbarkeit. Die Klage wegen Beeinträchtigung derselben steht nach § 978 — wie dem Eigenthümer die Negatoria — lediglich dem Berechtigten, dem Eigenthümer des herrschenden Grundstücks zu (Mot. Bd. III S. 489). Interessant ist hierbei, was zu der entsprechenden Vorschrift des sächsischen Gesetzbuchs (§ 563) die Motive (vgl. Siebenhaar's Comm. I S. 447 der 2. Aufl.) bemerken: „Der Usufructuar hat diese Klage nicht, weil, wenn er auf Anerkennung seines gestörten Rechtes klagt, seine Intention gar nicht darauf gerichtet ist, für das Grundstück, an welchem ihm der Nießbrauch zusteht, ein Recht geltend zu machen und seine Klage nicht unter den Begriff der Confessorienklage fällt, sondern als vindicatio ususfructus erscheint". In ähnlicher Weise meinen die Motive des deutschen Entwurfs, daß dem Ehemanne die Erhebung der Confessoria der Ehefrau entzogen sei (Bd. IV S. 232). Hier liegt aber die Sache wesentlich anders.

Allerdings wird die Zulässigkeit dieser Klage, soweit sie auf Anerkennung des Dienstbarkeitsrechts der Ehefrau geht, davon abhängig sein, ob der Ehemann ein rechtliches Interesse an der begehrten Fest-

---

[23]) Vgl. über diese Sätze die näheren Ausführungen im Archiv f. d. civ. Pr. Bd. 73 S. 408 ff.

[24]) Servitus servitutis esse non potest.

stellung nachweist. Wenn der Servitutpflichtige nicht sowohl das Recht des Ehemannes zur Ausübung der behaupteten Servitnt, als vielmehr diese Servitut selbst bestreitet, soll diesfalls der Ehemann von der Erhebung der Präjudicialklage in eigenem Namen ausgeschlossen sein? Nach dem Entwurf möchte man es wohl annehmen. Soll der Ehemann nicht aus eigenem Rechte auf Beseitigung der Dienstbarkeitsstörung und auf Schadenersatz klagen können? Wir halten dafür, daß mindestens insoweit die Confessoria beiden Ehegatten in solidum zusteht. Ist dies richtig, so ergiebt sich wieder recht deutlich, daß eine Trennnung des Rechts der ehelichen Verwaltung von dem Rechte der Nutznießung schlechterdings unmöglich ist.

Ebenso verhält es sich, wenn der Ehemann genöthigt ist, seine Rechte aus dem Eigenthume der Ehefrau wider Dritte zu verfolgen. Die Feststellung, daß ihm die Nutzung an einer Ehegutssache zusteht, ist nicht ohne die Feststellung denkbar, daß die für die eheliche Nutznießung in Anspruch genommene Sache Ehegutssache sei. Daran daß die Klage des Ehemannes solchenfalls nicht Confessoria, sondern Negatoria ist, vermag der Umstand, daß die Frau nicht selbst klagt, in alle Wege nichts zu ändern; wie eine Darlehnszinsforderung dadurch, daß der Ehemann sie an Stelle der Frau einklagt, ihren rechtlichen Character doch auch nicht verliert.

Anders die Theorie des ususfructus maritalis. Sie möchte schließlich dazu kommen, im Falle der Ehefrau eine Dienstbarkeit an einer Sache des Ehemannes zusteht, die eheliche Nutznießung als dingliches Recht des Ehemannes an der eigenen Sache zu konstituiren. Wir brauchen wohl nicht noch zu sagen, welche Klage dem Ehemann zusteht, wenn sein Fruchtgenuß auf redlichem Besitze der Ehefrau beruht.

Diese Andeutungen mögen genügen, um Demjenigen, der sich nicht die Augen verschließt, einigermaßen klarzustellen, daß es eine Fiction ist, wenn die Motive zum Entwurf und dieser selbst davon ausgehen, dem Ehemann sei die Klage aus dem Ehegutsrechte selbst entzogen. Sollte es daher wirklich geboten sein, die Wirkungen dieser Klage auf das Verhältniß der Proceßparteien zu beschränken? Oder wäre nicht erwägenswerth, den Ehemann in gewissem Maße[25]) zu ermächtigen, kraft ehelicher Verwaltung zugleich im Namen der Ehefrau den Rechtsstreit zu führen, ne bis in idem! Von den Motiven zu § 1322 wird zwar zugegeben, daß die Proceßführung an sich nicht als eine Verfügung, sondern als ein der Erhaltung des Vermögens dienender Verwaltungsakt

---

[25]) Kasuistik würde über den Zweck dieses Gutachtens hinausgehen.

anzusehen ist (Bd. IV S. 281), und daß aus der Beschränkung des Verwaltungsrechts des Ehemannes auf die Acte des § 1319 für Dritte die Unbequemlichkeit entstehen kann, über eine und dieselbe Frage möglicherweise zwei Processe führen zu müssen (S. 282). Allein sie trösten sich damit, daß diese „Unbequemlichkeit" bei jedem Nießbrauchsverhältnisse eintritt. Wenn sie sich im ehelichen Vermögensrechte vermeiden läßt, so ist doch dieser Grund wahrlich nicht stichhaltig.

Die Unterstellung des Klagrechts des Ehemannes unter den Gesichtspunkt eines eigenen Rechts legt übrigens nahe, daß es unzutreffend ist, den Ehemann bei Ausübung seiner Verwaltungsrechte als Vertreter der Ehefrau zu behandeln. Wir kommen weiter unten darauf zurück. Vorläufig beschränken wir uns auf die Bemerkung, daß der Ehemann nach § 1297 Nr. 5 zwar die Kosten eines von der Ehefrau selbst geführten Rechtsstreites unter Umständen zu tragen hat, daß aber anscheinend die Kosten von Vorsichtsmaßregeln der in § 1319 Nr. 3 gedachten Art gegen alle Grundsätze ordnungsmäßiger Vermögensverwaltung der Ehefrau zur Last fallen sollen (§§ 1324 Abs. 1 und 595 bez. 1318 Nr. 1. — Mot. Bd. IV S. 271).

Es will uns unter allen Umständen nicht unangemessen erscheinen, die Vorschrift des § 1319 [3] auf possessorische Rechtsmittel zu erstrecken. Oder soll der Ehemann, vorausgesetzt, daß die thatsächlichen Verhältnisse dazu angethan sind, nur in eigenem Namen possessorisch klagen können? Daß der Ehemann auch in dieser Beziehung nach § 1322 von der Ehefrau abhängig gemacht werde, läßt sich wohl kaum rechtfertigen.

Wenn gegenüber den dinglichen Rechten der Ehefrau die Nießbrauchsgrundsätze nach den verschiedensten Richtungen ihre Anwendbarkeit versagen, so ist damit nicht ausgeschlossen, daß der ususfructus nominis für die Construction der ehelichen Nutznießung sich vielleicht verwerthen läßt. Indem in § 1026 ausgesprochen wird, daß Ansprüche gegen Dritte, soweit sie zu den Nutzungen des dem Nießbrauche unterliegenden Rechts gehören, von dem Nießbraucher ohne Abtretung erworben werden, will man nicht die cessio ex lege ausschließen, sondern nur aussprechen, daß es zum Uebergang der gedachten Ansprüche keines Abtretungsvertrages im Sinne von § 294 bedarf, daß vielmehr der Forderungsübergang mit dem Vorhandensein seiner gesetzlichen Voraussetzungen von selbst eintritt (Mot. Bd. III S. 542 und Bd. IV S. 182 unter a). Freilich ist aber der Erwerb des Ehemannes in Ansehung der Eheguts-nutzungen ein beschränkter, wie die in § 1298 bestimmte Unveräußerlichkeit und Unpfändbarkeit der Rechte ergiebt, welche durch die Nutznießung an den zum Ehegute gehörenden Gegenständen begründet sind. Noch deutlicher zeigt sich diese Beschränkung in § 1299. Es fragt sich daher, ob es sich empfiehlt, § 1026 für die eheliche Nutznießung heranzuziehen. Wir glauben diese Frage ganz besonders hervorheben zu müssen.

Wenn man den Ehemann vom Zeitpunkte der Fälligkeit einer Zinsforderung des Ehegutes an als Inhaber dieser Forderung betrachtet und dieselbe aus dem Vermögen der Ehefrau ausscheidet, so ist die letztere zur Einklagung der Zinsen nicht legitimirt. Und doch kommt es in der Praxis häufig vor, daß die Ehefrau auf Zahlung der rückständigen Zinsen Klage erhebt. Die sächsische Praxis hat dies zugelassen, sobald der Ehemann die Proceßführung genehmigte, obschon diese Genehmigung für sich allein nicht eine Rückcession enthält. Dies kann streng genommen nicht anders als durch die Annahme gerechtfertigt werden, daß der Ehemann erst durch die Erhebung der Nutzungen Eigenthümer derselben wird. Wir halten diesen Gedanken für den richtigen Kern der ganzen ehelichen Nutznießung, den der Gesetzgeber deutlich hervorheben sollte. Andernfalls muß die nachträgliche Bezugnahme der Ehefrau auf ehemännliche Genehmigung ihrer Zinsenklage als Klageänderung behandelt werden. Von einer bloßen Ergänzung der thatsächlichen Klaganführungen im Sinne von § 240 Nr. 1 C.P.O. (vgl. Entsch. des Reichsger. Bd. XI Nr. 78 S. 340 f.) könnte mindestens dann nicht die Rede sein, wenn die Genehmigung des Prozesses der Ehefrau erst nachträglich erfolgt, weil die Sachlegitimation zum Klaggrunde gehört.

Von diesem Standpunkte aus würde man auch zur richtigen Entscheidung der Frage kommen, ob auf den Widerspruch der Ehefrau gegen die Pfändung verfallener Ehegutsnutzungen § 690 oder § 685 C.P.O. anzuwenden sei. Diese Frage entscheidet sich verschieden, je nachdem man den Ehemann oder die Ehefrau als Inhaber der Zinsforderung ansieht. Ersteren Falls schlägt bei der Pfändung § 730 C.P.O. ein, letzteren Falls dagegen § 754 desselben Gesetzes. Der gepfändete Ehemann hat so zu sagen zwei (Dritt-) Schuldner, die in der Verfügung über die Ehegutsnutzungen durch die eheliche Nutznießung beschränkte Ehefrau (unmittelbar) und den Zinsschuldner der Ehefrau (mittelbar). Daraus folgern wir, daß die Ehefrau am Zwangsvollstreckungsverfahren unmittelbar betheiligt ist und gegen die Art und Weise desselben aus § 685 C.P.O. Einwendungen erheben kann. Schon auf den ersten Blick sieht man nicht recht ein, warum die Einwendungen aus § 1299 vom Ehemanne nach § 685, von der Ehefrau dagegen nach § 690 C.P.O. geltend gemacht werden sollen. Denn sachlich sind die Einwendungen identisch.

Vom Nießbrauchsstandpunkte aus kommt man freilich dazu, die Einwendungen des Ehemannes als proceßrechtliche und genau dieselben Einwendungen seitens der Ehefrau als materiellrechtliche zu behandeln. Das ist die gepriesene Technik des Entwurfs. Hat in der That die Ehefrau ein die Veräußerung der fälligen Ehegutsnutzungen hinderndes Recht? Welcher Kategorie des Sachen- oder Obligationsrechts soll es denn angehören? Sie macht doch wohl nur geltend, daß dem Zugriffe der Gläubiger des Ehemannes die Beschränktheit der Rechte desselben, ihre innere Natur und ihr Zweck entgegensteht. Einen concreten Anspruch auf die gepfändeten Früchte besitzt sie nicht.

Hat der Ehemann vor Fälligkeit der Ehegutsfrüchte kein selbständiges Recht auf dieselben, wie sich daraus ergiebt, daß sich der Umfang seines Fruchtbezugs nach dem im Zeitpunkte desselben bestehenden Inhalte des Mutterrechts richtet, so kann sich sein Recht im Grunde auch durch die Erhebung der Früchte nicht ändern. Der Gedanke des Entwurfes, daß der Nießbrauch an einem Rechte eine theilweise und eigenthümliche, den Besteller für gewöhnlich nicht ganz verdrängende Succession in das belastete Recht bildet (Mot. Bd. III S. 540), läßt nicht erkennen, ob die Succession des Nießbrauchers constitutiver oder translativer Natur ist. Wir können seine Richtigkeit dahin gestellt lassen. Denn mag die Succession des eigentlichen Nießbrauchers so oder so zu beurtheilen sein, die Ausübung der ehelichen Nutznießung ist in jedem Falle, da die Rechte des Ehemannes qualitativ mit den Rechten der Ehefrau sich decken, nicht constitutiv, sondern translativ.

Demzufolge können wir der Meinung Hartmanns (krit. V.J.Schr. N. F. Bd. III S. 529 ff.), es werde lohnend sein, die Fälle des gesetzlichen Nießbrauchs bei Erörterung des ususfructus nominis mehr in den Vordergrund zu stellen, nicht beitreten. Im Gegentheil: In die Lehre vom eigentlichen Nießbrauch wird erst das richtige Licht kommen, wenn man aufhören wollte, von gesetzlichem Nießbrauche des Ehemannes und Vaters zu reden[26]).

Zu welcher Verwirrung der Begriffe die Uebertragung der Nießbrauchsnormen auf das Verhältniß des Ehemannes zu den Ehegutsschuldnern zu führen vermag, dafür nur noch ein kleines Beispiel. Faßt man den Uebergang der bürgerlichen Früchte des eheweiblichen Vermögens auf den Ehemann als cessio ex lege auf, so wirkt dieselbe doch gegen Dritte, weil die eheliche Nutznießung mit der Eheschließung ipso iure entsteht. In Sachsen ist ausgesprochen worden, die cessio ex lege

---

[26]) Die Unmöglichkeit der Uebertragung von §§ 1033—1036 auf die eheliche Nutznießung ist bereits von Schröder nachgewiesen worden; a. a. O. S. 21 ff.

wirke gegen den Schuldner nur erst, wenn dieser von der Abtretung benachrichtigt worden sei; die Mittheilung von der Verheirathung der Gläubigerin genüge nicht. Bei dieser Entscheidung hat man sich also ausnahmsweise einmal von der Dinglichkeit des ehemännlichen Rechtes losgemacht, aber freilich sehr an unrechter Stelle. Denn da die Wirkung der Nutznießung gegen Dritte auf der absoluten Natur der ehelichen Sachlegitimation beruht, so muß dieselbe bezüglich bürgerlicher Früchte ebenso vorhanden sein wie bezüglich natürlicher. Das aber ist der Fluch der Schablone, daß sie den tüchtigsten Praktiker unfähig macht, mit Sicherheit die Grenze zu finden, wo ihre Anwendbarkeit aufhört.

V.

Mit Folgerichtigkeit wird von der Legaltheorie des ususfructus maritalis dem dinglichen Rechte des Ehemannes die Verpflichtung desselben zu Tragung der Nießbrauchslasten als eine rein obligatorische, nur zwischen den Eheleuten bestehende, nicht nach außen wirkende zur Seite gestellt. Erklärt man aber die Wirkung der ehelichen Nutznießung gegen Dritte aus der absoluten Natur der ehelichen Sachlegitimation, so sieht man nicht recht ein, warum die Ehe nur activ und nicht auch passiv legitimirt. Mit anderen Worten: Ist es richtig, daß in § 1297 den Gläubigern der Ehefrau, während der Ehemann seine Rechte auf die Ehegutsnutzungen gegen die Schuldner der Ehefrau unmittelbar verfolgen darf, die Passivlegitimation des Ehemannes bezüglich der Ehegutslasten versagt wird? Die Verwaltungspflicht des Ehemannes ist doch sicherlich nicht auf das Stammvermögen der Ehefrau beschränkt. Wie vom Standpunkte der Vermögensverwaltung aus die Activen und Passiven des Ehegutsstammes eine Einheit bilden, so läßt sich dasselbe auch hinsichtlich der Nutzungen und Lasten des Ehegutes behaupten. Die Bedeutung der Vermögensverwaltung als Ausgleichung der positiven und negativen Vermögensfactoren darf nicht nur auf die Verwaltung des Stammvermögens bezogen werden; sie faßt zugleich die positiven und negativen Vermögensnutzungen als Einheit zusammen. Diesem Gedanken hat sich auch der Entwurf nicht ganz verschließen können, wie die Beschränkung der Zwangsvollstreckung in die auf Grund der ehelichen Nutznießung vom Ehemanne erworbenen Früchte ergiebt (§ 1299). Zugleich zeigt uns der Theil der ehelichen Verwaltung, welcher der Ehefrau zugewiesen ist, die sogenannte Schlüsselgewalt (§ 1278), einen Fall, in welchem die Ehe bezüglich der Verpflichtungen aus Geschäften des häuslichen Wirkungskreises der Ehefrau in der That zu Gunsten Dritter im Verhältnisse zum Ehemann passiv legitimirt. Es würde daher wohl kaum ein begründetes Bedenken entgegenstehen, die Gläubiger der Ehefrau, welche die Lasten des Ehegutes von ihrem Standpunkte als Vermögensnutzungen anzusehen haben, unmittelbar an den Ehemann zu verweisen, wenn nicht die Schablone des ususfructus es anders verlangte.

Während der Ehemann z. B. die Miethzinsen aus dem der Ehefrau gehörigen Hause unmittelbar vom Abmiether zn fordern hat, kann sich der letztere als Inhaber einer auf demselben Hause lastenden Hypothekforderung wegen seiner Hypothekzinsen nicht an den Ehemann halten[27]. Der Ehemann hat die Füglichkeit, die Miethzinsen gegen die Hypothekzinsen zur Aufrechnung zu bringen; dem Hypothekgläubiger und Miether wird diese Füglichkeit vom Entwurf entzogen. Ihn verweisen die Motive (Bd. IV, S. 205 unter 8) darauf, sich den Anspruch der Ehefrau auf Tilgung der Ehegutslasten im Wege der Zwangsvollstreckung überweisen zu lassen! Als Grund dieser Regelung wird nur angegeben, es sei im Hinblick auf die in Abs. 2 des § 1297 bestimmte Beschränkung der Haftung des Ehemannes (auf die Nutzungen, welche er aus dem Ehegute gezogen hat oder bei dessen ordnungsmäßigen Verwaltung hätte ziehen können) aus practischen Rücksichten nicht für angemessen erachtet worden, den Gläubigern der Ehefrau einen unmittelbaren Anspruch an den Ehemann einzuräumen. Versuchen wir daher einmal, uns diese praktischen Rücksichten klar zu machen.

In obigem Falle wird der Abmiether, falls er wegen rückständiger Hypothekzinsen die Zahlung seiner Miethzinsschuld dem Ehemanne verweigert, auf dessen Klage zur Zahlung kostenpflichtig verurtheilt. Er muß wegen Erlangung seiner Hypothekzinsen gegen die Ehefrau klagen. Erkennt diese den Zinsanspruch sofort an, so ist nicht ausgeschlossen, daß der Kläger nach § 89 C.P.O. auch noch in die Kosten des zweiten Processes verurtheilt wird, wenn nur der Richter recht consequent zu der Annahme gelangt, daß nicht die Ehefrau, sondern ein Dritter zur Erhebung der Klage Veranlassung gegeben hat. Indessen auch abgesehen hiervon, wenn nun der Weg zur Zwangsvollstreckung offen steht, so muß er das Recht der Ehefrau pfänden, welches den Ehemann verpflichtet, die Ehegutslasten zu tragen. Dafern der Ehemann einwendet, daß die Ehegutsnutzungen zur Tilgung von Ehegutslasten bereits verbraucht seien, so macht sich ein besonderes Verfahren nöthig. Bezahlt der Ehemann auch nach Zurückweisung dieser Einwendung noch nicht gutwillig, so bedarf es eines dritten Processes. Will sich schließlich der Gläubiger an den Stamm des Eheguts halten, so muß er den Ehemann auch noch

---

[27]) Vgl. hierzu Wengler's Archiv N. F. Bd. X, 174, 175 f.

darauf verklagen, die Zwangsvollstreckung in das Ehegut geschehen zu lassen.

Zugegeben, daß derartige Fälle selten vorkommen werden, so erregt doch schon ihre bloße Möglichkeit einen gelinden Schauder. Hätte sich der Entwurf in der That von praktischen Erwägungen und nicht von der Vorliebe für consequente Durchführung der Nießbrauchsschablone leiten lassen, so würde er sich wohl haben sagen müssen, daß die Billigkeit erfordert, die Sachlegitimation des Ehemannes nicht auf die Activseite der Ehegutsnutzung zu beschränken. Ueberweist man dem Ehemanne die Ehegutsnutzungen schlechterdings, ohne Rücksicht auf die Ehebedürfnisse und sonach auch insoweit, als sie diese Bedürfnisse übersteigen, so mag er nur auch für die Ehegutslasten unbeschränkt aufkommen. Er hat Mittel und Wege, die ihm daraus erwachsenden Nachtheile zu vermeiden. Der Dritte dagegen wird durch § 1297 unter Umständen geradezu rechtlos gemacht.

Man wird vielleicht einhalten wollen, daß es der Praxis Schwierigkeit bereiten werde, objektiv festzustellen, ob eine Ehegutsverbindlichkeit den Stamm oder die Nutzungen des Eheguts belaste, sowie daß dem Gläubiger darin zu seinem Schaden leicht ein Irrthum unterlaufen könne. Allein der Gläubiger wird einen solchen Irrthum, da er die Entstehung seiner Ansprüche kennt, bei gehöriger Vorsicht zu vermeiden in der Lage sein. Und jene Frage wird sich leichter entscheiden lassen, als die Rechtsfragen, welche durch die Auffassung der ehelichen Nutznießung als usus-fructus künstlich heraufbeschworen werden. Wo die Entscheidung thatsächlich Schwierigkeiten bietet, müssen sie in Kauf genommen werden, wenn man dadurch den Vortheil erlangt, die Rechtsungleichheit hinsichtlich der Vertretung des Ehegutes in activer und passiver Beziehung im Verhältnisse zur Ehefrau grundsätzlich zu beseitigen. Im Verhältnisse der Ehegatten zu einander kann ja ohnedies die fragliche Entscheidung nicht umgangen werden.

Vor Erlaß des bürgerlichen Gesetzbuches hat die sächsische Praxis noch den Ehemann verurtheilt, eine auf dem Ehegute lastende Auszugsverbindlichkeit an den Auszügler zu entrichten (vgl. Ann. des vorm. Kgl. O.A.G. a. f. Bd. VIII S. 201). Und auch nach dem Inkrafttreten des Gesetzbuches wurde von einzelnen Gerichten noch ein directes Klagrecht des Ehegutgläubigers gegen den Ehemann anerkannt. Das Ober-Appellationsgericht aber unter dem romanisirenden Einflusse Siebenhaars gelangte alsbald zur entgegengesetzten Ansicht, welche noch heut zu Tage leider die Praxis beherrscht. Und damit kommen wir wieder auf einen Punkt zurück, der nicht genug betont werden kann: Die

Praxis wird durch die Legaltheorie des usus fructus maritalis systematisch unfähig gemacht, den inneren Zusammenhang der ehelichen Personen- und Vermögens-Rechte festzuhalten; es bleibt ihr fast nichts Anderes übrig als sich dem kritiklosen Präjudiciencultus in die Arme zu werfen, um wenigstens die äußere Einheit der Rechtsprechung zu wahren.

Die Unsicherheit in der Beurtheilung der Verhältnisse zwischen dem Ehemanne und Gläubigern bezw. Schuldnern des Ehegutes hat schon den Entwurf beeinflußt und dazu geführt, die Proceßfähigkeit der Ehefrau hinsichtlich des Ehegutes vollständig illusorisch zu machen. Nicht nur daß er das Recht der Ehefrau, einen Rechtsstreit zu erheben, in welchem ein Ehegutsrecht geltend gemacht wird, an die Einwilligung oder Genehmigung des Ehemannes knüpft (§ 1302), wogegen wir Nichts einzuwenden haben. Es wird auch, da die Führung eines gegen die Ehefrau erhobenen Rechtsstreites von Einwilligung oder Genehmigung des Ehemannes nicht abhängig gemacht werden kann, das in einem solchen Rechtsstreite zum Nachtheil der Ehefrau erlassene Urtheil gegenüber dem Ehemanne nur dann für wirksam erklärt, wenn dieser in die Führung des Rechtsstreites durch die Ehefrau eingewilligt hat oder dieselbe genehmigt (§ 1303). Wir halten diese Vorschrift mit dem Grundsatze des § 1311 für unvereinbar, zu Folge dessen die Gläubiger der Ehefrau wegen aller Verbindlichkeiten derselben die Befriedigung aus dem Ehegute ohne Rücksicht auf die eheliche Nutznießung und Verwaltung verlangen können. Damit soll nicht etwa die formelle Bestimmung in Frage gestellt werden, daß die Zwangsvollstreckung gegen das Ehegut nur stattfinden kann, wenn neben der Verurtheilung der Ehefrau zur Erfüllung einer Ehegutsverbindlichkeit der Ehemann zur Gestattung der Zwangsvollstreckung gegen das Ehegut verurtheilt ist (§ 1314). Aber wenn einmal rechtskräftige Verurtheilung der Ehefrau vorliegt, so halten wir eine nochmalige Entscheidung darüber, ob materiell die festgestellte Verbindlichkeit der Ehefrau im Verhältnisse auch zum Ehemanne eine Ehegutsverbindlichkeit sei, für ausgeschlossen. Wenn die Entstehung von Verbindlichkeiten der Ehefrau aus unerlaubten Handlungen den Rechten des Ehemannes präjudicirt, so muß auch jede andere obligatio ex re gegen den Ehemann wirken. Der auf rechtskräftiger Verurtheilung der Ehefrau beruhende Vollstreckungsanspruch (actio judicati) hat zwar gegen den Ehemann formell keine rechtliche Wirksamkeit. Aber er muß materiell genügen, um den Ehemann zur Gestattung der Zwangsvollstreckung zu verurtheilen. Die abweichende Regelung des Entwurfes läßt sich nur durch das Mißtrauen erklären, die Ehefrau könne sich mit dem Gläubiger in unerlaubtem Einverständnisse befinden. Hiergegen könnte aber der Ehemann auf einfachere Weise gesichert werden, als dadurch, daß die Zwangsvollstreckung gegen das Ehegut vollständig versagt wird, so lange nicht eine doppelte Sachentscheidung vorliegt. Ein Vorgang bietet sich in §§ 1865, 1866 des sächsischen B.G.B verbis: „ausgenommen wenn der Ausgang des Rechtsstreites auf einem Versäumnisse oder einem unerlaubten Einverständnisse der streitenden Theile beruht“ (vgl. auch Mot. Bd. I S. 381).

Fragen wir nunmehr, wo der Zusammenhang zwischen dem Verhältniß des Ehemannes zu den Activen und dem Verhältniß desselben zu den Passiven des Ehegutes sowie der Ausgangspunkt für eine gesetzgeberische Ordnung dieser Verhältnisse zu suchen ist, so können wir nur die Antwort geben:

Die Erhebung der Ehegutsnutzungen muß ebenso wie die Tilgung der Ehegutslasten in erster Linie aus dem Gesichtspunkte einer **Verwaltungs**maßregel beurtheilt werden.

VI.

Bisher haben wir mit Absicht uns von abstracten Deductionen thunlichst fern gehalten, um zu zeigen, daß es uns keineswegs um Parteinahme im Streite der Germanisten und Romanisten, sondern lediglich um praktische Würdigung des vom Entwurfe vorgeschlagenen Ehegüterrechtes und um eine lebenskräftige Ordnung desselben zu thun ist. Deshalb dürfen wir uns auch schließlich der schwierigen Frage nicht entziehen, nach welcher Richtung das System des Entwurfes einer Abänderung bedarf.

Zur Grundlegung dürfte vor Allem eine Beleuchtung des rechtlichen Wesens des Ehe- und Familienstandes unentbehrlich sein. Mit der üblichen Wendung, daß die aus dem Wesen der Ehe entspringenden Beziehungen der Ehegatten zu einander vorzugsweise sittlicher Natur seien und deshalb sich der rechtlichen Beurtheilung größtentheils entziehen, wird großer Mißbrauch getrieben. Man kann mit dieser wohlklingenden Redensart allerdings das Eingehen auf diejenige Seite der ehelichen Verhältnisse, welche der Unterstellung unter die Kategorien des Privatrechts nicht zugänglich sind, sich auf bequeme Weise ersparen. Wir wollen aber versuchen, die rechtliche Seite der Ehe auch dort herauszukehren, wo die Meisten der Phrase das Feld räumen.

Im Entwurfe bezweckt § 1272, den rechtlichen Inhalt des durch die Ehe begründeten persönlichen Rechtsverhältnisses der Ehegatten durch ein allgemeines Princip zum Ausdruck zu bringen: „Die Ehegatten sind unter einander zur ehelichen Lebensgemeinschaft berechtigt und verpflichtet.“

Dieser Satz[28]) ist aber in seiner Abstractheit so überaus nichtssagend, daß er eine eingehendere Betrachtung des Wesens der Ehe nicht zu ersetzen vermag.

Wir gehen davon aus, daß die rechtliche Ordnung des Ehe- und Familienstandes als Personenstandes in das reine Personenrecht und mit diesem nicht nur ins Privatrecht sondern auch ins öffentliche Recht einschlägt. Wenn der Staat das Eherecht der Kirche entzogen hat, so ist damit die Ehe nicht zu einem Institute des Privatrechts geworden. Vielmehr folgt daraus nur, daß die Ehe nicht mehr als kirchliche, sondern als staatliche Einrichtung beurtheilt sein will. Wir glauben, daß das Verhältniß der Familie zum Staate bei Weitem mehr betont werden muß als dies gewöhnlich geschieht. Die Familie bildet die erste Stufe der menschlichen Gesellschaft und der staatlichen Ordnung. Aus ihr erwächst nicht nur der menschliche Rechtsverband höherer Art, sondern sie ist schon selbst ein solcher. Deshalb hat sie ihr besonderes Recht, deshalb ist ihr Recht im Wesentlichen der Willkür der Betheiligten entzogen. Mit Recht wird vom Verfasser der Motive (Bd. IV S. 44) anerkannt, daß für die Anwendung der allgemeinen Grundsätze über Ungültigkeit der Rechtsgeschäfte auf die Eheschließung wenig Raum bleibt (§§ 1250 bis 1270). Wenn gleichwohl die Motive die Eheschließung als Vertrag behandeln, so möchten wir dem nur cum grano salis beitreten. Man darf dabei nicht an den Vertrag des Privatrechts denken. Ein solcher ist die Eheschließung ebenso wenig wie der Verlöbnißvertrag. Es ist keine bloße Aeußerlichkeit, daß die Ehe vom Standesbeamten für geschlossen *erklärt* werden muß? Demzufolge war das Reichsgesetz vom 6. Februar 1875 nicht nur von großer Bedeutung hinsichtlich des Verhältnisses des Staats zur Kirche, sondern es enthielt zugleich, insofern als es die Vorschriften über Personen- und Familienstand aus dem Codex des Privatrechts ausschied, unseres Erachtens einen dankenswerthen Fortschritt in der systematischen Behandlung der Rechtsnormen überhaupt.

Wir haben uns gewöhnt, die Pflicht der Eltern zur Kindererziehung als einen Theil der privatrechtlichen Unterhaltspflicht zu betrachten und vergessen dabei meistens ganz, daß auch der Gesammtheit an der Erziehung der Kinder ein rechtliches Interesse zusteht. Wie ließe es sich sonst ausreichend erklären, daß der Staat sich — wenn auch nur in eingeschränktem Maße — die Oberaufsicht über dieselbe zuschreibt und der Justizverwaltung die Befugniß zum Eingriffe in die elterlichen Rechte überträgt (vgl. § 1546). Wie mit dem Erziehungsrechte der Eltern, so

---

[28]) Vgl. auch die Mot. Bd. IV S. 104 f. sowie *Planck* a. a. O. S. 374.

steht es auch mit anderen Verhältnissen des Familienlebens z. B. der religiösen Seite desselben. In welchem Bekenntnisse das Kind zu erziehen ist, soll sich zu Folge § 1508 nach den Landesgesetzen, d. h. nach dem Verhältnisse bestimmen, in welchem particularrechtlich der Staat zur Kirche steht. Wenn weiter § 1480 die Unterhaltspflicht auf die Geschwister erstreckt, so wissen die Motive dafür nur den Grund als durchschlagend anzuführen, daß die öffentliche Armenlast in großem Maße zugenommen habe und man daher Bedenken tragen müsse, dieselbe in den Gebieten, in welchen die gesetzliche Unterhaltspflicht der Geschwister zu Recht besteht, durch Aufhebung der letzteren noch weiter zu erhöhen. Die Familie wird also gewissermaßen den öffentlichen Armenverbänden an die Seite gestellt.

Im öffentlichen Recht lassen die schweren Strafen der Bigamie und des Incests erkennen, wie groß nicht nur vom Standpunkte der Sittlichkeit, sondern auch aus dem Gesichtspunkte der öffentlichen Rechtsordnung das Interesse der Gesammtheit an der Unverletzlichkeit der Grundlagen von Staat und Gesellschaft geschätzt wird. Auch zeigt uns das Strafgesetzbuch, daß die Befugnisse des Vaters und Ehemannes, die Rechte den Familienangehörigen in eigenem Namen und aus eigenem Rechte wahrzunehmen, sich nicht auf die Vermögensrechte derselben beschränkt; vgl. z. B. § 195 St.G.B.'s. Wir erinnern weiter an das den Eheproceß beherrschende Officialprincip, das noch verschärft werden soll (Mot. Bd. IV S. 103 ff. und § 568 C.P.O. im Entwurf des Einf.-Gesetzes).

Alles dies hindert jedoch den Entwurf nicht, grundsätzlich die Ehe als reines Privatrechtsinstitut zu behandeln. Er übersieht, daß die Familiengewalt ihrem Wesen nach der öffentlichen Gewalt verwandt ist, daß ein innerer Zusammenhang dieser sich ergänzenden Gewalten besteht.

Freilich ist es nicht leicht, den richtigen Standpunkt für die Beurtheilung des ehelichen Güterstandes zu finden. Am ehesten läßt sich, wie Gierke verlangt, die Stellung des Ehemannes hinsichtlich der positiven und negativen Ehegutsfrüchte als gesetzliche Stellvertretung der Ehefrau construiren. Diese Formel hat den Vorzug, daß sie den Zusammenhang zwischen Verwaltung und Nutznießung festhält, welchen die Ususfructustheorie völlig zerreißt. Sie steht in Uebereinstimmung mit der Thatsache, daß im Falle des Concurses zum Vermögen der Ehefrau der Ehemann nicht zu den Concursgläubigern gehört, wie denn andererseits mit Recht im Entwurfe des Einführungsgesetzes die Streichung des 2. Absatzes von § 1 K.O. vorgeschlagen wird und solchenfalls bei Eröffnung des Concurses zum Vermögen des Ehemannes die von demselben auf Grund der ehelichen Nutznießung erworbenen Früchte nur insoweit zur Masse zu ziehen sind, als sie nach § 1299 der Pfändung unterliegen (Mot. Bd. IV S. 219 — Mot. z. Einf.-Ges. S. 108 flg.). Das Recht des Ehemannes auf die Nutzungen des Ehegutes bildet sonach weder ein Activum seines Vermögens noch ein Passivum des Vermögens der Ehefrau. Allein mit gesetzlicher Stellvertretung läßt es sich schlechterdings nicht vereinigen, daß der Entwurf die Früchte des Ehegutes dem Zugriffe der Gläubiger der Ehefrau völlig entzieht.

Nach dem Vorausgeschickten gelangen wir dazu, die Meinung aufzustellen, daß man zu einer gedeihlichen Construction der vermögensrechtlichen Wirkungen der Ehe nur kommen kann, wenn man sich entschließt, dieselben mit anderen Fällen in Parallele zu stellen, in denen Privatrechte durch öffentlich-rechtliche Faktoren beeinflußt werden. Indem man davon spricht, daß die eheliche Nutznießung und Verwaltung kraft Gesetzes entsteht, bringt man fälschlich das Gesetz immer nur unter den Gesichtspunkt eines Privatrechtstitels. Bedenkt man aber, daß an sich die Gesetzgebung zur öffentlich-rechtlichen Thätigkeit des Staates gehört, so gelangt man zu der Annahme, daß die Uebertragung einer Verwaltung durch das Gesetz nicht immer mit dem privatrechtlichen Mandat, sondern zuweilen auch mit amtlichem Auftrage verglichen werden muß. Die amtlich aufgetragene Verwaltung beruht (mittelbar) ebenfalls auf Gesetz.

Ein Fall, der zu dem Verhältnisse des Ehegatten zur Ehefrau mehrfache Analogieen darbietet, ist das Verhältniß des Concursverwalters zum Cridar. Jener ist bis zu einem gewissen Grade gesetzlicher Stellvertreter des letzteren, obschon dieser damit weder Handlungs- noch Proceßfähigkeit verliert. Der Concursverwalter vertritt die Interessen des Gemeinschuldners einerseits, der Gläubiger und Schuldner der Concursmasse andererseits, in eigenem Namen, ohne doch Universal- oder Singularsuccessor des ersteren zu sein. Während aber im Concurse für die Concursverwaltung in der Person des Verwalters noch ein besonderes Organ besteht, das die Interessen der Betheiligten wahrnimmt, giebt es auch Fälle, in denen das Proceßrecht die Vertretung des einen Theils dem anderen Theile unmittelbar überträgt. Wir denken hier vorzugsweise an die Stellung des Vollstreckungsgläubigers, der in Folge Ueberweisung einer Forderung zur Einziehung (§ 736 C.P.O.) die Rechte des Vollstreckungsschuldners geltend macht, ohne dessen gesetzlicher Vertreter zu sein. Dieser Fall sieht dem Verhältnisse des Ehemannes zum Ehegute besonders ähnlich, sofern hier wie dort die Geltendmachung fremder Rechte zur Befriedigung eigener Rechte erfolgt. Aus dieser Aehnlichkeit erklärt sich, warum wir jetzt bei der Neuordnung des Familienrechts, wie früher bei Vorbereitung der Civilproceßgesetzgebung, auf dieselbe Frage kommen, ob das Recht zur Geltendmachung eines fremden Rechts als dingliches zu construiren sei. Man erinnere sich nur des heftigen Streits über die Wirkung der pignoris capio, ob dieselbe wahres Pfandrecht oder nur ein privilegium exigendi erzeuge. Jetzt ist die Frage des ususfructus maritalis brennend geworden. Dort die Verwechslung der öffentlich-rechtlichen Legitimation des Executionsuchers mit Dinglichkeit, hier dieselbe Vermischung der Begriffe des dinglichen und des absoluten Rechts. Nun ist aber ohne Weiteres klar, daß die Behandlung des pignus in causa judicati captum nach den Grundsätzen des Privatrechts bei der augenscheinlich proceßrechtlichen Entstehung desselben nicht entfernt den Mißverständnissen ausgesetzt ist, welche die positiv-rechtliche Dinglichkeit der aus dem Ehestande entspringenden Befugnisse nach sich ziehen muß. Bei der Vertretung des Vollstreckungsschuldners durch den Vollstreckungsgläubiger handelt es sich immer nur um einzelne Vermögensgegenstände, deren Verwaltung der Gläubiger an Stelle des Schuldners besorgt, um ein einzelnes Activum und um das mit demselben zu tilgende Passivum (vgl. § 1318, 1 des Entwurfs); während die eheliche Verwaltung sich grundsätzlich auf die gesammten Activa und Passiva des Eheguts erstreckt, um dieselben zugleich der ehelichen Nutznießung zu unterwerfen.

Warum sollte man sich nicht mit dem Grundsatze begnügen können: daß die Nutzungen des Ehegutes dem Ehemanne gehören. Oder: daß sie auf ihn übergehen, ohne daß es einer Abtretung bedarf. Oder: daß die gesetzliche Ueberweisung der Ehegutsnutzungen an den Ehemann (wie es in § 737 C.P.O. heißt) die förmlichen Erklärungen der Ehefrau ersetzt, von welchen nach den Vorschriften des bürgerlichen Rechts die Berechtigung zur Erhebung abhängig ist. Wie die hilfsrechtliche Ueberweisung in die Kategorien des Privatrechts paßt, darüber ist man außer Sorge gewesen. Die Praxis kommt dabei ohne die Technik der Privatrechtsbegriffe sehr gut aus, und zwar gerade um deswillen, weil klargestellt ist, daß die Ueberweisung nicht als Cession aufgefaßt werden darf. Ihre richtige Beurtheilung will Eccius anderen Verwaltungs- und Vertretungsverhältnissen entnehmen, bei welchen die gegen eine proceßfähige Person wirksame Beschränkung in der Verfügung über gewisse Vermögensstücke eine von dem Willen des Eigenthümers unabhängige Verwaltung derselben zu bestimmtem Zwecke nothwendig macht[29]). Wörtlich dasselbe

---

[29]) Vgl. Rassow und Küntzel, Beitr. IV. Folge 4. Jahrg. S. 127 ff. und Ruhstrat in der Zeitschr. f. C.-Proceß Bd. XIV S. 451 ff.

läßt sich für die Construction der ehelichen Verwaltungs- und Nutznießungsrechte geltend machen. Der Ehemann klagt auf die Ehegutsnutzungen in Verwaltung des Vermögens der Ehefrau, zum Zwecke der eigenen Befriedigung, er ist insofern Vertreter des eheweiblichen Vermögens, aber die Ehefrau ist ebenso wenig Partei wie der Cridar im Processe des Concursverwalters[30]), und der Vollstreckungsschuldner im Processe des Vollstreckungsgläubigers gegen den Drittschuldner. Von gesetzlicher Vertretung kann dabei — wie gegen Gierke zu bemerken — wohl kaum die Rede sein. Man wird uns einhalten wollen, daß es sich bei der ehelichen Nutznießung um eigene Rechte des Ehemannes und nicht um die Vertretung einer Vermögensmasse und die in dieser zusammengefaßten Interessen handelt. Dieser Einwand hat äußerlich den Anschein der Berechtigung, aber innerliche Berechtigung hat er nicht. Denn die eheliche Nutznießung besteht nicht des Ehemannes wegen; sie erwächst aus der Pflicht desselben, die Lasten der Ehe zu tragen. Sie steht ihm nicht um seiner selbst willen zu, wie dies bei dinglichen und Forderungsrechten der Fall ist. Sie kann deshalb als eigentliches Vermögensrecht nicht anerkannt werden; vielmehr ist sie der Sache nach Verwaltung der ehelichen Errungenschaftsmasse, wenn schon sie äußerlich die Form eines eigenen Rechts des Ehemannes angenommen hat. Dieses Recht selbst wird aber in § 1298 ganz zutreffend wegen seiner inneren Beschränktheit für unveräußerlich und unpfändbar erklärt. Selbst die auf Grund der ehelichen Nutznießung vom Ehemanne erworbenen Früchte gehen nicht in dessen unbeschränktes Eigenthum über, denn dieselben werden in § 1299 mit vollem Recht der Pfändung zu Gunsten der ehemännlichen Gläubiger insoweit entzogen, als der Ehemann ihrer zur Erfüllung seiner familienrechtlichen Verpflichtungen, d. h. als die Familie ihrer zur Erreichung ihrer Zweckbestimmung bedarf. Von diesem Standpunkte aus kommen wir wieder darauf zurück, daß die Erhebung der Ehegutsnutzungen in erster Linie eine Verwaltungsmaßregel ist und in eine falsche Beleuchtung kommt, wenn das Gesetz sie lediglich nach Nießbrauchsnormen beurtheilt. Zugleich zeigt sich uns der Weg, zu einer wahren Verwaltungsgemeinschaft zu gelangen.

Die sogenannte Schlüsselgewalt der Ehefrau ist im Grunde genommen nicht Vertretung des Ehemannes, sondern nichts Anderes als ein

---

[30]) Vgl. Entsch. des Reichsgerichts in Civils. Bd. XIV S. 408 letzter Satz — Bd. XXIV S. 304 über den analogen Fall der Zwangsverwaltung und die Stellung des gerichtlich bestellten Verwalters, welcher die Verwaltungshandlungen im eigenen Namen vornimmt, wenngleich der Erfolg nicht ihn persönlich, sondern die Zwangsverwaltungsmasse 2c. betrifft.

Theil der Verwaltung der ehelichen Errungenschaft. Sie muß nur, da formell die Hauptmasse der letzteren dem Ehemanne gehört, in die Form einer Verpflichtung des Ehemannes eingekleidet werdeu. Weiter läßt sich bei Regelung des selbständigen Arbeitserwerbs der Ehefrau die eheliche Verwaltung des Mannes durch ein eheweibliches Verwaltungsrecht ergänzen. Wir haben bereits früher[31]) ausgeführt, daß der Arbeitserwerb der Ehefrau nicht schlechterdings zu Vorbehaltsgut gemacht werden kann. Es genügt, denselben der Verwaltung der Frau vorzubehalten, dergestalt, daß sie zwar daran unbeschränktes Eigenthum erwirbt, aber verpflichtet ist, ihn zum Besten der Ehe, soweit nöthig, zu verwenden.

Auf diese Weise würden wir zu einer wahren Gemeinschaft der ehelichen Verwaltung gelangen, welche sich unter die Ehegatten nach Maßgabe des Bedürfnisses vertheilt.

Die Auffassung der Schlüsselgewalt als ehelicher Verwaltung insbesondere bringt uns der Lösung eines Problems näher, das die Rechtsprechung im Gebiete des maritalischen Nießbrauchs vielfach beschäftigt hat. Wir meinen die Frage, wem die Ehefrau in Ausübung der Schlüsselgewalt z. B. beim Ankaufe von Hausrath Eigenthum erwirbt. Diese Frage läßt sich von der Verpflichtung des Ehemannes, die Haushaltsschulden der Ehefrau zu bezahlen, völlig trennen.

Es kommt unendlich oft vor, daß die Ehefrau aus ihrem sauer erworbenen Arbeitsverdienst Hausrathsgegenstände anschafft, welche späterhin von den Gläubigern des Ehemannes gepfändet und von der Ehefrau im Glauben an ihr gutes Recht reclamirt werden. Die Grundsätze bei Beurtheilung dieser Reclamation sind, soweit wir die Praxis kennen, der Ehefrau überaus nachtheilig. Zunächst steht den Gläubigern des Ehemannes und (nach der Anschauung wohl der meisten Gerichte) nicht nur diesem die praesumtio Muciana zur Seite. Ist schon diese Ausdehnung der letzteren nicht ohne Bedenken, so kommt weiter zu Gunsten der gedachten Gläubiger als Folgesatz der Fiction, der Ehemann habe die Kosten der Ehe allein zu tragen, die Annahme hinzu, daß die Ehefrau bei Ausübung der Schlüsselgewalt den Ehemann vertrete und nicht ihre eigenen Geschäfte führe. So auch der Entwurf im zweiten Satze von § 1278: „Die Vorschriften der §§ 591 bis 595, 603 finden entsprechende Anwendung." Schon Schröder hat dagegen Einspruch erhoben, daß der Entwurf hier ein Rechnungslegungs- und Abrechnungsverfahren einführen will (a. a. O. S. 11). Wir gehen indes noch weiter.

Man lese nur einmal die Entscheidungen der vormaligen sächsischen

---

31) Vgl. Archiv f. d. civ. Praxis Bd. 74 S. 399 ff.

Appellationsgerichte in Wengler's Archiv[32]). Theils hielt man Anschaffung des Hausraths seiten der Ehefrau „aus eigenen Mitteln" (objectiv) zur Executionsintervention für genügend (Wengler's Archiv N. F. I, 187, 203, 205). Theils behandelte man die (subjective) Frage, ob der Mangel des Repräsentationswillens der Ehefrau im Zeitpunkt des Erkaufs der reclamirten Sache festgestellt werden könne, als ausschlaggebend (Wengler's Archiv A. F. I 256, V 46, VI 348. — N. F. I 190, 205, 253, 302, 672, 739, 743). Hierneben kam auch noch die Frage in Betracht, was es heiße, „aus eigenen Mitteln" anschaffen; oft scheiterte die Reclamation daran, daß die eidliche Bestärkung der Thatsache des Anschaffens aus eigenen Miteln wegen zu großer Unbestimmtheit nicht zugelassen wurde. Kurz, dem vorhandenen Bedürfnisse, die Ehefrau gegen rücksichtslose Gläubiger des Ehemannes zu schützen, läßt sich bei der herrschenden Auffassung der Schlüsselgewalt als einer Geschäftsführung im Auftrage des Mannes nicht vollkommen entsprechen.

Betrachtet man dagegen die Geschäfte der Ehefrau innerhalb ihres häuslichen Wirkungskreises als eheliche Verwaltung aus eigenem Rechte, so ergiebt sich folgerichtig, daß die Ehefrau den Ehemann nicht vertritt, sondern in eigenem Namen handelt. An sich würde sie allein verpflichtet sein, den Kaufpreis des Hausraths zu bezahlen, und ihr allein müßte das Eigenthum an letzterem zugesprochen werden; aus welchen Mitteln sie den Kaufpreis bezahlt, müßte für die Frage des Eigenthumserwerbs außer Betracht bleiben. Nun bringt es die Ueberweisung der Nutzungen des Eheguts an den Ehemann mit sich, daß dieser an Stelle der Ehefrau vom Verkäufer mit der Kaufsklage in Anspruch genommen werden kann. Allein wie schon die Befreiung der Ehefrau von jeder Mithaftung aus den von ihr geschlossenen Rechtsgeschäften dem Laien niemals einleuchten will, so ist dies noch viel weniger bezüglich der Eigenthumsfrage der Fall. Wir sind der Meinung, daß die Ehefrau einerseits für die von ihr begründeten Haushaltsschulden subsidiarisch mit dem Ehemanne aufkommen müßte, daß aber andererseits ihr die Vermuthung zu gönnen wäre, bei Anschaffung von Haushaltungsgegenständen selbst Eigenthum an denselben erworben zu haben. In den meisten Fällen handelt es sich um Anschaffung von Gegenständen zum sofortigen Gebrauch und wird sich deshalb die gedachte Vermuthung thatsächlich erledigen. Bei dem Erwerbe von Gebrauchsgegenständen durch die Frau kann aber in der That vorausgesetzt werden, daß sie, wenn nicht ganz,

---

[32]) Vgl. auch Ann. des vorm. Kgl. sächs. O.A.G. N. F. Bd. III 40 und Entscheid. des R.G. Bd. III 251 f.

so doch zum Theil eigene Mittel zur Bezahlung verwendet habe, sei es, daß sie dieselben durch ihrer Hände Arbeit erworben, sei es, daß der Ehemann ihr dieselben zur freien Verfügung überlassen hat. De lege ferenda vergesse man nur nicht ganz, daß die eheliche Errungenschaft zwar nicht formell, aber materiell den Ehegatten gemeinschaftlich gehört. Sollte man Bedenken tragen, im Allgemeinen der Ehefrau das Eigenthum an den von ihr erkauften Gegenständen zuzusprechen, so würde dies wenigstens hinsichtlich der Gebrauchsgegenstände geschehen können, wenn man den Ehemann von der Haftung für die Bezahlung derselben befreite [33]).

Es lassen sich auch noch andere Auswege denken. In jedem Falle aber sind wir hier bei einer Materie, in welcher etwas Casuistik der Praxis von großem Werthe sein würde. Vom Standpunkte der ehelichen Verwaltung und der Gemeinschaftlichkeit derselben wird man sich unschwer über die dem Bedürfnisse entsprechenden Normen einigen können. Wenn wir freilich auf dem unfruchtbaren Standpunkte der ehelichen Nutznießung als eines dinglichen Rechts beharren, so wird zu einer befriedigenden Ordnung der Rechte der Ehefrau nicht zu gelangen sein.

Die Stellung der Ehefrau als (qualitativ) gleichberechtigter Genossin des Ehemannes wird namentlich ignorirt, insofern der Frau rechtlich nicht der geringste Einfluß auf die Verwaltung des Mannesvermögens zusteht. Man hat sich eben von der Idee der beschränkten Ehefrau, wenn man auch an die Stelle der beschränkten Handlungsfähigkeit die Beschränkung der Verfügungsfreiheit derselben gesetzt hat, doch noch nicht ganz los machen können. Wo die Ehefrau zur Gültigkeit ihrer Rechtsgeschäfte der Einwilligung oder Genehmigung des Ehemannes bedarf, liegt nicht ein Rechtsgeschäft der Ehefrau, sondern ein gemeinschaftliches Rechtsgeschäft beider Eheleute vor. Ob der Ehemann oder die Ehefrau dasselbe abschließt, ist ganz dasselbe, dafern nur der andere Theil einwilligt oder genehmigt. Danach könnte es sich fragen, ob nicht auch Bestimmungen darüber zu treffen seien, in welchen Fällen die Ehefrau beanspruchen kann, bei der Verwaltung des Mannesvermögens gehört zu werden. Jetzt kann der Ehemann die wirthschaftliche Existenz der ganzen Familie in Frage stellen, ohne daß die Frau davon das Geringste erfährt. Dies ist um so bedenklicher, als ihr der Entwurf keinerlei Sicherstellung bietet, nicht einmal den gesetzlichen Pfandrechtstitel des sächsischen Gesetzbuchs (§ 390) [34]).

---

[33]) Vgl. die angezog. Entsch. des R.G. Bd. III S. 251.

[34]) Dies tadelt auch Schröder a. a. O. S. 20 u. A.

Die Gemeinschaftlichkeit der Verwaltung schließt nicht aus, daß in Zweifelfällen dem Ehemanne die Entscheidung zusteht. Er ist befugt, den Antheil der Ehefrau am Verwaltungsrechte bis zu einem gewissen Grade zu unterdrücken. Ob er sich dabei eines Mißbrauches seiner Familiengewalt schuldig macht, läßt sich aber nur nach Zweckmäßigkeitsrücksichten beurtheilen. Die Entscheidung dieser Frage gehört daher nicht in den Prozeßweg sondern vor die Justizverwaltungsbehörde als höhere Instanz gegenüber dem Ehemanne als einer Art Unterinstanz. Wenn man namentlich die innere Verwandtschaft zwischen den öffentlichen Gewalten und der Familiengewalt sich vergegenwärtigt, so kann die grundsätzliche Unzulässigkeit des Rechtsweges im Falle eines Gewaltmißbrauchs des Ehemannes nicht weiter in Zweifel gezogen werden [35]).

Wir möchten hierzu noch auf die Analogie der elterlichen Gewalt verweisen, rücksichtlich deren ebenfalls die Oberaufsicht den Justizverwaltungsbehörden zusteht.

Zugleich giebt uns diese Analogie den Schlüssel zur richtigen Beurtheilung des ehemännlichen Nutznießungsrechtes. Wie bei Lebzeiten des Vaters diesem allein die Nutznießung des Kindesvermögens zusteht, das Recht der Mutter aber ruht, ebenso verhält es sich mit der Befugniß des Ehemannes, die Nutzungen des Ehegutes zu ziehen. So lange der Ehemann lebt, liegt das an sich gemeinschaftliche Recht auf die beiderseitigen Vermögensnutzungen in der Hand des Mannes, das antheilige Recht der Ehefrau ruht. Tritt Beendigung der Ehe ein, so müßte streng genommen die Theilung des Zugewinnstes eintreten. Nach dem Entwurfe soll die reale Theilung in Form der Erbtheilung sich vollziehen. Es kann dieser Weg allerdings zu großen Unbilligkeiten führen, aber thatsächlich geschieht es nur ganz selten. Jedenfalls wagen wir die wesentlich praktische Frage, ob die Errungenschaftstheilung sich mit dem System der Verwaltungsgemeinschaft verbinden lasse, nicht zu entscheiden. Sie dürfte aber der Erörterung durch einen Praktiker der Errungenschaftsgemeinschaft werth sein.

Im Sinne der vorstehenden Ausführungen gestatten wir uns zum Schlusse als wünschenswerth für die Neuordnung des ehelichen Güterrechts folgende allgemeinen Grundsätze aufzustellen:

---

[35]) Derselben Ansicht sind Schröder u. A.

1. Die **Rechte der ehelichen Verwaltung** umfassen das beiderseitige Capital- und Arbeitsvermögen der Ehegatten und sind unter diese zweckentsprechend zu vertheilen.

2. Zur **Verwaltung** des Mannes gehört u. A. die Erhebung der Früchte des Ehegutes einerseits, die Berichtigung der denselben gegenüberstehenden Lasten andererseits, jene **zu eigenem Recht** und diese **zu eigener Pflicht.**

3. Der Frau steht außer der Schlüsselgewalt, welche in ihren sachen- und obligationenrechtlichen Wirkungen genauer zu bestimmen ist, die **eheliche Verwaltung** ihres Arbeitsvermögens und der Früchte desselben (zum Besten der Ehe) zu.

VIII.

Gutachten des Herrn Prof. Dr. Hugo Meyer zu Tübingen

über die Frage:

Ist die bedingte Verurtheilung im Strafrecht einzuführen?*)

Die Frage, ob die sogenannte bedingte Verurtheilung einzuführen sei, ist in der letzten Zeit mit steigendem Antheil erörtert worden. Nachdem diese Einrichtung nämlich seit dem Jahre 1870 zunächst in den vereinigten Staaten von Nordamerika, und zwar im Staate Massachusets, Wurzel gefaßt hatte [1]), ist dieselbe einige Zeit darauf, und zwar durch ein Gesetz vom 8. August 1887 („probation of first offenders act"), auch in England aufgenommen worden [2]), hat in Frankreich [3]) und Oesterreich [4]) den Gegenstand amtlicher Erörterungen gebildet und ist in

---

*) Dieses Gutachten ist von dem Herrn Verfasser bereits am 1. Mai 1890 eingesandt worden, konnte aber nach den für den Druck getroffenen Anordnungen nicht früher erscheinen. Das Schriftführeramt.

[1]) Anfangs nur für Jugendliche, dann in allgemeinerer Weise. Vgl. v. Liszt, Zeitschrift für die gesammte Strafrechtswissenschaft 1889 S. 762; Aschrott, aus dem Strafen- und Gefängnißwesen Nordamerikas, Hamburg 1889 S. 39 ff.; Derselbe, der Ersatz kurzzeitiger Freiheitsstrafen, Hamburg 1889 S. 21 f.

[2]) Vgl. v. Liszt, Zeitschrift 1889 S. 763; Aschrott, der Ersatz u. s. w. S. 19; v. Hippel, Gerichtssaal 1890 S. 129.

[3]) Entwurf des Senators Bérenger und Billigung desselben durch den Senatsausschuß 1884, sowie spätere Anträge von Michaux und Reybert 1885 und 1886. — Vgl. v. Liszt, Zeitschrift 1889 S. 556 f.; Aschrott, der Ersatz u. s. w. S. 25 f.

[4]) Entwurf, welchen auf Antrag des Abgeordneten Bareuther der Justizminister Graf Schönborn dem Abgeordnetenhause vorlegte, worauf derselbe im Strafgesetzausschusse theilweise abgeändert wurde. — Vgl. v. Liszt, Zeitschrift 1889 S. 761 ff.; Aschrott, der Ersatz u. s. w. S. 30 f.; v. Hippel, Gerichtssaal 1890 S. 130 f.

Belgien durch Gesetz vom 31. Mai 1888 eingeführt worden[5]), worauf dieselbe auch in Deutschland mehrfach befürwortet und von Einigen als ein wahres Ei des Columbus, als das erlösende Wort in den Fragen des Strafvollzugs, als eine Einrichtung, welche ihre Reise um die Welt antreten werde, gepriesen[6]), von Anderen freilich ebenso stark bekämpft wurde[7]). Bekannt endlich ist, daß die erste Versammlung der „internationalen criminalistischen Vereinigung", welche im August 1889 in Brüssel zusammentrat[8]), und ebenso die erste Versammlnng der „deutschen Landesgruppe" dieser Vereinigung, die im März dieses Jahres in Halle stattfand[9]), sich mit großer Mehrheit für diese Einrichtung ausgesprochen

[5]) Entwurf des Justizministers Le Jeune vom März 1888. Befürwortet war die Einrichtung hauptsächlich von Prins in seiner Schrift „criminalité et répression" Brüssel 1880. — Vgl. auch Prins, la loi de la libération conditionelle et les condamnations conditionelles, Brüssel 1888; derselbe, Gutachten (Mittheilungen der internationalen criminalistischen Vereinigung, Jahrgang I S. 28 ff.); v. Liszt, Zeitschrift 1889 S. 340 f.; Aschrott, der Ersatz u. s. w. S. 26 ff.; v. Hippel, Gerichtssaal 1890 S. 129.

[6]) Vgl. den Entwurf Wirth, d. h. denjenigen Entwurf, welchen der Director der Strafanstalt Plötzensee im März 1888 dem preußischen Justizministerium vorlegte. Ferner v. Liszt, Zeitschrift 1889 S. 760 ff., 1890 S. 70 ff.; Aschrott, der Ersatz S. 32; v. Hippel, Gerichtssaal 1890 S. 125 ff., (auch in der Gegenwart 1889 Nr. 52); Lammasch, Gutachten (Mittheilungen der internationalen criminalistischen Vereinigung, Jahrgang I (1889) S. 34 ff.; v. Jagemann, Blätter für Gefängnißkunde Bd. 24 S. 17. Außerdem Aeußerungen in den verschiedensten Zeitungen, so in der Nationalzeitung (Berner), in der Post, in der Norddeutschen Allgemeinen Zeitung (siehe jedoch die folgende Anmerkung), in der Berliner Börsenzeitung, in der Magdeburger Zeitung u. s. w.

[7]) Meves, Goltd. Archiv 1890 S. 391 f.; v. Kirchenheim, Gerichtssaal 1890 S. 51 ff. und eine Reihe von Zeitungsstimmen, so in der Norddeutschen Allgemeinen Zeitung (siehe jedoch die vorige Anmerkung), im Frankfurter Journal (v. Kirchenheim), im Schwäbischen Merkur, im Leipziger Tageblatt, in der Westdeutschen Zeitung u. s. w., sowie mannigfache private Aeußerungen in juristischen Kreisen, die dem Verfasser zu Ohren gekommen sind und die zum Theil an der wünschenswerthen Bestimmtheit nichts fehlen lassen. Absichtlich nicht aufgenommen wurde die Einrichtung in das neue italienische Strafgesetzbuch (vom 30. Juni 1889), welches sich mit anderweitigen Ersatzmitteln der kurzen Freiheitsstrafen begnügte.

[8]) Beschluß vom 7. August 1889: „Die Vereinigung empfiehlt den Gesetzgebern aller Länder die Annahme des Princips der bedingten Verurtheilung, weist aber gleichzeitig auf die Nothwendigkeit hin, das Anwendungsgebiet der Maßregel nach den örtlichen Verhältnissen zu bestimmen und dabei auf das Gefühl und den Culturgrad jedes Volkes Rücksicht zu nehmen." Mittheilungen der internationalen criminalistischen Vereinigung, Jahrgang I (1889) S. 184.

[9]) Der Beschluß (27. März) ging dahin, daß die bedingte Verurtheilung bei Haftstrafen, sowie bei Gefängnißstrafen bis zu drei Monaten als angemessen erscheine.

haben, wie dieselbe Frage auch auf das Programm des im Juni dieses Jahres nach Petersburg einberufenen internationalen Gefängnißcongresses gesetzt ist.

Hiernach ist aller Grund vorhanden, daß auch der Deutsche Juristentag sich mit dieser Frage beschäftigt. Wenn es aber u. A. ein Theoretiker ist, der in derselben sich zu äußern aufgefordert wurde, so ist zu beachten, was der Verfasser auch anderwärts vielfach hervorgehoben hat [10]), daß es eine Menge von Rechtsfragen giebt, welche nicht aus allgemeinen Grundsätzen oder Principien entschieden werden können, sondern bei denen es sich fragt, ob nicht von einem im Uebrigen anerkannten Princip aus besonderen Gründen gewisse Ausnahmen gemacht werden sollen, wobei es sich für die Theorie nur darum handeln kann, die in Frage kommenden Gesichtspunkte zu sammeln, zu wägen und zu ordnen, wogegen die ausschlaggebende Stimme, und zwar nicht nur zum Zwecke praktischer Erledigung, sondern schon zum Zwecke der Beurtheilung selbst, dem Gesetzgeber selbst anheimfällt. Und zu diesen Fragen möchte auch die Frage der bedingten Verurtheilung gehören. Insbesondere kann davon nicht die Rede sein, die Entscheidung einfach aus dem obersten Princip des Strafrechts (wie wir es auffassen), nämlich dem der gerechten Vergeltung abzuleiten. Denn so weit wir von der Ansicht entfernt sind, daß die gerechte Vergeltung nur in den aus äußeren Gründen gegen den Thäter nothwendigen Maßregeln bestehe, so ist doch andererseits gewiß, daß das Princip der Vergeltung, welches unseres Erachtens nie aufhören wird, ein selbständiges constitutives Princip des Strafrechts zu bilden [11]), durch mannigfache äußere Gesichtspunkte bedingt und näher bestimmt wird, so daß erst aus dem Zusammen- und Gegeneinanderwirken dieser verschiedenen Gesichtspunkte das positive sowie ein jedes praktisch denkbare Strafrecht hervorgeht. Nichts also kann uns in Fragen, wie die vorliegende, und *gerade* in der vorliegenden Frage die möglichst genaue Abwägung der in Betracht kommenden *einzelnen* Gesichtspunkte ersparen.

Bevor wir aber demgemäß dazu übergehen, uns zu vergegenwärtigen, welche Gründe *für* und welche Gründe *gegen* diese Einrichtung sprechen, haben wir zunächst festzustellen, was denn unter bedingter Verurtheilung zu *verstehen* ist und ob für dasjenige, was damit gemeint ist, der *Name* bedingte Verurtheilung als zutreffend erscheint. Gemeint aber ist

---

10) Vgl. Lehrbuch 4. Aufl. S. 61.

11) Allerdings nur in dem im Lehrbuch (4. Auflage S. 19 f.) angegebenen Sinne.

die Einrichtung, daß unter Umständen der Angeklagte die über ihn verhängte Strafe [12]) nicht unbedingt erleiden soll, sondern nur für den Fall, daß er in einer bestimmten Zeit ein neues Delict begeht, sowie daß diese nur bedingte Art der Strafvollstreckung schon im Urtheil zum Ausdruck gebracht werden soll. In der That ist hiernach der Ausdruck „bedingte Verurtheilung" genau genommen unrichtig und sollte durch Ausdrücke wie „bedingte Strafvollstreckung" oder „bedingter Aufschub der Strafvollstreckung" oder „Aussetzung der Strafvollstreckung" (v. Liszt) oder „Urtheil mit bedingter Strafe" (Aschrott) oder „Urtheil mit bedingter Strafvollstreckung" ersetzt werden. Doch mag der Ausdruck „bedingtes Strafurtheil" oder auch „bedingte Verurtheilung" genügen [13]), sobald man nur weiß, was darunter zu verstehen ist, besonders wenn die Ungenauigkeit des Ausdrucks durch den Zusatz „sogenannte" bedingte Verurtheilung zum Ausdruck gebracht wird. Nicht unangemessen ist auch der Ausdruck „Probationssystem", den man in Amerika und England aus Anlaß der dem Verurtheilten auferlegten Probezeit verwendet [14]).

Fassen wir hiernach zunächst diejenigen Gründe ins Auge, welche für die neue Einrichtung angeführt werden können, so tritt uns an erster Stelle entgegen, daß danach der bisher unbescholtene Angeklagte in vielen Fällen davor bewahrt wird, durch die Erleidung einer Freiheitsstrafe vorzeitig compromittirt zu werden. Und in der That, wenn wir bedenken, ein wie schwerer Nachtheil für den Ruf Jemandes darin liegen kann, daß er schon im Gefängniß gesessen hat, so werden wir es als eine große Wohlthat zu erachten haben, wenn jener Nachtheil so lange wie möglich von dem Thäter fern gehalten wird. Und zwar ist dies eine Wohlthat nicht nur für ihn selbst, sondern auch für seine Angehörigen, für diejenigen, welche geschäftlich mit ihm zu thun haben, und schließlich auch für die bürgerliche Gesellschaft und für den Staat selbst, welche nicht vorzeitig eines vertrauenerweckenden Bürgers beraubt werden.

Für diese Einrichtung spricht ferner, daß dadurch der Angeklagte zunächst noch vor dem möglicher Weise verschlechternden Einfluß der Strafanstalt bewahrt wird. Denn, wenn es auch noch so sehr feststeht,

---

[12]) Dabei ist immer nur von Freiheitsstrafe die Rede; die meisten Gründe aber, welche für eine bedingte Verurtheilung zu Freiheitsstrafen angeführt werden können, sprechen auch für eine Anwendung auf Geldstrafe, nur daß zu einer solchen viel weniger äußerer Anlaß vorliegt.

[13]) Allgemein wird derselbe („condamnation conditionelle") auch in Belgien und Frankreich verwendet, woneben sich aber auch der Ausdruck „sursis à l'exécution de la peine" findet.

[14]) Vgl. auch den Titel des oben erwähnten englischen Gesetzes.

daß gerade die kleineren, bezw. die für die Vollstreckung kürzerer Freiheitsstrafen bestimmten Gefängnisse nach dem System der Einzelhaft eingerichtet sein sollten, so wird dies doch auf lange Zeit ein frommer Wunsch bleiben, wenigstens nach dem Tempo, in welchem bisher diese so nothwendige Reform in den deutschen Staaten voranschreitet [15]). Wie nachtheilig es aber für den Angeklagten sein kann, mit den schlimmsten und durchtriebensten Gesellen im Gefängniß zusammenzukommen, und wie Mancher, der wegen einer geringen Verfehlung verurtheilt wurde, erst dadurch auf die Bahn des eigentlichen Verbrechens getrieben wurde, ist zu oft schon ausgeführt worden, um noch einer besonderen Darlegung zu bedürfen [16]). Und wenn nach dem jetzigen Zustande der Gefängnisse sowie nach der beschränkten Art, in welcher von der neuen Einrichtung nur die Rede sein kann (siehe unten), jene Gefahr auch nicht in allen Fällen umgangen werden kann, so müßte es doch als ein Vortheil begrüßt werden, wenn dies wenigstens in gewissem Umfange möglich sein würde.

Ein fernerer Grund ist der, daß durch die bedingte Verurtheilung der Staat in vielen Fällen vor unnöthigen Kosten bewahrt wird, nämlich in allen denjenigen Fällen, in welchen der Zweck der Strafe schon durch die bedingte Verurtheilung selbst erreicht wird, so daß sich die Vollstreckung selbst als unnöthig herausstellt.

Dazu kommt, daß durch diese Einrichtung die oft beklagte Einförmigkeit unserer Strafmittel wenigstens in etwas unterbrochen wird, ein Gesichtspunkt, der sich keineswegs als ein rein theoretischer darstellt; vielmehr ist nicht zu verkennen, daß die fortwährende Verwendung derselben Strafart den Eindruck der Strafe als solcher abschwächt.

Ein Hauptgrund ferner, der für die Einrichtung spricht, ist der, daß sich dieselbe als eines der besten Mittel zur Verhütung des Rückfalls darstellt [17]). Denn derjenige, der in bedingter Weise verurtheilt wurde, wird sich um so mehr vor der Begehung eines neuen Delictes in Acht

---

[15]) Auch die Nichtbeschäftigung der Gefangenen, die in den kleineren Gefängnissen leider noch immer die Regel bildet, heranzuziehen, halten wir um deswillen nicht für richtig, weil dem Müßiggange in den kleinen Gefängnissen endlich ein Ende gemacht werden sollte und bei gutem Willen der Justizverwaltung auch recht wohl ein Ende gemacht werden könnte.

[16]) Prins auf der Versammlung in Brüssel (Mittheilungen I S. 178) ging sogar so weit, daß der durch die Verschlechterung des Verurtheilten im Gefängniß entstehende Nachtheil „unendlich viel größer" sei, als die Aufmunterung zu strafbaren Handlungen, die in der bedingten Verurtheilung liegen könnte.

[17]) Vgl. Aschrott, Der Ersatz u. s. w. S. 42; Guillery (Präsident der Schutzgesellschaft in Brüssel) auf der Versammlung in Brüssel (Mittheilungen I S. 183 f.).

nehmen, da er in diesem Falle nicht nur eine schwerere Bestrafung wegen des neuen Delicts, sondern auch die nachträgliche Verbüßung der aufgeschobenen Strafe zu gewärtigen hat.

Und auch das läßt sich für die Einrichtung anführen, daß die Strafe doch nicht so sehr die einzelne That als den Menschen als solchen zu treffen bestimmt ist, daß aber die Beschaffenheit der Persönlichkeit möglicher Weise eine solche ist, daß danach die Nothwendigkeit der Bestrafung der einzelnen Handlung zurücktritt.

Möglicher Weise kann es auch als billig erscheinen, bei einmaliger Verfehlung den Thäter zunächst nur zu warnen, d. h. mit der Strafe zunächst noch zurückzuhalten, ihm aber anzudrohen, daß er das nächste Mal gewiß, und um so härter, werde gestraft werden, ein Verfahren, welches ja vielfach auch in der Familie und in sonstigen Disciplinarverhältnissen Anwendung findet, und gegen welches man zwar einwenden kann, daß es eine schlechte Pädagogik sei zu drohen und nicht zu strafen[18]), ein Verfahren, das aber dennoch, solange die Welt steht, aus der Praxis der Disciplinarstellen nicht verdrängt werden wird.

Und im Zusammenhang damit kann man schließlich noch sagen[19]), daß die Stellung des Richters dadurch eine gehobenere wird, wenn ihm nicht bloß die Anwendung des Gesetzes, sondern zugleich eine, wenn auch nur beschränkte Verfügung über die Wirksamkeit des Gesetzes zukommt.

Dementsprechend sehen wir denn auch, daß die bedingte Verurtheilung oder eine ähnliche Einrichtung nicht erst in der neuesten Gesetzgebung auftaucht, sondern daß sich etwas Derartiges schon im früheren Recht vorfindet. Und zwar gehört hierhin nicht bloß das kanonische Recht, in welchem vorgeschrieben war, daß der kirchliche Bann oder die Excommunication in der Regel nur nach vorangegangener mehrmaliger Verwarnung des Thäters solle verhängt werden können[20]), sondern auch das römische Recht, das frühere gemeine deutsche Strafrecht und verschiedene der älteren Landesgesetze, und zwar insofern, als nach ihnen in erheblich größerem Umfange, als im jetzigen Rechte, die Strafe des Verweises zur Anwendung kam, und zwar, wenigstens theilweise, mit der Wirkung, daß im Falle vorausgegangenen Verweises wegen des einen Delicts das später begangene neue Delict um so schwerer bestraft werden

---

[18]) v. Kirchenheim, Gerichtssaal 1890 S. 62.

[19]) So Prins, Gutachten (Mittheilungen I S. 33).

[20]) Keineswegs übrigens in allen Fällen. Vgl. Hinschius, System des katholischen Kirchenrechts IV, Berlin 1888, S. 761 f.

sollte[21]). Ja, man kann sagen, daß in gewisser Weise die neue Einrichtung sich schon im geltenden Rechte findet, nämlich insofern, als der gegen jugendliche Personen zulässige Verweis (St.G.B. § 57 Absatz 1 Nr. 4) ebenfalls die Bedeutung hat, einmal eine Strafe im engeren Sinne in Wegfall zu bringen, sodann aber eine Erhöhung der wegen eines späteren Delicts zu verhängenden Strafe zu bewirken; wenigstens wird es naturgemäß sein, daß wegen des späteren Delicts innerhalb der Grenzen der Strafzumessung auf eine höhere Strafe erkannt wird. —

Was aber andererseits die Gründe gegen die bedingte Verurtheilung betrifft, so wäre es unrichtig, hierhin zu rechnen, daß danach eine Menge von wirklich strafwürdigen Fällen völlig straflos gelassen werden würde. Denn immerhin kann auch die bedingte Verurtheilung selbst als eine Art Strafe angesehen werden, da auch sie sich als ein Nachtheil für den Verurtheilten darstellt, dem dadurch die Sorglosigkeit und Unbefangenheit seines Daseins möglicher Weise in hohem Grade gestört wird. In Abrede zu stellen wäre dies wohl nur von Denjenigen, welche von der Strafe unter allen Umständen verlangen, daß dieselbe eine „Rechtsgüterverletzung" enthalte, d. h. eine Schädigung des Thäters an denjenigen Beziehungen, in welchen derselbe im Uebrigen rechtlich geschützt wird, eine Anschauung[22]), welche bei der bedingten Verurtheilung allerdings ebenso wenig wie bei dem Verweise zutrifft. Wer aber als mögliche Strafmittel auch allgemeinere Eingriffe anerkennt und es mehr oder weniger für zufällig erklärt, ob hierdurch gerade solche Interessen betroffen werden, in welchen der Thäter im Uebrigen rechtlich geschützt ist, wird dagegen nichts einzuwenden vermögen, daß auch die bedingte Verurtheilung als eine Art Strafmittel angesehen werde[23]). — Und hiernach kann auch der Einwand auf sich beruhen, daß die Einrichtung der bedingten Verurtheilung sich als ein Eingriff in das Begnadigungsrecht darstelle[24]); vielmehr kann man zugeben, daß

---

[21]) Letzteres war gemeinrechtlich allerdings streitig, wurde aber u. A. in der früheren sächsischen Gesetzgebung bejaht; vgl. Kayser, Strafrechtszeitung 1881 S. 186 ff.

[22]) Vgl. gegen dieselbe das Lehrbuch des Verfassers, 4. Auflage S. 47.

[23]) So besonders v. Hippel, Gerichtssaal 1890 S. 116 (sowie schon in dem Aufsatz in der Gegenwart), welcher der bedingten Verurtheilung ihre Stelle zwischen der Freiheitsstrafe einerseits und der Geldstrafe und dem Verweis andererseits anweist.

[24]) Meves, Goltd. Archiv 1890 S. 392; v. Kirchenheim, Gerichtssaal 1890 S. 64 ff. (sowie schon im Frankfurter Journal). — Vgl. auch Aschrott, Der Ersatz u. s. w. S. 54, der daraus aber keinen Einwand gegen die bedingte Verurtheilung herleitet.

es auch hier, wie in anderen Fällen, sich nur um die richterliche Auswahl zwischen verschiedenen Strafarten handele. Wohl aber ist zu behaupten, daß diese Maßregel, wenn sie überhaupt eine Strafe ist, ihrer Natur nach ganz besonders geeignet ist, vielfach nicht als Strafe empfunden zu werden, und ferner, daß es in ihrer Natur liegt, in ganz besonders ungleicher Weise zu wirken[25]). Denn wenn es auch bei keiner Strafe verhindert werden kann, daß der Einzelne sie völlig in den Wind schlägt, ja daß er sie vielleicht noch dazu als etwas Erstrebenswerthes aufsucht, und andererseits, daß der Eine von ihr schwer betroffen wird, während der Andere sie leicht nimmt, so ist diese Ungleichheit doch nirgends, wie hier, eine grundsätzliche, da es im Wesen dieser (zunächst ideellen) Strafe liegt, in der einen Classe von Fällen zu einer wirklichen (reellen) Bestrafung zu führen, während dieselbe in anderen Fällen ausbleibt.

Vor Allem aber kommt in Betracht, daß die Einrichtung der bedingten Verurtheilung geeignet ist, in hohem Maße das Ansehen des Gesetzes zu beeinträchtigen und als eine Art Aufmunterung zur Begehung von Delicten zu dienen. Denn, wenn ein Jeder, der bisher noch nichts verbrochen hat, bezw. bisher noch nicht zur Rechenschaft gezogen wurde, nicht zu befürchten braucht, ernstlich bestraft zu werden, sondern hoffen kann, zunächst noch ungestraft davonzukommen, so ist dem Strafgesetze ein großer Theil seines Ansehens und der Strafrechtspflege ein großer Theil ihrer Wirksamkeit genommen; und wenn der an sich schon so gefährliche Grundsatz „Einmal ist keinmal“ vom Staate selbst auf seine Fahne geschrieben wird, so muß dies für die Sicherheit der Rechtsordnung in hohem Grade bedenklich erscheinen.

Dazu kommt die Möglichkeit, ja die Befürchtung, daß in dieser Beziehung eine sehr ungleiche Praxis werde geübt werden[26]). Da nämlich die Fälle, in denen die bedingte Verurtheilung zur Anwendung kommen soll, nicht im Voraus vom Gesetze bestimmt werden können, sondern die Maßregel ihrer Natur nach in das richterliche Ermessen gestellt werden muß, so ist zu befürchten, daß in dieser Beziehung sehr ungleich werde verfahren werden, und zwar nicht nur von verschiedenen Gerichten, sondern auch von demselben Gericht. Und insbesondere liegt die Befürchtung nahe, daß sich in dieser Beziehung eine Art Bevorzugung der

---

[25]) Vgl. auch Meves, Goltd. Arch. 1890 S. 391.

[26]) Vgl. die Aeußerung in der Norddeutschen Allgemeinen Zeitung, wonach möglicherweise das eine Gericht nur bei 1 %, das andere Gericht bei 50 % der Fälle von der Einrichtung Gebrauch machen werde.

bessergestellten Classen herausstellen werde[27]), da gerade bei diesen die Angemessenheit einer Schonung äußerlich besonders stark hervortreten wird, während bei gesellschaftlich niedriger Stehenden es weniger nothwendig erscheinen wird, eine solche Rücksicht zu üben.

Dazu kommt ferner, daß es in vielen Fällen schwierig sein wird, die Person des Verurtheilten bei der späteren Aburtheilung wiederzuerkennen, und daß auf diese Weise eine Menge von Personen wegen nur eines Delicts werden bestraft werden, die früher schon wegen eines anderen Delicts verurtheilt waren und nunmehr wegen mehrerer Delicte bestraft werden müßten. Und zwar ist dies eine Möglichkeit, welche bei der immer mehr zunehmenden Bewegung der Bevölkerung, bei welcher der Einzelne, sei es absichtlich oder unabsichtlich immer leichter in der Menge verschwindet, von Jahr zu Jahr steigen würde.

Dazu kommt ferner, daß der durch die bedingte Verurtheilung eintretende Schwebezustand geeignet ist, auf die verschiedenen Arten von Verurtheilten eine sehr ungleiche Wirkung zu üben[28]). Während die Einen geneigt sein werden, sich die Sache aus dem Sinne zu schlagen und sich freuen werden, voraussichtlich ohne Strafe davonzukommen, werden Andere den Druck der noch in Aussicht stehenden Strafvollstreckung schwer empfinden, so daß im Fall späterer Verbüßung der Strafe jener Schwebezustand für sie als eine wesentliche Erschwerung der Strafe erscheint. Hat Jemand die 8 Tage oder 4 Wochen Gefängniß, um die es sich handelt, abgebüßt, so hat er sozusagen freie Bahn vor sich; das Leben sorgt dafür, daß der Eindruck der verbüßten Strafe mehr und mehr verwischt wird, während die Einrichtung der nur bedingten Verurtheilung diese wohlthätige Wirkung des Zeitablaufs hinausschiebt. Auch kommt in Betracht, daß jener Schwebezustand sich nicht selten als ein Hinderniß des Fortkommens und der Erwerbsfähigkeit des Verurtheilten darstellen wird, und zwar möglicherweise als ein größeres als die erfolgte Strafverbüßung, und daß es manchen Arbeitgeber geben kann, der sich daran stößt, daß der Arbeiter gegebenen Falls noch eine Strafe zu erstehen hat, während es ihm verhältnißmäßig gleichgiltig sein würde, wenn derselbe früher einmal eine geringere Strafe verbüßt hat.

Dazu kommt ferner, daß, während doch sonst mit Recht Werth darauf gelegt wird, daß die Strafe möglichst bald dem Verbrechen

---

[27]) Besonders stark betont von v. Kirchenheim (Gerichtssaal 1890 S. 64), der die Befürchtung ausspricht, es könnte wieder zu der römischen Unterscheidung zwischen honestiores und humiliores in der strafrechtlichen Behandlung kommen.

[28]) Vgl. auch v. Kirchenheim, Gerichtssaal 1890 S. 61.

nachfolge[29]), und während zu allen Zeiten die Verjährung einen Strafausschließungsgrund gebildet hat, die Einrichtung der bedingten Verurtheilung eine künstliche und absichtliche Hinausschiebung der Bestrafung bewirkt[30]), eine Hinausschiebung, welche ja nicht über die Verjährungsfrist wird hinausgehen dürfen (siehe unten), die aber dennoch dem Grundgedanken der Verjährung widerspricht.

Dazu kommt ferner, daß durch die nur bedingte Verurtheilung möglicher Weise das Interesse des Verletzten erheblich verletzt wird[31]), der von der Bestrafung insbesondere auch für sich selbst eine Genugthuung erwartet und durch jene unvollkommene Art der Verurtheilung sich in dieser Erwartung mehr oder weniger getäuscht sieht. Denn wenn auch die Strafe nicht vorzugsweise dazu bestimmt ist, dem Verletzten Genugthuung zu gewähren, so kann doch nicht in Abrede gestellt werden, daß die Beruhigung des Rechtsgefühls des Verletzten sich auch heute noch als ein nicht zu vernachlässigender Nebenzweck der Strafe darstellt. Wenn aber A, der dem B eine Körperverletzung zugefügt, ihm boshafter Weise werthvolle Gegenstände zerstört oder ihn schwer in seinem Hausrecht verletzt hat, nur in bedingter Weise verurtheilt wird und möglicher Weise ganz frei ausgeht, so kann es sehr wohl sein, daß sich der Rachetrieb in dem Verletzten regt, und daß somit diese Art der Rechtsprechung nur zu sehr geeignet ist, die Quelle neuer Rechtsverletzungen zu werden.

Dazu kommt ferner, daß diese Art der Rechtsprechung zwar auf der einen Seite geeignet ist, das Ansehen des Richteramts zu heben (siehe oben), daß dieselbe sich aber auf der anderen Seite als eine große Gefahr für das Ansehen des Richteramts darstellt[32]). Denn, wenn das Publicum sieht, wie der Richter den Angeklagten in dem einen Falle straft, während er ihn in dem anderen (in bedingter Weise) freiläßt, und zwar ohne daß die Gründe hierfür äußerlich erkennbar hervortreten, so kann es nicht anders sein (zumal wenn sich der Verdacht einer Be-

---

[29]) Vgl. auch v. Kirchenheim, Gerichtssaal 1890 S. 61 f. und die dort angeführten sehr treffenden Verse von Rückert.

[30]) Vgl. auch v. Kirchenheim, Gerichtssaal 1890 S. 62.

[31]) Gerade hierüber (und man kann sagen, fast ausschließlich hierüber) wurde auf der Versammlung in Brüssel verhandelt (Mittheilungen I S. 117 ff.), wobe insbesondere Garofalo und Benedict die daraus entstehenden Bedenken hervorhoben, wogegen Seuffert, van Hamel, Bareuther und Wesnitsch diese Bedenken widerlegten. Vgl. auch Meves, Goltd. Archiv 1890 S. 392.

[32]) Meves, Goltd. Archiv 1890 S. 391: v. Kirchenheim, Gerichtssaal 1890 S. 60.

günstigung der höheren Stände einstellt), als daß die für die Sicherheit der Rechtsordnung so nothwendige Ueberzeugung von der Festigkeit und Unverbrüchlichkeit richterlicher Entscheidungen eine mehr oder weniger große Erschütterung erleidet. Und nicht mit Unrecht hat man es als einen Widerspruch bezeichnet, einerseits, wie nunmehr allgemein geschieht, zu beklagen, daß im geltenden Rechte die Grenzen der Strafzumessung in vielen Fällen zu weit gesteckt seien, und andererseits sogar die Frage, ob es überhaupt zu einer Strafe kommen solle, in das richterliche Ermessen zu stellen.

Dazu kommt der Widerspruch dieser Einrichtung mit der grundsätzlich richtigen und immer allgemeiner geforderten Behandlung des Rückfalls. Immer übereinstimmender wird sowohl aus grundsätzlichen wie aus praktischen Rücksichten verlangt, daß, wer wegen eines gleichen oder ähnlichen Delicts schon einmal bestraft war, deswegen nicht mit der gewöhnlichen, sondern mit einer höheren Strafe bestraft werde, ein Satz, der im geltenden Rechte augenscheinlich nur um deswillen in so beschränktem Maße zum Ausdruck gelangt ist, weil sich das Gesetz für gewöhnlich auf die Strafzumessung verläßt und es als selbstverständlich ansieht, daß innerhalb der Grenzen der Strafzumessung in einem solchen Falle eine höhere Strafe verhängt wird. Ist dies aber der Fall und soll nun andererseits der erstmalig zu Verurtheilende mit Strafe verschont und erst im Falle wiederholter Begehung die Strafe an ihm vollstreckt werden, so erhebt sich die Frage: wo bleibt denn der Normalfall? Wie soll man denn normaler Weise delinquiren, wenn auf der einen Seite im Falle des Rückfalls sofort eine schwerere Strafe verhängt wird, und auf der anderen Seite die erstmalige Begehung in sehr vielen Fällen Aussicht hat, ohne (reelle) Strafe zu bleiben?

Vor Allem aber fällt in die Wagschale, daß die Einrichtung geeignet ist, die Vorstellung von der nothwendigen Verknüpfung zwischen Delict und Strafe zu erschüttern, eine Vorstellung, ohne welche die Rechtsordnung nicht bestehen kann[33]). Allerdings hat das Recht von jeher Gründe gekannt, aus denen diese Nothwendigkeit im einzelnen Falle hinwegfällt, wohin hauptsächlich die Verjährung und die Begnadigung und in manchen Fällen die Nichtstellung des Antrags seitens des Verletzten gehören. Immer aber sind es bestimmte Ereignisse oder Verhält-

[33]) Besonders stark betont von v. Kirchenheim (Gerichtssaal 1890 S. 59 und Antrag desselben auf der Versammlung in Halle), der hervorhebt, daß durch die (obligatorische) bedingte Verurtheilung die Fundamentalgrundsätze unseres Strafrechts und mittelbar unserer Staats- und Gesellschaftsordnung zerstört und die sittlichen Anschauungen des Volkes verwirrt werden würden.

nisse, welche dies Ergebnis herbeiführen, während es hier eine ganz allgemeine Rücksicht auf die Person des Schuldners sein soll, welche die Straflosigkeit begründet. — —

Fragt sich hiernach aber, ob die Gründe für oder die Gründe gegen diese Einrichtung überwiegen, so kann es für uns — es ist das allerdings nicht Sache einer logischen Deduction, sondern Sache einer ungefähren Abschätzung — nicht zweifelhaft sein, daß den Gründen gegen die Einrichtung das schließliche Uebergewicht zukommt, wobei vor Allem die in derselben liegende Abschwächung des strafrechtlichen Grundgedankens in Betracht kommt. Ja, wir werden nicht fehlgehen, wenn wir in ihr eine jener Neuerungen erblicken, durch welche das Strafrecht aus seiner besonderen Stellung zu Gunsten bloßer Besserungs- oder Sicherungsmaßregeln verdrängt werden soll[34]). Steht doch schon im Hintergrunde der Vorschlag, die richterliche Strafzumessung aufzuheben, und die Frage, welche Strafe der Verurtheilte zu erleiden hat, dem richterlichen Ermessen zu entziehen und, vollständig oder doch zu einem wesentlichen Theil, in das Ermessen einer Strafvollzugsbehörde zu stellen[35]). Und alles dies ist nicht ohne Zusammenhang mit derjenigen Vorstellung, daß dem Menschen keine Willensfreiheit zukomme, und daß es sich demgemäß nicht darum handeln könne, die Schuld zu bestrafen, sondern den Thäter denjenigen Besserungs- und Sicherungsmaßregeln zu unterwerfen, welche den Umständen nach und vor Allem nach seiner Persönlichkeit als angemessen erscheinen[36]). Dem gegenüber ist daran festzuhalten, daß das Strafrecht zwar nicht die einzige Art und Weise ist, wie der Staat gegen das Verbrechen auftritt, daß dasselbe seiner besonderen Aufgabe aber nur dann genügt, wenn es darauf berechnet und dazu geeignet ist, innerhalb der Grenzen der thatsächlichen Möglichkeit und abgesehen von Strafausschließungsgründen, jeden Fall wirklicher Verschuldung auch mit wirklicher Strafe zu treffen.

Nehmen wir aber hiernach keinen Anstand, die an uns gerichtete Frage grundsätzlich zu verneinen, so fragt es sich dennoch, ob die neue Einrichtung nicht auf Grund besonderer Verhältnisse für Ausnahmefälle als annehmbar erscheint. Und hierhin möchte zuerst und vor Allem

---

[34]) Vgl. v. Hippel, Gerichtssaal 1890 S. 124, der geradezu erklärt, daß es sich nur um eine Abschlagszahlung an die „criminalpolitischen" Bestrebungen unserer Zeit" handele.

[35]) v. Liszt, Zeitschrift 1889 S. 491 ff.

[36]) Vgl. gegen diese Anschauung den Vortrag des Verfassers „Die Willensfreiheit und das Strafrecht", Erlangen und Leipzig 1890.

die Verübung von Delicten durch jugendliche Personen gehören. Ebenso wie derjenige Jugendliche, der noch nicht mit der erforderlichen Einsicht gehandelt hat, zwangsweise einer bessernden Einwirkung unterworfen werden kann (St.G.B. § 56 Abs. 2); ebenso wie jugendliche Personen wegen wirklich begangener Delicte nicht der vollen, sondern nur einer geringeren Strafe unterworfen werden und unter Umständen mit einem bloßen Verweise davon kommen (St.G.B. § 57), und ebenso wie jugendliche Personen auch nach verbüßter Strafe noch einer bessernden Einwirkung sollten unterworfen werden können[37]) — Alles Modificationen des Strafrechts, die sich aus einer besonderen Rücksicht auf das jugendliche Alter ergeben —, ebenso läßt sich befürworten, daß jugendliche Personen nicht unter allen Umständen unbedingt zu einer Strafe verurtheilt werden sollten, sondern daß dieselben unter Umständen zunächst noch mit Strafe müssen verschont werden können. Denn näher zugesehen treffen die meisten derjenigen Gründe, welche für die Einrichtung überhaupt angeführt werden können, in besonders hohem Maße bei jugendlichen Personen zu, und andererseits sind die Gründe, welche gegen die Einrichtung sprechen, bei ihnen in viel geringerem Maße vorhanden. Gerade bei jugendlichen Personen kommt es darauf an, sie nicht ohne dringendsten Grund für ihr ganzes Leben zu kennzeichnen; gerade bei jugendlichen Personen ist es von Wichtigkeit, sie nicht ohne dringendsten Grund dem verschlechternden Einfluß der Strafanstalten auszusetzen; gerade bei ihnen kann es als angemessen erscheinen, die erste Verurtheilung nur als eine Warnung zu benutzen und dem Angeklagten sein eigenes Schicksal noch einmal in die Hand zu geben. Was aber die Bedenken gegen die Einrichtung betrifft, so ist bei Jugendlichen zunächst das Bedenken geringer, daß der Verurtheilte in späteren Fällen möglicher Weise nicht wiedererkannt werden werde, da Personen unter achtzehn Jahren an einen bestimmten Ort und an eine bestimmte Familie bezw. an bestimmte Aufsichtspersonen gebunden zu sein pflegen. Ferner ist hier eine geringere Rücksicht auf das Interesse des Verletzten zu nehmen; denn entweder wird die That gegen einen Erwachsenen verübt sein, und dann wird diesen schwerlich ein besonderes Rachegefühl gegen den Jüngeren beseelen, oder die That ist gegen einen ebenfalls Jugendlichen begangen, und dann ist es nicht nöthig, auf das Verlangen des Verletzten hervorragende Rücksicht zu nehmen. Was aber die mehr patriarchalische Stellung des Richters betrifft, welche durch diese Einrichtung

[37]) Eine Einrichtung, deren Angemessenheit immer allgemeiner einleuchtet und deren Fehlen im jetzigen Strafgesetzbuch als ein erheblicher Fehler desselben erscheint.

zum Ausdruck gebracht wird, so muß dieselbe, ebenso wie sie durch die schon in das geltende Recht aufgenommene Strafe des Verweises zum Ausdruck kommt, so überhaupt jugendlichen Personen gegenüber als etwas Angemessenes erscheinen. Allerdings ist ein Bedenken, welches gegen die Einrichtung spricht, bei Jugendlichen kaum in geringerem Maße als bei Anderen vorhanden, nämlich dies, daß dieselbe in sehr ungleichmäßiger Weise durchgeführt werden könnte und daß insbesondere eine Bevorzugung von Angehörigen der höheren Classen dabei als denkbar erscheint. Doch ist dies Bedenken wohl nicht schwerer, als bei den für jugendliche Personen möglichen Strafmilderungen überhaupt, insbesondere bei der schon nach dem geltenden Recht möglichen Herabsetzung der Strafe zu einem bloßen Verweis, und ebenso wie in diesen Beziehungen, so kann auch wohl in jener Hinsicht dem Richter das nöthige Zutrauen geschenkt werden. — Und dasselbe wie für jugendliche Personen, möchten wir auch für weibliche Personen (d. h. für weibliche Personen auch über achtzehn Jahre) befürworten, auf welche überhaupt wieder mehr Rücksicht genommen werden sollte, als dies im gegenwärtigen Rechte der Fall ist, welches sich allzu sehr gewöhnt hat, auf diejenigen besonderen Bestimmungen über weibliche Personen, welche das römische, das ältere deutsche und noch das gemeine Recht gekannt hatten, als auf überwundene Vorurtheile herunterzublicken[38]). Denn, unbeirrt durch die sogenannten Emancipationsbestrebungen innerhalb des weiblichen Geschlechts selbst, sollten wir anerkennen, daß nicht bloß die Jugend, sondern auch das weibliche Geschlecht, schon aus Rücksicht auf die Familie, einer besonderen Schonung und Rücksicht bedürfe. Für eine Unverheirathete wird das Gewicht einer Verurtheilung, durchschnittlich genommen, viel schwerer sein, als für eine männliche Person gleichen Alters, und was die Verheiratheten betrifft, so kann zwar auch durch die Verurtheilung des Mannes und Vaters die Familie hart genug getroffen werden; wenn aber die Frau und Mutter in das Gefängniß geführt wird, oder wenn sie im Gefängniß gesessen hat, so ist dies für die Familie möglicher Weise von noch viel zerstörenderer Bedeutung[39]). — Noch weiter zu gehen aber und die Einrichtung auch auf

---

[38]) Vgl. auch G. Hartmann, Archiv für die civilistische Praxis Bd. 73 (1888) S. 369.

[39]) Unser Vorschlag deckt sich insofern mit dem von Lammasch in seinem Gutachten (Mittheilungen der internationalen criminalistischen Vereinigung I S. 34 ff.) gemachten Vorschlage, nur daß dieser außer den Delicten von jugendlichen und von weiblichen Personen auch noch gewisse, besonders geringe Delicte von männlichen erwachsenen Personen hereinzieht.

gewisse besonders schonungswürdige Classen von erwachsenen männlichen Personen auszudehnen, können wir uns nicht entschließen, und zwar aus dem Grunde, weil diese Classen nicht mit hinreichender Bestimmtheit bezeichnet werden könnten und mithin aus ihrer Aufstellung eine gefährliche Rechtsunsicherheit hervorgehen würde. Wenigstens können wir es nicht als eine hinreichend bestimmte Abgrenzung ansehen, wenn Wirth (vgl. den oben erwähnten Entwurf) die Einrichtung bei solchen Personen zur Anwendung bringen will, „deren Verhältnisse durch die Bestrafung besonders schwer betroffen werden würden", oder wenn der österreichische Entwurf dieselbe vorschlägt für „besonders rücksichtswürdige Fälle bei Personen, von denen mit Grund Besserung zu erwarten ist". Alles dies ist zu unbestimmt, um als Maßstab für eine heilsame Rechtsprechung zu dienen, und soweit es nöthig ist, in solchen Fällen Nachsicht zu üben, ist es mithin richtiger die Begnadigung, welcher diese Fürsorge anheimfällt.

Andererseits braucht die Einrichtung nicht, wie im österreichischen Entwurf, auf solche Personen beschränkt zu werden, deren Wohnsitz festgestellt werden kann, oder, wie im englichen Gesetz, auf solche Personen, die sich über einen bestimmten Wohnsitz und über genügende Unterhaltsmittel ausweisen, da in diesen Beziehungen das richterliche Ermessen, dem ja die gesammte Maßregel anheimgegeben werden soll, ausreicht. — Was aber die Frage betrifft, ob die Einrichtung auf bestimmte Delictsarten beschränkt werden[40]) oder ob bestimmte Delictsarten von ihr ausgeschlossen werden sollen[41]), so fällt dieselbe für uns hinweg, da wir die Maßregel ja nur für jugendliche und weibliche Personen befürworten, für diese aber wohl bei allen Delictsarten hinreichender Anlaß zu besonderer Schonung sein kann. Auch scheint es uns nicht richtig, die Einrichtung[42]) auszuschließen, wenn es sich nicht um ein,

---

[40]) So Meves, Goltd. Archiv 1890 S. 392, der die Einrichtung eventuell (abgesehen von jugendlichen und weiblichen Personen) nur bei Uebertretungen, und zwar bei bestimmten Arten von Uebertretungen (§ 360 und § 365—370) für anwendbar erachtet.

[41]) So Lammasch (Gutachten), der die Einrichtung (abgesehen von jugendlichen und weiblichen Personen) bei solchem Vergehen ausschließen will, bei denen es sich, wie beim Zweikampf, mehr darum handelt, das Ansehen des Gesetzes aufrecht zu erhalten; so Lion auf der Versammlung zu Brüssel (Mittheilungen I S. 153), der ihre Unangemessenheit bei politischen Delicten behauptet; so Benedict daselbst (Mittheilungen I S. 180), der dieselbe bei Beleidigungen, und endlich Garofalo daselbst (Mittheilungen I S. 179), der sie bei Delicten gegen die Person (sofern nicht der Verletzte zustimmt) für ungeeignet erachtet.

[42]) Mit Lammasch, Gutachten (Mittheilungen I S. 40). Richtig v. Liszt, Zeitschrift 1890 S. 74; v. Hippel, Gerichtssaal 1890 S. 102.

sondern um mehrere (ideal oder real concurrirende) Delicte handelt. — Stellt sich nach erfolgter bedingter Verurtheilung heraus, daß der Thäter noch ein anderes Delict begangen habe, welches mit dem ersteren zusammen zum Gegenstande der Aburtheilung hätte gemacht werden können, so sind analog die Vorschriften des § 79 des St.G.B. zur Anwendung zu bringen[43]), d. h. das Gericht hat nachträglich zu erwägen, welche Gesammtstrafe auszusprechen gewesen wäre und danach zu beurtheilen, ob die Bedingtheit der früheren Verurtheilung aufrecht zu erhalten oder das Urtheil in ein Urtheil mit unbedingtem Strafvollzug verwandelt werden solle.

Von selbst aber versteht sich, daß die Einrichtung nur eine facultative sein kann[44]), d. h. daß es von dem Ermessen des Richters und von den Umständen des einzelnen Falles abhängen muß, ob die in der nur bedingten Verurtheilung liegende Rücksicht und Schonung als wirklich angemessen erscheint. Und ebenso versteht es sich von selbst, daß die Einrichtung nur auf solche Personen zur Anwendung gebracht werden kann, welche zum ersten Mal zu einer nennenswerthen Strafe verurtheilt werden, anders ausgedrückt, welche noch keine erhebliche Vorstrafe erlitten haben[45]), was am richtigsten auf die Verurtheilung zu einer Freiheitsstrafe[46]), jedoch wegen irgend einer strafbaren Handlung[47]) beschränkt wird. Nicht zu verlangen ist, daß die Verurtheilung auch zu einer vollständigen oder theilweisen Strafverbüßung geführt hat[48]). Auszunehmen ist nur der Fall, wenn die Freiheitsstrafe an die Stelle einer nicht beizutreibenden Geldstrafe gesetzt wurde[49]). Und endlich ist (wenigstens so-

---

[43]) Vgl. v. Liszt, Zeitschrift 1890 S. 79; Lammasch, Gutachten (Mittheilungen I S. 41); v. Hippel, Gerichtssaal 1890 S. 117.

[44]) Hierin stimmen alle bisherigen Gesetze und officiellen wie privaten Entwürfe und Vorschläge überein.

[45]) Anders die amerikanische Einrichtung (Aschrott, Der Ersatz u. s. w. S. 22), nach welcher eine Vorbestrafung kein unbedingtes Hinderniß der Maßregel bildet.

[46]) Anders der Vorschlag von Wirth', wonach auch Verurtheilungen zu Geldstrafen in Betracht kommen. Wie oben Aschrott, Der Ersatz u. s. w. S. 46; v. Hippel, Gerichtssaal 1890 S. 104.

[47]) Anders der österreichische Entwurf, in welchem eine Verurtheilung wegen Verbrechens oder Vergehens genannt ist.

[48]) Anders v. Hippel, Gerichtssaal S. 105 f., der mit Unrecht darauf Werth legt, daß die Maßregel auch zum zweiten Mal müsse zur Anwendung gebracht werden können, was gewiß als überflüssig erscheint. Wie oben Aschrott, Der Ersatz u. s. w. S. 46.

[49]) Anders (der Sache nach) v. Liszt, Zeitschrift 1890 S. 71 ff. Wie oben Aschrott, Der Ersatz u. s. w. S. 46 f.; v. Hippel, Gerichtssaal 1890 S. 104.

lange die gleiche Bestimmung beim Rückfall gilt) zu verlangen, daß die frühere Verurtheilung im Inlande erfolgte[50]).

Und auch dies versteht sich unseres Erachtens durchaus von selbst, daß die Einrichtung nur in geringeren Fällen für anwendbar erklärt werden kann. Anders v. Liszt[51]), der alle Fälle, in denen auf Gefängnißstrafe, also möglicher Weise auf Gefängniß von 5 Jahren erkannt wird, hereinzieht, dadurch aber zu erkennen giebt, daß er, seinem allgemeinen strafrechtlichen Standpunkte gemäß, die Einrichtung für eine völlig normale ansieht, während sie nach unserer Auffassung nur als Ausnahme gerechtfertigt sein kann. Anders das englische Recht, welches die Maßregel für zulässig erachtet, wenn es sich um ein Vergehen handelt, das mit Gefängniß bis zu zwei Jahren bedroht ist. Anders die belgische Gesetzgebung und der österreichische Entwurf, welche die Einrichtung bei Freiheitsstrafen bis zu 6 Monaten für zulässig erklären. Anders der Beschluß der Halleschen Versammlung im März dieses Jahres (siehe oben), welcher die Einrichtung außer bei Haft bei Gefängnißstrafe bis zu 3 Monat für anwendbar erachtet. Anders auch v. Hippel, der die Maßregel „jedenfalls“ bei Freiheitsstrafen bis zu 6 Wochen befürwortet, also damit einverstanden sein würde, wenn die Grenze erheblich weiter gesetzt wird. Vielmehr müssen wir mit Wirth und Aschrott es für richtig halten, wenn die Einrichtung auf Freiheitsstrafen bis zu etwa 6 Wochen beschränkt wird[52]).

Dabei wäre noch zu erwägen, ob die bedingte Verurtheilung mit einer sogenannten Friedensbürgschaft (Bürgschaft für Wohlverhalten) verbunden werden solle, wie dies in Amerika und England, nicht aber nach dem belgischen Gesetze und dem österreichischen Entwurfe der Fall ist. Da jedoch die Bedeutung der Friedensbürgschaft über diesen Fall hinausreicht, so muß dies besonderer Erwägung vorbehalten bleiben. Keinenfalls aber kann davon die Rede sein, die Friedensbürgschaft in unserem Falle zu einer obligatorischen Einrichtung zu machen[53]), d. h. die Stellung einer solchen als Vorbedingung für die bedingte Verurtheilung zu behandeln, und zwar aus dem Grunde, weil hierdurch die früher erwähnte Befürchtung, daß die bedingte Verurtheilung zu einer

---

[50]) v. Liszt, Zeitschrift 1890 S. 72; v. Hippel, Gerichtssaal 1890 S. 106.

[51]) Zeitschrift 1890 S. 74.

[52]) So auch der (eventuelle) Vorschlag von Meves, Goltd. Archiv 1890 S. 392.

[53]) Wie dies Aschrott, Der Ersatz u. s. w. S. 51 vorschlägt. Dagegen v. Hippel, Gerichtssaal 1890 S. 118.

Bevorzugung der wohlhabenden Classen gemißbraucht werden könnte, geradezu verwirklicht werden würde.

Was aber die Bedingung betrifft, bei deren Eintritt die Strafe nachträglich vollzogen werden soll, so könnte es vom allgemeinen Standpunkt am Richtigsten erscheinen, dieselbe dahin zu bestimmen, daß der Thäter sich schlecht geführt oder den ihm auferlegten besonderen Verpflichtungen entgegengehandelt haben müsse, entsprechend denjenigen Vorschriften, welche bei der sogenannten bedingten Entlassung (St.G.B. § 24 Absatz 1) ertheilt sind. Da dies aber theils zu unbestimmt, theils undurchführbar sein würde, so wird es richtig sein, in dieser Beziehung, wie dies auch in allen bisherigen Gesetzen und Vorschlägen der Fall ist, die Begehung einer neuen strafbaren Handlung als maßgebend zu betrachten. Andererseits hat aber die Begehung einer nur mit Geldstrafe bedrohten Handlung nicht das erforderliche Gewicht, und so werden wir uns dahin zu entscheiden haben, daß es auf die Begehung einer mit Freiheitsstrafe bedrohten Handlung ankommt[54]). Auszuschließen ist auch hier diejenige Freiheitsstrafe, welche als Ersatz einer nicht beizutreibenden Geldstrafe eintritt[55]); andererseits ist aber auch nicht zu fordern, daß es sich um ein mit Freiheitsstrafe bedrohtes Verbrechen oder Vergehen handelt, vielmehr muß die Begehung einer mit Freiheitsstrafe bedrohten Uebertretung als hinreichend erscheinen[56]). Dabei muß es genügen, daß das Delict in der betreffenden Zeit begangen wurde, ohne daß auch die Verurtheilung[57]) oder gar die Strafverbüßung in der betreffenden Zeit erfolgt sein müßte. Hat der Angeklagte in der betreffenden Zeit kein Delict der bezeichneten Art verübt, so müßte die Probe jedesmal als bestanden, hat er aber inzwischen ein solches Delict begangen, so müßte sie jedesmal als nicht bestanden gelten, es sei denn, daß es sich um eine Uebertretung handelt, in welchem Falle die Frage in das Ermessen des Gerichts gestellt werden könnte[58]).

Was aber die Dauer der sogenannten Probezeit betrifft, so kann

---

[54]) Anders Belgien und der österreichische Entwurf, welche auch ein mit Geldstrafe bedrohtes Vergehen, sowie Wirth und Aschrott, welche eine jede strafbare Handlung für ausreichend erachten.

[55]) v. Hippel, Gerichtssaal 1890 S. 112.

[56]) Ebenso v. Liszt, Zeitschrift für die gesammte Strafrechtswissenschaft 1889 S. 78; v. Hippel, Gerichtssaal 1890 S. 112.

[57]) So v. Liszt, Zeitschrift 1890 S. 78. Wie oben v. Hippel, Gerichtssaal 1890 S. 114.

[58]) Allgemein dafür, daß das richterliche Ermessen maßgebend sein müsse, Aschrott, der Ersatz u. s. w. S. 50.

nach unseren Verhältnissen nicht davon die Rede sein, dieselbe, wie in England [59]), der richterlichen Festsetzung im einzelnen Falle zu überlassen. Vielmehr entspricht es dem Bedürfniß größerer Bestimmtheit, in dieser Beziehung eine gesetzliche Grenze zu setzen, wie dies denn auch sowohl im belgischen Gesetz wie im österreichischen Entwurf und in den privatim aufgestellten Entwürfen geschehen ist. Und zwar ist diese Grenze theils auf 5 Jahre, theils auf 3 Jahre, theils auf 2 Jahre oder für Vergehen auf 3, für Uebertretungen auf 1 Jahr gesetzt worden [60]); uns selbst würden 2 Jahre für Vergehen und 1 Jahr für Uebertretungen als das Richtigste erscheinen. Denn einerseits ist die Einrichtung dazu bestimmt, der Begehung neuer Delicte auf möglichst lange Zeit zuvorzukommen, und andererseits würde eine zu lange Dauer jenes Schwebezustandes als eine ungerechte Belastung des Verurtheilten erscheinen. Auch kommt in Betracht, daß die Probezeit jedenfalls nicht länger sein darf als die für Delicte der betreffenden Schwere festgesetzte Verjährungsfrist (wobei nach Lage des geltenden Rechts die Verjährung der Strafverfolgung, nicht die Verjährung der Strafvollstreckung maßgebend ist); ja, es wird angemessen sein, die Probezeit durchschnittlich kürzer als die betreffende Verjährungsfrist zu bestimmen.

Was endlich die processuale Behandlung der sogenannten bedingten Verurtheilung betrifft, so gehört die Anordnung darüber, daß der Strafvollzug ein nur bedingter sein solle, nicht in einen besonderen Beschluß, sondern in das Urtheil selbst, und zwar in den verfügenden Theil desselben oder den sogenannten Urtheilstenor [61]) und kann etwa in der Art erfolgen, daß zu der Verurtheilung selbst der Zusatz „die Strafvollstreckung wird ausgesetzt“ gemacht wird [62]). Und ebenso versteht es sich von selbst, daß, wie die übrigen Theile des Urtheils, so auch diese Anordnung anfechtbar sein muß, in welcher Beziehung nicht ein besonderes Rechtsmittel, sondern das gegen das Urtheil einzulegende ordentliche Rechtsmittel als angemessen erscheint [63]), wonach

---

[59]) Aschrott, Der Ersatz u. s. w. S. 19.

[60]) Fünf Jahre hat das belgische Gesetz, jedoch nur als Grenze, innerhalb deren das richterliche Ermessen entscheidet. Der österreichische Entwurf hat 1—3 Jahre, Wirth 2—3 Jahre, v. Liszt 3 Jahre, Aschrott und v. Hippel 3 Jahre für Vergehen und 1 Jahr für Uebertretungen.

[61]) Anderer Meinung v. Liszt, Zeitschrift 1890 S. 79, 81, der einen besonderen Beschluß erfordert. Wie oben, Aschrott, Der Ersatz u. s. w. S. 52; v. Hippel, Gerichtssaal 1890 S. 121.

[62]) v. Hippel, Gerichtssaal 1890 S. 121.

[63]) v. Hippel, Gerichtssaal 1890 S. 121.

also theils die Berufung, theils die Revision in Betracht kommt, die Verschiedenheit aber, welche sich hiernach für die Anfechtbarkeit der thatsächlichen und der rechtlichen Seite der getroffenen Maßregel ergiebt, nicht größer ist, als dies hinsichtlich der übrigen Seiten des Urtheils der Fall ist. — Unnöthig aber ist es, im Falle der Verurtheilte die Probe besteht, in welchem Falle das Urtheil bestimmt ist, seine Bedeutung zu verlieren, hierzu noch eine ausdrückliche Anordnung zu erfordern[64]), sei es, daß man zu diesem Zwecke einen Beschluß genügen läßt oder ein neues Urtheil verlangt[65]); sei es, daß man diese Anordnung von Amts wegen eintreten läßt oder einen Antrag des Verurtheilten für nöthig erachtet[66]); sei es, daß man die Möglichkeit einer Anfechtung durch Rechtsmittel zugiebt oder daß die Einlegung eines Rechtsmittels in diesem Falle versagt wird[67]). Vielmehr genügt es, daß das Urtheil von selbst aufhört, ein vollstreckbares Urtheil zu sein[68]), ebenso wie dies bei der sogenannten bedingten Entlassung im Falle guter Führung hinsichtlich des nicht mehr zu verbüßenden Restes der Strafe der Fall ist (St.G.B. § 26). Andererseits aber wäre es unrichtig, das Urtheil selbst in diesem Falle (sei es durch ausdrückliche Erklärung oder von selbst) als hinwegfallend zu behandeln[69]), da dasselbe nach wie vor als amtliche Feststellung der Schuld in Betracht kommt und von mittelbarer Bedeutung für die Strafzumessung (bei späteren Delicten) sein kann. Daß dasselbe freilich für die Feststellung eines Rückfalles im engeren Sinne in Betracht komme, ist dadurch ausgeschlossen, daß zum Begriff des Rückfalls nach dem geltenden Recht mehr als die Verurtheilung, nämlich auch die vollständige oder theilweise Verbüßung der früher erkannten Strafe verlangt wird (St.G.B. § 244). — Zweckmäßig ist es natürlich (und eine dahin gehende Anordnung wäre Sache der Justizverwaltung), daß über die einzelnen Fälle der bedingten Verurtheilung eine amtliche Liste geführt wird. — —

---

64) So das belgische Gesetz, v. Liszt, Zeitschrift 1890 S. 81 und Aschrott, Der Ersatz u. s. w. S. 53.

65) Für Ersteres v. Liszt, Zeitschritt 1890 S. 81; für Letzteres (eventuell) v. Hippel, Gerichtssaal 1890 S. 122.

66) Für Ersteres Aschrott, Der Ersatz u. s. w. S. 53; für Letzteres v. Liszt, Zeitschrift 1890 S. 81.

67) Für Ersteres (der Sache nach) v. Liszt, Zeitschrift 1890 S. 81, sowie (eventuell) v. Hippel, Gerichtssaal 1890 S. 122; für Letzteres Aschrott, Der Ersatz u. s. w. S. 83 f., 55.

68) Ebenso v. Hippel, Gerichtssaal 1890 S. 122.

69) Richtig, Aschrott, Der Ersatz u. s. w. S. 29.

Die an uns gerichtete Frage haben wir hiernach dahin zu beantworten:

daß die Einführung der bedingten Verurtheilung in der That als angemessen erscheint, nicht aber als allgemeine Einrichtung, sondern in der Beschränkung auf jugendliche Personen, sowie auf weibliche Personen, auch wenn die letzteren zur Zeit der That das achtzehnte Lebensjahr zurückgelegt haben.

Inzwischen sind von Schriften über die bedingte Verurtheilung erschienen, bezw. dem Verfasser bekannt geworden:

Schütze, die sog. bedingte Verurtheilung und verwandte Reformen unseres Strafensystems, Allgemeine österreichische Gerichtszeitung 1890, Nr. 2 und 3 (für die bedingte Verurtheilung);

Wach, die Reform der Freiheitsstrafe, ein Beitrag zur Kritik der bedingten und der unbestimmten Verurtheilung, Leipzig 1890 (dagegen, abgesehen von jugendlichen Personen);

Appelius, die bedingte Verurtheilung und die anderen Ersatzmittel für kurzzeitige Freiheitsstrafen, 2. Aufl. Kassel 1890 (dagegen vom Standpunkt des gegenwärtigen Strafrechts, vorbehaltlich eines Strafrechts der Zukunft);

Loebell, die bedingte Verurtheilung, Goltdammer's Archiv 1890 S. 20 ff. (dafür, jedoch nicht bei allen Delictsarten).

IX.

Gutachten des Herrn Professor Dr. Hermann Seuffert zu Bonn

über die Frage:

Ist die bedingte Verurtheilung im Strafrecht einzuführen?

Nach Erlassung des deutschen Strafgesetzbuchs war das Interesse an strafrechtlichen Gesetzgebungsfragen in Deutschland etwas erkaltet. Der Ausbau des Systems, die Herausarbeitung der einzelnen Materien aus den zum Theil sehr sparsamen Bestimmungen des Gesetzbuchs, die Auseinandersetzung mit der Normentheorie und strafrechtsgeschichtliche Arbeiten beschäftigten neben constructiven und commentatorischen die Doctrin. Die Praxis, nicht allzu lebhaft im Contact mit der Doctrin, hatte mit der Auslegung des neuen Gesetzbuchs vollauf zu thun; auch ließ die Freude über das erste Gesetzbuch des neuen Reichs die Kritik wenig zum Worte kommen. Lediglich die auffallendsten Unebenheiten wurden gerügt und fanden im Codex repetitae praelectionis von 1876 Beseitigung. Auch trug dieser, wie zahlreiche Specialgesetze, den vermehrten Strafbedürfnissen der späten siebenziger und der achtziger Jahre Rechnung. Diese Gesetzgebung enthält eine Erweiterung, aber keine Reform des Strafrechts. Wesentlich von nicht juristischer Seite her, von einsichtsvollen Strafvollzugsbeamten, ist aber schon seit geraumer Zeit auf vielfache Zweckwidrigkeiten unserer Strafeinrichtungen hingewiesen, es ist namentlich auf die Erlassung eines gemeingültigen Strafvollzugsgesetzes hingearbeitet worden. Zahlreiche Klagen über die Strafrechtspflege, ihre Ergebnisse und Nichtergebnisse brachten dann die Reformliteratur wieder in Gang. Die statistischen Veröffentlichungen über die Strafrechtspflege wiesen eine stark fortschreitende Criminalität auf, insbesondere sehr bedenklich sich mehrende

Rückfallsziffern. Und so wurde der Ruf nach Reform unserer Strafeinrichtungen wieder laut. Er wurde genährt und gestärkt durch die Nachrichten, welche vom Auslande her über dort bestehende Auffassungen und Einrichtungen des Strafvollzuges zu uns drangen, sowie durch das Aufleben des Zweckgedankens im Strafrechte, den die deutsche Criminalistik, in den Bahnen Kant's und namentlich Hegel's wandelnd, überwunden zu haben glaubte. Die kurzzeitige Freiheitsstrafe, dieses Hauptstrafmittel der modernen Strafrechtspflege, wurde als eine völlig werthlose und bedenkliche Einrichtung bezeichnet und Ersatz für dieselbe vorgeschlagen. Wiedereinführung der körperlichen Züchtigung, Friedensbürgschaft, Geldstrafen mit Abverdienungszwang, Ortsverstrickung, Ortsverbannung und neuestens die „bedingte Verurtheilung“ wurden als Surrogate der kurzzeitigen Freiheitsstrafen in Vorschlag gebracht. Es ist namentlich Professor v. Liszt, der in einer Reihe von stoffreichen und anregend geschriebenen Aufsätzen die Erörterung der Reformfragen belebte. Der Brüsseler Congreß der internationalen criminalistischen Vereinigung empfahl im August 1889 namentlich die Einführung der bedingten Verurtheilung. Die im März dieses Jahres (1890) in Halle tagende deutsche Landesversammlung dieser Vereinigung schloß sich dem Brüsseler Votum an. Während aber in Brüssel grundsätzliche Uebereinstimmung herrschte, erfuhr die bedingte Verurtheilung in Halle Anzweifelung und lebhafte Gegnerschaft. Von 52 Anwesenden stimmten 4 gegen die bedingte Verurtheilung, 6 Mitglieder enthielten sich der Stimme, 42 sprachen sich dafür aus. Der Hauptgegner der Reform, Professor v. Kirchenheim, welcher in Halle unterlegen war, reproducirte in der Pfingstversammlung des nordwestdeutschen Vereins für Gefängnißwesen seine Thesen gegen die bedingte Verurtheilung und erzielte, wie die Zeitungen berichten, trotz warmer Vertheidigung durch Liszt und Aschrott eine große Majorität gegen die bedingte Verurtheilung. Die Frage stand auch auf der Tagesordnung des Petersburger internationalen Gefängnißcongresses, für welchen v. Liszt ein befürwortendes, v. Kirchenheim ein ablehnendes Gutachten abgegeben hat. Der Bericht über das Ergebniß des Petersburger Congresses lag bei Abschluß der Arbeit noch nicht vor. In selbständigen Abhandlungen und in den Zeitschriften nahm eine Reihe, theils der Praxis, theils dem Lehramt angehörender Criminalisten Stellung zu dem Reformgedanken. Die hauptsächlichsten Erscheinungen werden nachher Erwähnung finden. Die politische Presse in Deutschland hatte sich zuerst freundlich über das Reformproject ausgesprochen, war aber dann bald größtentheils zu einer lebhaften Befehdung übergegangen. Während dieses Gutachten niedergeschrieben worden ist, ging die Nachricht durch die Zeitungen, daß von 13 an den preußischen Justizminister seitens der Oberlandesgerichtspräsidenten und Oberstaatsanwälte erstatteten Gutachten 12 sich gegen die bedingte Verurtheilung ausgesprochen haben, während das 13. mit gewissen Einschränkungen dieselbe für eine spätere Gesetzgebung empfehle. Es lag nahe, daß auch der Deutsche Juristentag die Frage auf seine Tagesordnung setzte.

Trotz der zahlreichen Erörterungen dürfte es sich empfehlen, zunächst die kurze Geschichte des Reformgedankens, sowie seine Ausgestaltung in Gesetzen und Entwürfen in und außer Europa darzulegen.

Den nächsten Anstoß zu der Bewegung in Deutschland hat ein belgisches Gesetz vom 31. Mai 1888 gegeben. Die Artikel 1—8 dieses Gesetzes führen die bedingte Entlassung (vergl. Strafgesetzbuch für das Deutsche Reich §§ 22—26) ein. Artikel 9 des belgischen Gesetzes bestimmt sodann: „Les cours et tribunaux, en condamnant à une ou plusieurs peines peuvent lorsque l'emprisonnement à subir, soit comme peine principale ou subsidiaire, soit par suite du cumul de peines principales et de peines subsidiaires, ne dépasse pas six mois et que le condamné n'a encouru aucune condamnation antérieure, pour crime ou délit, ordonner, pas décision motivée, qu'il sera sursis à l'exécution du jugement ou de l'arrêt, pendant un délai dont ils fixent la durée, à compter de la date du jugement ou de l'arrêt, mais qui ne peut excéder cinq années. La condamnation sera comme non avenue, si, pendant ce délai, le condamné n'encourt pas de condamnation nouvelle pour crime ou délit. Dans le cas contraire, les peines pour lesquelles le sursis a été accordé et celles qui font l'objet de la condamnation nouvelle sont cumulées.“ Beachtenswerth ist auch Artikel 10, welcher vorschreibt, daß über den Vollzug des Gesetzes, also über die bedingte Entlassung wie über die bedingte Verurtheilung, den Kammern alljährlich Bericht erstattet werde.

Das belgische Gesetz ermächtigt die Erst- und Zweitinstanzgerichte zu der Anordnung des Aufschubs der Vollziehung einer Freiheitsstrafe unter folgenden Voraussetzungen:

1. Der Schuldige darf keinerlei Verurtheilung wegen Verbrechens oder Vergehens früher unterlegen sein.

2. Die in Frage kommende Freiheitsstrafe darf 6 Monate nicht übersteigen. Dabei ist es gleichgiltig, ob die Strafe wegen eines oder wegen mehrerer Delicte ausgesprochen, ob die Freiheitsstrafe als primäre oder subsidiär, als Ersatzstrafe an Stelle einer nicht einbringlichen Geldstrafe ausgesprochen wird.

3. Der Strafaufschub ist für eine vom Gerichte zu bestimmende Zeit auszusprechen, die vom Tage (der Rechtskraft?) des Urtheils an zu berechnen ist und 5 Jahre nicht übersteigen darf.

4. Die Entscheidung muß den Strafaufschub motiviren.

Ist es zu einem solchen Ausspruche (condamnation conditionelle) gekommen, so soll die Verurtheilung als nicht erfolgt gelten, wenn der Verurtheilte während der gesetzten Frist (Bewährungsfrist) keine neue Verurtheilung wegen Verbrechens oder Vergehens erleidet. Im gegentheiligen Falle sollen die erste und die neue Strafe verbunden zum Vollzuge gelangen.

Eine Verurtheilung nach dem Art. 9 des belgischen Gesetzes enthält ein Element der Suspensivbedingung und ein solches der Resolutivbedingung. Das erstere, insofern die Vollstreckbarkeit eines Strafausspruches von dem künftigen Verhalten des Verurtheilten abhängig gemacht wird[1]); das letztere, insofern die Verurtheilung und damit wohl auch die Schuldigsprechung rückgängig gemacht wird, wenn keine neue Verurtheilung in der Bewährungsfrist erfolgt. Mit dem Hinfälligwerden der Suspensivbedingung ist logisch nicht auch die Erfüllung der Resolutivbedingung gegeben. Trotz des Wegfalles der Vollstreckbarkeit des Urtheiles könnte die in der Verurtheilung enthaltene Schuldigsprechung zu Recht bestehen bleiben, wie es das österreichische und das französische Gesetzgebungsproject beabsichtigen. Nach dem Wortlaute des belgischen Gesetzes bleibt aber nichts Anderes übrig, als — freilich im Wege einer Rechtsfiction — auch die Schuldigsprechung als weggefallen anzusehen. Die praktische Bedeutung einer solchen Rückgängigmachung richterlicher Schuldigsprechung muß, wie die einer Freisprechung im Wiederaufnahmeverfahren, die sein, daß der Beschuldigte in keiner rechtlichen Beziehung später als verurtheilt behandelt werden darf. Das würde freilich nicht ausschließen, daß die rechtlich beseitigte condamnation conditionelle bei einer späteren Leumundswürdigung oder Strafausmessung in Betracht gezogen wird. Es ließe sich das nur durch eine Beseitigung der betreffenden Strafnachrichten in den Strafregistern, sowie der bezüglichen Strafacten bewirken. Und ob Jemand, dessen condamnation als non avenue gilt, zeugeneidlich versichern dürfte, daß er noch keine Verurtheilung erlitten, dürfte fraglich sein. Nur die Frage, ob er vorbestraft sei, dürfte er unbedenklich verneinen.

---

[1]) Aschrott schlägt vor, statt von „bedingter Verurtheilung", von „Urtheil mit bedingter Strafe" zu sprechen; v. Liszt nennt die Einrichtung: „bedingten Aufschub der Strafvollstreckung".

Der dem belgischen Gesetze zu Grunde liegende Gedanke war kein neuer. Soweit bis jetzt bekannt, hat die Gesetzgebung von Massachusetts zuerst eine verwandte Einrichtung getroffen. Durch ein Gesetz vom Jahre 1869 wurde die Aufstellung eines besonderen Staatsamtes (State agency) vorgesehen, welchem die Aufgabe obliegt, die auf den Verbrecherpfad gerathene Jugend nach Möglichkeit wieder in bessere Bahnen zurückzulenken. Ein Beamter, state agent, ist von jedem Strafverfahren in Kenntniß zu setzen, das gegen eine Person unter 17 Jahren eingeleitet wird. Seine Amtspflicht ist es dann, die nöthigen Erkundigungen einzuziehen und zu veranlassen, daß seitens des Gerichtes, vor welches der Jugendliche gestellt wurde, die der Person angemessene Verfügung getroffen werde; vor Allem aber hat der Beamte „den Jugendlichen, wenn irgend möglich, vor Gefängnißstrafe zu bewahren". Dreierlei Maßregeln stehen hier zur Verfügung, die Ertheilung eines Verweises in besonders leichten Fällen, die Ueberweisung in eine Besserungsanstalt in schwereren Fällen und die zeitweise Stellung auf Probe, on probation, in den mittleren. Das letztere System interessirt hier am meisten, weil es in gewissem Sinne als der Ausgangspunkt für die Bewegung zu Gunsten der bedingten Verurtheilung angesehen werden kann.

Der Beamte der State agency erlangt durch die Stellung auf Probe ein Aufsichtsrecht über den jungen Menschen. „Wenn er findet, daß der letztere in seiner Familie (oder in derjenigen, welcher er übergeben worden ist), eine gehörige Beaufsichtigung und Erziehung nicht erhält, so bewirkt er die Uebernahme des Jugendlichen in eine Erziehungsanstalt für verwahrloste Kinder. Zeigt es sich, daß der Jugendliche trotz der Beaufsichtigung wieder auf schlechte Wege kommt, so führt ihn der State agent dem Gerichtshofe von Neuem vor, um nunmehr einen Urtheilsspruch dahin gehend zu erhalten, daß der Betreffende einer Besserungsanstalt überwiesen werde. Es wird dabei einfach festgestellt, daß der Jugendliche die Probe, welcher er durch den früheren Urtheilsspruch unterworfen war, nicht bestanden hat und daß deshalb die strengere Maßregel der Ueberweisung an eine Besserungsanstalt angebracht ist.[2]) Nach Tallack's und Aschrott's Urtheil hat sich das beschriebene System vortrefflich bewährt. Aschrott versichert: „Die Jugendlichen sind aus den Strafanstalten im Staate Massachusetts fast ganz verschwunden, und es hat sich ferner in den meisten Fällen gezeigt, daß es vollkommen

---

[2]) Aschrott, Aus dem Strafen- und Gefängnißwesen Nordamerikas. Hamburg, 1889. S. 39 ff. **Tallack**, Penological and preventive principles, with special reference to Europe and America etc. London, 1889 S. 299 ff.

genügend ist, den jugendlichen Uebelthäter auf eine Zeitlang unter die strenge Aufsicht des State agent zu stellen und das Damoklesschwert der Ueberweisung in eine Besserungsanstalt über seinem Haupte hängen zu lassen, um ihn wieder auf die richtigen Wege zu bringen."

Im Jahre 1878 wurde die Einrichtung zunächst versuchsweise in Boston auf Erwachsene ausgedehnt, freilich mit nicht unwesentlichen Modificationen. Ein für Boston als probation officer angestellter und dem Polizeipräsidenten untergebener Beamter hat sich zunächst von allen Anklagen bei den Criminalgerichtshöfen Bostons zu informiren und Erhebungen über die Umstände der That und die Verhältnisse des beschuldigten Individuums anzustellen. Die wenigen auf freiem Fuße processirten, welche der Wohlthat des Gesetzes theilhaftig werden wollen, müssen sich rechtzeitig bei dem Beamten melden; die Verhafteten besucht der Beamte im Gefängnisse. Auf Grund seiner Erhebungen faßt dann der probation officer Entschluß, ob er den Angeklagten der ordentlichen Gerichts- und Gefängnisbehandlung überlassen, oder ob er den Angeklagten bei Gericht für seine Behandlung reclamiren wolle. Zu bemerken kommt dabei, daß nicht bloß die erstmalig Fehlenden, sondern auch Rückfällige von dem Beamten reclamirt werden dürfen[3]). Die Maßregel wird nach den Mittheilungen Aschrott's[4]) besonders bei Trunkenheit, nächtlichem Umhertreiben der Prostituirten, kleineren Diebstählen, Hausfriedensbrüchen und Körperverletzungen zur Anwendung gebracht[5]). Die Gerichte treffen Sorge, daß der probation officer den mündlichen Verhandlungen beiwohnen kann. Auf Grund seiner Vorerhebungen und der in der Verhandlung gewonnenen Eindrücke stellt dann in den ihm geeignet scheinenden Fällen der probation officer den Antrag, den Angeklagten on probation freizulassen. Es steht im Ermessen des Gerichts, ob es dem Antrage stattgeben wolle. Bejahenden Falles wird der schuldig Befundene auf die Dauer von 2—12 Monaten und unter den vom Gerichte zu bestimmenden Bedingungen auf

---

[3]) Aschrott, Ersatz kurzzeitiger Freiheitsstrafen. Eine criminalpolitische Studie. Hamburg 1889 S. 22.

[4]) Ebendaselbst.

[5]) Nach Tallack (S. 305) ergiebt der Bericht für einen District im Süden Bostons aus dem Jahre 1888, daß 244 Personen auf probation gestellt wurden. Davon waren 137 wegen Trunkenheit verhaftet, 25 wegen Gewaltthätigkeit, 18 wegen einfachen Diebstahls, 13 wegen Friedensstörung. Tallack bemerkt dazu: „Some of the cases indicate curious survivals of old Puritan rigour; as, for 'playing ball on the Lord's day', and being present at a game of cards on the Lord's day."

Probe und dem probation officer zur Verfügung gestellt. Dieser übernimmt damit die „formale Bürgschaft" dafür, daß der Prüfling die Bedingungen erfüllen oder daß er den Prüfling zur Bestrafung stellen werde. Der Beamte besucht den Prüfling in seiner Wohnung, läßt sich von ihm Meldungen erstatten[6]) und veranlaßt die Polizeibeamten geeigneten Falles zu Erhebungen. Führt sich der Prüfling schlecht, erfüllt er die Bedingungen nicht, so läßt ihn der probation officer mit Zustimmung des Polizeipräsidenten verhaften und bringt ihn zur Festsetzung der Strafe vor Gericht. Der probation officer kann in „besonders gearteten Fällen" die Verlängerung der Probezeit veranlassen. Hat der Prüfling die Probe gut bestanden, so wird er auf Antrag des probation officer vom Gericht der Strafe ledig erklärt. Auch diese Einrichtung scheint sich bewährt zu haben[7]).

Nach Aschrott's Mittheilung sind in den Jahren 1879—1883 zu Boston 2803 Personen auf Probe entlassen worden. Von diesen bestanden 223, das sind 7,96 % die Probe nicht; 44 = 1,57 % haben sich der Behandlung entzogen; bei 2536 = 90,47 % hat sich der Versuch bewährt. Es ist ein überraschend günstiges Resultat[8]) und es ist erklärlich, daß ein Gesetz von Massachusetts im Jahre 1880 die Einrichtung auf den ganzen Staat, wenn auch facultativer Weise, in der Art ausdehnte, daß jede Stadt und jede Gemeinde berechtigt sein sollte, einen probation officer mit den Befugnissen des Bostoner Beamten aufzustellen. Mit Recht ermahnt jedoch Wach zur Vorsicht bei der Würdigung dieses auffallenden Ergebnisses. Man weiß in der That nicht, wieviel Betrunkene, an denen der trinklustigere und trinknachsichtigere Deutsche mit größerer oder geringerer Entrüstung vorbeigegangen wäre, unter den 2536 Bewährten sich befinden[9]).

Die Einrichtung von Massachusetts beruht zwar auf einem ähnlichen Grundgedanken, wie das spätere belgische Gesetz, die Ausführung ist aber doch eine recht verschiedene. Der nach dem belgischen Gesetz bedingt Verurtheilte scheint sich selbst überlassen zu bleiben, während der Massachusettser Prüfling, um es kurz und ohne Verschleierung auszudrücken, unter eine recht energische Polizeiaufsicht gestellt ist. Das, was nach

---

[6]) Aschrott, Aus dem Strafen- und Gefängnissystem Nordamerikas S. 44.

[7]) Ebendaselbst S. 45.

[8]) Der Secretär der „Massachusetts Commissioners of Prisons" schrieb an Tallack: „The success of the (adult) probation work is inquestionable." „It is the ticket-of-leave system simplified to suit the circumstances."

[9]) Vergl. auch die Bemerkung Tallack's S. 305, oben S. 232 Note 5 abgedruckt.

deutschem Gesetz verschärfende Zugabe zur Freiheitsstrafe bildet und nach deren Erledigung zur Anwendung gelangt, macht in Massachusetts bei den Probationsfällen meistens die ausschließliche Behandlung des schuldig Befundenen aus. Dieser wird also, — und das ist ein großer Unterschied gegenüber der belgischen Einrichtung, von Staats- oder Gemeindewegen in eine sehr energische Behandlung genommen, um ihn auf andere Wege zu bringen. Daß im Falle der Bewährung keine eigentliche Sühne des begangenen Delicts erfolgt, scheint die praktischen Amerikaner so wenig wie die belgischen Gesetzgeber zu beunruhigen.

In ähnlicher Weise hat ein englisches Gesetz vom 8. August 1887 das Ziel, die leicht und erstmalig Fehlenden vor der Gefängnißluft zu bewahren, zu erreichen gesucht. Hatte in England der urtheilsprechende Richter schon früher ein weitreichendes Strafermäßigungsrecht, so hat ihm das erwähnte Gesetz nunmehr die Ermächtigung ertheilt', unter gewissen Voraussetzungen von einer Verurtheilung vorläufig überhaupt abzusehen. Merkwürdiger Weise nennt der englische Gesetzgeber zunächst Diebstahl und Schwindel (larceny or false pretences), bei denen seine Maßnahme soll in Anwendung kommen dürfen, fügt aber dann die generalis clausula hinzu: „or any other offence punishable with not more than two years imprisonment.“ Also bei jedem Delict, das nicht mit mehr als zwei Jahren bedroht ist, darf der Gerichtshof von der „Probation of first Offenders act“ Gebrauch machen. Voraussetzung ist ferner, daß keine frühere Verurtheilung vorliegt. Die Maßnahme steht zum Ermessen des Gerichts, if it appears to the Court. Das Gericht soll dabei Rücksicht nehmen auf die Jugend, den Charakter und das Vorleben des Angeschuldigten, auf die Geringfügigkeit (to the trivial nature) der Verletzung und auf jeden anderen Milderungsgrund. Erscheint es dem Gericht in Berücksichtigung aller Umstände als angemessen (expedient), daß der Schuldige auf Wohlverhalten in Freiheit gelassen werde, so darf es, statt sofort eine Verurtheilung auszusprechen, bestimmen, daß er einstweilen entlassen werde. Der Schuldige muß sich aber, mit oder ohne Bürgschaft, verpflichten, während einer vom Gericht zu bestimmenden Frist auf Ladung zu erscheinen, um sein Urtheil zu empfangen. Der Schuldige muß auch (mit oder ohne Bürgen) versprechen, während der bestimmten Zeit den Frieden zu bewahren und sich gut aufzuführen. Das Gericht darf den Schuldigen ganz oder theilweise zu den Kosten des Verfahrens verurtheilen und entsprechende Zahlungsfristen bestimmen. Vor der Entlassung hat sich das Gericht über den Wohnsitz oder voraussichtlichen Aufenthaltsort des Schuldigen oder seines Bürgen während der Bewährungsfrist zu vergewissern. Gewinnt darauf ein für die Aburtheilung des ursprünglichen Vergehens zuständiges Gericht oder ein Friedensrichter die Ueberzeugung, daß der Schuldige sein Versprechen nicht erfüllt, so dürfen sie sofort einen Haftbefehl gegen den Schuldigen erlassen. Der Verhaftete soll dann sofort dem zuständigen Richter vorgeführt werden, und wenn dies nicht ausführbar ist, einem Friedensrichter. Dieser kann ihn bis zum Ablauf der Verpflichtungszeit oder bis zur nächsten Sitzung des zuständigen Gerichts in das Gefängniß bringen lassen oder gegen Bürgschaft freigeben. Der Haftbefehl hat die Vorführung vor das zuständige Gericht zu veranlassen.

Ein Urtheil über die Schuld erfolgt auch nach dem englischen Gesetze im Falle der bedingten Freilassung; von der Maßregel darf nur Gebrauch gemacht werden, in any case in which a person is convicted etc. Die Beobachtung des Freigelassenen scheint nicht wie in Massachusetts organisirt, doch mehr als in Belgien vorgesehen zu sein. Die belgischen Ausführungsbestimmungen liegen mir nicht vor.

In Frankreich wurde die Einführung der bedingten Verurtheilung zuerst durch einen von Bérenger im Jahre 1884 im Senate eingebrachten Gesetzesvorschlag angeregt. Derselbe, wie einige andere in den folgenden Jahren führten zwar bis jetzt nicht zu einem Abschluß, doch verschwand die Frage nicht mehr von der Tagesordnung der Legislation [10]). Nachdem im französischen Senate (Januar 1888) die Anregung zur Einführung der bedingten Entlassung gegeben worden war, ist jetzt auch die Einführung der bedingten Verurtheilung im Werke. Nach den Mittheilungen Leveillé's in den Verhandlungen des Brüsseler Congresses würde die französische Ausführung des Gedankens nicht unwesentlich von der englisch-amerikanischen, zum Theil auch von der belgischen differiren. Nach dem französischen Project soll dem Richter gestattet werden, in allen Fällen, in welchen entweder nach unmittelbarer Bestimmung des Gesetzes oder auf Grund Annahme mildernder Umstände auf Geldstrafe zu erkennen wäre, von einer Verurtheilung ganz Abstand zu nehmen, wenn der Beschuldigte noch nicht wegen Verbrechens oder Vergehens verurtheilt ist. Dabei soll der Richter den Angeklagten aufmerksam machen, daß er ein zweites Mal auf Straflosigkeit nicht zu rechnen haben werde. Der Angeklagte, der mit Strafe verschont wird (le prévenu absous) soll zu den Kosten und geeigneten Falles zur Entschädigung der verletzten Privatpartei verurtheilt werden. Diese Maßregel wird „Pardon“ genannt. Von dem sursis à l'exécution handeln

---

[10]) Vergl. darüber v. Liszt in der Zeitschrift für die gesammte Strafrechtswissenschaft Bd. IX S. 756 ff.

die Artikel 67—69 des neuen Entwurfes eines Strafgesetzbuches. Danach soll das Gericht die Befugniß haben, bei Freiheitsstrafen von drei Monaten und weniger den Aufschub der Strafvollziehung anzuordnen, wenn der Schuldige noch keine Verbrechens- oder Vergehensstrafe erlitten hat. Von Rechts wegen soll der Aufschub widerrufen sein, wenn der Schuldige innerhalb 3 Jahren ein neues Verbrechen oder Vergehen, das mit Gefängniß oder Haft bedroht ist, verübt. Die erste Verurtheilung soll dann ohne Vermischung mit der zweiten vollzogen werden. Dagegen soll die erste Verurtheilung als vollzogen (comme exécutée) gelten (also nicht wie in Belgien als non avenue), wenn während der Bewährungsfrist von 3 Jahren keine neue Verurtheilung erfolgt. Gar manche Detailfrage müßte noch gelöst werden, wenn das französische Project nicht auf große Meinungsverschiedenheiten bei der praktischen Anwendung stoßen soll. Was heißt révoqué de plein droit? Man denkt an ipso iure. Soll das neue Verbrechen oder Vergehen, wenn es während der Bewährungsfrist begangen wird, die Wirksamkeit des sursis de l'exécution derart beseitigen, daß auch bei Entdeckung nach Ablauf der 3 Jahre noch zur Vollstreckung geschritten werden muß? Oder soll, wenn innerhalb der 3 Jahre keine neue Verurtheilung (Klagestellung? Entdeckung? Ladung? Verhaftung?) erfolgt, die Strafe doch als vollstreckt gelten? Die Sätze: „Le sursis est révoqué de plein droit si dans le délai de 3 années, le condamné commet un nouveau crime ou délit.“ und: „La condamnation sera considérée comme exécutée s'il n'est pas prononcé de nouvelle condamnation dans les termes du précédent article“ lassen sich wohl kaum vereinigen, wenn die neue That innerhalb der Bewährungsfrist begangen, aber nicht abgeurtheilt wird. — Ferner: ist der Tag der Verkündung oder der der Rechtskraft des Urtheils in beiden Fällen maßgebend? Solcher Fragen, die besser die Gesetzgebung als die Praxis löst, gäbe es noch mehr.

Ausführlicher und sorgfältiger wird die neue Einrichtung durch die Beschlüsse des österreichischen Strafgesetzausschusses geregelt. In besonders rücksichtswürdigen Fällen soll das Gericht den Aufschub einer Freiheitsstrafe bis zu sechs Monaten mit der Wirkung beschließen dürfen, daß die Strafe als abgebüßt anzusehen ist, wenn der Verurtheilte innerhalb der vom Gerichte festgesetzten Zeit, welche mit mindestens einem Jahre von der Rechtskraft des Urtheils anzusetzen ist und die Dauer von drei Jahren nicht übersteigen darf, ein Verbrechen oder Vergehen nicht begangen haben wird. Bei Rückfälligkeit des Verurtheilten, bei Schmälerung der staatsbürgerlichen Rechte und in einigen anderen Fällen schließen die Absätze 2 und 3 des projectirten § 24 die Anwendung der Maßregel aus, namentlich auch dann, wenn die Freiheitsstrafe im Falle der Uneinbringlichkeit von Geldstrafe an deren Stelle zu treten hat. Art. XLII des Einführungsgesetzes bringt eine Anzahl von processualen Ausführungsbestimmungen, von denen hier nur die hervorgehoben werden soll, daß nicht bloß die Anordnung des Vollzuges, sondern auch die Erlöschung der Freiheitsstrafe durch gerichtlichen Beschluß auszusprechen ist.

In Deutschland hatte Dr. Wirth, der Director des Zellengefängnisses am Plötzensee bei Berlin, schon im März 1888 dem preußischen Justizministerium einen auf die bedingte Verurtheilung abzielenden Entwurf vorgelegt. In bahnbrechenden, durch Reichhaltigkeit des Inhalts wie Lebendigkeit der Sprache fesselnden Aufsätzen hat darauf v. Liszt in der von ihm mit Dochow begründeten und mit von Lilienthal und Bennecke jetzt geleiteten Zeitschrift für die gesammte Strafrechtswissenschaft den Gedanken der bedingten Verurtheilung neben zahlreichen anderen Reformgedanken gerechtfertigt und entwickelt. Vergl. Zeitschrift Bd. IX S. 754 ff., Bd. X S. 70 ff. Mit dem Aufsatz in Bd. X ist ein, sechs Paragraphen enthaltender und ausschließlich die bedingte Verurtheilung betreffender Gesetzentwurf verbunden. Für den Brüsseler Congreß der internationalen criminalistischen Vereinigung hatten Prins und Lammasch Gutachten im zustimmenden Sinne abgegeben, der letztere in vorsichtiger Zurückhaltung und nur mit ziemlichen Einschränkungen gegenüber den anderen Vorschlägen. Aschrott hatte sich in dem schon erwähnten Vortrage in der Juristischen Gesellschaft zu Berlin über das Strafen- und Gefängnißwesen Nordamerikas über die bedingte Verurtheilung günstig ausgesprochen; er empfahl dann dieselbe in dem gleichfalls schon mehrfach erwähnten, auch selbständig erschienenen Aufsatze im 19. Hefte des Nordwestdeutschen Gefängnißvereins: „Ersatz kurzzeitiger Freiheitsstrafen.“ Der ersten Landesversammlung der Gruppe Deutsches Reich der internationalen criminalistischen Vereinigung hatten Wirth, Staatsanwalt Blume und Aschrott theils Anträge, theils Entwürfe im zustimmenden Sinne unterbreitet. v. Jagemann hatte schriftlich sich für das Project ausgesprochen [11]). Dagegen unterbreitete v. Kirchenheim seinen gegen die bedingte Verurtheilung gerichteten, auch in Separatabdruck erschienenen, Aufsatz im Gerichtssaal Jahrgang 1890 Bd. 43 S. 51 ff. der Landesversammlung zu Halle. Gleichfalls kurz vor der Abhaltung der Landesversammlung war im Gerichtssaal (1890) Bd. 43 S. 99 ff. und

---

[11]) Intern. cr. Vereinigung. Erste Landesversammlung der Gruppe Deutsches Reich, Berlin 1890. Beilageheft zu Bd. X der Zeitschrift f. d. ges. Strafrechtsw. S. 5 ff., 9 f., 107, 114 ff., 19 ff. Der Bericht über die Verhandlungen selbst ist S. 25—65 abgedruckt.

selbständig eine Abhandlung von Dr. Robert v. Hippel erschienen „Die Vorschläge zur Einführung der bedingten Verurtheilung in Deutschland“ (Stuttgart 1890). In dankenswerther Weise hat v. Hippel eine Zusammenstellung der Ansichten und Vorschläge gebracht, sowie selbst einen Gesetzentwurf vorgelegt. Als Gegner des Projectes ist aufgetreten Dr. H. Appelius, Die bedingte Verurtheilung und die anderen Ersatzmittel für kurzzeitige Freiheitsstrafen. 2. Auflage. Cassel 1890. Appelius hat sich aber nach lebhafter Bekämpfung der bedingten Verurtheilung, als unvereinbar mit den herrschenden Strafrechtsanschauungen, in unbefangenster Weise auf den Standpunkt der Freunde der Einrichtung gestellt und von da aus für eine künftige Einführung Vorschläge gemacht. Die ziemlich große (118 Seiten lange) und von dem Entwurfe eines Reichsgesetzes betreffend die Behandlung und Bestrafung jugendlicher Verbrecher begleitete Abhandlung ist namentlich als Stimme aus dem Rechtsleben auch für den Anhänger des Reformprojectes von hoher Bedeutung. Gegen das Project hat sich ferner die schon erwähnte Schrift von Wach „Die Reform der Freiheitsstrafe, ein Beitrag zur Kritik der bedingten und der unbestimmten Verurtheilung“, Leipzig 1890, ausgesprochen. Für dieselbe tritt ein von Reichsgerichtsrath Löbell (Theilnehmer an der Hallenser Versammlung) in Goltdammer's Archiv Bd. 38 (1890) S. 20 bis 42 soeben veröffentlichter Aufsatz ein [12]). Derselbe bringt den Gedanken der bedingten Verurtheilung dadurch der Durchführung näher, daß er an der Hand des Strafgesetzbuches die einzelnen Delictsgruppen durchgeht und bei denselben die Zulassung oder Nichtzulassung der bedingten Verurtheilung erörtert. Die Methode Löbell's ist diejenige, welche eingeschlagen werden muß, wenn an die praktische Verwerthung des Gedankens herangetreten wird.

Die erste Frage bei der Würdigung der Reformbestrebungen setzt selbstverständlich bei den bestehenden Strafeinrichtungen ein. Ist es wahr, daß dieselben zweckwidrig, daß sie schädlich sind? Daß die Reformfreunde

---

[12]) Mir ist der Aufsatz Löbell's erst zugegangen, nachdem das Gutachten größtentheils niedergeschrieben war. Obige Zusammenstellung macht keinen Anspruch auf Vollständigkeit. Die Verhandlungen des Petersburger Congresses sind mir noch nicht bekannt. v. Hippel erwähnt eines, die Einrichtung befürwortenden Aufsatzes von Setti in der Rivista di Discipline Carcerarie Anno XX no. 2, und Dr. Appelius einer gleichfalls zustimmenden Abhandlung von Schütze in Graz in der Allgemeinen Oesterreichischen Gerichtszeitung Nr. 2 und 3 von 1890. In Goltdammer's Archiv Bd. 38 S. 12ff. hat v. Kirchenheim die zu Halle gegen die bedingte Verurtheilung gehaltene Rede veröffentlicht. Während des Druckes gingen mir zu: Arnoldi, Verbrechen und Strafe. Zur Strafrechtspflege. Berlin 1890 (S. 25 gegen die bedingte Verurtheilung) und A. Simonson, Für die bedingte Verurtheilung. Berlin 1890.

die Frage bejahen, ist selbstverständlich. „Unsere gesammte heutige Strafrechtspflege beruht fast ausschließlich auf der kurzzeitigen Freiheitsstrafe.“ „Wenn die kurzzeitige Freiheitsstrafe nichts taugt, ist unsere ganze heutige Strafrechtspflege nichts werth.“ „Daß aber die kurzzeitige Freiheitsstrafe an und für sich wie ganz besonders bei der gegenwärtigen Einrichtung der kleinen Gefängnisse nichts taugt, darüber sind heute wohl alle Einsichtigen einer und derselben Ansicht.“ So v. Liszt[13]). Nicht anders aber Wach[14]), der entschiedenste Gegner von v. Liszt. „Das deutsche Freiheitsstrafensystem und der Strafvollzug leiden an schweren Mängeln. Das Freiheitsstrafensystem und mit ihm der ganze Aufbau der Delicte nach ihrer Schwere sind eine große officielle Lüge. Diese Wissenschaft ist längst Gemeingut aller Kenner unserer Strafrechtspflege.“ Unser ganzes Strafensystem ist „innerlich unwahr“; „der Strafvollzug unentwickelt, system- und haltlos und zu nicht geringem Theil gesättigt mit verderblichen Elementen“. Als schweren Uebelstand beklagt Wach[15]) „den Zustand der kleinen Gefängnisse, Gerichtsgefängnisse oder wie sie sonst heißen mögen, in welchen es an genügender Aufsicht, Sonderung der Gefangenen, ja vielfach an Arbeit fehlt“ . . . „Und die Zahl dieser kleinen Gefängnisse ist groß genug, Preußen allein hat etwa 828 Anstalten, welche noch nicht 50 Personen fassen. Das sind die Stätten der kurzzeitigen Freiheitsstrafen. Dort empfangen die Neulinge des Verbrechens in Verderben stiftender Gemeinschaft unter der Leitung ergrauter Sünder die eigentliche Verbrechernatur. Das viel gehörte Schlagwort von den Elementarschulen des Verbrechens trifft die Wahrheit.“ Als das schwerste Uebel bezeichnet Wach „unsere Behandlung der jugendlichen Verbrecher“. Unsere nächste Aufgabe müsse sein, aus dem Zustand der Unwahrheit, Halbheit und des Widerspruchs herauszukommen. „Das Gebäude ist im Dachstuhl angefangen und das Fundament fehlt. Mit gewaltigen Kosten, unter großem Aufwand von Personal und Kraft sind wohlorganisirte Anstalten geschaffen. Aber unser gesetzliches Strafensystem ist leere Attrappe geblieben, unsere kleinen Anstalten, welche die Masse der Sträflinge und die Anfänger aufnehmen, sind gründlich vernachlässigt, die jugendlichen Uebelthäter falsch behandelt.“ Aschrott[16]) meint, es seien die Anhänger der verschiedenen Strafrechtstheorien über den Unwerth der kurzzeitigen Freiheitsstrafen völlig einig. Dieselben entbehrten des bessernden Einflusses und der abschreckenden Wirkung, sie übten durch die Gemeinschaft

[13]) Zeitschrift f. d. ges. Strafrechtswissenschaft Bd. IX S. 742—743.

[14]) Die Reform der Freiheitsstrafe S. 6 ff.

[15]) a. a. O. S. 9.

[16]) Ersatz kurzzeitiger Freiheitsstrafen S. 1.

der Erstbestraften mit den mehr verderbten, in den Lastern bewanderten Verbrechern einen schädlichen Einfluß aus. Auch Dr. Appelius, durch seine richterliche Thätigkeit mit der Verbrecherwelt wohlbekannt und, wie oben bemerkt, ein Gegner der bedingten Verurtheilung, anerkennt die Mangelhaftigleit der bestehenden Strafeinrichtungen. Der Generalinspector der belgischen Gefängnisse und Professor des Strafrechts zu Brüssel, Prins, schildert in dem lebhaft geschriebenen Gutachten für den ersten Congreß der internationalen criminalistischen Vereinigung die Nutzlosigkeit und Schädlichkeit der kurzzeitigen Freiheitsstrafen. Ganz besonders dürfte das Urtheil über unsere Strafeinrichtung in die Wagschale fallen, das der gelehrte und erfahrene Leiter der Moabiter Strafanstalt zu Berlin, Dr. Krohne, in seinem Lehrbuch der Gefängnißkunde S. 232 ff. über unsere jetzige Strafeinrichtung fällt. „Indem die durch Einsperren in ein Gefängniß vollzogene Freiheitsstrafe zur fast alleinigen Strafe im jetzigen Strafrecht erhoben ist und für die schwersten wie die leichtesten Rechtsbrüche angewandt, über den harmlosen wie den ruchlosen, den gelegentlichen wie den gewohnheitsmäßigen Rechtsbrecher verhängt wird, hat sie ihre Kraft im Kampfe gegen das Verbrechen eingebüßt. — Das Schwert, das zum Holzhacken gebraucht wird, versagt seinen Dienst am Tage der Schlacht. Zugleich ist in der Volksanschauung dadurch eine gefährliche Verwirrung der sittlichen Begriffe über die Auflehnung gegen die Rechtsordnung des Staates eingetreten. Das Volk mißt die Schwere des Verbrechens an der Strafe; wenn es nun den gemeinsten Diebstahl, den abgefeimtesten Betrug, Kuppelei, Sittlichkeitsverbrechen an Kindern mit derselben Strafe belegt sieht, wie eine gewöhnliche Rauferei junger Leute auf dem Tanzboden oder Uebertretung der Jagdpolizei; wenn es die Hure und den Vagabunden mit dem Dienstmädchen, das die Gesindeordnung übertreten, und dem Kutscher, der zu schnell gefahren, oder dem Bäuerlein, der das Raupen unterlassen, in demselben Gefängniß, ja in demselben Raum eingesperrt sieht, so wird es unwillkürlich verleitet, alle diese Verbrechen und Personen auf gleiche Stufe zu stellen. Und zwar wird es zwischen den beiden Auffassungen schwanken, die Kuppelei so harmlos anzusehen wie die Rauferei, oder den Kutscher, weil er gesessen hat, ebenso gering zu achten, wie den Vagabunden, dessen Haftgenosse er gewesen. — Noch wird in weiten Kreisen des Volkes durch die Freiheitsstrafe dem Verurtheilten ein Makel für lange, oft für Lebenszeit angeheftet, der sein Verbleiben in guter, ordentlicher Gesellschaft erschwert. Für den in geordneten Verhältnissen Lebenden, für den zum ersten Mal mit dem Strafgesetz in Conflict Gerathenen ist auch die kürzeste Freiheitsstrafe, mag sie Gefängniß oder Haft heißen, eine schwere wirthschaftliche und gesellschaftliche Schädigung, die ihm zeitlebens anhaftet. Eine richtige Strafökonomie sollte mit der Verhängung dieser gerade für den Unbescholtenen besonders harten Strafe, welche ihn rücksichtslos in die Gemeinschaft der schweren und gewohnheitsmäßigen Rechtsverletzer weist, welche ihn durch sein ganzes Leben, beim Eintritt ins Militär, beim Verhör vor Gericht unerbittlich verfolgt, vorsichtiger sein, als es unser Strafgesetzbuch ist, und dieselbe, wenn irgend möglich, durch andere Strafen ersetzen." .... „Diese unbedingte, rücksichtslose Herrschaft der im Gefängniß vollzogenen Freiheitsstrafe .... hat schon manchen Gelegenheitsverbrecher zum Gewohnheitsverbrecher gemacht. Der erste Grundsatz einer weisen Strafrechtspflege sollte sein, die Leute lieber möglichst lange vom Gefängniß fernzuhalten, als sie für die allertrivialsten Rechtsverletzungen hineinzubringen. In den meisten Ländern, namentlich in Deutschland, scheint gerade der umgekehrte Grundsatz zu gelten: möglichst viele Leute ins Gefängniß zu bringen, und zwar möglichst oft, mit möglichst kurzen Strafen, damit sie sich an das Gefängniß gewöhnen."

Schon die Mittheilung dieser Vortheile von Männern in praktischer Stellung und im Lehrberufe, von Männern mit recht verschiedenen Grundanschauungen hinsichtlich des Wesens und des Zweckes der Strafe dürfte ausreichen, sich gleichfalls ein abfälliges Urtheil über unsere bestehenden Strafeinrichtungen zu bilden. Die Zahl der Kritiker ist noch erheblich größer. Das Ausland, dessen Strafeinrichtungen im Wesentlichen mit den unseren übereinstimmen, urtheilt nicht günstiger[17]). Die amtliche Tagesgeschichte der Criminalität rechtfertigt die abfällige Kritik.

Nach der Reichs-Criminalstatistik waren im Jahr

1882	von 329 968	Verurtheilten	82 395	vorbestraft,	also	24,96 %
1883	„ 330 128	„	85 452	„	„	25,88 „
1884	„ 345 977	„	91 219	„	„	26,07 „
1885	„ 343 087	„	94 015	„	„	27,40 „
1886	„ 353 000	„	99 101	„	„	28,01 „
1887	„ 356 000	„	102 831	„	„	28,85 „

Die einmalig Rückfälligen bilden naheliegend das größte Contingent; unter den mehrmals Rückfälligen ist durchgängig die Zahl der 3—5 mal Vorbestraften größer als die Zahl der 2 mal Vorbestraften, nämlich:

1882	2 mal	17 910,	3—5 mal	20 410,
1883	„	18 840,	„	21 819,
1884	„	20 331,	„	23 052

[17]) Vgl. v. Liszt in der Zeitschrift Bd. IX S. 749 ff.

1885	2 mal	20 496,	3—5 mal	24 055
1886	„	21 129,	„	25 755
1887	„	21 851,	„	26 824.

Diese Zahlen berechtigen zu der Annahme, daß die bestehende Strafeinrichtung nicht die ausreichende Schutzwirkung gegenüber der Rückfälligkeit zu äußern vermag. Selbst ein Stillstand im Procentsatz der Rückfälligen würde vom Standpunkte der Zweckmäßigkeit als bedenkliches Symptom erachtet werden müssen; eine Steigerung der Rückfälligkeit von 24,96 % auf 28,85 %, also eine Zunahme um 3,89 %, also nahezu 4 % in sechs Jahren läßt die bestehende Strafeinrichtung als ungenügend und unzweckmäßig erscheinen. An diesem Zahlenergebnisse wird dadurch nichts verschoben, daß die letzten Jahre ein erfreuliches Zurückgehen der Criminalität ersehen lassen. Die absolute Zahl der Verbrechen und Vergehen gegen Reichsgesetze und der Procentsatz der Rückfälligen sind immer noch so groß, daß die Bedenken gegen die Wirksamkeit der Strafrechtspflege unvermindert fortbestehen. Und es läßt sich in der That nicht verkennen, daß die Freiheitsstrafe, welche die Tödtungen, Peinigungen und Verstümmelungen des früheren Strafrechts abgelöst hat und welche fast als die Strafe des 19. Jahrhunderts bezeichnet werden darf, in ihrer häufigen und unterschiedslosen Anwendung viele Bedenken gegen sich hat. Besonders die kurzzeitige Freiheitsstrafe, auf die nach den Berichten der Criminalstatistik in der weitaus größten Anzahl von Fällen unmittelbar oder mittelbar erkannt wird [18]), erscheint an sich und durch die Art, wie sie vollzogen wird, als eine zweckwidrige und schädliche Einrichtung [19]). Die Bedenken mehren sich, wenn man beobachtet, daß Gesetzgebung und Rechtspflege seit etwa anderthalb Decennien stark zur Criminalisirung von bisher gleichgültigen oder dem privaten Entschädigungszwange überlassenen Thatbeständen, sowie zur verschärften Auffassung der Thatbestände, wenn auch nicht zur wesentlichen Erhöhung der Strafmaße neigen. In einem Umfange wie niemals früher beherrscht, um nur einiges anzuführen, das Dogma von der Unentschuldbarkeit des sogenannten Irrthums über das Strafgesetz die heutige Strafrechtspflege. Ob es ein Glück, ob es ein Unglück zu nennen, daß über den Begriff des Irrthums über das Strafgesetz sich so gar keine Einigung erzielen lassen will, und mancher der Strafe entrinnt, weil die Gerichte eine Rechtsnorm, die er nicht

---

[18]) Vgl. namentlich die Tabellen bei v. Liszt in der Zeitschrift f. d. g. Str. Bd. IX S. 739 ff.

[19]) Ob nicht, wo energische individuelle Abschreckung nöthig, auch eine kürzere Einsperrung, als auf vier Wochen, was jetzt als Minimum empfohlen wird, recht am Platze wäre, sollte immer noch erwogen werden.

kannte, als nicht zu den Strafgesetzen gehörig erklären, während andere die Macht des Strafrechts fühlen müssen, weil ihr Irrthum als ein solcher über das Strafgesetz angesehen wird: das bleibe dahingestellt. Jedenfalls muß gar Mancher an das Walten der Strafrechtspflege glauben, der ängstlich bedacht ist, alle ihn angehenden Gesetze zu erkennen und zu beachten, wie der Subalternbeamte, der die Stempelmarke an die falsche Ecke geklebt hatte und dann wegen Stempelhinterziehung verurtheilt wurde, oder der Gepäckschaffner, der ohne es zu ahnen in den seiner Obhut anvertrauten Gepäck- oder Frachtstücken eine nicht declarirte zollpflichtige Waare ins Inland verbrachte. Hier lag gar nicht einmal Rechtsirrthum vor. Welche Erweiterung hat das Gebiet der Vorsätzlichkeitsdelicte durch die Veränderung des Vorsatzbegriffes erfahren! Nicht das Wollen des Erfolges, sondern das Wollen des Thuns mit dem Bewußtsein des Erfolgseintrittes, der Wahrscheinlichkeit (?) der Möglichkeit (?) des Erfolges, mache den Vorsatz aus! Maßlos und deshalb durchaus unsicher ist der Urkundenbegriff geworden. Der zwölfjährige Junge, welcher dem Banknachbarn, um diesem einen Schabernack zu spielen, einen Fehler ins Probeheft corrigirt, ist nicht mehr sicher, aus § 267, ja aus § 268 des Strafgesetzbuches angeklagt zu werden. In welches Labyrinth sind Rechtswissenschaft und Rechtspflege seit der Erweiterung des Ehr- und damit des Beleidigungsbegriffes gekommen! Seitdem das Moment des Pflichtlebens im Begriffe der Ehre aufgegeben wurde, ist der Begriff der Beleidigung ein so unsicherer und so schrankenloser geworden, daß kaum die größte Vorsicht und Zurückhaltung vor erfolgreichen Beleidigungsklagen bewahren kann. Kaum wiederholt zu werden braucht, welche Ausdehnung der Begriff des groben Unfugs zu finden anfing, so daß nicht mit Unrecht geklagt wurde, der Grundpfeiler des Strafrechts, den § 2 des Strafgesetzbuches in Festhaltung des von den Verfassungsurkunden bereits ausgeprägten Gedankens aufgestellt hat, sei erschüttert worden. Jam satis est! Daß der nur in einigen Beziehungen angedeutete Strom der Criminalisirung gar Manchen auf die Anklagebank und ins Gefängnis führt, sei es, weil er dazu verurtheilt wird oder weil er die erkannte Geldstrafe nicht bezahlen kann; — gar Manchen, der trotz des formellen Rechtsbruches, dessen er schuldig gesprochen, nicht aufgehört hat, ein anständiger Mann zu sein, wer möchte das bestreiten? Aber auch Thatbestände, über deren delictische Qualität Niemand einen Zweifel hat, können Personen auf die Anklagebank bringen, welche trotz der normwidrigen Handlung oder Unterlassung, deren sie sich schuldig gemacht, durchaus noch nicht verdienen, als antisociale Subjecte behandelt zu werden. Man denke an zahlreiche Fälle wirklicher Beleidigung, begangen im Zorn, in politischer Leidenschaft, in Entrüstung über schmähliches Benehmen, desgleichen an Körperverletzungen aus ähnlichen Seelenregungen, an die leichten Fälle des Widerstandes gegen die Staatsgewalt, für welche selbst das geltende Recht Geldstrafe vorgesehen hat[20]). Hierher können ferner gehören die leichteren Thatbestände des Auflaufs, der Gefangenenbefreiung, man denke namentlich an § 121 Abs. 2, der Hausfriedensbruch, die Zugehörigkeit zu verbotenen Verbindungen, der Pfandbruch (§ 137), das Wiederausgeben falschen Geldes, das man für echt empfangen hat, die Nöthigung und Bedrohung. Selbst kleine, namentlich in der Noth verübte Diebstähle und Unterschlagungen, Betrügereien in den alltäglichen Geschäften des Lebens, zahlreiche einfache Begünstigungsfälle, leichtere Jagdvergehen, das unbefugte Oeffnen von Urkunden, sodann die Sachbeschädigung brauchen den, der solches verübt, noch nicht als ein für die Gefängnißluft reifes Individuum erscheinen zu lassen. Zur Zeit sind es aber hauptsächlich die genannten Delicte, welche unsere Gefängnisse bevölkern. Einige Tage, einige Wochen Gefängniß sind die Folge der zahlreichen Leichtfertigkeiten und Unvorsichtigkeiten. Man rechne dazu die nach Hunderttausenden zählenden, theils nach Reichs-, theils nach Landesrecht strafbaren Uebertretungen. Wohl wird meist auf Geldstrafe erkannt, aber die Haft ist sehr häufig wegen der Zahlungsunfähigkeit des Verurtheilten das Ende der Geschichte.

Für den Vermöglichen, der auch im Stande wäre, eine reich bemessene Geldstrafe zu bezahlen, ist das Gefängniß meist eine viel ärgere Pein, als für den an die Bequemlichkeiten des Lebens nicht gewöhnten ärmeren Mann. Der höher Gebildete empfindet namentlich die Gemeinschaftshaft meist viel härter, als der weniger Gebildete, und die oft gehörte Behauptung, daß die Schuld der Gebildeten eine größere sei, ist in dieser Allgemeinheit nicht richtig. Trotzdem sind es nicht die Vermöglichen und die Gebildeten, welche durchschnittlich unter dem Eingesperrtsein und Eingesperrtgewesensein so intensiv und so dauernd zu leiden haben, als der kleine, von seiner Hände Arbeit lebende Mann. Es hört sich recht schön an, wenn gesagt wird, nicht die Strafe, sondern das Verbrechen entehrt.

---

[20]) Bei diesen will Löbell die bedingte Verurtheilung ausgeschlossen haben, um das Ansehen der Staatsgewalt aufrecht zu erhalten. Gewiß, wenn Trotz, Widerspenstigkeit, Rohheit sich gezeigt, oder der Beamte mißhandelt wurde. Wie aber, wenn der Beamte im Irrthume war oder durch grobe und heftige Worte reizte und der Widerstand nur in einem vorübergehenden Anfassen des Beamten bestand? Man denke an die Frau, die einen Beamten einen Augenblick am Arme faßt, um die Abführung des Mannes zu verhindern. Außerdem grenzen strafbarer Widerstand und rechtmäßige Abwehrgewalt nicht selten recht nahe an einander.

Das ist eine ideale und recht wünschenswerthe Anschauung, aber sie ist nicht die verbreitete, nicht die gemeine. Es bedarf starker Anstrengungen der Sträflingsvereine oder der wohlwollenden Gefängnißdirectoren, um für die aus dem Gefängniß Entlassenen wieder ausreichende uud dauernde Arbeit zu finden. Und gerade für die große Zahl der kurzzeitig Eingesperrten ist das Interesse und die Fürsorge nach der Entlassung ein minimales.

Würde der Ersteingesperrte nur als derselbe aus dem Gefängnisse herauskommen, als der er hineingebracht wurde, so würde er schon Schwierigkeiten genug finden, wieder in ordentliche Verhältnisse zu kommen. Aber das ist das Bedenklichste an der Sache, daß die Gefängnißluft nicht bloß vielfach von Stoffen erfüllt ist, welche Magen und Blut unzuträglich sind, sondern auch von Ansteckungsstoff für die Seele. Gerade die kleinen Gefängnisse, welche die Mehrzahl bilden, entbehren zumeist der Isolirvorrichtungen und der Arbeitsorganisationen, welche Bedingungen eines guten Strafvollzuges sind. Ohne jede oder ohne genügend geregelte und eingetheilte Beschäftigung geräth der Neuling auf die Bahn der Gesetzwidrigkeit in verkommene Gesellschaft. Auf den ersten Widerwillen folgt bei den schwächeren Naturen bald die Gleichgültigkeit und auf diese das Interesse an den gewitzteren Genossen des Gefängnißraumes und an deren Thaten. Der bisher Schwache ist auf die schiefe Bahn gekommen, die ihn nach seiner Entlassung häufig wie in einem circulus vitiosus wieder ins Gefängniß zurückführt. Es ist unnöthig, diese so oft und von so kundiger Seite geschilderte Entwickelung hier eingehender zu erörtern. Es darf auf dieselbe als auf ein Notorium verwiesen werden. Auch das Unheil, welches oft in der Familie des Bestraften angerichtet wird, bedarf keiner nochmaligen Schilderung.

Was wird nun durch die Vollziehung der kurzen Freiheitsstrafen gefördert? Welches erwünschte Ziel wird erreicht, gegen welches die unerwünschten Wirkungen des Gefängnisses zurücktreten müßten? Wie viele von den nicht Rückfälligen durch die paar Wochen oder Tage, die sie im Gefängniß verbrachten, von weiterem Unrechtthun abgehalten werden, entzieht sich unserer Beobachtung. Auf manchen in behaglicher Lebensstellung Befindlichen mag auch ein kurzes Gefängniß einen erschütternden und abschreckenden Eindruck machen. Aber die große Zahl der Rückfälligen zeigt uns, daß das kurzzeitige Gefängniß weder als schützende noch als erziehliche Maßregel etwas taugt. Weder ist eine merkliche Einwirkung auf das Wissen noch eine solche auf das Wollen möglich. Die abschreckende Wirkung auf den Eingesperrten wird aufgewogen durch die Verminderung der Widerstandsfähigkeit, welche das unmethodische

Gefängnißleben vielfach hervorbringt. Mit der sittlichen Entmuthigung verbindet sich sogar nicht selten ein bislang nicht vorhandenes Gefühl der Erbitterung und Auflehnung. Es bleiben also noch die Ziele der Generalprävention und der Vergeltung. Die erstere enthält selbst in der geistreichen Begründung, die ihr Feuerbach gegeben, einen Utilitarismus, der sich mit dem Gebot der Nächstenliebe, dem Grundprincipe der Ethik, nicht in Einklang bringen läßt. Dem A den Kopf abschlagen, damit der B den C nicht umbringe, ist eine Lebensexpropriation, die in ihrer Consequenz dazu führen würde, den lebenden Verbrecher auch dem Messer des Anatomen oder Physiologen, dem Giftbecher des Pathalogen auszuliefern, ihn mit dem Leprastoffe zu impfen oder der Hunger- oder Durstprobe auszusetzen, um zum Heile der Anderen aus den Experimenten Belehrung zu gewinnen. Wir dürfen die abschreckende Wirkung der Strafvollziehung und der Strafandrohung als willkommenes Nebenproduct der Strafe gutheißen, wir können Lammasch beistimmen, wenn er die constante Function einer jeden, in Gesetzesform auftretenden Strafdrohung in der Mißbilligung des bedrohten Verhaltens erblickt: aber die Abschreckung des Publicums und die Mißbilligung des Vorrechts enthalten nicht die Rechtfertigung der Verhängung und Vollziehung der Strafe gegenüber dem Verbrecher.

Es bleibt die Vergeltungsfrage. Sieht man genau zu, so ist diese das hauptsächliche Streitobject in dem Kampfe um die bedingte Verurtheilung. Diese hat, wie auch von anderer Seite schon geltend gemacht wurde, mitten hinein wieder geführt in den Kampf der Meinungen um das Strafrechtsprincip. Und nicht mehr ist es ein Kampf von Lehrmeinungen, an dem das Rechtsleben gleichgültig vorbeigeht, sondern jetzt hat der Kampf um die Strafrechtstheorie ein praktisches Ziel, er berührt und interessirt nicht bloß die Studierstuben der Philosophen und Rechtslehrer, sondern Sitzungssaal und Strafvollstreckung. Hie Vergeltung, hie Besserung, Abschreckung, Sicheruug, das sind die eigentlichen Loosungsworte bei dem Streite um die bedingte Verurtheilung. Und auf der Vergeltungsseite stehen auch die Vielen, welche die Aufrechthaltung der Rechtsordnung, Mächtigerweisung des Rechts, Wiederherstellung der gebrochenen Rechtsordnung als die Ziele der Strafeinrichtung proclamiren. Die Genugthuung für den Verletzten sodann scheint so wichtig, daß selbst Anhänger der bedingten Verurtheilung in den Antragsfällen dieselbe ausschließen wollen. Wohl finden sich auch unter den Vertretern des Zweckgedankens Gegner der bedingten Verurtheilung. Sie sind es aus Zweckmäßigkeitsgründen; mit ihnen können die Anhänger des Reformprojectes sich auseinandersetzen. Mit den Anhängern des Vergeltungsgedankens scheint dagegen kein Pactiren möglich. Das Ansehen der Rechtsordnung werde erschüttert, wenn nicht mehr mit einer gewissen Zuversicht die Strafe als Folge des Unrechts erwartet werden könne, wenn zwischen Verbrechen und Strafe richterliche Zweckmäßigkeitserwägungen treten dürften. Vernunft, Empfindung und logisches Denken würden verleugnet, wenn nicht mehr dem entdeckten Unrecht die Strafe mit Nothwendigkeit folgen würde. Wie ein Mißton würde es durch die Menschheit klingen, wenn der Richter zu dem Uebelthäter sagen dürfte: Du hast zwar Unrecht gethan, aber geh' einstweilen, wir wollen abwarten, ob du ein zweites Mal kommst. Einige Freunde der bedingten Verurtheilung glauben solchen Bedenken durch den Hinweis auf das Peinliche des Processes und des Schuldigspruches begegnen zu können. Auch in dem, hier zum geflügelten Worte gewordenen Damoklesschwerte, das über dem Verurtheilten während der Bewährungsfrist schwebe, glauben einige ein Element der Vergeltungsstrafe zu finden. Doch das ist fromme und ehrliche Selbsttäuschung! Wer Vergeltung heischt, läßt sich mit der bedingten Verurtheilung nicht abspeisen. Wer nach Rache dürstet, ist unzufrieden, wenn der Schuldige ohne fühlbare Strafe abkommt. Die Anhänger der bedingten Verurtheilung müssen offen und ehrlich bekennen, daß sie die Anhänger der Vergeltungsstrafe gar nicht oder nur ganz unvollkommen befriedigen können. Es ist eine widerspruchsvolle Concession an die Gegner, wenn vorgeschlagen wird, in den Antragsfällen die bedingte Verurtheilung von der Zustimmung des Antragstellers abhängig zu machen. Davon später! Ist Vergeltung nothwendig oder nicht? So lautet die Cardinalfrage.

Es ist nicht zu bestreiten, daß ein erheblicher Theil unserer Strafeinrichtungen aus der Rache- oder Vergeltungsempfindung der Menschen herausgewachsen ist. Das werdende Gemeinwesen verstaatlichte um seiner Existenz willen die Rache der Individuen, Familien und Geschlechter. Und ohne äußere Unterscheidung verbanden sich mit der Vergeltungsstrafe die anderen Zwecken dienende Ausstoßung, Vernichtung und sonstige Unschädlichmachung der antisocialen Elemente. Auch die heutigen Strafen sind nicht, wie die sogenannten Vereinigungstheorien lehren, bewußte Verbindungen von Vergeltungs- und Zweckeinrichtungen in denselben Strafen, so daß jede Strafe durch die *Vergeltung* sicherte, abschreckte und besserte, oder durch die *Sicherung, Abschreckung* und *Besserungsmaßregeln* zugleich Vergeltung wirken will. Sondern unter der Firma Strafe verbinden sich je nach den Verbrechen und Verbrechern Vergeltungshandlungen, Schutz-, Erziehungs- (Besserungs-) und Special-Abschreckungsmaßnahmen. Viele Straf*drohungen* haben gar keinen anderen Zweck als den der Generalprävention, den freilich nicht die

Norm und Strafsanction, sondern die gelegentlichen Verurtheilungen zu der Strafe und deren Vollstreckung in der Hauptsache wirken. Man gehe in das nächste beste Zuchthaus oder Gefängniß und lasse sich die Lebens- und Verbrechensgeschichte der einzelnen Bewohner erzählen; dann wird man bald zugeben müssen, daß eine Anzahl dasitzt, weil die Gesellschaft sich vor ihnen fürchtet. Früher machte man mit solchen Elementen kurzen Proceß; man schlug sie auf verschiedene Façon todt. Als das viele Hängen und Guillotiniren Anstoß zu erregen anfing, kam man wieder auf den alten Gedanken, die gefährlichen Elemente abzuschieben, zu deportiren, zu verschicken. Ein wirksames Mittel, in verschiedenen Zeiten angewendet, um auch solcher sich zu entledigen, die zwar mit den Guten im Staate die Sittlichkeits- und Culturanschauungen theilten, jedoch über die Vertheilung der Machtverhältnisse mit den augenblicklich maßgebenden Persönlichkeiten disharmonirten und auf gespanntem Fuße standen! Wer wollte bei diesen und bei all' der antisocialen Gesellschaft in den Strafanstalten, die immer und immer wieder kommt, bis endlich ein objectiv schwereres Verbrechen für ihre dauernde oder längere Unterbringung den Anstoß giebt: — wer wollte in solchen Fällen von dem Walten der vergeltenden Gerechtigkeit sprechen oder sich in der Illusion einer Besserung oder Erziehung wiegen? Und wer wird der verbrecherischen Jugend gegenüber von Vergeltung reden wollen? Dunkel ist das Bild, welches Jules Simon im l'ouvrier de huit ans schon vor mehr als zwanzig Jahren entworfen; es dürfte getreuer Beobachtung der Wirklichkeit in großen Städten entsprechen und heute noch mehr als vor zwanzig Jahren zutreffen. „L'enfant grandit là dans une situation à ne jamais comprendre plus tard ce que c'est que la décence. . . . Dès qu' il peut se traîner à quatre pattes, avant même de savoir marcher, il cherche la rue; et il a raison, elle lui vaut mieux. Quelle source! . . . Et quel spectacle pour lui quand il commence à penser! Un père absent ou ivre, une mère epuisée, des haillons sordides, un logis crasseux et ignoble; au déhors, des riches qui passent. . . . Si la mère, à son tour, se donne à la débauche, elle le fait, il le faut bien, sous les yeux de son enfant.“ Wer die Kellerwohnungen deutscher Großstädte durchwandert, wird Jules Simon nicht der Uebertreibung zeihen können. Und gegenüber den Ausschreitungen solch' verwahrloster Jugend sollte Jemand den Gedanken der Vergeltung haben können? So wenig, als wenn die schlagenden Wetter in den Bergwerken Unheil anrichten! Aber recht energische Schutzvorrichtungen sind da und dort nöthig und zulässig. Was hat die Vergeltung, kann man fragen, mit der Freiheitsstrafe der Tausenden und Abertausenden von Leuten zu thun, die von der Landstraße aufgelesen oder nächtlicher Weile bei dem unsauberen Gewerbe betroffen werden, dem Hunger und Verführung sie preisgaben? Und was hat die Vergeltung mit Hunderten und Tausenden von Freiheitsstrafen zu thun,, die als Ersatz kleiner Geldstrafen für Unaufmerksamkeiten zur Anwendung gelangen? Bei Mördern und Todtschlägern freilich, ich verstehe unter den letzteren nicht nur die, welche das deutsche Strafgesetzbuch so nennt, sondern auch die große Zahl der aus § 226 des Strafgesetzbuches wegen unvorsätzlicher Tödtung durch vorsätzliche Körperverletzung Verurtheilten, dann bei Tausenden, die wegen Körperverletzung bestraft werden, bei den Gewaltthätern, Mädchenräubern, namentlich bei den Beleidigern, da ist Vergeltung das treibende Motiv, das die Leute ins Gefängniß bringt. Und nun löse man einmal den Vergeltungsgedanken los von all dem Beiwerk, das ihn umgiebt und verschleiert, man nehme ihn kalt und klar in der Kant'schen Kälte und Klarheit. Ist es wahr, was der große Philosoph in begreiflicher Entrüstung gegenüber den abstoßenden Verirrungen des Zweckgedankens im Strafrecht des vorigen Jahrhunderts behauptet hat, ist es wahr, daß unsere Vernunft unmittelbar die Vergeltungsstrafe heischt? Mit ehrerbietiger Scheu vor dem Widerspruch kann ich doch nicht anders, als mit einem entschiedenen „Nein!" antworten. Die Vernunft fordert die menschliche Vergeltungsstrafe nicht. Jedes vernünftige menschliche Thun ist die Entwickelung eines Seelenprocesses, der mit einem Unlustgefühle beginnt. Ersetzung durch ein Lustgefühl ist das Ziel des Unlustempfindenden, ist das Motiv eines Erfolgs- und Thatwillens. Unlust ist die Empfindung der Menschen über antisociales Thun, ein Leiden des Unrechtthäters scheint dieses Unlustgefühl auszugleichen, auf dieses und dessen Herbeiführung richtet sich der Wille der Menschen. Man wende nicht ein, das seien Seelenvorgänge bei dem Einzelnen, die bei der verletzten Gesammtheit nicht zuträfen. Und doch trifft die Schilderung ganz genau auch bei der Vergeltungsstrafe zu, die im Namen des Staates oder der Gesammtheit aufgelegt wird. Staat und Gesellschaft sind zusammenfassende Begriffe für eine Vielheit von Menschen; es sind Begriffe, die sich allmählich als verkörperte Wesen in die Vorstellung der Menschen eingeschlichen haben. Aber es sind eben doch Begriffe, bei denen von der Seelenregung, die wir Vergeltungstrieb nennen, keine Rede sein kann. Die einzelnen Menschen wollen vergolten haben. Analysiren wir nun das Lustgefühl an der Vergeltung, so versagt die Vernunft ihre Billigung. Durch das Unlustgefühl des Verbrechers, welches wir mit der Strafe erzeugen wollen und meist auch erzeugen, wollen wir bei uns das Lustgefühl der Ausgleichung bewirken. Aber was ist dann, wenn dieses Lustgefühl hervorgerufen? Nichts in der

Welt der Wirklichkeiten und Ideen ist entwickelt oder gefördert. Keiner einzigen Bedingung unseres Daseins oder seiner Entwickelung entspricht das Lustgefühl der Vergeltung. Es ist ein rein sinnliches Gefühl, an dem der eine mehr, der andere weniger Freude empfindet. Ein Gefühl, dessen Befriedigung bei Vielen das Augenblicksziel ist, das aber, wenn die Befriedigung kaum da ist, mit der Einsicht der Nutzlosigkeit und Zweckwidrigkeit neue Unlust erzeugt. Man könnte einwenden, daß vom Standpunkte einer höheren Weltordnung eine Ausgleichung, Sühne oder Vergeltung nöthig oder gesetzt ist. Unsere Religionen lehren es und unsere Kirchen gebieten es zu glauben. Aber zugegeben, daß dem so ist, wie kommen wir unvollkommene, dem Irrthum und der Schwäche unterworfene Menschen dazu, die Vorsehung auf Erden zu spielen, in der Strafe die Herrlichkeit Gottes auf Erden darzustellen? Sind wir fehlhaften Menschen denn im Stande, nur annähernd im Stande, gerechte Vergeltung, also wirklich Vergeltung zu üben und Ausgleichung zu schaffen? Habt ihr, die ihr das glaubt, bedacht, wie die Verbrechen entstehen? Seid ihr im Stande, den Beschuldigten in Herz und Nieren zu blicken, um den Schuldantheil zu finden, für den ihr dann strafen wollt? Habt ihr bedacht, wie viel von den Eltern ererbt, was von unverständigen Menschen verschuldet, habt ihr erwogen, wie viel von der Familie, was von der ganzen Gesellschaft bei dem Verbrecher vernachlässigt wurde? Wir kennen das Maß der Schuld nicht, für das wir vergelten wollen; es ist lediglich ein Suchen und Tappen in der Unendlichkeit, das wir für Erforschung der Schuld halten, für die wir das Gleichgewicht schaffen wollen. Nicht anders steht es mit der zweiten Seite der Vergeltung, mit dem Finden und Anwenden des Ausgleichungsübels. Wahrlich, wenn unsere Strafe Vergeltung sein sollte, sie wäre die unvollkommenste Einrichtung! Ist Vergeltung nöthig, dann überlassen wir sie doch der allwissenden, der leidenschaftslosen Macht, die sie gesetzt hat! Befolgen wir die Mahnung im Buche Mosis: „Mein ist die Rache, spricht der Herr, ich will rächen.“ Folgen wir den Weltweisen alter und neuer Zeit, welche nicht, weil verbrochen wurde, sondern damit nicht verbrochen werde, als das vernünftige Ziel aller Strafe bezeichnen! Noch mag ein weniger bekanntes Wort von Francis Bacon hier Platz finden: „Revenge is a kind of wild justice, which the more man's nature runs to, the more ought law to weed it out. For as for the first wrong, it doth, but offend the law, but the revenge of that wrong putteth the law out of office.“

Man besorge nicht, daß wieder Faustrecht und Lynchjustiz sich geltend machen würden, wenn der Staat darauf verzichtet, das Vergeltungsamt weiter zu üben. Ich habe selbst früher dieser Besorgniß Ausdruck gegeben, als ich, unter Anregung der Zweifel an der Vernünftigkeit der Vergeltungsstrafe, auf die Stärke des vorhandenen Vergeltungsbedürfnisses hinwies, das noch lange Befriedigung in den geordneten Bahnen der Strafrechtspflege heischen werde. Die Frage hat mich seitdem kaum mehr verlassen. Und ich kann heute nicht mehr die frühere Concession für berechtigt halten. Für diejenigen Gemüther, welche das Rache- und Sühnebedürfniß nicht überwinden können, enthält die verständige Zweckstrafe thatsächlich so viele Elemente der Vergeltung, daß sie reichliche Befriedigung finden, wenn auch Uebereilungen und Leidenschaftlichkeiten nicht immer sofort ins Gefängniß führen. Man hat die Besorgniß ausgesprochen, daß der Glaube des Volkes an das Walten des Rechts erschüttert würde, wenn das nun einmal vorhandene Vergeltungsbedürfniß keine geordnete Befriedigung fände. Es wurde aber soeben darauf hingewiesen, daß die Strafeinrichtung im Ganzen dem Vergeltungsbedürfnisse entgegenkommt, wenn sie auch nicht auf dessen Befriedigung angelegt ist. Und selbst wenn härtere Naturen zuweilen keine Befriedigung fänden, ist das ein Schaden? Darf nicht, soll nicht die Gesetzgebung, die doch der Ausdruck der Willensmeinung der Weisen im Volke sein soll, Vorurtheile und Leidenschaften zu überwinden suchen; darf und soll nicht der Strafgesetzgeber zuweilen seiner Zeit vorausgehen und die vernünftigen Ziele weisen, auf die der Sinn der Menschen Bedacht nehme? Die Neigung zur Vergeltung, oder nennen wir es deutlicher zur Rache, ist gerade in den letzten zwei Decennien mehr als in den vorausgehenden des Jahrhunderts bedenklich gewachsen, nicht zum Frieden im Volke, nicht zum Nutz und Frommen der Gesellschaft. Die Gesetzgebung hat alle Veranlassung, dem überschäumend gewordenen Vergeltungsbedürfnisse einen Damm zu setzen. Das thut sie nicht dadurch, daß sie selbst an der Vergeltung festhält und sie begünstigt, sondern indem sie zeigt, daß auch ohne die Vergeltung ein geordnetes Gemeinwesen bestehen könne. Ich meine, das ist ein Idealismus mit durchaus realen Zielen!

Wenn wir von der Vergeltungstrafe absehen, verzichten wir nicht auf die Strafeinrichtung. Wir werden sie gegentheilig in vielen Beziehungen viel ernster und das Individuum viel schärfer anfassend ausgestalten, als das jetzt der Fall ist.

Wir verzichten auch nicht auf Strafrecht und Gerechtigkeit im Strafen. Im Interesse der persönlichen Freiheit und Sicherheit wollen wir dem Walten der Strafrechtspflege nach wie vor eine Schranke durch das Gesetz gezogen wissen[21]); und wir wollen, wodurch sich die moderne

[21]) Inwieweit die sogenannte unbestimmte Verurtheilung oder die Verurtheilung mit Bestimmung eines Maximums und Minimums der Strafe sich mit diesem Standpunkte vereinigen lassen, steht hier nicht zur Frage. Ich glaube es bejahen zu sollen.

Ausprägung des Zweckgedankens im Strafrechte gewaltig von der Sicherungsstrafe der früheren Jahrhunderte abhebt, wir wollen all überall in der Strafrechtspflege dem Individuum, der Persönlichkeit, auch bei dem schwersten Verbrechen gerecht werden. Zurückweisung aller nicht dem Gemeinwohle dienenden und im Gesetze zum Ausdrucke gekommenen Ziele erwarten *wir* auch künftig von der *Strafrechts*pflege.

Erziehung und Besserung, Individualabschreckung und Sicherung (Gesellschaftsschutz) sind die Ziele zugleich und die Rechtfertigung der Strafe; das letztere auf Grund der Erkenntnis ihrer praktischen Nothwendigkeit. Das Verbrechen, das Wort in seiner weitesten Bedeutung für jede Ungesetzlichkeit genommen, offenbart eine dem geordneten Zusammenleben feindliche oder dasselbe störende Gesinnung oder Gewöhnung. Die Strafe soll diese Gesinnung oder Gewöhnung überwinden oder unschädlich machen. Sie soll der vernachlässigten Jugend gegenüber die Erziehung nachholen, Kenntnisse geben, Geschicklichkeiten fördern und vor Allem den Sinn für das Gute und Rechte entwickeln und kräftigen. Sie soll den Erwachsenen, der vom rechten Wege abgekommen, Wegweiser und die Stütze sein, auf ihm künftig zu bleiben. Sie soll den harten und widerspenstigen Naturen ein sinnlich wirkendes Motiv sein gegen die Wiederholung des Verbrechens, und sie soll Schutz gewähren gegen die antisocialen Elemente, die sich als ständige und wandelnde Gefahren für die Gesellschaft erwiesen haben. Man wende nicht ein, daß bei diesen Zielen der Strafe und bei einer ihnen dienenden Einrichtung selbst schwere Verbrecher, Todtschläger, Gewaltthäter u. dergl. ganz ohne Strafe ausgehen müßten, wenn zu erwarten stände, daß sie, *selbst* entsetzt vor dem Unheil, das sie angestellt, sich vor künftigem Unrechtthun in Acht nehmen würden. Die Schwere des Verbrechens offenbart ein gefährliches Element des Verbrechers, dessen Selbstbekämpfung nicht mit Sicherheit erwartet werden kann. Die Gesellschaft kann sich nicht mit ausreichender Zuversicht auf das Walten und die Wirkungen des Gewissens und der Reue verlassen. Gegenüber der schwer verbrecherischen That hat sie Recht und Pflicht, für stärkere Garantieen gegen Rückfall zu sorgen, als sie das günstige Vorleben des Thäters und seine, wenn auch noch so aufrichtige Zerknirschung und Reue gewähren. Das Resultat der letzten Betrachtung läßt sich dahin zusammenfassen: Wir verzichten auf Vergeltung gegenüber dem antisocialen Benehmen. Dasselbe ist aber der *Anlaß* zu einer mehr oder weniger intensiven Behandlung des Uebelthäters. Mag man diese Behandlung Strafe oder, namentlich der Jugend gegenüber, Zwangserziehung nennen, mag man die unverbesserlich Scheinenden in Zucht-, Werk- oder Arbeitshäuser sperren: das ist für das Wesen der Behandlung gleichgültig. Das Verbrechen giebt den Anstoß für die Strafe, es giebt Anhalt für Art und Maß der Strafe, es ist aber nicht der einzige Factor bei der Wahl und Bemessung der Strafe. Das Vorleben des Schuldigen, dessen Charakter und Erziehung, ferner die Umstände und Verhältnisse, in denen er sich bewegt hat und bewegen wird, kommen schon jetzt bei Bestimmung der Strafe in Betracht und werden künftig noch größere Beachtung in den Gesetzen und Urtheilen finden müssen.

Zu den Maßnahmen, welche nach unserer Erfahrung und nach der von anderen Völkern auf viele Individuen zurechtweisend, belehrend und vor künftigem Unrecht bewahrend wirken, gehören außer der Ankündigung der Strafe im Gesetz nicht bloß die Zufügung von Schmerz, Leiden, Uebel wegen begangenen Unrechts, sondern auch ernste Ermahnungen, Vorhalte, Rügen, Verweise nach verübter That, sowie die Drohung, daß im Wiederholungsfalle doppelte oder verschärfte Strafe zur Anwendung kommen werde. Was in kleinen Dingen im Familienleben wirksam geschieht, warum soll das in wichtigeren Sachen und in solchen, welche die Allgemeinheit berühren, nicht auch von Staatswegen mit Erfolg angewendet werden? Mit einer gewissen Zuversicht darf vielmehr erwartet werden, daß auf viele Menschen, nicht bloß jugendliche, sondern auch erwachsene, der richterliche Hinweis auf die schärfere Strafe einen nachhaltigen Eindruck machen und in Verbindung mit dem Walten des eigenen Gewissens und den Ermahnungen der Angehörigen fernere Delicte hintanhalten wird. Die Erwartung ist in Amerika erfüllt worden, warum soll sich dieselbe nicht auch bei uns bewähren? Der Einwand, daß die bedingte Verurtheilung einen Freibrief für das erste Delict gebe, hätte nicht gemacht werden sollen. Ist anzunehmen, daß in Erwartung des Strafaufschubs gesündigt wurde, dann soll von demselben kein Gebrauch gemacht werden. Man schrecke nicht davor zurück, den Versuch mit der bedingten Verurtheilung zu wagen. Die deutsche Socialgesetzgebung ist vor Versuchen nicht zurückgeschreckt, und steht vor neuen gewaltigen, die noch tiefer das ganze Volk berühren, als die Probe mit der bedingten Verurtheilung. Mißlingt sie, dann wird das Rechtsleben der aufhebenden Gesetzgebung vorauseilen. Bewährt sich aber der Versuch, verhält sich ein erheblicher Procentsatz der mit Verweis und Androhung größerer Strafe für den Wiederholungsfall das erste Mal Abgekommenen Jahre lang gut, nicht bloß während der Bewährungsfrist, so würde ein solches Resultat glänzend zu nennen sein. Ein Segen wäre es, wenn so und so viel Tausend Personen alljährlich vor der Gefängnißluft und vor der Berührung mit den Habitués des Gefängnisses bewahrt blieben; ein Gewinn, so groß und so einleuchtend, daß nicht weitere Worte darüber zu verlieren sind! Wer nicht Strafe um der Vergeltung willen braucht, wird sich kaum der Anerkennung entziehen können, daß der Grundgedanke der bedingten Verurtheilung ein verständiger und praktischer ist. Man wird daran gehen müssen, sich über seine Ausgestaltung zu verständigen.

Vorher bedürfen aber noch einige andere Punkte der Erwähnung. Die bedingte Verurtheilung darf nicht als die einzige Neuerung angesehen werden, die in unser Strafrecht und in unsere Strafrechtspflege einzuführen wäre. Von den außerhalb der Strafrechtspflege liegenden Einrichtungen und Maßnahmen anderer Zweige der Staats- und genossenschaftlichen Verwaltung, namentlich von der Fürsorge für die aus den Gefängnissen Entlassenen muß hier abgesehen werden. Die Criminalpolitik wird schon bei dem Legalitätsprincipe, das jetzt unseren Strafproceß beherrscht, einzusetzen und wird die Frage zu beantworten haben, ob denn wirklich die Verfolgung all' der Tausend und aber Tausend kleinen Gesetzesverstöße, wie sie in der Alltagsgeschichte des menschlichen Lebens sich ereignen, vom Wohle der Gesellschaft geboten sei; ob nicht auch Delict und Verdienst gegen einander abgeglichen werden dürften, besonders wo Aussicht besteht, daß der begangene Verstoß nur vereinzelte Erscheinung und nicht der Beginn einer chronischen Gesetzesmißachtung sei. Das Legalitätsprincip ist die strafprocessuale Verwirklichung des Vergeltungsgedankens und zwar in seiner starrsten Herrschaft. Der Opportunitätsgedanke hat dann nichts Anstößiges mehr, wenn irgend ein Correctiv, wie die subsidiäre Popularklage, vorhanden ist, um eine Wirksamkeit des Opportunitätsgedankens auszuschließen, welche von anderen Gesichtspunkten als denen des Gemeinwohles beherrscht wäre. Wohl hat der Juristentag sich schon einmal gegen die Ersetzung des Legalitäts- durch das Opportunitätsprincip ausgesprochen, oft ist die Frage erörtert worden, aber sie darf noch immer als eine offene betrachtet werden, besonders, wenn hinsichtlich des Vergeltungsprincipes sich eine Wandelung vollziehen sollte.

Gegen die Polizeiaufsicht, welche der state agent über die zur Bewährung Gestellten auszuüben berufen ist, ständen unsere Anschauungen und Gepflogenheiten. Bedingte Verurtheilung mit Aufsichtsstellung würde voraussichtlich als ein weit härteres Uebel empfunden werden und in der That härter wirken, als ein kurzzeitiges Gefängniß.

Der Geldstrafe müßte eine größere und gesichertere Wirksamkeit verliehen werden, als dies bis jetzt der Fall. Wird, wozu jetzt mehr als früher die Aussicht vorhanden, hinsichtlich der directen Steuern das

System der Selbsteinschätzung, so wie es z. B. in Bayern seit 34 Jahren besteht und durch den jetzigen Finanzminister mit gutem Erfolge reformirt wurde, ein- und durchgeführt, so ist nicht abzusehen, warum nicht der Steuerzettel bei der Bemessung der Strafe in Betracht gezogen werden sollte. Man unterschätze dabei die Bedeutung nicht, welche auf viele Menschen das Gestraftwerden an sich hat. Wohl mag es frivole richards geben, denen an einer Geldstrafe von 10 und von 100 und von 1000 Mark nichts gelegen ist. Für solche Leute ist aber, wenn sie erst ein- und zweimal gezahlt haben und doch wieder vorsätzlich oder rücksichtslos sich über die Rechtsordnung hinwegsetzen, die Verurtheilung zur Geldstrafe so wenig wie die bedingte Verurtheilung das geeignete Behandlungsmittel. Für solche Leute ist ein, wenn auch kurzes Gefängnis die richtige Abschreckungsstrafe. Den nicht vermöglichen Mann trifft auch eine kleine Geldstrafe hart, besonders wenn er sie zahlen oder abverdienen muß und nicht absitzen darf. Ohne ausreichenden Grund ist der Zwangsarbeit bestritten worden, ein wirksames und werthvolles Ersatzmittel für die Geldstrafe zu sein, wo diese selbst in Raten nicht beigetrieben werden kann. Denkt man freilich bei dieser Zwangsarbeit an Tagearbeit, so würde der Ersatz noch schlimmer als die Haft sein, da entweder ein Vogt mit der Peitsche hinter den unlustigen Arbeitern stehen müßte oder der Faule und Widerspenstige es in der Hand hätte, durch schlechte und geringe Arbeit dem ersten Vergehen noch die Verhöhnung der Strafeinrichtung hinzuzufügen. Nicht Tage-, sondern Stückarbeit, um den Gedanken kurz auszudrücken, müßte es sein, die dem Zahlungsunfähigen aufzuerlegen wäre, und Stückarbeit in billigen Fristen zu leisten, so daß mit einer Mehrarbeit von einigen Stunden täglich, bei kleineren Strafen in kürzester Frist die Arbeit gemacht und die Strafe abverdient, daneben aber der Lebensunterhalt in gewohnter Weise erworben werden könnte. Die Nöthigung zur Zahlung der Geldstrafe, daher zur Mehrarbeit ohne die bedenkliche Zuthat des Gefängnisses würde bei Vielen nicht bloß ein Sporn zu künftiger Gesetzmäßigkeit sondern auch die Einleitung zu einem arbeitsameren, genügsameren und vielleicht wirthschaftlich erfolgreicheren Leben sein. Krankheit und andere Unglücksfälle könnten durch angemessene Arbeitsstundungen Berücksichtigung finden; Renitenz und Faulheit aber würden als Ausdruck bedenklicher Gesinnung und Neigung zu ergiebigeren Freiheitsstrafen führen müssen. Man berufe sich nicht auf die Schwierigkeit der Durchführung. Erst probiren, dann urtheilen! Die Reformen, das ist doch die Meinung fast Aller, sollen die Freiheitsstrafen, die uns wahrlich über den Kopf zu wachsen anfangen, ganz erheblich vermindern, nicht in der Dauer, aber nach der Zahl. Wir werden nicht die hundert und mehr Millionen brauchen, um Gefängnisse zu bauen, wir werden an Ober- und Unterbeamten sparen, welche am Vollzuge der Freiheitsstrafe betheiligt sind, und wir werden die Mittel gewinnen, um für einen sachgemäßen Vollzug der Geldstrafen und Arbeitssurrogate genügend brauchbare Ober- und Unterbeamte aufzustellen.

Auch Friedensbürgschaft, Hausarrest, Ortsverbot und Verbannung verdienen nach den Erfahrungen, die anderswo damit gemacht wurden, mehr Berücksichtigung, als ihnen von Freunden und Gegnern der bedingten Verurtheilung zu Theil wird. Ihre Würdigung steht hier nicht zur Aufgabe. Nur die Frage der Friedensbürgschaft kann nicht ganz umgangen werden, da manche Anhänger der bedingten Verurtheilung sie als eine wesentliche Zugabe derselben in Vorschlag bringen. Daß die deutsche Gesetzgebung vor 15 Jahren an das Project ohne Resultat herangetreten ist, darf als bekannt vorausgesetzt werden. Das damalige Scheitern des Projectes ist kein Grund gegen seine Wiederholung. In anderem Zusammenhange habe ich mich für die Aufnahme der Friedensbürgschaft in unsere strafrechtlichen Institutionen ausgesprochen[22]). Ich halte auch heute noch dafür, daß die Friedensbürgschaft ein werthvolles Element unter den Mitteln zur Vorbeugung gegen die kleine Rückfälligkeit ist. Nur meine ich, daß die Einrichtung der Friedensbürgschaft erst noch der weiteren Erforschung, daß namentlich die Art ihrer Durchführung einer sorgfältigen Erwägung bedürfte. Es wird sich insbesondere fragen, ob die Friedensbürgschaft gerade in den Fällen, für welche die bedingte Verurtheilung in Aussicht genommen wird, am Platze wäre. Man sollte durch die Enquête über die Friedensbürgschaft die praktische Ausgestaltung des Gedankens der bedingten Verurtheilung nicht aufhalten.

Lediglich um dem oft gehörten Vorwurfe zu begegnen, daß die bedingte Verurtheilung ein Glied in der Abschwächung der Strafeinrichtung sei, auf die Viele, bewußt oder unbewußt hinzielten, sei noch Folgendes zur Erwägung gestellt. Nur da, wo nach den Umständen zu erwarten, daß die verstärkte Ermahnung von künftigem Unrechtthun abhalten werde, soll dieser Versuch gemacht werden. Wo aber die erste That schon Gleichgültigkeit oder einen gewissen Trotz gegen die Gesetze verräth, wo die angeklagte Persönlichkeit erwarten läßt, daß nicht Achtung vor dem Ge-

[22]) Mittheilungen aus dem Entwurfe eines Strafgesetzbuches für Italien [1887] (in der Breslauer Festschrift für Rudolph von Gneist), Breslau 1888 S. 133, 134.

setz, sondern Furcht vor demselben wirken werde, da soll gleich durch Zufügung einer empfindlichen Strafe diese Furcht concretisirt, die Phantasie des Trotzkopfs mit der selbst empfundenen Strafe erfüllt werden.

Es ist auch versucht worden, die bedingte Verurtheilung durch den Hinweis auf den in derselben liegenden Eingriff in das Begnadigungsrecht zu discreditiren. Ein durchaus unbegründeter Einwand! Diejenigen Gesichtspunkte, welche dem Urtheile einer strengeren Strafkammer gegenüber zu einer Begnadigung führen, können bei einer milder gesinnten schon Einfluß auf die Strafzumessung gewinnen. Wer denkt hier verständiger Weise an Begnadigung durch die Richter? Unsere heutigen Richter sind doch nicht berufen, juristische Rechenexempel bei der Strafausmessung zu veranstalten, wie solches allerdings in neuester Zeit einmal vorgeschlagen wurde. Sie sollen zwischen Hunderten und oft Tausenden von Strafmöglichkeiten unter Berücksichtigung des Falles die angemessen und richtig dünkende bestimmen. Wenn aber statt des einen Tages Gefängniß ein Verweis ertheilt und in Aussicht gestellt wird, daß im Falle abermaliger Gesetzwidrigkeit die Strafe um ein bestimmtes Maß verstärkt werde, dann soll das auf einmal Begnadigung sein! Wir denken nicht daran, einen Eingriff in das Begnadigungsrecht machen zu wollen und weisen die Behauptung, daß die bedingte Verurtheilung ein solcher sei, zurück. Sie ist nicht mehr und nicht weniger ein Act der Strafrechtspflege, als die ordentliche und außerordentliche Strafzumessung, sie ist Anwendung der nach der Sachlage geeignet erscheinenden Maßregel.

Auch darin ist ein Bedenken gefunden worden, daß ohne jede Verwandtschaft des Zweitdelictes mit dem Erstvergehen die Strafe des Zweitdelictes erhöht werden soll, und daß das eine Ungereimtheit sei. Also z. B.: es wird Jemand wegen leichter Körperverletzung zu 1 Monat Gefängniß bedingt verurtheilt und begeht dann in der Bewährungsfrist in der Noth einen kleinen Diebstahl oder umgekehrt; da habe es doch keinen Sinn, nun für diesen kleinen Diebstahl oder für die an zweiter Stelle begangene Körperverletzung die doppelte Strafe verhängen und vollziehen zu lassen. Und doch hat es Sinn! Wer unter Bewährung gestellt ist, hat besonderen Anlaß, sich vor Gesetzesverletzungen zu hüten, und wenn er sich doch gehen läßt, so zeigt er eben, daß bei ihm intensivere Maßnahmen erforderlich sind, daß der Schwäche gegenüber nun die Erinnerung an erduldetes Strafübel hervorgerufen werden muß. Und wollte man darauf hinweisen, wie leicht heutzutage Jemand hereinfallen könne in die tausend und aber tausend Verbots- und Gebotsnormen, so läßt sich einmal erwidern: „stellt nicht so viel unter Strafschutz, nehmt die Klinke der Strafgesetzgebung nicht so oft in die Hand!" Und dann kommt in Betracht, daß ja die Verwirkung der bedingt erkannten Strafe nicht eintreten soll, wenn das zweite Mal nur Geldstrafe in Frage steht. Macht sich aber ein unter Bewährung Gestellter einer Handlung schuldig, die mit Freiheitsstrafe belegt werden muß oder belegt wird, dann erscheint auch die Vollziehung der erst erkannten Freiheitsstrafe nicht als unangemessen und unbillig, wofern nur Strafgesetz oder Richterspruch nicht unangemessen oder unbillig zur Freiheitsstrafe gelangt sind.

Es ist auch noch gerügt worden, die bedingte Verurtheilung trage ein Element subjectiver Würdigung in die Strafrechtspflege, das eine Gefahr für die Gleichmäßigkeit und Gerechtigkeit in sich berge. Uncontrolirbare Neigungen und Abneigungen könnten in den Urtheilen zum Ausdrucke kommen; ja es hat sogar an Andeutungen nicht gefehlt, daß der Unterschied von honestiores und humiliores wieder Bedeutung gewinnen könne. Das sind gerade keine Complimente für unsere Richter! Angesichts der staatsrechtlich und privatrechtlich gesicherten Stellung, welche das Gerichtsverfassungsgesetz den Richtern gewährt, angesichts des Eides, den die Richter leisten, vor Allem aber bei den Traditionen in der deutschen Judicatur sind solche Besorgnisse nicht gerechtfertigt! Eine andere Frage aber ist es, ob die herkömmliche Ausbildung des Juristen die genügende Garantie gewährt, daß dasjenige Wissen und diejenige Erfahrung regelmäßig und ausreichend vorhanden sind, welche als Vorbedingung für eine zweckmäßige, dem Gemeinwesen wie dem Individuum frommende Handhabung der Machtbefugnisse erscheinen, welche die Institution der bedingten Verurtheilung gewährt. Gewiß ist die formale Schulung, welche jetzt gefordert wird, auch künftig für den Criminalisten nöthig. Ja es scheint, daß sie für den, der sich freier soll bewegen dürfen, noch wichtiger sein wird, als bisher. Zuerst muß die Rechtslogik und die stoffbeherrschende Kenntniß der Rechtssätze in die Seele eingezogen sein und rechtliche Anschauungen und Gewöhnungen erzeugt haben, bevor Jemandem anvertraut werden darf, die Vollmachten auszuüben, die schon jetzt und noch weit mehr künftig die Strafgerichtsgewalt einräumt. Aber der Criminalist braucht mehr, als die formale Rechtsschulung. Auf Studium und Beobachtung beruhende Kenntniß des Seelenlebens, des Lebens der gesunden wie der kranken Seele, Kenntniß von den antisocialen Erscheinungen in der Vergangenheit und Gegenwart, ihrer klimatischen, physiologischen, socialen und individuellen Bedingungen, Bekanntschaft mit den Bekämpfungsmitteln der Criminalität, nicht bloß nach ihrer gesetzlichen Terminologie und Begrenzung, sondern auch in Hinsicht ihrer Wirksamkeit in Vergangenheit und Gegenwart, erworben ebenfalls durch Studium und Beobachtung: das sind die geistigen Potenzen, die wir bei dem Criminalisten heischen. Der Beste nach Charakter, Wissen und Können ist gerade gut genug für diesen bis an die ersten Lebensbedingungen des Individuums heranreichenden Theil der Staatsgewalt. Gesetzgebung und Verwaltung werden darauf Bedacht nehmen müssen, das Gegebensein dieser Vorbedingungen bei den entscheidenden und leitenden Persönlichkeiten der Strafrechtspflege nach Möglichkeit zu fördern und zu heischen. Vielleicht wird es sich empfehlen, auch die Frage wieder aufzuwerfen, ob der jetzige Grundsatz der Collegialität mit seiner Vertheilung und — Abschwächung der Verantwortlichkeit den Anforderungen der Strafrechtspflege durchaus entspreche. Ob Schuld oder Nichtschuld, das wird im Falle der Bestreitung in allen Fällen unmittelbar oder im Rechtsmittelwege durch ein Majoritäts- oder Einstimmigkeitsvotum festgestellt werden müssen. Die Frage aber, wer zu bestimmen hat, was mit dem schuldig Befundenen zu geschehen habe, sollte wieder einmal in Erwägung gezogen werden. Vielleicht wird man wieder auf Institutionen der Vergangenheit zurückkommen, die Einem die verantwortliche Entscheidung übertragen.

Den Bedenken gegen die bedingte Verurtheilung vermögen wir keine entscheidende Bedeutung beizulegen. Ihr praktischer Nutzen scheint in die Augen springend. Nun handelt es sich um die Frage, in welchem Umfange soll mit der Einrichtung der Versuch gemacht und wie soll sie ausgestaltet werden. Die Zeit, in welcher der Gedanke allgemein empfohlen und mit einem allgemein gehaltenen Gesetzgebungsprogramm hervorgetreten werden darf, scheint angesichts der zahlreichen Erörterungen und Vorschläge, die schon gemacht sind, vorüber zu sein.

Man könnte auf den Gedanken kommen, versuchsweise im Verwaltungswege, beziehungsweise im Wege der Begnadigung die Einrichtung zu erproben. Dem stehen aber mehrfache Bedenken entgegen. Den Träger des Begnadigungsrechtes in jedem Falle mit der Aufschiebung des Strafvollzuges zu befassen, würde ein so umständlicher und in den mittleren und größeren Staaten die Arbeitskraft des Staatsoberhauptes so belastender Apparat sein, daß schon aus diesem Grunde der Versuch voraussichtlich fehlschlagen würde. Durch die Vollstreckungsbehörde dürfte der Vollzug nur vier Monate und nur unter der Voraussetzung aufgeschoben werden, daß aus der sofortigen Vollstreckung dem Verurtheilten oder dessen Familie erhebliche, außerhalb des Strafzweckes liegende Nachtheile erwüchsen. St.P.O. § 488. Eine Delegation zum Strafaufschub auf längere Zeit an den Oberstaatsanwalt oder an höhere Gerichtsorgane dürfte sich mit dem Staatsrechte der meisten Staaten nicht vereinigen lassen. Und selbst wenn dies der Fall, so käme doch die Schwierigkeit, daß eine solche Begnadigung auf Probe nur mit ausdrücklicher Zustimmung des Verurtheilten zulässig wäre, wie dies jetzt bezüglich der bedingten Entlassung nach drei Viertheilen der Strafzeit der Fall ist. St.G.B. § 23. Man wird deshalb die Gesetzgebung nicht umgehen können.

Man könnte das Beispiel von Massachusetts nachahmen und die bedingte Verurtheilung versuchsweise zunächst in einigen Theilen des Reiches einführen wollen; etwa in der Art, daß die Reichsgesetzgebung den Landesjustizverwaltungen die Ermächtigung gäbe, für ihre Gebiete ganz oder theilweise die Maßregel in Wirksamkeit treten zu lassen. Angesichts der großen Verschiedenheiten, welche das deutsche Recht und speciell das Strafrecht noch aufweist, und angesichts der starken Maßverschiedenheiten bei der Strafzumessung würde es nichts Anstößiges haben können, wenn z. B. in Bremen, Hannover, Oldenburg, Karlsruhe bei Anklagen wegen leichter Körperverletzungen zu einigen Wochen Gefängniß bedingt, in Hamburg, Berlin, München, Stuttgart unbedingt verurtheilt würde. Gewiß wird sich nach Einführung der bedingten Verurtheilung zeigen, daß die Bevölkerung der verschiedenen Gerichtsbezirke, wie sie einer verschiedenen Strafzumessung bedarf, auch in Hinsicht auf die bedingte Verurtheilung verschieden behandelt werden muß. Trotzdem läßt sich nicht empfehlen, die Reform nur für einzelne Gebietstheile und nach Ermessen der Landesjustizverwaltungen einzuführen. Es ist nicht wünschenswerth für das junge Deutsche Reich, die Zahl der particulären Verschiedenheiten und der Reservatrechte zu vermehren, am allerwenigsten auf einem Gebiete, das schon zu einer, wenn auch bescheidenen Einheitlichkeit des Rechts gekommen ist, wie dies bezüglich des Strafrechts der Fall. Selbst wenn juristisch-praktische Erwägungen die Theileinführung der Reform empfehlen würden, — stärkere allgemein politische Gesichtspunkte stehen im Wege.

Vor Allem müßte es die Jugend sein, mit welcher der Versuch zu beginnen hätte. Schon jetzt gestattet das Strafgesetzbuch, daß bei allen Vergehen und Uebertretungen von Personen, die zur Zeit der That noch nicht 18 Jahre alt waren, statt auf Gefängniß, Haft oder Geldstrafe in besonders leichten Fällen auf Verweis erkannt wird. (St.G.B. § 57[4]). Nach der herrschenden und wohl auch richtigen Meinung sind die gesperrt gedruckten Worte auf die objectiv mildere Seite des Delicts zu beziehen, also namentlich auf die Geringfügigkeit des Schadens, der angerichtet wurde. Es wäre keine einschneidende Reform, wenn das Gesetz die Verbindung einer bedingten Verurtheilung mit dem Verweise zuließe, die Einschränkung auf die besonders leichten Fälle wegließe, dafür aber, wie es bei der bedingten Verurtheilung überhaupt der Fall sein sollte, eine thatsächliche Begründung des Ausspruches heischte. Das Urtheil müßte dem Vater oder Vormund mit einem entsprechenden Hinweise zugestellt werden. Wo sich aber Verwahrlosung des jungen Menschen aus der Untersuchung ergiebt und weiter zu erwarten steht, da ist mit der bedingten Verurtheilung die Fürsorge für eine anderweitige Erziehung einzuleiten. Die Anordnung muß vom Gericht ausgehen, die Ausführung sollte aber nicht der allgemeinen Polizei-, sondern der Schulverwaltung übertragen werden. In ihren staatlichen, kirchlichen und communalen Elementen besitzt diese die Organe für die Herbeiführung einer anderweitigen Erziehung und deren nächste Ueberwachung. Und es erscheint als ein naheliegender Gedanke, daß der thatsächlich zu früh aus der Schule Gekommene, wenn auch nicht in diese selbst wieder gebracht, aber doch ihrer Aufsichtsgewalt unterstellt werde. Nicht bloß die Unterbringung in Waisenhäusern und Erziehungsanstalten, sondern auch in tüchtigen Familien, die dazu bereit sind, müßte stattfinden können. Solange freilich nicht durch die Schulgesetzgebung für die Ausführbarkeit solcher Maßnahmen gesorgt ist, bleibt nichts Anderes übrig, als in den Fällen der Verwahrlosung von der bedingten Verurtheilung abzusehen und die Nacherziehung den staatlichen Erziehungsanstalten für die verbrecherische Jugend, das ist — den Gefängnissen zu überlassen. Daß diese, auch wo es sich um schwerere Delicte der Jugend handelt, völlig von den Strafanstalten für die Erwachsenen zu trennen, daß sie anderer Leitung, ja zum Theil anderer Aufsicht zu unterstellen sind, ist ein oft ausgesprochenes und immer zu wiederholendes Postulat.

Bezüglich der Erwachsenen wie der Jugendlichen wirft sich die weitere Frage auf, ob die bedingte Verurtheilung nur bei Vergehen und Uebertretungen oder auch bei Verbrechen in Anwendung zu kommen habe. Man wird meinen, die Frage sei selbstverständlich zu verneinen. Wer eine That verübe, die mit einer Verbrechensstrafe bedroht sei, verdiene die Rücksicht der bedingten Verurtheilung nicht. Und doch ist die Sache nicht so zweifellos. Man denke an die drei Mädchen, die über einen Staketenzaun gestiegen waren und sich einige Blumen zum Schmuck für ein Tanzvergnügen geholt hatten. Die Blumen waren insgesammt auf 30 Pfennige gewerthet worden. Nach der Ansicht des Reichsgerichts (III. Straffenat), Entsch. Bd. 4 Nr. 27, mußten sie wegen Verbrechens des schweren Diebstahls verurtheilt werden, da Blumen keine Genußmittel seien, sonach nicht § 370[5], sondern § 243[2] des St.G.B. anzuwenden sei. Wäre das nicht ein Schulbeispiel für die bedingte Verurtheilung? Man denke ferner an den schwer durch Beschimpfungen seiner Frau Beleidigten, der sich zu einem Schlage mit der Hand hinreißen läßt und unglücklicher Weise eine Stelle trifft, an der sich in nicht auffälliger Weise ein Karbunkel oder eine sonstige Krankhaftigkeit befindet. Der Geschlagene, ein skrophulöser Mensch, verliert die Sehkraft auf einem Auge, oder stirbt an Blutvergiftung, nachdem in Folge des Schlages Entzündung und Eiterung eingetreten. Würde der Geschlagene nicht leidend gewesen sein, was, wie vorausgesetzt, der Schlagende nicht wußte, so hätte das Gericht voraussichtlich wegen der Schwere der vorausgegangenen Beleidigung aus § 233 des St.G.B. für den Schlagenden keine Strafe eintreten lassen. Mit Rücksicht auf den unglücklichen Ausgang muß der Schlagende nach der herrschenden Meinung wegen Verbrechens der schweren, beziehungsweise tödtlichen Körperverletzung verurtheilt werden, obgleich zu seinem an sich straffreien Benehmen kein criminalistisch bedeutsames Moment hinzugekommen ist. Scheint nicht auch ein solcher Fall als recht geeignet für die bedingte Verurtheilung? Auch spräche die wenig gelungene Abgrenzung der Verbrechen von den Vergehen dafür, die Verbrechensqualität der That nicht für die Ausschließung der bedingten Verurtheilung entscheidend sein zu lassen. Löbell nimmt keinen Anstand, auch Verbrechen in die bedingte Verurtheilung einzubeziehen, so z. B. die schwere Urkundenfälschung (§§. 268, 269, 270) bei mildernden Umständen und andere, namentlich die Fälle des Versuchs und der Beihülfe zu Verbrechen, sowie die unter mildernden Umständen begangenen Verbrechen der Jugendlichen[23]). Und doch wird man fürs Erste darauf verzichten müssen, in Verbrechensfällen die bedingte Verurtheilung zuzulassen. Solange die Dreitheilung einmal da ist, prägt sie den zur schwersten Gruppe gewiesenen Delicten einen Charakter auf, der es bei Vielen unverständlich erscheinen ließe, daß die Gerichte zu der leichtesten Behandlung der Strafthat greifen, während der Gesetzgeber sie der schwersten Gruppe zugewiesen hat. Wenn die Judicatur in Fällen, wie es die erwähnten sind, sich nicht ändert, so wird auch künftig nur die Begnadigung helfen können, um die Härten der Rechtspflege abzuschleifen. Man wird dem mehrfach gemachten Vorschlage, die bedingte Verurtheilung auszuschließen, wo die Gefängnißstrafe nur in Folge mildernder Umstände an die Stelle von Zuchthaus getreten ist, zur Zeit den Beifall nicht versagen können. Bewährt sich die Einrichtung, dann dehne man sie aus! Vor Allem aber beseitige man bei der Revision des

[23]) Goltdammers Archiv, Bd. 38 S. 26, 27.

Strafgesetzbuches den ganz unhaltbaren Unterschied von Verbrechen und Vergehen, wie er unserem Strafgesetzbuche zu Grunde liegt. Daß auch die Aberkennung der bürgerlichen Ehrenrechte, sowie die Zulassung der Polizeiaufsicht von Rechts wegen die bedingte Verurtheilung ausschließen müssen, erscheint wohl als selbstverständlich. Auch mit der Aberkennung der Aemterfähigkeit wird sich die bedingte Verurtheilung nicht verbinden lassen, während der bloße Verlust innegehabter Aemter und die Unfähigkeitserklärung zu einer Beschäftigung im Eisenbahn- oder Telegraphendienste oder in bestimmten Zweigen dieser Dienste, sowie selbstverständlich die Maßnahmen der Einziehung und Unbrauchbarmachung mit der bedingten Verurtheilung sich wohl vertragen würden.

Es wird meistens vorgeschlagen, von der bedingten Verurtheilung auch in denjenigen Fällen abzusehen, in welchen auf Geldstrafe erkannt wird, und zwar gleichviel, ob sie bezahlt werden kann, oder ob wegen ihrer Uneinbringlichkeit die Freiheitsstrafe einzutreten hat. Es ist nun allerdings nicht zu verkennen, daß gegenüber der Geldstrafe der Hauptgrund für die bedingte Verurtheilung, die gering Fehlenden vor der Gefängnißluft zu bewahren, wegfällt. Es würde aber eine arge Ungereimtheit und Ungleichheit, daher Ungerechtigkeit sein, in den leichteren Fällen eine Rücksicht zu versagen, die bei schwereren Fällen genommen wird. Das französische Project will, wie oben erwähnt, den Gerichten die Befugniß geben, in allen Fällen, in welchen auf Geldstrafe allein erkannt werden dürfte, von einer Verurtheilung ganz abzusehen. Ein derartiger Ausgang eines Strafverfahrens hat aber große Bedenken gegen sich. Ist eine Sache einmal vor die Gerichte gebracht und der Angeklagte schuldig befunden worden, dann sollte das Gericht die Angelegenheit nicht ganz resultatlos verlaufen lassen dürfen. Schon jetzt finden wir die Bestimmung da und dort, daß höhere Steuerbehörden unter gewissen Voraussetzungen die Verfolgung von Steuer- und Stempelcontraventionen niederschlagen dürfen. Diesen Gedanken erweitere man für die Fälle, in denen nur Geldstrafe zulässig oder angemessen erscheint[24]). Wenn aber die Klagebehörde eine Strafe für angemessen erheischt, während das Gericht davon absehen zu sollen glaubt, weil nur ein ganz untergeordneter, namentlich ein sogenannter Gesetzesverstoß ohne materielle Schädigung vorliege: dann gestatte man den Gerichten, an Stelle der Geldstrafe im ersten Falle auf Verweis allein zu erkennen. Ich halte den Verweis auch bei Erwachsenen in vielen Fällen für eine durchaus

---

[24]) Wenn das Legalitäts- durch das Opportunitätsprincip ersetzt werden sollte, ergäbe sich diese Erweiterung von selbst.

angemessene Strafbehandlung[25]). Gerade bei Persönlichkeiten, welche man bei der bedingten Verurtheilung im Auge hat, wäre zu erwarten, daß ein angemessen ertheilter Verweis reichlich die erwünschte Präventivwirkung äußern wird. Der Verweis sollte auch mit jeder bedingten Verurtheilung zu einer Freiheitsstrafe verbunden oder vielmehr als erste Folge des verübten Delictes ausgesprochen werden. Mache man sich doch keine Sorgen über die Art des Vollzuges! Die Gesetzgebung schreckt nicht davor zurück, sogar drei Tage Haft vollziehen zu lassen, ohne gegen die Verhängung ein suspensives Rechtsmittel zu gewähren[26]).

Selten dürfte es zur bedingten Verurtheilung oder zum Verweise statt Geldstrafe kommen, wenn der Angeklagte leugnet. Es frägt sich sogar, ob die Maßnahme im Falle Leugnens nicht gesetzlich auszuschließen wäre. Nur die Schwierigkeit der Regelung, ob Leugnen überhaupt oder schon anfängliches und theilweises Leugnen der bedingten Verurtheilung und dem Verweise im Wege stehen sollen, wird empfehlen, die Entscheidung den Gerichten anheim zu geben. Diese werden sich aber zur milden Auffassung kaum entschließen, wenn der Angeschuldigte geleugnet, das Gericht aber die Ueberzeugung von der Schuld gewonnen hat. Es bleiben nur die Fälle einer Differenz der rechtlichen Würdigung des Thatbestandes zwischen dem Angeklagten und dem Gericht. In solchen Fällen dürfte es aber anstandslos sein, den Verweis sofort ertheilen zu lassen und dem in der höheren Instanz Freigesprochenen den Anspruch auf kostenfreie Veröffentlichung des freisprechenden Urtheils einzuräumen. — Eine bedingte Verurtheilung zu Geldstrafe zuzulassen, würde die Einrichtung sehr compliciren und ihrer Einbürgerung Schwierigkeiten bereiten. — Hat aber das Gericht auf Geldstrafe erkannt, und es kann dieselbe nicht beigetrieben werden, so wird bis zu einer Aenderung der Ersatzstrafe in dem oben angedeuteten Sinne die Inconsequenz einer subsidiären Freiheitsstrafe nicht vermieden werden können.

Sehr gehen die Ansichten hinsichtlich des Maßes der Freiheitsstrafe, bei dem die bedingte Verurtheilung noch eintreten dürfe, auseinander. Ein Monat, zwei, drei, sechs Monate, zwei Jahre sind vorgeschlagen worden. Soll der Vorschlag nicht dem Einwande der Willkürlichkeit begegnen, so wird man untersuchen müssen, welche Delicte mit Rücksicht

---

[25]) Die Notiz in den Protokollen des Brüsseler Congresses, ich hätte mich gegen den Verweis bei Erwachsenen ausgesprochen, beruht auf einem Mißverständniß. In meinen „Mittheilungen aus dem Entwurfe eines Strafgesetzbuches für Italien" (1887) Breslau 1888 S. 132—134 bin ich für die Anwendung des Verweises bei Erwachsenen eingetreten, und ich bin heute noch derselben Ansicht.

[26]) Gerichtsverfassungsgesetz § 179, § 183 Abs. 2.

auf die bei denselben angedrohte Minimalstrafe aus der Zahl der Bewährungsdelicte ausgeschlossen würden, wenn die vorgeschlagenen Maxima der Bewährungsstrafen gesetzliche Anerkennung fänden. Beschränkt man diese Untersuchung auf das Strafgesetzbuch, so würde von den Vergehen bei einer zweijährigen Maximalgrenze der Bewährungsstrafe nur die Tödtung des Verlangenden (St.G.B. § 216) ausgeschlossen werden; bei einer sechsmonatlichen Maximalgrenze außerdem noch die Verstümmelung, um sich oder einen Anderen von der Wehrpflicht zu befreien (St.G.B. § 142) und die Verursachung einer Ueberschwemmung zum Schutz des Thätereigenthums (St.G.B. § 313 Abs. 2). Die Begrenzung der Bewährungsstrafen auf drei Monate schlösse außer den genannten noch aus: den Aufruhr (§ 115), den schweren Fall des Auflaufs (§ 116 Abs. 2), die Meuterei und den gewaltsamen Ausbruch aus dem Gefängniß (§ 122), die Kindesaussetzung seitens der leiblichen Eltern (§ 221 Abs. 2), die vorsätzliche Nichterfüllung von Lieferungsverträgen über Bedürfnisse des Heeres oder der Marine zur Zeit eines Krieges, oder über Lebensmittel zur Abwendung oder Beseitigung eines Nothstandes (§ 329 Abs. 1 u. 3), die gewaltsame Hinderung eines Deutschen an der Ausübung des Wahl- oder Stimmrechts (§ 107)[27]. Man wird in den sämmtlichen Fällen, in denen Gefängniß von mindestens drei Jahren, ein Jahr und sechs Monaten angedroht ist, die Wahrscheinlichkeit, daß je eine bedingte Verurtheilung bei denselben Platz greifen dürfte, verneinen können. Man kann darnach das Maximum der Freiheitsstrafe, bei welcher bedingte Verurtheilung noch zulässig ist, unter sechs Monaten fixiren. Das nächste Strafminimum sind drei Monate. Mit Gefängniß nicht unter drei Monaten sind bedroht der Landfriedensbruch (§ 125 Abs. 1), die Vernichtung oder Beiseiteschaffung amtlich aufbewahrter Urkunden aus Gewinnsucht (§ 133 Abs. 2), das arglistige Verschweigen eines Ehehindernisses bei der Eheschließung (§ 170), die Anreizung zum Zweikampf durch Bezeigung oder Androhung von Verachtung (§ 210), die Aussetzung hülfloser Personen (§ 221), die Anwendung von falschem oder gefälschtem Stempelpapier u. dgl., die in Gebrauchsabsicht erfolgende Anfertigung von unechtem Stempelpapier u. dgl., die Verfälschung von echtem Stempelpapier u. dgl. (§ 275), das gewerbsmäßige, unberechtigte Jagen (§ 294), der schwerste Fall erfolgloser Anstiftung (§ 49a), die Zerstörung oder Beschädigung von Wasserleitungen u. dgl. (§ 321 Abs. 1), die vorsätzlich widerrechtliche Freiheitsentziehung durch einen Beamten

---

[27]) Im letzten Falle steht neben Gefängniß von sechs Monaten bis zu fünf Jahren Festungshaft von einem Tage bis zu fünf Jahren zur Wahl des Gerichts.

(§ 341), die Amtsunterschlagung (§ 350), die Erhebung und Unterschlagung nicht geschuldeter Steuern seitens eines Beamten (§ 353), die Unterdrückung oder Eröffnung eines Briefes oder Postpacketes seitens eines Postbeamten (§ 354), Fälschung, widerrechtliche Eröffnung und Unterdrückung von Depeschen durch Telegraphenbeamte (§ 355), die Prävarication (§ 356 Abs. 1), die Anwerbung von Deutschen zum ausländischen Militärdienste (§ 144), die Verletzung von Absperrungsmaßregeln gegen ansteckende Krankheiten mit der Folge der Erkrankung eines Menschen (§ 327 Abs. 2), Stiftung oder Vorsteherschaft bei verbotenen Verbindungen (§ 129). Auch die leichte Körperverletzung durch einen Beamten in Ausübung des Amtes (§ 340 Abs. 1), der erschwerte Widerstand gegen Forst- und Jagdbeamte (§ 117 Abs. 2), die Nöthigung von Behörden und Beamten in Bezug auf Amtshandlungen (§ 114) sind im Mindestmaße mit drei Monat Gefängniß bedroht. Es ist aber bei denselben die Annahme mildernder Umstände zulässig, in welchem Falle Gefängniß von einem Tage beziehungsweise einem Monat das Mindestmaß der Freiheitsstrafe ist. Wo kürzeres Gefängniß in Folge mildernder Umstände an Stelle von längerem Gefängniß treten kann, wird man kaum die Zulassung der bedingten Verurtheilung ausschließen wollen. Unter den Vergehen, die im Mindestmaße mit drei Monaten Gefängniß bedroht sind, befinden sich in der That einige, wie z. B. die leichteste Betheiligung am Landfriedensbruch, geringfügige Amtsunterschlagungen, leichte Körperverletzungen seitens eines Beamten, bei denen die bedingte Verurtheilung in Frage kommen könnte. Es wird sich deshalb wohl empfehlen, drei Monate als Maximalsatz der Strafe festzusetzen, bei welcher bedingte Verurtheilung zulässig sein soll. Auch die Landesversammlung in Halle hat sich für diese Maximalgrenze ausgesprochen. Unter den im Mindestmaße mit weniger als drei Monaten bedrohten Delicten befinden sich indessen einige, die eine solche Niedertracht oder Gemeinheit der Gesinnung verrathen, wie z. B. die falsche Anschuldigung bei der Behörde (§ 164), die Kuppelei (§ 180), die verleumderische Beleidigung (§ 187), daß der Gesetzgeber dieselben ausdrücklich von der bedingten Verurtheilung ausschließen sollte. Man könnte glauben, daß auch bei Landstreicherei, gewerbsmäßiger Unzucht und Bettelei die bedingte Verurtheilung auszuschließen sei. Gerade zu diesen Handlungen führen aber nicht selten neben eigener Schwäche Verwahrlosung und Unglück. Der Rechtspflege sollte es nicht verwehrt werden, den Anfängern auf diesen traurigen Wegen noch einmal die rettende Hand zu bieten[28]).

---

[28]) Man vergleiche auch oben S. 232 die Mittheilungen über Massachusetts.

Anders hat Löbell die Sache angefaßt. An der Hand des Strafgesetzbuches erörtert derselbe in tabellarischer und übersichtlicher Anordnung bei den einzelnen Delicten die Zulassung bedingter Verurtheilung. Löbell schlägt vor, die bedingte Verurtheilung zuzulassen bei Anklagen aus folgenden Paragraphen des Strafgesetzbuches: 95, 97, 99, 101, 121 Abs. 2, 123 Abs. 1, 126, 132, 133 Abs. 1, 136, 137, 138, 148, 157, 158, 162, 163, 183, 184, 185 ff., mit Zustimmung des Antragsberechtigten, 222 Abs. 1, 223, 227 Abs. 1, 230, mit Vorbehalt bei Vergehen gegen Angehörige; ferner bei den Vergehen gegen §§ 235, 239 Abs. 1, 240, 241, 242, 246, mit Vorbehalt des § 247; dann bei den §§ 257 Abs. 1, 258 Nr. 1, 259, 263, 266, mit Vorbehalt bei Betrug gegen Angehörige; bei den §§ 267 (269 u. 270), 271 (273), 274, 277, 279; im Fall mildernder Umstände auch bei den §§ 268 (269, 270), 272 (273), 286, 288, 289, 291 292, 293 (mit Vorbehalt, falls Thäter ein Angehöriger), 296, 299, 303 (mit Vorbehalt, falls gegen einen Angehörigen verübt), 309, 314, 316 Abs. 1, 318 Abs. 1, 326, 327 Abs. 1, 328, 329 Abs. 2, 333, 334 Abs. 2 (im Fall mildernder Umstände), 363, 370 Nr. 5 (mit Zustimmung des Antragstellers). Dagegen soll die bedingte Verurtheilung nicht zulässig sein in den Fällen der §§ 80—93 (soll wohl heißen 92), 94, 96, 98, 100, 102—104, 105—109, 110—121 Abs. 1, 122, 123 Abs. 3, 124, 125, 127—131, 133 Abs. 2, 134, 135, 139—145, 146, 147 (149), 150, 151, 153—156, 159, 160, 164, 166—182, 201—210, 211—221, 222 Abs. 2, 223a—226, 227 Abs. 2, 229, 234, 235 (im Verbrechensfalle), 236, 237, 239 Abs. 2 u. 3, 243, 244, 249—255, 258 Nr. 2, 260, 261, 264, 265, 268 (269, 270), 272 (273), 275, 276, 278, 284, 285, 290, 294, 296a, 297, 298, 300, 301, 302, 302a—d, 304, 305, 306—308 (311), 312, 313, 315, 316 Abs. 2, 317, 318 Abs. 2, 320, 321—324, 327 Abs. 2, 329 Abs. 1, 330, 331, 332, 334 Abs. 1, 336—357, 360, 361, 364—369, 370 Nr. 1—4 u. 6.

Löbell selbst vindicirt seiner Einzelerörterung[29]) keinen abschließenden Charakter und gewiß würde er bereit sein, bezüglich seiner Vorschläge in eine Discussion einzutreten. Selbst vielfacher Widerspruch im Einzelnen kann doch nicht, worauf schon oben hingewiesen wurde, das große Verdienst der Löbell'schen Vorschläge bestreiten, weil sie zu der allein richtigen Einzelwürdigung den Anstoß geben. Das Gutachten würde weit über das zulässige Maß anwachsen, wenn hier in diese Erörterung

---

[29]) Die Vorschläge sind motivirt.

Punkt kann hier nicht übergangen werden; das ist die Abhängigmachung der bedingten Verurtheilung in den Antragsfällen von der Zustimmung des Verletzten. Ich hatte über diesen Punkt schon eine mündliche Auseinandersetzung in Brüssel mit Garofalo. Die Brüsseler Versammlung faßte in dieser Beziehung folgenden Beschluß: L'union internationale de Droit pénal recommande aux législateurs de tous les pays l'adoption du principe de la condamnation conditionnelle, mais en insistant sur la nécessité d'en déterminer les limites d'après les conditions locales et de tenir compte du caractère et de l'état moral de chaque peuple. Die gesperrt gedruckten Worte sollten einem Bedenken Garofalo's bezüglich derjenigen Delicte entgegenkommen, welche in einer persönlichen Verletzung bestehen, wie namentlich die Beleidigung und die Körperverletzung. Garofalo befürchtete mit Rücksicht auf das Temperament seiner Landsleute Eigengewalt und Auflehnung, wenn die Gerichte bei solchen Delicten ohne eine genugthuende Strafe für den Verletzten auf eine bedingte Verurtheilung sich beschränkten. Es bleibe dahingestellt, ob namentlich der Charakter der süditalienischen Bevölkerung eine solche Ausnahme nothwendig macht. Nun und nimmermehr aber sollten wir sie in unsere deutsche Gesetzgebung einführen. In der Erkenntniß der Uebertreibung, welcher sich das Strafgesetzbuch von 1871 in Hinsicht der Ausprägung von Antragsreaten schuldig gemacht hatte, ist eine große Zahl der früheren Antragsfälle durch die Gesetzgebung von 1876 beseitigt worden; und noch befinden sich gar manche Antragsdelicte im Strafgesetzbuche, bei denen dieses Erforderniß besser gestrichen würde. Noch viel weniger, als Vergeltung für die Gesammtheit zu schaffen, ist die Strafrechtspflege berufen, für eine Genugthuung oder richtiger für eine Rache zu Gunsten des Verletzten zu sorgen. Durch die Abhängigmachung der bedingten Verurtheilung von der Zustimmung der Antragsberechtigten würde ein Element in unsere Strafrechtspflege gebracht werden, das ihr durchaus fern bleiben soll. Wer ohne diese Beigabe die bedingte Verurtheilung nicht durchführen zu können glaubt, verzichte lieber ganz auf dieselbe. So wenig ich in dieser Beziehung Garofalo zustimmen kann, so werthvoll erscheint mir dessen Vorschlag, die Vermögensentschädigung für den durch strafbare Handlungen verursachten Schaden wieder in einen innigeren Contact mit der Strafrechtspflege zu bringen. Die Eintreibung der Buße bei der üblen Nachrede, der verleumderischen Beleidigung und der Körperverletzung sollte nicht in dem Offenbarungseide des Verurtheilten ihre Grenze finden. Hier ist Arbeitszwang in der Weise am Platze, wie er oben für die Realisirung von Geldstrafen im Anschluß an die Vorschläge Garofalo's empfohlen wurde.

eingetreten würde. Einiges ist schon berührt, wie die Frage nach der Einbeziehung von Verbrechen in die Bewährungsdelicte. Nur ein Und was bei den genannten Delicten Rechtens ist, sollte überall in Anwendung kommen dürfen, wo durch eine strafbare Handlung ein Vermögensschaden zugefügt wurde.

Alle sind darüber einig, daß die bedingte Verurtheilung von einem günstigen Vorleben des Angeklagten abhängig zu machen sei. Zwar werden frühere Geldstrafen nicht als ein gesetzliches Hinderniß der bedingten Verurtheilung anzusehen sein, dagegen frühere Erstehung einer Freiheitsstrafe mit Ausnahme der Festungshaft. In einem solchen Falle ist der Hauptgrund für eine schonende Behandlung nicht mehr vorhanden. Ob die neue und die frühere That sich ähnlich, ob beide aus gleicher oder ähnlicher Triebfeder entsprangen, ist für die Ausschließung der bedingten Verurtheilung ohne Bedeutung. Die gesetzliche Ausschließung der bedingten Verurtheilung bei den Vorbestraften wirkt in gewissem Sinne, wie die Statuirung einer allgemeinen Rückfallsstrafe. — Frühere Haftstrafen sollte man nicht ignoriren. Bei der bekannten Art des Strafvollzuges bringt die Erduldung von Haftstrafen vielfach in die Gesellschaft von Gefängnißsträflingen. — Für die Fälle dagegen, in denen Festungshaft in Frage kommt, besteht keine Veranlassung, die bedingte Verurtheilung zuzulassen. Es sollte aber auch eine frühere Festungshaft einer späteren bedingten Verurtheilung nicht im Wege stehen.

Sehr gehen die Meinungen darüber auseinander, ob nach erfolgreichem Ablauf der Bewährungsfrist die bedingte Verurtheilung abermals sollte zur Anwendung kommen dürfen. Der bei der Rückfallverjährung zu Grunde liegende Gedanke würde für eine Bejahung der Frage sprechen[30]). Indessen dürfte es doch Bedenken haben, Jemanden ein zweites oder gar weiteres Mal der Wohlthat der bedingten Verurtheilung theilhaftig werden zu lassen. Die bedingte Verurtheilung soll ein neues Motiv zu gesetzmäßigem Benehmen schaffen. Wer dasselbe nicht auf sich einwirken läßt, erscheint, auch wenn er erst nach der Bewährungsfrist kommt, als eine Persönlichkeit, auf die mit ernsteren Mitteln eingewirkt werden muß. Ist das neue Delict mit Freiheits- und mit Geldstrafe bedroht, so mag die Wahl der letzteren der guten Führung während langer Zeit gerecht werden. Keinenfalls sollte man vor Erprobung der

[30]) Auch Löbell empfiehlt, nach Ablauf von zehn Jahren die bedingte Verurtheilung als ganz erledigt zu betrachten und dann nochmals eine bedingte Verurtheilung zuzulassen. Ohne diese Einschränkung meint v. Liszt, die Zulassung einer mehrmaligen bedingten Verurtheilung empfehlen zu sollen, wenn nach erfolgreicher Bewährung ein neues Delict verübt wird.

ganzen Einrichtung zwei- und mehrmalige bedingte Verurtheilung zulassen. — Ob die Bewährung juristisch die Verurtheilung aufhebt oder den Strafvollzug beseitigt, ist für diese Frage ohne Bedeutung.

Mit der bedingten Verurtheilung ist eine Bewährungsfrist zu verbinden, d. h. eine Frist, während welcher der Verurtheilte sich wohlverhalten muß, wenn er dem Strafvollzuge entgehen will. Es empfiehlt sich im Interesse der Gleichmäßigkeit der Rechtspflege, diese Frist nicht jedes Mal vom Gerichte fixiren zu lassen, wie es nach dem englischen Gesetze der Fall ist. Besser bestimmt das Gesetz selbst die Frist; und zwar am einfachsten durch Verweisung auf die für die Verjährung der Strafvollstreckung geltenden Fristen. Der Lauf der Bewährungsfrist müßte mit der Rechtskraft der bedingten Verurtheilung beginnen.

Bewährt sich der bedingt Verurtheilte, d. h. verübt er während der gesetzlichen Frist keine mit Freiheitsstrafe bedrohte Handlung, so entfällt die Vollstreckung der erkannten Strafe. Der Wirklichkeit entsprechend und klarer ist es, wenn das Gesetz nur den Wegfall der Vollstreckung ausspricht und nicht zu der Fiction des Wegfalls der Verurtheilung übergeht. Schuldig gesprochen und verurtheilt wurde der Angeklagte, es besteht keine Veranlassung zu einer Rechtsfiction, welche diese Thatsache wegdenkt. — Wird die neue That während der Bewährungsfrist nicht entdeckt, so muß die Sache so behandelt werden, als wenn sie in der Frist nicht begangen wäre. Andernfalls käme eine Unsicherheit in die Rechtspflege, die bedenklicher wäre, als daß hier und da ein Schuldiger der angemessenen Strafe entgeht. Dagegen sollte man das Ergehen einer neuen Verurtheilung in der Bewährungsfrist nicht zur Voraussetzung des nachträglichen Vollzugs der ersten Strafe machen. Es muß hinreichen, daß die Polizei, die Staatsanwaltschaft oder der Amtsrichter während der Bewährungsfrist wegen des Verdachtes eines neuen Delicts einen Verfolgungsact vorgenommen haben, sei es in der Richtung gegen die Person des bedingt Verurtheilten, sei es zur Feststellung des sogenannten objectiven Thatbestandes. Mit der Vornahme des ersten Actes müßte der Lauf der Bewährungs- wie der Verjährungsfrist zu ruhen anfangen. Erfolgt Einstellung des Verfahrens, wird der Angeschuldigte außer Verfolgung gesetzt oder freigesprochen, so muß die Zeit seit der Hemmung der Bewährungsfrist in diese eingerechnet werden. Ergeht aber Verurtheilung, und zwar gleichviel ob während oder nach Ablauf der ursprünglichen Bewährungsfrist, so muß zugleich der Vollzug der bedingt erkannten Strafe angeordnet werden. Hinsichtlich des Wegfalles der Strafe brauchte wohl kein neues Urtheil, nicht einmal eine neue Entscheidung zu ergehen. Es würde für die Sicherheit der

Rechtspflege genügen, wenn die mit dem Strafvollzuge betraute Staatsanwaltschaft (beziehungsweise das Amtsgericht) einige Zeit nach Ablauf der Bewährungsfrist in den bei diesen Behörden zu führenden Aufzeichnungen über die bedingte Verurtheilung den entsprechenden Vermerk eintrüge und zugleich die Behörden der Strafregister (Behörden des Geburtsortes oder das Reichsjustizamt) benachrichtigte. Wenn diesen schon von der bedingten Verurtheilung Nachricht gegeben werden müßte, und zwar ohne Rücksicht darauf, ob das Urtheil einen der bisherigen Registerfälle betrifft oder nicht, so erhöhte das die Zuverlässigkeit der Ausführung einer bedingten Verurtheilung im Nichtbewährungsfalle [31]).

Bis auf Weiteres wird man der Strafverbüßung im Auslande wenigstens von Rechts wegen nicht die ausschließende Wirkung für die bedingte Verurtheilung beilegen wollen, da noch keine Garantie besteht, daß die auswärtigen Verurtheilungen durchgängig unseren strafrechtlichen Anschauungen entsprechen.

Durchaus zu fordern ist, daß die bedingte Verurtheilung, deren Voraussetzung niemals von den Geschworenen festzustellen wäre, eine thatsächliche Begründung erfährt. Zwar lassen sich den Richtern nicht mit abschließender Wirkung die Thatbestände vorzeichnen, welche zur bedingten Verurtheilung berechtigen sollen, eine generalis clausula wird nicht zu vermeiden sein. Aber es lassen sich nach dem Vorbilde des englischen Gesetzes Thatbestände im Gesetze anführen, welche als Anhaltspunkte dienen. Als solche erscheinen insbesondere die Jugend, die Gesinnung des Schuldigen und die Geringfügigkeit des Verletzungsobjectes. Nicht als wenn durch Anführung der letzteren dem Delictserfolge als solchem irgend welche Bedeutung beigelegt werden wollte. Es ist kein Fortschritt in der Entwickelung strafrechtlicher Ideen, daß die moderne Gesetzgebung und Rechtspflege so übermäßiges Gewicht auf den Erfolg legen. Aber die Geringfügigkeit des angerichteten Schadens ist in vielen Fällen Beweismoment für die Geringfügigkeit des Verletzungswillens und wird insofern bei der Begründung der bedingten Verurtheilung eine Rolle spielen können. Vor Allem aber müßte der thätigen Reue der gebührende Einfluß auf die Strafrechtspflege eingeräumt werden. Wer einen angerichteten Schaden freiwillig, d. h. ohne äußeren Zwang wieder gut macht, zurückgiebt, was er entfremdet, bezahlt, was er geschädigt, erscheint — nicht in allen, aber doch in sehr vielen Fällen schon auf dem Wege der Umkehr begriffen. Hier ist besonders Veranlassung, daß die

---

[31]) Vgl. hinsichtlich der Strafregister: H. Seuffert in von Stengel, Wörterbuch des deutschen Verwaltungsrechts Bd. II S. 565—574.

Strafrechtspflege entgegenkomme, nicht durch eine gesetzliche Strafloserklärung, wie sie das bayerische Edict vom 25. März 1816 Art. XI bezüglich des Diebstahls und das Erläuterungsrescript vom 17. August 1817 bezüglich der Privatunterschlagung ausgesprochen hatten[32]). Als eine sachgemäße Behandlung kann aber in den Fällen der thätigen Reue der Verweis mit bedingter Verurtheilung erscheinen. Die Anführung des Grundes also, aus dem zur bedingten Verurtheilung geschritten wird, müßte zur Vollständigkeit des Urtheils gehören und die Unterlassung oder Unvollständigkeit der Begründung als Revisionsgrund anerkannt werden.

Das ergehende Urtheil ist in allen Beziehungen ein verurtheilendes Erkenntniß; deshalb empfiehlt es sich auch, die gewöhnlichen Rechtsmittel zuzulassen. Es versteht sich jedoch von selbst, daß die Revision nicht die Angemessenheit oder Nichtangemessenheit geltend machen darf, sondern nur die Verletzung einer gesetzlichen Bestimmung.

Einer besonderen gesetzlichen Regelung bedarf der Fall, wenn nach einer bedingten Verurtheilung ein vor dieser begangenes Delict entdeckt wird. Die §§ 6 und 7 des folgendes Entwurfes enthalten darauf bezügliche Vorschläge. Die Bestimmungen über die Einträge in den Strafregistern sind der jetzigen Einrichtung dieser Register angepaßt.

Da die Einrichtung erst erprobt werden soll, wird es sich empfehlen, dieselbe durch ein besonderes Gesetz und nicht durch Aenderungen und Zusätze in den bestehenden Gesetzen zu regeln.

Möge die Probe gemacht werden! Möge sie bald und mit Erfolg gemacht werden!

§ 1.

Hat der einer strafbaren Handlung schuldig Befundene im Inland noch keine Zuchthaus-, Gefängniß- oder Haftstrafe ganz oder theilweise verbüßt, so darf das Gericht an Stelle von Gefängniß oder Haft auf Verweis erkennen, wenn dies mit Rücksicht auf die Umstände der That, namentlich die Geringfügigkeit des angerichteten Schadens, auf die Jugend, die Gesinnung oder die thätige Reue des Schuldigen als angemessen erscheint. In dem Thatbestande des Urtheils sind die für erwiesen erachteten Thatsachen anzugeben, mit Rücksicht auf welche zu der Strafmilderung geschritten wurde. Die Nichtbeachtung dieser Vorschrift hat im Falle der Anfechtung des Urtheils dessen Aufhebung zur Folge.

---

[32]) F. W. Doppelmayr's Sammlung der Erläuterungen und Rescripte zum St.G.B. f. d. Königr. Bayern. 4. Aufl., Nördlingen 1847 S. 79 u. S. 81.

§ 2.

Macht das Gericht von der im § 1 vorgesehenen Ermächtigung Gebrauch, so ist zugleich in Gemäßheit der gesetzlichen Strafdrohung eine Freiheitsstrafe zu bestimmen, welche zur Vollstreckung gelangt, wenn der Verurtheilte wegen einer in der Bewährungsfrist (§ 4) begangenen Handlung abermals zu einer Freiheitsstrafe verurtheilt wird. Bedingte Verurtheilung.

Die Kosten des Verfahrens sind dem Verurtheilten in Gemäßheit des § 497 der Strafproceßordnung aufzulegen.

§ 3.

Die §§ 1 und 2 kommen nicht zur Anwendung:

1. wenn der Angeklagte schon einmal zu einer Freiheitsstrafe bedingt verurtheilt wurde und die Vollstreckung in Gemäßheit des § 11 dieses Gesetzes entfallen ist;
2. wenn auf mehr als drei Monate Gefängniß erkannt wird;
3. wenn auf Gefängniß wegen Annahme mildernder Umstände an Stelle von Zuchthaus erkannt wird;
4. wenn die bürgerlichen Ehrenrechte ganz oder theilweise aberkannt werden;
5. wenn auf Zulässigkeit von Polizeiaufsicht erkannt oder die Ueberweisung an die Landespolizeibehörde ausgesprochen wird;
6. in den Fällen der §§ 164, 180, 187 . . . . . des Strafgesetzbuches.

§ 4.

Die Dauer der Bewährungsfrist ist dieselbe wie die der Verjährung der Strafvollstreckung. Sie beginnt mit dieser zu laufen.

§ 5.

Die bedingte Verurtheilung ist mit dem gegen das Endurtheil zustehenden Rechtsmittel anfechtbar. Die Revision kann auch im Falle der bedingten Verurtheilung nur darauf gestützt werden, daß das Urtheil auf einer Verletzung des Gesetzes beruhe.

§ 6.

Wird in der Bewährungsfrist wegen einer anderen, vor der früheren Urtheilsverkündung begangenen Handlung die Strafklage erhoben, so wird der Lauf der Bewährungsfrist bis zur rechtskräftigen Erledigung der zweiten Strafklage einstweilen gehemmt.

Spricht das Gericht den Angeklagten auch der zweiten Strafthat schuldig, so hat es unter Berücksichtigung der §§ 74—78 des Strafgesetzbuches zu entscheiden, ob die nunmehr zu erkennende Gesammtstrafe, beziehungsweise die besonders zu erkennende Strafe der neuentdeckten Handlung einstweilen auszusetzen oder sofort zu vollstrecken sei. Im letzten Falle gelangt auch die ersterkannte Freiheitsstrafe zur alsbaldigen Vollstreckung. Die Anordnung derselben erfolgt in beiden Fällen durch das zuletzt befaßte Gericht.

§ 7.

Beschließt das Gericht im Falle des § 6, daß der Angeschuldigte bezüglich der zweiten That außer Verfolgung zu setzen sei (St.P.O. § 202), wird der Angeklagte von der neuen Anklage freigesprochen oder zu einer selbständigen Strafe bedingt verurtheilt, so ist die Zeit nach Erhebung der zweiten Klage in die Bewährungsfrist für die erstabgeurtheilte That einzurechnen. Ergeht eine bedingte Verurtheilung zu einer Gesammtstrafe, so läuft die Bewährungsfrist vom Tage der Rechtskraft dieses Urtheils an.

§ 8.

Die Vollstreckung der erstbestimmten Freiheitsstrafe ist in dem Urtheile anzuordnen, welches wegen einer in der Bewährungsfrist begangenen Handlung eine Freiheitsstrafe ausspricht; und wenn dies unterlassen wurde, durch eine Nachtragsentscheidung in Gemäßheit des § 494 der St.P.O.

Gegen die Anordnung steht dem Verurtheilten, und wenn der Antrag auf Vollstreckung abgelehnt wurde, der Staatsanwaltschaft die sofortige Beschwerde zu.

§ 9.

Wird der Angeklagte im Falle des § 8 in Folge eines Rechtsmittels oder Wiederaufnahmegesuches von der zweiten Anklage rechtskräftig freigesprochen, so entfällt die Anordnung der Vollstreckung der ersterkannten Freiheitsstrafe bis auf Weiteres von Rechts wegen.

§ 10.

Ist während der Bewährungsfrist weder die Vollstreckung der erkannten Strafe angeordnet, noch wegen einer in der genannten Frist begangenen Handlung eine Strafverfolgung begonnen worden, so entfällt die Vollstreckung der erkannten Strafe.

Auf Verlangen ist dem Bewährten kostenfrei ein amtliches Zeugniß über die Erledigung der Strafe auszustellen.

§ 11.

Wird der Verurtheilte wegen einer in der Bewährungsfrist begangenen und zur Verfolgung gebrachten Handlung nach Ablauf der Frist verurtheilt, so kommen die Bestimmungen der §§ 8—10, und wenn die

Vollstreckung der ersterkannten Strafe nicht angeordnet wird, die Bestimmungen des § 10 zur Anwendung.

§ 12.

Die Strafverfolgung (§§ 10 u. 11) gilt auch dann als begonnen, wenn die Staatsanwaltschaft oder ein Beamter des Polizei- oder Sicherheitsdienstes ohne Kenntniß von der Person des Thäters zu der Erforschung des Sachverhaltes geschritten ist.

§ 13.

Ueber die bedingten Verurtheilungen sind bei den Strafvollstreckungsbehörden (Staatsanwaltschaften, Amtsgerichten) alphabetisch geordnete Register zu führen. Ueber jede bedingte Verurtheilung ist der zuständigen Registerbehörde eine Strafnachricht in Gemäßheit der Verordnung des Bundesrathes vom 16. Juni 1882 auch dann zu übersenden, wenn die Handlung nicht zu den von der genannten Verordnung vorgesehenen Registerfällen gehört.

Die Strafnachrichten über bedingte Verurtheilungen sind von den Registerbehörden mit den anderen bei denselben einkommenden Strafnachrichten aufzubewahren.

Ist die Strafvollstreckung entfallen (§ 10), so ist der Registerbehörde davon Nachricht zu geben. Dieselbe hat in der Strafnachricht einen entsprechenden Vermerk einzutragen.

§ 14.

Hat der einer strafbaren Handlung schuldig Befundene überhaupt noch keine Bestrafung erlitten, so darf an Stelle einer Geldstrafe auf Verweis erkannt werden.

Wird der Verurtheilte nachträglich in Folge eines Rechtsmittels freigesprochen, so sind die Entscheidungsworte des freisprechenden Erkenntnisses auf Antrag und auf Kosten der Staatskasse einmal in dem für amtliche Bekanntmachungen des betreffenden Bezirkes bestimmten Blatt zu veröffentlichen.

X.

Gutachten des Herrn Geheimen Regierungsrath Dr. Hermes zu Berlin

über die Frage:

In welcher Weise ist die Stellung des Gutsinventars zu den Rechten der Real- und Personalgläubiger und zu dem Pfandrechte des Verpächters zu regeln?

I. Begriff und wirthschaftliche Bedeutung des Gutsinventars.

Der Entwurf eines bürgerlichen Gesetzbuchs für das Deutsche Reich definirt in § 789 als Zubehör einer Sache:

> diejenigen beweglichen Sachen, welche, ohne Bestandtheile der Hauptsache zu sein, derselben bleibend zu dienen bestimmt und in ein dieser Bestimmung entsprechendes äußeres Verhältniß zur Hauptsache gebracht sind, es sei denn, daß nach der Verkehrssitte eine solche Sache nicht als Zubehör angesehen wird.

Der § 791 Ziff. 2 daselbst bestimmt weiter, daß unter den Voraussetzungen des § 789 namentlich gehören

> zu dem Zubehöre eines Landguts das zum Wirthschaftsbetriebe bestimmte Geräth und Vieh, sowie die landwirthschaftlichen Erzeugnisse, soweit sie zur Fortführung der Wirthschaft bis zu der Zeit erforderlich sind, in welcher gleiche oder ähnliche Erzeugnisse voraussichtlich gewonnen werden, ingleichen der erforderliche Dünger.

Der Ausdruck „Gutsinventar" wird an dieser Stelle nicht gebraucht. Dagegen spricht der Entwurf an anderen Stellen von dem zur Benutzung eines Grundstücks (bezw. eines landwirthschaftlichen Grundstücks) dienenden Inventar, so in §§ 535, 544, 1000, und die Motive zu dem § 535 cit. bemerken unter Hinweis auf § 791, daß der Ausdruck „Inventar", weil er allgemein verständlich sei, keiner Verdeutlichung bedürfe.

Der § 791 Ziff. 2 bezweckt, wie die Motive ausdrücklich sagen, nicht eine Erweiterung des in § 789 aufgestellten Zubehörbegriffes, sondern nur dessen Anwendung auf das concrete Verhältniß des Landguts, und zwar giebt die Ziffer 2 daselbst keine erschöpfende Aufzählung der Zubehörstücke eines Landguts, wie auch das Wort „namentlich" im Eingange des Paragraphen zeigt, sondern hebt nur die wesentlichsten und regelmäßig vorkommenden Bestandtheile des Zubehörs hervor.

Wenn deshalb unter „Gutsinventar" im Folgenden die Gesammtheit der Zubehörstücke eines Landguts verstanden wird, so befinden wir uns im Einklange ebenso mit der Auffassung des Entwurfs, wie mit der gewöhnlichen Auffassung des Lebens. Denn auch diese versteht unter Gutsinventar nur körperlich bewegliche Sachen, nicht unbewegliche Sachen, Grundstücksbestandtheile oder Rechte, denen nach dem Entwurf die Eigenschaft als Zubehör nicht zukommt (§§ 783—785, 788, 789), während z. B. das Preuß. Allg. Landrecht den Begriff der Pertinenz auch auf unbewegliche Sachen und Rechte ausdehnte (I 2 §§ 44, 45, 50). Uebereinstimmend mit dem Allg. Landrecht, dem französischen und sächsischen Gesetzbuche erblickt der Entwurf den Grund der Zubehöreigenschaft des Inventars darin, daß dasselbe regelmäßig nicht den persönlichen Zwecken des Besitzers, sondern den Zwecken des Grundstücks dient. „Die Reichsgesetzgebung," sagen die Motive zu § 791, „kann nur — dieser Anschauung sich anschließen, weil in dem heutigen Rechtsleben der Werth und die Nutzbarkeit der gedachten Grundstücke wesentlich davon abhängt, daß die Verbindung des Inventars mit dem Grundstücke aufrecht erhalten wird. Die Zubehöreigenschaft des Inventars wird aus diesem Grunde regelmäßig den Absichten sowohl des Gesetzes als der Betheiligten entsprechen." Mit der so motivirten Begriffsbestimmung des Gutsinventars wird man sich vom wirthschaftlichen Standpunkte aus einverstanden erklären können; eines Eingehens auf die Controversen, die sich an die Gestaltung des Zubehörbegriffes im Allgemeinen in dem Entwurfe geknüpft haben, bedarf es für den Zweck dieser Abhandlung nicht.

Von einer casuistischen Aufzählung der einzelnen Bestandtheile des Gutsinventars hat sich der Entwurf mit Recht fern gehalten. Nur zwei

Punkte sollen hier berührt werden. Die von dem Grundstücke gezogenen Früchte gehören nur insoweit zum Inventar, als sie zur Fortführung der Wirthschaft bis zur nächsten Ernte erforderlich sind. Daß an den übrigen Früchten dem Verpächter und dem Realgläubiger ein Pfandrecht eingeräumt ist, beruht auf der positiven Bestimmung der §§ 543 und 1067 des Entwurfs, nicht darin, daß diese Erzeugnisse als Zubehör anzusehen wären. Dagegen gehört zum Inventar sowohl das Spann- als das Nutzvieh, nicht aber das zum Zwecke der Mästung und demnächstiger Veräußerung angekaufte und aufgestellte Vieh, da dieses nur vorübergehend mit den Zwecken des Landguts in Beziehung steht. Vergl. auch Preuß. Allg. Landr. I 2 § 54.

Zur richtigen Beurtheilung der Frage, in welcher Weise die Stellung des Gutsinventars zu den Rechten der Real- und Personalgläubiger und zu dem Pfandrechte des Verpächters zu regeln ist, bedarf es zunächst eines Eingehens auf die wirthschaftliche Bedeutung des Gutsinventars und die daraus für den Gesetzgeber sich ergebenden Aufgaben. In den Motiven des Entwurfs finden wir eine Erörterung hierüber nicht. Aber unsere Rechtsordnung soll in erster Linie den Bedürfnissen des Lebens und des Verkehrs dienen, und die folgerichtige Durchführung von Grundsätzen ist für das Gesetz nicht Selbstzweck, sondern nur Methode für die Lösung jener eigentlichen Aufgabe.

Das Inventar dient zur Bewirthschaftung des Landguts. Die vollständige Umwälzung in dem Betriebe der Landwirthschaft, welche sich seit Ende vorigen Jahrhunderts vollzogen hat, der Uebergang zu einer intensiveren Art der Bewirthschaftung hat auch zu einer bedeutenden Steigerung der Inventarienwerthe geführt. Der Viehstand hat sich gegen früher nicht bloß verbessert, sondern auch erheblich vermehrt. Für die Bearbeitung des Bodens, die Gewinnung und Verarbeitung der Bodenproducte, den Molkereibetrieb u. s. w. sind zahlreiche, zum Theil werthvolle Geräthschaften und Maschinen neu aufgenommen. Die landwirthschaftlichen Nebengewerbe, als Brennerei, Stärke-, Zuckerfabrikation, haben sich in ausgedehntestem Maße entwickelt und bedingen gleichfalls, abgesehen von Gebäuden, ein umfängliches Inventar an Geräthen, Maschinen, Fuhrwerken und dergleichen. Die neuere Landwirthschaftslehre theilt das im Betriebe der Landwirthschaft angelegte Capital in

Grundcapital, darstellend den Werth des Grund und Bodens einschließlich der Gebäude,

Anlagecapital oder stehendes Capital, bestehend aus dem todten und lebenden Inventar, und

Betriebscapital oder umlaufendes Capital, welches aus den zur laufenden Wirthschaftsführung nothwendigen Vorräthen an Getreide, Futter, Dungmitteln, baarem Gelde u. s. w. besteht.

Das Gutsinventar in dem hier in Rede stehenden Sinne umfaßt das ganze Anlagecapital und den größeren Theil des Betriebscapitals, nämlich die Wirthschaftsvorräthe ausschließlich des baaren Geldes. Das Verhältniß dieser Capitalien zu dem Werthe des Grund und Bodens giebt v. d. Goltz „Landwirthschaft" in Schönberg's Handbuch der politischen Oekonomie (1882 S. 606 Bd. 1) folgendermaßen an. Man könne annehmen, daß der Werth des todten und lebenden Inventars je nach der größeren Extensivität oder Intensivität des Betriebes 15 bis 25 % des Grundcapitals ausmache. Da nun das Betriebscapital 40 % vom Werthe des todten und lebenden Inventars betrage, so repräsentirten Anlage- und Betriebscapital zusammen 21 bis 35 % des Grundcapitals (einschließlich der Gebäude). Danach fallen bei Zusammenrechnung von Anlage-, Betriebs- und Grundcapital von dem Gesammtwerthe:

	Auf das Grundcapital %	Auf das Anlagecapital %	Auf das Betriebscapital %	Auf Anlage- u. Betriebscapital zusammen %
1. Bei extensivem Betriebe	82,64	12,39	4,97	17,36
2. Bei mäßig intensivem Betriebe	78,13	15,62	6,25	21,87
3. Bei intensivem Betriebe	74,07	18,52	7,41	25,93

Von dem Anlagecapital entfallen nach demselben Autor im Durchschnitte $^2/_7$ bis $^1/_3$ auf das todte, $^5/_7$ bis $^2/_3$ auf das lebende Inventar.

Ein noch anschaulicheres Bild über die hohe Bedeutung des Gutsinventars unter den heutigen Verhältnissen ergiebt sich aus den Resultaten der Domänenverpachtungen. Die nachstehende Zusammenstellung zeigt für 17 im Jahre 1889 in verschiedenen Provinzen zur Neuverpachtung gelangte Domänenwerke, für welche das Material dem Verfasser zur Verfügung gestellt wurde, das Verhältniß des Inventarienwerths zum Grundsteuer-Reinertrage, zum Pachtzinse und zur Höhe des vom Pächter nachzuweisenden Gesammtvermögens:

Lfde. Nr.	Regierungs-Bezirk	Flächen-inhalt ha	Grund-steuer-Rein-ertrag M.	Im Jahre 1889 erzieltes Pachtgeld excl. Jagdpacht M.	Inven-tarien-werth M.	Vom Pächter nachzuweisendes Vermögen (einschließlich des Inventarienwerths) M.
1.	Königsberg	747	7 127	8 000	55 000	90 000
2.	do.	652	14 965	14 000	70 000	115 000
3.	do.	932	12 503	21 100	100 000	150 000
4.	Marienwerder	628	14 727	20 000	70 000	120 000
5.	Potsdam	664	5 930	15 000	50 000	80 000
6.	Frankfurt a./O.	743	24 927	45 000	100 000	160 000
7.	do.			6 000	20 000	38 000
8.	do.	377	3 069	7 160	25 000	58 000
9.	do.	312	5 291	9 000	33 000	70 000
10.	Breslau	401	11 141	13 000	60 000	90 000
11.	Magdeburg	244	2 575	7 500	23 000	45 000
12.	do.	193	3 985	9 000	30 000	55 000
13.	do.	851	35 118	72 730	150 000	240 000
14.	Merseburg	523	26 611	47 000	120 000	200 000
15.	do.	402	15 415	39 510	80 000	140 000
16.	do.	736	38 309	70 000	150 900	250 000
17.	do.	575	18 204	31 000	95 000	160 000

Danach bezifferte sich also der Werth des reinen Gutsinventars für Besitzungen in der durchschnittlichen Größe eines Ritterguts auf Beträge von 20 000 bis 150 000 Mk.! Der Werth des Inventars schwankte zwischen dem 9fachen bis 4fachen Betrage des Grundsteuer-Reinertrages und dem 7fachen bis 2fachen Betrage der jährlichen Pachtsumme. Fast in allen Fällen wurde der bei Weitem größere Theil des zur Uebernahme der Pacht erforderlichen Vermögens in dem Gutsinventar festgelegt.

Bei kleineren Gütern und namentlich bei bäuerlichen Besitzungen in Deutschland ist der Werth des Inventars verhältnißmäßig ein noch größerer. Denn unter sonst gleichen Verhältnissen erfordert eine kleinere Wirthschaft relativ mehr Betriebscapital als eine größere, namentlich ist die Viehhaltung gewöhnlich eine stärkere. Dazu kommt, daß die Hauptmasse wenigstens der kleineren Bauernhöfe dem Westen und Süden Deutschlands angehört und schon wegen der dort allgemeinen intensiven Wirthschaftsart eines verhältnißmäßig größeren Inventars bedarf, als die großen Güter östlich der Elbe (vergl. v. d. Goltz a. a. O. Seite 614, Roscher, National-Oekonomik des Ackerbaus 10. Aufl. 1882 Seite 166 und Anm. 14 Seite 169).

Die wirthschaftlichen Verhältnisse des großen und kleineren Grundbesitzes in Deutschland stimmen also darin überein, daß das landwirthschaftliche Inventar gegenwärtig eine sehr viel größere Bedeutung hat, als in früherer Zeit, und daß ein erheblicher Theil des in der Landwirthschaft angelegten Capitalvermögens durch die Beschaffung und Erhaltung des Gutsinventars absorbirt wird. Freilich stellt dieses Verhältniß keine absolute Regel dar. Es giebt Weidewirthschaften, deren Betrieb sich in der Hauptsache darauf beschränkt, im Frühjahr mageres oder halbfettes Vieh zum Zwecke der Mästung zu kaufen und dasselbe zum Herbste in fettem Zustande wieder abzugeben. Hier findet ein Ackerbau gar nicht oder nur in sehr beschränktem Umfange statt, und das erforderliche Inventar ist daher sehr gering. Aber auch bei eigentlichen Ackerwirthschaften ist in einzelnen Fällen mit Vortheil eine Betriebsweise eingeführt worden, in welcher die Viehhaltung auf das geringste Maß beschränkt, das Stroh verkauft und zum Ersatze gekaufter oder künstlicher Dünger verwendet wird. Wenn dann noch die Bearbeitung des Bodens mit gemietheten Dampfpflügen, der Ausdrusch gleich auf dem Felde mit gemietheter Dampfdreschmaschine erfolgt, so stellt sich ein von den normalen Verhältnissen sehr abweichendes Bild dar, bei welchem die Bedeutung des Gutsinventars sehr gering ist. Indessen sind dies nicht nur jetzt ganz vereinzelte Ausnahmen, sondern sie können auch überhaupt nur in ganz beschränktem Maße Nachahmung finden, weil solche viehlose Wirthschaften an bestimmte, nur vereinzelt vorkommende Voraussetzungen, namentlich die Nähe großer Städte gebunden sind. Ebenso ist eine allgemeine Verbreitung der namentlich in den Marschdistricten betriebenen Weidewirthschaft durch die Verhältnisse ausgeschlossen.

Die Gesetzgebung wird daher bei der rechtlichen Ordnung der Verhältnisse des Gutsinventars denjenigen thatsächlichen Zustand zu Grunde zu legen haben, der gegenwärtig die weitaus überwiegende Regel bildet und der auch keine irgend wesentliche Aenderung in Aussicht stellt.

Aus dem geschilderten Zustande erwächst der Gesetzgebung nun eine doppelte Aufgabe.

Sie muß einmal die dauernde Verbindung des Inventars mit dem Gute so weit sicher stellen, als dies möglich ist, ohne den Eigenthümer in der Verfügung über die Inventarienstücke in unwirthschaftlicher Weise zu beschränken. Ganz mit Recht bemerken die Motive, daß der Werth und die Nutzbarkeit der Landgüter von der Verbindung des Inventars mit dem Gute abhängen. Es ist also das öffentliche, volkswirthschaftliche Interesse der Bodenproduction an der Erhaltung des Inventars betheiligt. Andererseits darf dem Eigenthümer die Verfügung über das Inventar nicht zu sehr erschwert werden. Schon die Ergänzung fehlerhafter Stücke und die wirthschaftliche Nutzung des Inventars bringt die Veräußerung einzelner Stücke mit sich. Ferner darf der Eigenthümer nicht gehindert werden, behufs des Ueberganges zu einer anderen, ihm vortheilhafter erscheinenden Wirthschaftsart mit dem Inventar zu wechseln, oder auch einzelne Theile des Inventars ganz abzuschaffen.

Die Gesetzgebung muß ferner Vorsorge dahin treffen, daß der bedeutende, in dem Gutsinventar angelegte Theil des landwirthschaftlichen Capitals dem Credite des Besitzers nicht verloren geht, sondern als Unterlage für Creditgewährung nutzbar gemacht werden kann. Bei diesem Punkte macht sich der Unterschied in der wirthschaftlichen Bedeutung des Gutsinventars und der sonstigen vorkommenden Zubehörstücke geltend. Man wird sagen, daß die Maschinen und Geräthschaften einer großen Fabrik, einer großen Brauerei, welche nach § 791 Ziff. 1 des Entwurfs ebenfalls ein Zubehör der Fabrikationsstätte bilden, einen ebenso großen, vielleicht im Einzelfalle größeren Werth haben können, als das Inventar eines großen Gutes. Das dürfte indessen nur von dem Anschaffungswerthe gelten. Der Verkaufswerth dagegen, und nur dieser kann für die Benutzung als Creditunterlage in Betracht kommen, ist für ein schon gebrauchtes Fabrikinventar gewöhnlich sehr gering, oft kaum höher, als der Metallwerth der Geräthschaften. Dagegen ist der Verkaufswerth des Gutsinventars, wenn das letztere vom Gute losgelöst wird, zwar regelmäßig auch erheblich geringer, als der wirthschaftliche Werth, den dasselbe in der Verbindung mit dem Gute hatte, aber immerhin bedeutend genug, namentlich der Werth des lebenden Inventariums und der Wirthschaftsvorräthe.

Wir kommen hiernach

II. zur Erörterung der Frage, in welcher Weise die Stellung des Gutsinventars zu den Rechten der Real- und Personalgläubiger zu regeln ist?

Das Gutsinventar soll nach dem Vorangegangenen für den Credit des Besitzers nutzbar gemacht werden. Soll nun das Inventar als Object des Real- oder des Personalcredits aufgefaßt und behandelt werden? Ueber diese prinzipielle Vorfrage muß man sich vom Standpunkte des Gesetzgebers zuerst völlig klar werden, um die Stellung des Gutsinventars den Gläubigern gegenüber befriedigend zu lösen. Denn eines von beiden ist nur möglich; will man das Gutsinventar dem Pfandrechte des Realgläubigers unterwerfen, so darf man ein so werthvolles Sicherungsobject nicht ohne arge Schädigung des Realcredits wiederum dem Zugriffe der persönlichen Gläubiger aussetzen. Will man aber das Inventar für den Personalcredit nutzbar machen, so muß man dasselbe von der Verhaftung für die Hypothekenschulden befreien.

Der Entwurf hat in § 1067 zu 3 das Zubehör des Grundstücks, also auch das Gutsinventar, dem Pfandrechte des Hypothekengläubigers unterworfen und damit zu erkennen gegeben, daß er der ersteren Eventualität folgen will. Diese Stellungnahme, bei welcher sich der Entwurf in Uebereinstimmung mit dem fast überall in Deutschland geltenden Rechte befindet, dürfte durchaus gerechtfertigt sein.

Manche Stimmen aus landwirthschaftlichen Kreisen haben sich für das Gegentheil ausgesprochen, so Schweder in dem Aufsatze „Die Haftbarkeit des beweglichen Inventars für die Hypothekenschuld" in den Landwirthschaftlichen Jahrbüchern 1877 S. 265 bis 285, desgleichen mehrere Redner im Landes-Oekonomie-Collegium bei der Berathung des Entwurfs des bürgerlichen Gesetzbuchs (Druckverhandlungen 1889 S. 817, 826). Sie glauben, eine bessere Organisation des ländlichen Personalcreditwesens nur dadurch erreichen zu können, daß das Gutsinventar der Haftung für die Hypotheken entzogen wird. Nach unserer Ansicht würde aber durch eine solche Maßnahme dem Realcredit sehr viel mehr entzogen werden, als dem Personalcredit gegeben wird, und die Maßregel würde daher im Ganzen nicht zum Vortheile des Grundbesitzes ausschlagen. Was kann der persönliche Gläubiger beleihen? Doch nur den Verkaufswerth der Inventarienstücke, den dieselben bei der Trennung vom Gute erzielen würden. Was beleiht dagegen der Grundstücksgläubiger? Er beleiht den Wirthschaftswerth des Gutsinventars, der sich aus der Verbindung des Inventars mit dem Grundstücke ergiebt und der auch im Falle der Zwangsversteigerung zur Erscheinung kommt, da das Inventar nicht getrennt vom Grundstücke, sondern mit demselben verkauft wird. Nun wird aber in Bezug auf einen großen Theil des Gutsinventars nicht zu bestreiten sein, daß der wirthschaftliche Werth desselben größer ist, als der Verkaufswerth, mag auch bei einzelnen Stücken durch den abgesonderten Verkauf bisweilen selbst ein höherer Erlös zu erzielen sein. Besonders das Arbeitsinventarium, die mehr oder weniger stark gebrauchten Maschinen, Geräthschaften, ältere Pferde und dergleichen, die in der Wirthschaft noch voll ihren Dienst thaten, haben beim Abverkauf von dem Gute einen sehr geringen Werth, nicht selten würden sie unverkäuflich sein. Die Exemption des Gutsinventars von dem Pfandrechte des Hypothekengläubigers würde ferner selbstverständlich eine sehr bedeutende Einschränkung des Realcredits zur Folge haben müssen. Diese Einschränkung würde geradezu kritisch wirken, wenn nicht vor dem Inkrafttreten einer solchen gesetzgeberischen Neuerung für den ländlichen Personalcredit bereits ähnliche umfassende nnd mächtige Organisationen und Anstalten geschaffen wären, wie wir sie vermöge einer langen wirthschaftlichen Entwickelung für den Realcredit in den Landschaften, den Hypothekenbanken und den sonstigen Grundcreditinstituten bereits besitzen. Erwägt man weiter, daß der Realcredit im Großen und Ganzen für den ländlichen Grundbesitz weit wichtiger ist, als der kurzfristige Personalcredit, so erscheint die von Schweder und Anderen vorgeschlagene Maßnahme als ein äußerst gefährliches Experiment, auf das sich der Entwurf mit Recht nicht eingelassen hat.

Will man nun aber mit dem Entwurfe das Gutsinventar zum Substrate des Realcredits machen, dann muß das Gesetz den Hypothekengläubiger ebenso gegen ein absichtliches Beiseiteschaffen der Inventarienstücke durch den Schuldner, wie gegen den Zugriff der persönlichen Gläubiger sicher stellen. In beiden Beziehungen scheint der Entwurf nicht genügenden Schutz zu gewähren, und ist darüber Folgendes zu bemerken.

1. Vom Standpunkte der Rechtstheorie ist es an sich eine Anomalie, daß der Eigenthümer eine verpfändete Sache ohne Zustimmung des Gläubigers durch eigene freie Handlung dem Pfandrecht entziehen kann. Bei dem hypothekarisch verhafteten Gutsinventar läßt sich aber diese Anomalie nicht vollständig vermeiden, ohne mit den Bedürfnissen des Lebens in Widerspruch zu treten. Die Motive bemerken mit Recht (Bd. 3 S. 661), daß dem Schuldner eine ordentliche Wirthschaftsführung in der That unmöglich gemacht würde, wenn die mit dem Grundstücke haftenden Früchte und Zubehörstücke nicht ohne Zustimmung des Gläubigers von der Haftung frei werden könnten. Es fragt sich nur, mit welchem Momente und unter welchen Voraussetzungen die Beendigung des Pfandrechts einzutreten hat. Der Entwurf hat in § 1068 die Beendigung des Pfandrechts für die Früchte und Zubehörstücke gleichmäßig normirt und zwar dahin, daß die Haftung erlischt, wenn die betreffenden Sachen, bevor sie zu Gunsten des Hypothekengläubigers mit Beschlag belegt sind, von dem Grundstücke entfernt werden. Diese Gleichstellung dürfte fehlerhaft sein. In Bezug auf die Früchte entspricht die Regelung des Entwurfs dem geltenden Rechte (soweit dieses überhaupt eine Haftung der Früchte für die Hypothek anerkennt) und ist auch sachlich gerechtfertigt. Der wirthschaftliche Zweck der Früchte, soweit dieselben nicht für Aussaat, Futter u. s. w. bestimmt sind, also einen Theil des Inventars bilden, besteht in ihrer Verwerthung und also in der Fortschaffung vom Grundstücke. Eine die Production schädigende Devastation des Gutes kann durch den Verkauf der Früchte ebenso wenig herbeigeführt werden, wie eine Verkürzung berechtigter Interessen der Gläubiger.

Anders liegt aber die Sache bei den Zubehörstücken, speciell bei dem Gutsinventar. So hat denn auch die geltende Gesetzgebung die Haftung des Zubehörs meist anders begrenzt, als die der Früchte. Nach den Ausführungen in den Motiven lassen sich die in dieser Beziehung geltenden gesetzlichen Systeme in vier Gruppen theilen.

Nach dem ersten Systeme (Frankreich, Baden, Württemberg), dem sich der Entwurf angeschlossen hat, endet die Hypothek auf das Zubehörstück mit dessen Entfernung vom Grundstücke.

Das zweite System (Preußen — Eig.Erw.G. § 30 — Oldenburg, Coburg-Gotha, Braunschweig, Sondershausen, Anhalt, Mecklenburg) knüpft diese Wirkung an die Entfernung des Zubehörs nur dann, wenn das letztere von dem Eigenthümer veräußert ist.

Eine dritte Gruppe von Gesetzen (Bayern, Rudolstadt) entzieht dem Gläubiger lediglich sein dingliches Recht an dem veräußerten Stücke gegen den dritten Besitzer.

Nach dem letzten Systeme endlich, welches in Sachsen, Altenburg und beiden Reuß gilt, wird nur der redliche Besitzer in Schutz genommen.

Der Entwurf hat sich also dem für den Realgläubiger ungünstigsten Systeme angeschlossen. Die Motive bemerken, „vom Standpunkte des Entwurfs" könnten die Zubehörstücke keine andere Bedeutung haben, als diejenigen beweglichen Sachen, welche Bestandtheile des Grundstückes waren. Es sei namentlich kein Grund vorhanden, der eine Verschärfung der Haftung des Zubehörs rechtfertige, indem nach § 789 eine Sache, welche Zubehör eines Grundstücks sei, diese Eigenschaft dadurch verliere, daß sie von demselben entfernt werde, außer wenn die Entfernung nur zu einem vorübergehenden Zwecke erfolge. Ferner wird der Vortheil der „Einfachheit" hervorgehoben, der darin liege, wenn das Recht des Gläubigers an allen mit dem Grundstücke haftenden Sachen gleichmäßig bestimmt werde.

Man sieht, es sind Gründe lediglich aus der Consequenz des einmal angenommenen Systems heraus und außerdem Bequemlichkeitsgründe, welche für die Regelung des Entwurfs geltend gemacht werden. Der sachliche Unterschied zwischen Früchten und Pertinenzen, der z. B. bei der Bestimmung des § 1074 ganz richtig festgehalten ist, wird nicht berücksichtigt.

Dieser Unterschied zeigt sich hier darin, daß die unwirthschaftliche Loslösung des Inventars vom Grundstücke nicht bloß den Gläubiger, sondern auch die Landescultur schädigt. Es ist also ein öffentliches Interesse, welches an der Erhaltung der wirthschaftlichen Einheit von Gut und Inventar betheiligt ist. Und dieses Interesse, welches auch die Motive zu § 791 anerkennen, macht sich hier besonders geltend, weil die Möglichkeit einer Devastation nur bei den Besitzern verschuldeter Güter zu vermuthen ist. Nun ist anzuerkennen, daß der Entwurf insofern einen weitgehenden Schutz gegen Devastationen gewährt als die meisten Gesetzgebungen, auch die preußische, als er in § 1072 schon bei drohender Verschlechterung des belasteten Grundstücks dem Gläubiger das Recht giebt, auf gerichtliche Sicherheitsmaßregeln anzutragen. Aber unter ländlichen Verhältnissen, namentlich in dünner bevölkerten Gegenden, wo der Gläubiger oft weit ab vom Schuldner wohnt und von einer Verschlechterung in dessen Vermögenslage erst spät Kenntniß erhält, ist die Ausübung der in § 1072 gegebenen Befugniß so erschwert, daß man von dieser Bestimmung allein einen genügenden Schutz gegen die noch immer vorkommenden Devastationen nicht erwarten darf.

Weit wirksamer wird ein Rechtssatz sein, welcher direct in das unreinliche Geschäft der Gutsausplünderung — des „Kalt-Abbrennens", wie der weit verbreitete technische Ausdruck lautet — eingreift und dem Erwerber der veräußerten Inventarienstücke selbst ein gewisses Risico auferlegt. Denn fast immer sind es Geschäftsleute aus nahen Landstädten, Nachbarn, die die Gelegenheit zu einem billigen Einkauf nicht vorübergehen lassen können, kurz Leute, denen die Vermögenslage des Schuldners sehr wohl bekannt ist, welche durch Ankauf der dem Gute unentbehrlichen Inventarienstücke der Devastation Hülfe leisten.

Im Interesse des Realcredits empfiehlt es sich daher, das Erlöschen des Pfandrechts am Gutsinventar an strengere Bedingungen zu knüpfen, als an die bloße Thatsache der Entfernung vom Gute. Vielmehr möchte dem Vorschlage des preußischen Landes-Oekonomie-Collegiums beizutreten sein, welches namentlich auf die Befürwortung von Vertretern mehrerer Landschaften hin sich dafür ausgesprochen hat, das Erlöschen des Pfandrechtes davon abhängig zu machen, daß die Entfernung der Inventarienstücke in ordnungsmäßiger Wirthschaftsführung vorgenommen ist. (Druckverhandlungen Berlin 1890 S. 815—831.)

Dieser Vorschlag dürfte zunächst theoretisch das Richtige treffen. Denn wie die Motive selbst anerkennen (vgl. oben S. 284), ist es lediglich das Bedürfniß, dem Schuldner eine ordnungsmäßige Wirthschaftsführung zu ermöglichen, welches es rechtfertigen kann, dem Schuldner die einseitige freie Verfügung über das verpfändete Inventar zu gewähren. Der obige Vorschlag beschränkt das Verfügungsrecht genau auf den durch diesen Zweck erforderten Umfang. Aber auch die Bedenken, die vom praktischen Standpunkte bei den Verhandlungen des Landes-Oekonomie-

Collegiums seitens der Minderheit gegen die vorgeschlagene Regelung geltend gemacht wurden, dürften nicht zutreffen.

Diese Bedenken gingen dahin, daß der Begriff der „ordnungsmäßigen Wirthschaftsführung" ein zu unbestimmter sei. Deshalb werde einerseits die Bestimmung ihren Zweck verfehlen, weil auch bei wirklichen Devastationshandlungen der Schuldner behaupten und geeigneten Falls auch Gutachten von Sachverständigen dafür beibringen werde, daß es ihm lediglich um den Uebergang zu einem anderen, seinen Verhältnissen angemessenen Wirthschaftssystem zu thun sei. Andererseits werde der redliche Schuldner in seiner Verfügung über das Inventar zu sehr beschränkt, namentlich aber würde die Verkehrssicherheit gefährdet, da dem Erwerber der Inventarienstücke es obliege, sich davon zu überzeugen, ob die Entfernung der Sache in ordnungsmäßiger Wirthschaftsführung vorgenommen sei.

Wären diese Bedenken begründet, so würden sie auch zur Umgestaltung anderer wichtiger Bestimmungen des Entwurfs führen müssen. Denn nach § 521 Abs. 2 und § 543 kann der Pächter, ebenso wie der Miether, die dem gesetzlichen Pfandrecht des Verpächters unterliegenden Inventarienstücke nur insoweit pfandfrei veräußern, als der „regelmäßige Betrieb des Geschäfts" oder die „gewöhnlichen Lebensverhältnisse" die Entfernung dieser Sachen mit sich bringen. Das ist also derselbe Begriff wie die ordnungsmäßige Wirthschaftsführung. Ferner ist nach § 1000 der Nießbraucher nur „innerhalb der Grenzen wirthschaftlicher Benutzung" des Grundstücks befugt, über einzelne Inventarienstücke zu verfügen. Und diese Bestimmung findet auch auf die eheliche und elterliche Nutznießung Anwendung. Kann also der Pächter, der Ehegatte, der Vater mit einer derart beschränkten Dispositionsbefugniß auskommen, ohne daß dadurch seine wirthschaftliche Bewegungsfreiheit zu sehr eingeengt wird, so ist nicht abzusehen, weshalb es bei dem Besitzer eines verschuldeten Gutes anders sein sollte. Und dasselbe gilt von dritten Erwerbern der zum Pachtinventar, zum Ehegut oder Kindesvermögen gehörigen Sachen. Der Entwurf hat in den letztgedachten Bestimmungen ganz mit Recht angenommen, daß der verständige Richter im einzelnen Falle unter Berücksichtigung aller vorliegenden Umstände, erforderlichen Falls nach Anhörung von Sachverständigen, deren Gutachten er selbstständig auf seine Beweiskraft zu würdigen hat, die Frage, ob Inventarienstücke in ordentlicher Wirthschaftsführung entfernt sind, ohne besondere Schwierigkeit entscheiden wird.

Einer besonderen Würdigung bedarf das Rechtsverhältniß des dritten Erwerbers, wie es sich bei dem Vorschlage des Landes-Oekonomie-Collegiums gestalten würde.

Weiß der Erwerber überhaupt nicht, wer die Persönlichkeit des Veräußerers ist, wie das beim Marktverkehr häufig vorkommt, oder ist ihm nicht bekannt, von welchem Gute die betreffenden Inventarienstücke herrühren, so ist er nach den Grundsätzen des Entwurfs über den redlichen Erwerb ohne Weiteres gegen den Hypothekengläubiger geschützt. Weiß dagegen der Erwerber oder mußte er ohne grobe Fahrlässigkeit wissen, daß die betreffenden Sachen aus dem Inventar eines bestimmten Gutes herstammen, so wird ihm der Einwand, daß er das Bestehen der Hypothek nicht gekannt habe, mit Rücksicht auf die Publicität des Grundbuchs nicht zu gestatten sein. Es ist das derselbe Grundsatz, den § 1068 Abs. 2 des Entwurfs in Bezug auf die vor der Entfernung veräußerten Inventarienstücke zur Geltung bringen will. Diese letztere Bestimmung des Entwurfs dürfte übrigens einer anderen Fassung bedürfen. Nach den Motiven (S. 662) ist der vorausgesetzte Fall der, daß vor der Beschlagnahme der dingliche Vertrag geschlossen und die Uebergabe an den Erwerber vollzogen, die Entfernung der veräußerten Sachen von dem Grundstücke aber erst nach der Beschlagnahme vollzogen ist. Die Bestimmung soll nach den Motiven dem Grundsatze die Befolgung sichern, daß die Kenntniß eines eingetragenen Rechts bei Jedem, der im Widerspruche mit demselben erwerben will, vorauszusetzen ist. Die Bestimmung des Abs. 2 geht aber weiter. Sie entzieht dem Erwerber nicht bloß den Einwand, daß er das Bestehen der Hypothek nicht gekannt habe, sondern, indem die §§ 878, 1152 dem Hypothekengläubiger gegenüber allgemein außer Anwendung gesetzt werden, auch den weiteren Einwand, daß ihm zur Zeit der Entfernung die Beschlagnahme ohne grobes Verschulden unbekannt gewesen ist. Dieser letztere Einwand steht aber nach dem Entwurf eines Gesetzes über die Zwangsvollstreckung in das unbewegliche Vermögen (§ 39 und Motive) sogar demjenigen zu, welcher nach der Beschlagnahme erst ein Zubehörstück erworben hat, wenigstens solange nicht der Versteigerungsvermerk schon im Grundbuch eingetragen ist. Derjenige, der vor der Beschlagnahme gekauft, aber erst nach der Beschlagnahme das gekaufte Stück von dem Grundstück entfernt hat, darf nicht schlechter gestellt werden. Es dürfte sich daher empfehlen, den Abs. 2 des § 1068 durch folgende Vorschrift zu ersetzen:

> Wird eine solche Sache vor ihrer Entfernung veräußert oder verpfändet, so kann sich der Erwerber oder Faustpfandgläubiger dem Hypothekengläubiger gegenüber nicht darauf berufen, daß er das Bestehen der Hypothek nicht gekannt habe.

Abgesehen von dieser im Sinne des Entwurfs liegenden Anordnung würde der obige Vorschlag folgende Aenderungen bedingen.

In Abs. 1 des § 1068 sind vor dem Worte „Zubehörstücke" die Worte „in ordnungsmäßiger Wirthschaftsführung" einzuschalten. Ferner würde ein dritter Absatz hinzuzufügen sein in folgender Fassung:

> Die in nicht ordnungsmäßiger Wirthschaftsführung erfolgende Veräußerung oder Verpfändung von Zubehörstücken ist den Hypothekengläubigern gegenüber unwirksam (§ 107).

Durch die Bezugnahme auf § 107 bleiben die zu Gunsten des gutgläubigen Erwerbers gegebenen Vorschriften aufrecht erhalten. Danach (§§ 877, 878) ist der Erwerber geschützt, außer wenn ihm eine grobe Fahrlässigkeit zur Last fällt. Damit ist dem Erwerber keine strenge Diligenzpflicht auferlegt (Motive Bd. 3 S. 346), sondern es wird nur verlangt, daß er, wenn Anlaß zu der Annahme vorliegt, daß eine Veräußerung von Zubehörstücken in nicht ordnungsmäßiger Wirthschaftsführung vorgenommen wird, einen solchen Anlaß zu weiteren Nachforschungen nicht in grob fahrlässiger Weise unberücksichtigt läßt. Weiß der Erwerber überhaupt nicht, von welchem Gute die Zubehörstücke herrühren, so ist die Annahme einer Fahrlässigkeit, wie schon bemerkt, überhaupt ausgeschlossen.

Hiernach erscheint die Besorgniß einer Gefährdung der Verkehrssicherheit nicht gerechtfertigt. Ebenso ist die vorgeschlagene Bestimmung elastisch genug, um auch dem Besitzer eines verschuldeten Gutes den Uebergang zu einer anderen Weise der Bewirthschaftung und der damit verbundenen Veräußerung von Inventar zu ermöglichen. Ihre Bedeutung für den Realcredit ist in den Verhandlungen des Landes-Oekonomie-Collegiums eingehend hervorgehoben. Sie beruht in dem oben dargelegten verhältnißmäßig großen Werthe des Gutsinventars gegenüber dem reinen Grundstückswerthe. Sämmtliche Landschaften machen bei ihren Taxen das Vorhandensein eines ordnungsmäßigen Gutsinventars zur Voraussetzung und würden zu einer erheblichen Einschränkung des seither gewährten Credits genöthigt sein, wenn der Schuldner lediglich durch die Entfernung vom Gute die Inventarienstücke der hypothekarischen Verhaftung entziehen könnte. Auch mit dem Rechtsgefühl ist es nicht wohl vereinbar, daß die bloße Thatsache des Beiseiteschaffens, auch wenn dieselbe offen in der Absicht erfolgt, den Gläubiger zu schädigen, genügen soll, das bestehende Pfandrecht zum Erlöschen zu bringen.

Im Vorstehenden ist der Gleichmäßigkeit halber für alle Arten von Grundstücksinventar eine abweichende Regelung voegeschlagen. Doch würde nach dem Vorangeführten nichts dagegen zu erinnern sein, wenn die vorgeschlagene Regelung lediglich auf das Gutsinventar beschränkt würde, da bei dem sonstigen Grundstücksinventar ein Bedürfniß nicht in gleichem Maße obwaltet.

2. Was das Verhältniß der Realgläubiger zu den Personalgläubigern betrifft, so beseitigt der Entwurf des Gesetzes betreffend die Zwangsvollstreckung in das unbewegliche Vermögen das seither in Preußen den Realgläubigern zustehende Widerspruchsrecht gegen Pfändungen der Personalgläubiger, während andererseits nach § 1075 des Entwurfs des B.G.B. der Realgläubiger nur im Wege der Immobiliar-Execution seine Befriedigung aus dem verpfändeten Inventar bewirken kann. Letztere Bestimmung dürfte zu billigen sein. Dagegen ist die Beseitigung des Widerspruchsrechts aus § 206 Abs. 2 des preußischen Gesetzes vom 13. Juli 1883 mit Recht von mehreren Seiten angefochten. Für Beibehaltung des Widerspruchsrechts haben sich im Interesse des Realcredits ausgesprochen Brettner (Archiv für bürgerliches Recht II S. 186—187), welcher eventuell dem Realgläubiger jedenfalls dasselbe selbständige Recht beilegen will, welches § 715 Nr. 5 der Civ.-Proc.-Ordnung dem Schuldner gewährt, sowie ferner das preußische Landes-Oekonomie-Collegium auf den auch vom Verfasser unterstützten Vorschlag der Ostpreußischen Landschaft (Druckverhandlungen des Landes-Oekonomie-Collegiums S. 105, 106, 331, 815 flg.). Die Motive zu § 1075 des Entwurfs, auf welche in den Motiven zu § 2 des Entwurfs des Zwangsvollstreckungsgesetzes verwiesen wird, erkennen an, daß die Gefährdung der Hypothek nahe liegt, wenn persönliche Gläubiger die Zwangsvollstreckung in das verpfändete Grundstückszubehör betreiben, aber sie verweisen auf den Schutz der §§ 1072—1074 und folgern im Uebrigen die Nothwendigkeit, die Zwangsvollstreckung des persönlichen Gläubigers zuzulassen, daraus, daß auch dem Eigenthümer die Verfügung über die dem Hypothekenrechte unterliegenden beweglichen Sachen nicht entzogen werde. Letzterer Grund würde fortfallen, wenn nach dem hier gemachten Vorschlage das Verfügungsrecht des Schuldners dem Realgläubiger gegenüber auf Acte einer ordnungsmäßigen Wirthschaftsführung beschränkt wird. Aber abgesehen davon, ist schon bei den Verhandlungen des Landes-Oekonomie-Collegiums (S. 105) darauf hingewiesen, daß das Widerspruchsrecht des Hypothekengläubigers immer noch guten Grund hat, auch wenn dem Eigenthümer die freie Verfügung eingeräumt wird. Denn im Zweifel und unter normalen Verhältnissen ist anzunehmen, daß der Eigenthümer über das Zubehör im Interesie und zum Nutzen des Gutes verfügen wird, während der Personalgläubiger bei der Function lediglich sein eigenes Interesse verfolgt. Die Gefahr einer Devastation des Gutes liegt also im letzteren Falle sehr viel näher als im ersteren.

Andererseits ist nun bei den obigen Verhandlungen mit Recht darauf hingewiesen (S. 820), daß die bestehende Bestimmung des preußischen Rechts für den Realgläubiger nicht von erheblichem Nutzen ist, weil er sein Widerspruchsrecht nach § 690 der Civ.-Proc.-Ordn. nur im Wege der Klage geltend machen kann und auch wenn er obsiegt, dem ausgesetzt ist, daß ein neuer Gläubiger dieselben Sachen wiederum mit Beschlag belegt.

Es ist daher richtiger, die für den Realcredit nothwendige Abhülfe auf dem Wege zu suchen, daß das Gutsinventar überhaupt der Mobiliar-Execution entzogen wird, wie das Kohler in Bd. 3 der Verhandlungen des XX. Juristentages S. 150, 151 empfohlen hat. Kohler schlägt vor, als Zusatz zu § 790 des Entwurfs zu bestimmen, daß die Pertinenzen nicht selbständig, sondern nur mit der Hauptsache zusammen Gegenstand der Vollstreckung sein können. Er findet die Gründe hierfür in der socialen Bedeutung der Pertinenzsachen und bemerkt, daß diese Gründe mit besonderer Schärfe entgegentreten, wenn man die vielen Verwickelungen und Streitigkeiten ins Auge fasse, welche sich zwischen den Mobiliar-Pfändungsgläubigern und den Hypothekengläubigern entspinnen. Der Kohler'sche Vorschlag wird hier nur in der Beschränkung auf das Gutsinventar wieder aufgenommen, einmal, weil die Behandlung des sonstigen Zubehörs außerhalb des Rahmens der zu behandelnden Aufgabe liegt, dann, weil die Unpfändbarkeit des Gutsinventars eigentlich schon im geltenden Rechte enthalten ist. Nach § 715 Ziff. 5 der C.P.O. sind der Pfändung nicht unterworfen

> bei Personen, welche Landwirthschaft betreiben, das zum Wirthschaftsbetrieb unentbehrliche Geräth, Vieh und Feldinventarium nebst dem nöthigen Dünger, sowie der landwirthschaftlichen Erzeugnisse, welche zur Fortsetzung der Wirthschaft bis zur nächsten Ernte unentbehrlich sind.

Danach sind also nur die etwa vorhandenen entbehrlichen Inventarienstücke der Pfändung durch den persönlichen Gläubiger unterworfen. Dergleichen entbehrliche Stücke pflegt auch der wohlhabende Besitzer, soweit sie einen Werth haben, baldmöglichst zu veräußern, noch weniger wird man solche überflüssigen Inventarienstücke bei Besitzern finden, die schon dem Zugriffe von Personalgläubigern ausgesetzt sind. Es läßt sich also mit Fug behaupten, daß bei richtiger Handhabung der obigen Bestimmung das Inventar der landwirthschaftlichen Güter im Allgemeinen schon jetzt der Mobiliar-Execution entzogen ist. Leider findet sich aber häufig die Klage darüber, besonders aus den Kreisen der Landschaften, daß die Gerichtsvollzieher die Vorschrift des § 715 mangelhaft anwenden, bezw. nicht genügend beobachten und daß dadurch die Landescultur und die Realgläubiger geschädigt werden. Es kann dies nicht auffallen, da der Gerichtsvollzieher kein eigenes Urtheil über die Entbehrlichkeit oder Unentbehrlichkeit von Gutsinventarienstücken, wohl aber ein eigenes Interesse daran hat, daß die Pfändung nicht wegen Mangels an pfändbaren Sachen fruchtlos ausfällt. Für das Verwaltungszwangsverfahren ist in Preußen in Art. 29 der Ausführungsanweisung zur Ver. v. 7. September 1879 vorgeschrieben, daß im Falle des § 715 Nr. 5 der C.P.O. der pfändende Beamte stets einen Sachverständigen zuzuziehen hat, wenn der Werth der dort bezeichneten Sachen den Betrag von 1000 Mk. übersteigt. So zweckmäßig diese Vorschrift ist, dürfte sie doch mit dem ganzen System der Zwangsvollstreckung in der jetzigen Civ.-Proc.-Ordn. nicht zu vereinigen sein. Vielmehr wird nur durch gänzliche Ausschließung der Mobiliar-Execution in das Gutsinventar der Zweck zu erreichen sein, welchen der § 715 Ziff. 5 der Civ.-Proc.-Ordn. verfolgt. Diese Ausschließung gewährt andererseits ebenso sehr Schutz gegen Devastationen, wie sie nach dem Obigen im Interesse des Realcredits erwünscht ist. Daß dieselbe zugleich eine gewisse Verminderung des Personalcredits der Grundbesitzer nach sich ziehen muß, ist eine selbstverständliche Folge des schon oben ausgesprochenen Grundsatzes, daß das Gutsinventar entweder als Grundlage für den Realcredit oder für den Personalcredit, nicht aber gleichzeitig für beide nutzbar gemacht werden kann und muß.

III. Die Stellung des Gutsinventars zu dem Pfandrechte des Verpächters.

Es soll hier nicht das gesetzliche Pfandrecht des Vermiethers und Verpächters im Allgemeinen behandelt werden, sondern nur die speciellen Beziehungen dieses Pfandrechts zum Gutsinventar. An einzelnen Stellen im Entwurfe, weit mehr aber noch bei der öffentlichen Beurtheilung desselben, hat sich die formale Gleichstellung zweier wirthschaftlich so durchaus verschiedenen Verhältnisse, wie der Pacht und Miethe, als schädlich erwiesen. Der regelmäßige Fall der Miethe ist die Wohnungsmiethe, der regelmäßige Fall der Pacht die Landgüterpacht. Eine Wohnung zu haben, ist ein nothwendiges Lebensbedürfniß, ein Gut zu pachten, ein frei gewählter Lebensberuf. Wohnungsmiethe zu bezahlen, empfindet Jeder als ein nothwendiges Uebel, da dieser Ausgabe keine besondere Einnahme gegenübersteht, als eine Erschwerung seiner natürlichen Existenzbedingungen, während im Pachtzinse der Pächter nur einen Theil der Nutzungen wieder abgiebt, die ihm aus der Pachtsache zufließen.

1. **Die Beschränkung des gesetzlichen Pfandrechts auf die pfändbaren Sachen.** Nach gemeinem und preußischem Recht erstreckt sich das gesetzliche Pfandrecht des Verpächters auch auf diejenigen Inventarienstücke, welche der Pfändung bei der Zwangsvollstreckung entzogen sind. Die Frage, ob hierin durch das Pfändungsverbot des § 715 der Civ.-Proc.-Ordn. etwas geändert ist, wird in der Theorie bestritten. Besonders hat Eck in der Abhandlung über das gesetzliche Pfand- und Verzugsrecht des Vermiethers — in den Festgaben für Gneist, Berlin 1888 — ausgeführt, daß reichsgesetzlich das Pfandrecht an den unpfändbaren Sachen beseitigt sei, mit Ausnahme bestimmter Sachen, speciell des Gutsinventars im Falle des Concurses (§ 1 Abs. 3 der Concurs-Ordn.). Vergl. auch **Lewinsohn** in den Verhandlungen des XX. Juristentags Band 3 S. 222—224. In der Praxis herrscht dagegen bis jetzt wohl allgemein die Ansicht, daß das Pfandrecht des Vermiethers und Verpächters an den unpfändbaren Sachen durch die Civ.-Proc.-Ordn. nicht beseitigt, höchstens auf das Recht der Retention beschränkt ist (vergl. Entsch. des Reichsgerichts in Strafsachen Bd. 3 S. 57 flg., Bd. 4 S. 198, in Civilsachen Bd. 18 S. 429).

Der Entwurf des B.G.B. hat gleichförmig für Miethe und Pacht in § 521 und § 543 die unpfändbaren Sachen dem gesetzlichen Pfandrecht entzogen, während für den Fall des Concurses die die Pfändung des Gutsinventars zulassende Vorschrift des geltenden Rechts in Art. 13 § 1 Abs. 2 des Entwurfs zum Einf.-Ges. aufrecht erhalten ist. Die Bestimmung des § 521 mag für die Miethe gerechtfertigt sein; die gesetzliche Unpfändbarkeit der eingebrachten Sachen erstreckt sich nach § 715 Ziff. 1—3 der Civ.-Proc.-Ordn. hier nur auf den nothdürftigen Hausrath des Miethers. Sind schon dem Werthe nach diese geringfügigen Sachen nicht entfernt mit dem zur Bewirthschaftung eines größeren Gutes erforderlichen Inventarium zu vergleichen, welches nach dem Obigen den Betrag eines mittleren Vermögens darstellt, so sind auch die Gründe, welche dazu geführt haben, das nothwendige Gutsinventar dem Zugriffe der persönlichen Gläubiger zu entziehen, auf das Verhältniß zwischen Pächter und Verpächter in keiner Weise zutreffend. Für die Bestimmung des § 715 Ziff. 5 der Civ.-Proc.-Ordn. ist nicht die Rücksicht auf das persönliche Interesse des Schuldners, sondern in erster Linie das Interesse der Landwirthschaft maßgebend gewesen, indem, wie bei der Berathung der Justizcommission des Reichstages ausdrücklich betont wurde, zu verhüten war,

> daß landwirthschaftliche Grundstücke von ihrem Inventarium entblößt werden und dadurch die weitere Ausübung der Landwirthschaft auf ihnen unmöglich gemacht wird.

Bei einem verpachteten Grundstücke kommt aber dieses Interesse von selbst in Wegfall, sobald das Pachtverhältniß sein Ende erreicht, weil alsdann der bisherige Pächter ohnehin nicht mehr in der Lage ist, auf jenem Grundstücke die Landwirthschaft weiter zu betreiben. Die Unentbehrlichkeit des Pächterinventars für den Wirthschaftsbetrieb könnte also höchstens dahin führen, die Ausübung des gesetzlichen Pfandrechts bis zum Ablaufe des Pachtverhältnisses zu suspendiren. Aber auch hierzu liegt dem Verpächter gegenüber kein Grund vor, weil die Tendenz der obigen Bestimmung, nämlich Devastationen von Gütern zu verhüten, zugleich im eigensten Interesse des Verpächters selbst liegt. Der Verpächter würde selbst den größten Nachtheil davon haben, wenn er durch Entblößung des Gutes von dem nöthigen Inventar eine Verschlechterung des Gutes herbeiführen wollte, und er wird also von dem ihm gewährten Pfandrecht nur dann Gebrauch machen, wenn ohnehin die Auflösung des Pachtverhältnisses und der Uebergang des Gutes in andere Hände sich nicht mehr vermeiden lassen. Die gesetzliche Suspendirung des Pfandrechts bis zur Auflösung des Pachtverhältnisses würde überdies das Bedenken haben, daß ein unredlicher Pächter sein Inventarium in der Zwischenzeit bei Seite schaffen und dem Verpächter entziehen könnte. Die Motive zu § 543 des Entwurfs bemerken zwar,

> daß, wenn der Pächter die zum Wirthschaftsbetriebe unentbehrlichen Gegenstände fortschaffen wollte, damit deren Entbehrlichkeit von ihm selbst anerkannt und folglich auch der Verpächter befugt sein würde, sein Pfandrecht geltend zu machen.

Aber nach § 521 besteht in Ansehung derjenigen Sachen, welche der Pfändung nicht unterworfen sind, überhanpt kein Pfandrecht, es ist nicht etwa die Ausübung von der Entbehrlichkeit abhängig gemacht, und es ist daher nicht ersichtlich, wie durch die stattgehabte Fortschaffung objectiv unentbehrlicher Inventarienstücke ein Pfandrecht an denselben entstehen soll. Uebrigens würden mit dem Momente der Fortschaffung die Inventarienstücke auch dem Zugriff des persönlichen Gläubigers ausgesetzt sein und dadurch die Geltendmachung des Pfandrechts des Verpächters vereitelt werden, wenn wirklich angenommen wird, daß ein solches mit dem Augenblicke der Fortschaffung entsteht.

Vor Allem aber macht das für die Beschränkung der Pfändbarkeit des Gutsinventars maßgebend gewesene Landesculturinteresse eine Einschränkung des Pfandrechts des Verpächters nicht erforderlich. Ebenso wenig rechtfertigen Billigkeitsgründe eine solche Einschränkung. Der § 521 des Entwurfs will dem Miether den Besitz derjenigen Sachen sichern, welche für ihn unter allen Umständen, und zwar nicht bloß auf so lange, als das Miethsverhältniß besteht, sondern dauernd unentbehrlich sind. Von einer solchen Unentbehrlichkeit ist bei dem Inventarium des Pächters nicht die Rede. Denn es ist durchaus nicht nothwendig, daß ein Pächter, welcher seine Pachtung aufgegeben hat oder exmitirt ist, noch ferner Landwirthschaft betreibe, er kann ebensowohl den in dem Inventar steckenden bedeutenden Theil seines Vermögens realisiren und sich einer anderen Beschäftigung zuwenden.

Die Beschränkung des Pfandrechts auf die pfändbaren Sachen würde bei der Landgüterpacht das Pfandrecht des Verpächters nahezu illusorisch machen und damit den Pächtern selbst nicht zum Vortheil gereichen. Es würde sich das zunächst bei der Behandlung von Stundungsgesuchen geltend machen. In der Landwirthschaft treten nur zu oft Umstände ein, welche es selbst solchen Pächtern, die sich in geordneten Verhältnissen befinden, schwer oder unmöglich machen, ihre Pachtverbindlichkeiten rechtzeitig zu erfüllen. Einsichtige Verpächter, namentlich die Verwaltungen des staatlichen und sonstigen öffentlichen Grunbesitzes haben daher im eigenen Interesse von jeher bei besonderen Unglücksfällen in weitgehendem Umfange den Pächtern Stundungen gewährt. Durch dies Verfahren ist eine große Zahl von tüchtigen Pächtern, welche sonst unfehlbar in völligen Vermögensverfall gerathen sein würden, im Pachtbesitze und Nahrungsstande erhalten worden, ohne daß dabei der Verpächter Einbußen erlitten hätte. Auf diese Nachsicht würde in Zukunft nicht mehr zu rechnen sein, wenn die Grundlage, auf welcher sie beruht, nämlich die durch das Pachtinventarium gewährte Sicherheit, dem Verpächter entzogen werden sollte.

Allerdings würde eine Ergänzung dieser Sicherheit durch die Vorauserhebung der Pacht oder durch Erhöhung der vom Pächter contractlich zu bestellenden Caution erreicht werden können. Beide Wege sind aber im allgemeinen Interesse nicht empfehlenswerth. Die Vorauszahlung der Pacht entspricht nicht der Natur des Pachtverhältnisses, da der Pächter regelmäßig erst die Einnahmen aus der Pachtsache zur Zahlung des Pachtgeldes verwendet. Es läßt sich daher voraussehen, daß die Verpächter allgemein zur Erhöhung der Pachtcaution schreiten würden. Letztere ist bis jetzt in der Regel niedrig bemessen und beträgt z. B. bei der Verpachtung der preußischen Staatsdomänen stets nur ein Viertheil des jährlichen Pachtzinses. Eine Erhöhung derselben würde zunächst allen Landwirthen, die nur über ein geringes Vermögen verfügen, die Erlangung einer Pacht erschweren oder unmöglich machen. Sodann ist es aber auch wirthschaftlich unerwünscht, wenn die Pächter genöthigt werden, einen größeren Theil ihres Capitalvermögens als Caution festzulegen, da sie ihre Baarmittel weit nützlicher in der Wirthschaft selbst als Vergrößerung des Betriebscapitals verwenden können.

Hiernach kann nur empfohlen werden, das Pfandrecht des Verpächters am Gutsinventar nicht auf die nach der Civil-Proceß-Ordnung pfändbaren Sachen zu beschränken. Die Cautelen, welche Boyens in den Gutachten aus dem Anwaltstande s. S. 728 flde. gegen eine mißbräuchliche Ausnutzung des Pfandrechts des Vermiethers in Vorschlag bringt, erscheinen für den Fall der Landgüterpacht nicht als Bedürfniß, da der Verpächter in seinem eigenen Interesse sich zunächst an die entbehrlicheren Inventarienstücke halten, auch den Verkauf derselben nicht vornehmen wird, solange überhaupt Aussicht besteht, den Pächter zu halten.

2. Die Beschränkung des Pfandrechts auf die eigenen Sachen des Pächters. Die schon von Anderen (Gierke, Der Entwurf eines B.G.B. und das deutsche Recht S. 241 Anm. 1, Boyens S. 723, Lewinsohn S. 248) empfohlene Ausdehnung des Pfandrechts auf die eingebrachten Sachen der Ehefrau und der Kinder, soweit diese mit dem Miether in häuslicher Gemeinschaft leben, ist auch für das Verhältniß der Landgüterpacht als Bedürfniß anzuerkennen. Der Fall, daß das Gutsinventar oder Theile desselben der Ehefrau gehören, ist keineswegs selten, zumal auch im bäuerlichen Verhältnisse Inventarienstücke als Ausstattung mitgegeben werden. Ist der Verpächter der Gefahr ausgesetzt, daß das vom Pächter eingebrachte Inventar später von der Ehefrau als Eigenthum in Anspruch genommen wird, so wird er verlangen, daß die Ehefrau den Pachtvertrag mit vollzieht, und letztere ist dann schlechter gestellt, da sie mit ihrem ganzen Vermögen für die Verbindlichkeiten aus dem Pachtvertrage haftet.

Zu einer Erweiterung des Pfandrechts auf Sachen dritter, nicht familienangehöriger Personen dürfte dagegen, was die Landgüterpacht betrifft, ein Bedürfniß nicht vorliegen.

3. Die im wirthschaftlichen Interesse nöthige Verfügungsbefugniß des Pächters über das Gutsinventar ist durch die Bestimmung in § 521 Abs. 2 (in Verbindung mit § 543) des Entwurfs genügend gewahrt. Danach kann der Verpächter der Entfernung derjenigen Sachen nicht widersprechen, zu deren Entfernung der Pächter im regelmäßigen Betriebe der Landwirthschaft oder dadurch veranlaßt wird, daß die gewöhnlichen Lebensverhältnisse die Entfernung mit sich bringen. Diese Bestimmung erscheint durchaus angemessen.

Druck von Leonhard Simion, Berlin SW.

Kolibri 360 GmbH
Ferdinand-Jühlke-Straße 7
99095 Erfurt, Deutschland
produktsicherheit@kolibri360.de